FILOSOFIA MEDIEVAL

A. S. McGRADE (Org.)

FILOSOFIA MEDIEVAL

DIREÇÃO EDITORIAL:
Marcelo C. Araújo

CONSELHO EDITORIAL:
Avelino Grassi
Márcio F. dos Anjos

TRADUÇÃO:
André Oídes

COORDENAÇÃO EDITORIAL:
Ana Lúcia de Castro Leite

REVISÃO TÉCNICA:
João Vergílio Cuter

REVISÃO:
Leila Cristina Dinis Fernandes

DIAGRAMAÇÃO:
Juliano de Sousa Cervelin

CAPA:
Angela Mendes
A partir da pintura clássica referente a Santo Agostinho, de Botticelli, Uffizi / Florença

Coleção Companions & Companions

6ª reimpressão

Título original: *Medieval Philosophy*
Copyright © Cambridge University Press 2003
The Edinburgh Building, Cambridge, CB2 2RU, UK
ISBN 0-521-00063-7

Todos os direitos em língua portuguesa, para o Brasil, reservados à Editora Ideias & Letras, 2021.

Rua Barão de Itapetininga, 274
República - São Paulo/SP
Cep: 01042-000 – (11) 3862-4831
Televendas: 0800 777 6004
vendas@ideiaseletras.com.br
www.ideiaseletras.com.br

Dados Internacionais de Catalogação na Publicação (CIP)
(Câmara Brasileira do Livro, SP, Brasil)

Filosofia medieval / A. S. McGrade (org.);
[tradução de André Oídes]. - Aparecida-SP: Ideias & Letras, 2008. -
(Coleção Companions & Companions)

Título original: *Medieval philosophy*
Bibliografia
ISBN 978-85-7698-003-2

1. Filosofia medieval I. McGrade, A. S. II. Série.

08-00967   CDD-189

Índice para catálogo sistemático:
1. Filosofia medieval 189

Sumário

Colaboradores – 9
Prefácio – 13
Abreviaturas e formas de referência – 15

Introdução – 17
    Pontos de entrada – 18
    Diferenciação – 19
    O que é filosofia medieval? – 21
    Indo adiante – 25
    Uma imagem final: filosofia medieval e liberdade – 25

1. A filosofia medieval em seu contexto
   Steven P. Marrone – 27
    O surgimento da filosofia medieval no final do Império Romano – 28
    Disciplina monástica e erudição – 34
    O Islã – 38
    O avanço do Ocidente e o ressurgimento da filosofia – 40
    Racionalização na sociedade: política, religião e instituições educacionais – 48
    Aristóteles e o escolasticismo do século XIII – 53
    O controverso século XIV – 57
    O lugar da autoridade no pensamento medieval – 62
    Fontes filosóficas – 64
    Gêneros – 65

2. Duas ideias medievais: Eternidade e hierarquia
   John Marenbon e D. E. Luscombe – 71
    Eternidade (John Marenbon) – 71
    Hierarquia (D. E. Luscombe) – 84

3. Linguagem e lógica
    E. J. Ashworth – 97
        Fontes e desenvolvimentos – 98
        O propósito e a natureza da linguagem e da lógica – 102
        Significação, linguagem mental e convencional – 106
        Paronímia e analogia – 111
        Referência: teoria da suposição – 116
        Verdade e paradoxo – 119
        Inferência e paradoxo – 121

4. Filosofia no Islã
    Thérèse-Anne Druart – 125
        Filosofia, religião e cultura – 128
        Psicologia e metafísica – 140
        Ética – 146

5. Filosofia judaica
    Idit Dobbs-Weinstein – 151
        As raízes do conhecimento – Saadías Gaon – 152
        Hilomorfismo universal – Avicebron (Ibn Gebirol) – 157
        Os limites da razão – Moisés Maimônides – 159
        Um aristotelismo mais puro
            – Gersônides (Levi Ben Gershom) – 169
        Interações judaico-cristãs – 174

6. Metafísica: Deus e ser
    Stephen P. Menn – 179
        Provas físicas e metafísicas de Deus – 179
        O argumento de Avicena e alguns desafios dirigidos a ele – 183
        Essência e existência – 189
        Apenas um ente necessário? – 192
        Desafios à composição de essência e existência – 194
        Desafios sobre Deus e o ser *(esse)* – 196
        Univocidade, equivocidade, analogia – 200

7. Criação e Natureza
　　Edith Dudley Sylla – 207
　　　　Criação – 209
　　　　A natureza como epifania: a filosofia natural ao longo do século XII – 211
　　　　Astronomia e astrologia – 214
　　　　Filosofia natural escolástica – 217
　　　　Interações entre filosofia natural e teologia – 227

8. Naturezas: O problema dos universais
　　Gyula Klima – 235
　　　　Realismo exemplarista: universais como razões divinas – 236
　　　　Naturezas comuns, existentes singulares, mentes ativas – 241
　　　　Termos comuns, naturezas singulares – 246

9. Natureza humana
　　Robert Pasnau – 249
　　　　Mente, corpo e alma – 250
　　　　Cognição – 256
　　　　Vontade, paixão e ação – 266
　　　　Liberdade e imortalidade – 270

10. A vida moral
　　Bonnie Kent – 275
　　　　Agostinho e a ética clássica – 276
　　　　Felicidade e moralidade – 280
　　　　Mal, maldade, vício e pecado – 289
　　　　Virtudes teológicas e outras – 293

11. Bens últimos: felicidade, amizade e bem-aventurança
　　James McEvoy – 301
　　　　Agostinho e o desejo universal de felicidade – 302
　　　　Boécio: a filosofia tem suas consolações – 307
　　　　Tomás de Aquino – 310
　　　　A felicidade na vida intelectual – 314
　　　　Teorias da amizade – 320
　　　　Felicidade e paz no fim da história: Joaquim de Fiore – 323

12. Filosofia política
   ANNABEL S. BRETT – 325
      A única cidade verdadeira – 328
      Razão, natureza e o bem humano – 330
      Eleição e consentimento – 336
      Hierarquia e graça –341
      História, autonomia e direitos – 343
      Conclusão – 350

13. A filosofia medieval no pensamento posterior
   P. J. FITZPATRICK E JOHN HALDANE – 351
      O Renascimento e o século XVII – 351
      Envolvimentos correntes (John Haldane) – 370

14. Transmissão e tradução
   THOMAS WILLIAMS – 381
      Canais de transmissão – 382
      Três estudos de casos – 388
      Traduzindo filosofia medieval – 394
      Pares e ciladas – 398
      Uma palavra de encorajamento – 400

Cronologia dos filósofos e dos principais eventos na história medieval – 401
Biografias dos principais filósofos medievais – 405
Bibliografia – 417
Índice remissivo – 463

Colaboradores

E. J. ASHWORTH é Professora de Filosofia da Universidade de Waterloo, Canadá. É autora de *Linguagem e Lógica no Período Pós-Medieval* e de numerosos artigos sobre linguagem e lógica medieval e moderna. Editou o *Tratactus de obligationibus* da *Logica magna* de Paulo de Veneza. Foi editora da seção sobre o Renascimento da *Routledge Encyclopedia of Philosophy* e continua como editora da versão *online*.

ANNABEL S. BRETT é Conferencista em História na Universidade de Cambridge e *"Fellow"* em Gonville e Caius College. Seu trabalho sobre pensamento político medieval e moderno inclui *Liberdade, Direito e Natureza: Direitos Individuais no Pensamento Escolástico Tardio* e uma edição de *Sobre o Poder dos Príncipes e Imperadores* de Guilherme de Ockham. Está atualmente preparando uma tradução do *Defensor da Paz* de Marsílio de Pádua.

IDIT DOBBS-WEINSTEIN é Professora Associada de Filosofia da Universidade Vanderbilt. É autora de *Maimônides e S. Tomás sobre os Limites da Razão* e de um livro em áudio, *Moisés Maimônides e a Filosofia Medieval Judaica*, bem como de diversos artigos sobre filosofia medieval judaica, com um interesse especial pelas relações desta com o pensamento medieval islâmico e cristão e com a filosofia de Espinosa.

THÉRÈSE-ANNE DRUART é Professora de Filosofia e Diretora do Centro de Estudos Medievais e Bizantinos na Universidade Católica da América. Suas publicações recentes incluem "A Individuação da Alma Humana e sua Sobrevivência após a Morte do Corpo: Avicena sobre a Relação Causal Entre Corpo e Alma". Está atualmente preparando uma seção sobre metafísica para o *The Cambridge Companion to Arabic Philosophy* e estará dirigindo uma bibliografia continuada em filosofia, teologia e ciências medievais islâmicas para a Societé Internationale des Sciences et de la Philosophie Arabe et Islamique.

P. J. FITZPATRICK é Leitor Emérito em Filosofia na Universidade de Durham. Seus escritos incluem *Regulação de Natalidade e Fé Católica*, *Apologia pró Charles Kingsley*, e *Partindo o Pão: a Eucaristia e o Ritual*.

JOHN HALDANE é Professor de Filosofia da Universidade de St. Andrews, onde também é *"Senior Fellow"* do Centro de Ética, Filosofia e Assuntos Públicos. É *"Fellow"* da *Royal Society* de Edimburgo e da *Royal Society of Arts*. Além de editar e coeditar diversas coleções de ensaios, escreveu numerosos artigos sobre história da filosofia, filosofia da mente, metafísica e filosofia moral, e é coautor de *Ateísmo e Teísmo* na série Blackwell Grandes Debates em Filosofia. Foi Conferencista Gifford em Teologia Natural na Universidade de Aberdeen em 2003/4.

BONNIE KENT é Professora Associada de Filosofia na Universidade da California, Irvine. Desde a publicação de *Virtudes da Vontade,* ela tem trabalhado especialmente em tópicos sobre motivação na psicologia moral medieval. Seus ensaios recentes incluem "Hábitos e Virtudes", *in* S. Pope (ed.), *A Ética de Tomás de Aquino*, e "Repensando Disposições Morais", *in* T. Williams (ed.), *The Cambridge Companion to Scottus*.

GYULA KLIMA é Professor Associado de Filosofia da Universidade Fordham. É o autor de *Ars artium: Ensaios em Semântica Filosófica Medieval e Moderna* e de numerosos artigos sobre lógica e metafísica medievais. Traduziu as *Summulae de dialectica* de João Buridano e está trabalhando atualmente em uma monografia sobre a lógica e metafísica de João Buridano.

D. E. LUSCOMBE é *"Fellow"* da Academia Britânica e Professor-Pesquisador de História Medieval da Universidade de Sheffield. É o autor de *A Escola de Pedro Abelardo*, *A Ética de Pedro Abelardo, Pensamento Medieval*, e muitos artigos sobre Abelardo e sobre as concepções medievais de hierarquia. É editor adjunto, com J. Riley-Smith, das partes 1 e 2 do volume IV do *The New Cambridge Medieval History* (a publicar) e está atualmente completando uma edição das *Cartas de Pedro Abelardo e Heloísa*.

JAMES MCEVOY é Reitor da Faculdade de Filosofia da Universidade Nacional da Irlanda em Maynooth. Seus interesses específicos em filosofia medieval incluem Escoto Erígena, Tomás Gallan, Roberto Grosseteste e o tema da amizade. É o autor de *Roberto Grosseteste* (2002) e de dois volumes sobre as teorias da amizade na Antiguidade e na Era Cristã, *Sagesses de l'amité* (1997 e 2002). É um colaborador para a edição das obras não editadas de Grosseteste e está preparando um livro sobre amizade e conceitos associados na história da filosofia.

A. S. MCGRADE é Professor Emérito de Filosofia da Universidade de Connecticut e autor de *O Pensamento Político de Guilherme de Ockham*. Editou, em conjunto com John Kilcullen e Matthew Kempshall, o volume II do *Cambridge Translations of Medieval Philosophical Texts* (sobre ética e filosofia política).

JOHN MARENBON é *"Fellow"* e Diretor de Estudos em História da Filosofia no Trinity College, Universidade de Cambridge. É o autor de uma história da filosofa medieval em dois volumes; *A Filosofia de Pedro Abelardo*; *Lógica Aristotélica, Platonismo, e o Contexto da Filosofia Medieval Primitiva no Ocidente*; e *Boécio*. Encontra-se agora trabalhando em uma nova introdução à filosofia medieval (para substituir sua história anterior) e um estudo das visões medievais sobre os pagãos (especialmente os antigos).

STEVEN P. MARRONE é Professor de História na Universidade de Tufts. Seus estudos sobre a epistemologia do século XIII incluem muitos artigos e três monografias, *Guilherme de Auvergne e Roberto Grosseteste: Novas Ideias de Verdade na Filosofia Inicial do Século XIII*; *Verdade e Conhecimento Científico no Pensamento de Henrique de Gand*; e *A Luz de Vosso Semblante: Ciência e Conhecimento de Deus no Século XIII*.

STEPHEN P. MENN é Professor Associado de Filosofia na Universidade McGill e trabalha com filosofia antiga e medieval e a história da matemática. É o autor de *Platão sobre Deus como Nous* e *Descartes e Agostinho*. Está atualmente completando um livro manuscrito sobre *O Objetivo e o Argumento da Metafísica de Aristóteles* e trabalhando com Calvin Normore em um livro sobre nominalismo e realismo.

ROBERT PASNAU é Professor Associado de Filosofia na Universidade do Colorado e autor de *Teorias da Cognição no Final da Idade Média* e *Tomás de Aquino sobre a Natureza Humana. Um Estudo Filosófico da Summa Theologiae Ia 75-89*, bem como de numerosos artigos e revisões sobre tópicos de epistemologia medieval tardia. Editou o comentário de Tomás de Aquino ao *De anima* de Aristóteles e o volume III do *Cambridge Translations of Medieval Philosophical Texts*, sobre a mente e o conhecimento. É editor geral do Hacket Aquinas Project, uma série de traduções, com comentário, dos textos filosóficos centrais de Tomás de Aquino, e contribuiu para a série com um volume sobre o tratado de Tomás sobre a natureza humana.

EDITH DUDLEY SYLLA é Professora de História na Universidade do Estado da Carolina do Norte. Escreveu extensivamente sobre a filosofia natural do século, especialmente o trabalho dos calculadores de Oxford. Está atualmente trabalhando sobre a física de Valter Burley e sobre as origens da probabilidade matemática, particularmente na obra de Jacob Bernouli. Suas próximas publicações incluem "Ética dos Negócios, Matemática Comercial, e as Origens da Probabilidade Matemática" e, em conjunto com A. Maierù, uma pequena biografia de Anneliese Maier.

THOMAS WILLIAMS é Professor Assistente de Filosofia na Universidade de Iowa. Traduziu trabalhos de Agostinho e Anselmo e está atualmente preparando o volume V do *Cambridge Translations of Medieval Philosophical Texts*, sobre teologia filosófica. Seu trabalho sobre Duns Escoto inclui: "Um Amante Mais Metódico? Sobre o Criador Arbitrário de Duns Escoto" e a edição do *The Cambridge Companion to Duns Scotus*.

Prefácio

Este livro apresenta um dos mais excitantes períodos da história da filosofia. Um milênio de pensamento, que vai de Agostinho a Wyclif no Ocidente latino, de al-Kindi a Averróis no Islã e de Avicebron a Gersônides nas comunidades judaicas medievais. Como um *Companion*, o volume procura fazer mais do que apresentar informação autorizada *sobre* o assunto. Os colaboradores pretendem levar seus leitores tão longe quanto possível *no interior* da filosofia medieval, e explicarei na introdução como esperamos atingir esse resultado. Por enquanto, é suficiente dizer que não assumimos qualquer conhecimento prévio de filosofia medieval ou das linguagens nas quais ela foi escrita. Esperamos que a maioria dos leitores tenha tido algum contato com a filosofia contemporânea, mas damos as boas-vindas e esperamos assistir também aos não filósofos. Este volume é feito para ser útil em cursos de filosofia medieval de todos os níveis, mas pretendemos também ajudar àqueles que estão aproximando-se da filosofia medieval por conta própria, sem acesso a especialistas da área. Ficaremos satisfeitos se nossos esforços estimularem alguma empolgação dos estudantes por mais cursos medievais em departamentos de filosofia primariamente modernistas e se encorajarmos professores que evitaram ou foram privados da Idade Média em seu próprio aprendizado a oferecer tais cursos. Essa pode vir a ser uma experiência liberadora para todos os envolvidos.

Os colaboradores deste volume demonstraram possuir grande espírito público e entusiasmo pela filosofia medieval ao deixar de lado pesquisas mais especializadas, a fim de tornar o assunto acessível a outras pessoas – uma tarefa difícil, mas também, como vieram a descobrir, recompensadora. Sou grato por seu aconselhamento a respeito de minha parte neste volume e por sua paciência e bom humor ao ajustar seu trabalho, tendo em vista o bem comum (na maioria das vezes, envolvendo corte de bom material para o qual simplesmente não havia espaço). Agradeço aos revisores de um primeiro prospecto deste *Companion* a crítica altamente efetiva e às seguintes pessoas o conselho e a informação doados ao longo do caminho: Donald Baxter, Stephen Lahey, Miri Rubin, Paul V. Spade, Eleonore Stump, John Wippel e Jack Zupko. Meus débitos para com o Professor B. J. McGrade são facilmente contraídos, e ao mesmo tempo infindáveis. Os colaboradores individuais desejam reconhecer o conselho e a inspiração de Julie Allen, Paul Freedman, Ester Macedo, Sra. C. M. L. Smith e Katherine Tachau. Os agradecimentos finais são dirigidos à equipe editorial e de produção da *Cambridge University Press* e especialmente a Hilary Gaskin, que forneceu suporte e revisão ao volume do início ao fim.

A. S. McGrade

Abreviaturas e formas de referência

Para trabalhos citados com um número entre colchetes (e. g., Kretzmann [41]), uma referência completa é dada na bibliografia.

a.	artigo
ad	resposta a (ad I: resposta à primeira objeção)
CCAq	*The Cambridge Companion to Thomas Aquinas*, ed. N. Kretzmann e E. Stump (Cambridge, 1993)
CCAug	*The Cambridge Companion to Augustine*, ed. E. Stump e N. Kretzmann (Cambridge, 2001)
CCOck	*The Cambridge Companion to Ockham*, ed. P. V. Spade (Cambridge, 1999)
CCScot	*The Cambridge Companion to Duns Scotus*, ed. T. Williams (Cambridge, 2003)
CH12	*A History of Twelfth-Century Western Philosophy*, ed. P. Dronke (Cambridge, 1988)
CHLMP	*The Cambridge History of Later Medieval Philosophy*, ed. N. Kretzmann *et al.* (Cambridge, 1982)
CT I-III	*The Cambridge Translations of Medieval Philosophical Texts*
I	*Logic and the Philosophy of Language*, ed. N. Kretzmann e E. Stump (Cambridge, 1988)
II	*Ethics and Political Philosophy*, ed. A. S. McGrade, J. Kilcullen, e M. Kempshall (Cambridge, 2001)
III	*Mind and Knowledge*, ed. R. Pasnau (Cambridge, 2002)
d.	distinção (em referências textuais)
obj.	objeção
Ordinatio	O texto de parte ou todo um comentário das *Sentenças* posto em ordem de publicação pelo autor, em contraste com uma *reportatio*

PG	*Patrologia graeca*, ed. J. P. Migne, 162 vols. (Paris, 1857-1866) (Texto grego com tradução latina)
PL	*Patrologia latina*, ed. J. P. Migne, 221 vols. (Paris, 1844-1864)
q.	questão
q. disp.	questão disputada
quodl.	*quodlibet*
Reportatio	A forma "relatada" de parte ou todo um comentário das *Sentenças*
ScG	Tomás de Aquino, *Summa contra Gentiles* (Suma contra os gentios)
Sent.	Pedro Lombardo, *Sententiae in IV libris distinctae* (Quatro Livros de Sentenças), 2 vols. (Grotferrata, 1971-1981), ou comentário desta (ver p. 28)
ST	Tomás de Aquino, *Summa theologiae* (Suma de teologia): referências são feitas às quatro partes – I, IaIIae (primeira parte da segunda parte), IIaIIae (segunda parte da segunda parte), e III
un.	único (e. g., onde uma questão tem apenas um artigo)

Introdução

O estudo da filosofia medieval está florescendo, como é testemunha a seletiva bibliografia reunida ao final deste livro. No entanto, a partir de alguns pontos de vista filosóficos – analíticos, continentais ou orientados para a ciência –, o assunto deste volume pode ainda parecer remoto. Onde a ontologia recapitula a filologia ou o *Dasein*[1] substitui o ser e a essência, ou o naturalismo não necessita de nenhuma argumentação, a imersão dos pensadores medievais em questões sobre a eternidade, Deus, e a imaterialidade do intelecto podem parecer incompreensíveis, embora ocasionalmente intrigantes. Este *Companion* procura intensificar a fascinação enquanto diminui a incompreensão. Os colaboradores esperam trazer os leitores ao interior das discussões medievais tão diretamente quanto possível, permitindo que estes avaliem por si mesmos os motivos filosóficos que instigaram essas discussões, bem como a ousadia, a sutileza e o rigor analítico com os quais elas foram conduzidas. O objetivo é exibir a variedade e o frescor das aproximações medievais aos problemas, mais do que avaliar as soluções. Isso não é o mesmo que negar que verdades atemporais possam ser encontradas em meio ao material apresentado. Muitos estudantes de metafísica medieval sustentariam que a disciplina entrou no "caminho certo de uma ciência", conforme a frase de Kant, vários séculos antes deste restringir seu escopo à exposição nua das condições da experiência possível (e atribuiriam a rejeição de Kant, ao considerar esforços anteriores como "tateamento aleatório", à típica ignorância iluminista sobre o pensamento medieval). Estamos convencidos, de qualquer forma, de que os *insights* da filosofia medieval aparecem mais claramente em meio às discussões nas quais os próprios medievais os buscavam. Tratamentos medievais de pro-

---

[1] N.T. Termo alemão que designa o "Ser aí", na filosofia de Heidegger.

blemas filosóficos não são, via de regra, fáceis de *transpor*. Se o fossem, não haveria necessidade deste volume. Mas esperamos demonstrar que as discussões medievais são valiosas o suficiente para serem *adentradas*.

Pontos de entrada

Não se deve exagerar a estranheza da filosofia medieval. Boa parte do que é apresentado aqui pode ser acessado por leitores com um panorama mental filosoficamente corrente. Isso se deve, em boa medida, ao fato de que a filosofia recente tem-se emparelhado com alguns interesses medievais característicos. Aqui vão alguns exemplos. A alta estima desfrutada pela lógica medieval apoia-se parcialmente no brilhantismo da semântica escolástica, ao tratar de paradoxos de autorreferência e de problemas postos por contextos intencionais – tópicos "modernos", abordados pelo capítulo de Jennifer Ashworth sobre linguagem e lógica medievais. O aumento de sofisticação nas disciplinas de história e filosofia da ciência nos permite apreciar a sofisticação presente na filosofia natural medieval. Até mesmo a física dos anjos, como mostra Edith Sylla, tem pontos de interesse para a mente filosoficamente científica. Graças principalmente ao trabalho de David Armstrong, o problema medieval dos universais não parece mais "meramente" medieval. De fato, como a discussão de Gyula Klima neste volume torna claro, as apostas teológicas e filosóficas em jogo neste problema são muito altas, envolvendo tanto a possibilidade de ciência como a inteligibilidade do discurso sobre Deus. O crescimento de programas interdisciplinares em ciência cognitiva, bem como as recentes críticas da tradição epistemológica cartesiana, tornam certos aspectos da psicologia filosófica medieval mais acessíveis agora do que o foram anteriormente. Por outro lado, a relação recentemente afirmada entre Descartes e Agostinho significa que há fontes medievais tanto para ideias cartesianas como para ideias não cartesianas sobre a mente e o eu. O capítulo de Robert Pasnau sobre a natureza humana tira vantagem de ambas as conexões entre o medieval e o moderno.

Há pontos similares para aproximação da filosofia moral. Nos últimos cinquenta anos, os filósofos têm demonstrado um substancial interesse pela psicologia moral e pela ética da virtude, preocupações centrais no capítulo de Bonnnie Kent sobre a vida moral. O pensamento político medieval tem-se tornado ao mesmo tempo mais inteligível e mais relevante para as preocupações atuais, por diversas razões. A erudição recente tem conduzido a uma maior consciência do papel dos pensadores medievais no fornecimento de bases para o pensamento político moderno. Conversamente, a difundida crítica corrente do secularismo moderno e um reconhecimento de que as assunções da modernidade não são de maneira alguma inevitáveis são clareados pela reflexão sobre assunções contrastantes a esse respeito, presentes no pensamento medieval. Não é apenas o pensamento político medieval propriamente dito, conforme apresentado aqui por Annabel Brett, que tem ganhado significância. Nossos debates de hoje sobre valores "modernos" e "ocidentais" recebem maior importância, graças às reivindicações atualmente feitas em favor da tradição islâmica e, em uma parte crítica de nosso mundo, em favor do judaísmo tradicional. As tensões entre filosofia e fé religiosa na cultura medieval islâmica e judaica, tratadas, entre outros tópicos, por Thérèse Druart e Idit Dobbs-Weinstein, em seus capítulos sobre filosofia no Islã e filosofia judaica, indicam caminhos adicionais para o interior do pensamento medieval, a partir de onde nos encontramos hoje.[2]

Diferenciação

A despeito de pontos de entrada promissores, tais como os precedentes, a maior parte da filosofia medieval está apta a parecer inacessível, mesmo para aqueles que estão preparados para se aproximar dela com simpatia. Em sua estranheza, ela pode parecer ter sido escrita em outro mundo, e pode-se suspeitar que até mesmo as partes que parecem assimiláveis não são inteiramente o que parecem. Havia, por exemplo, uma concepção distintamente

---

[2] Alguns capítulos em outras partes do volume preocupam-se exclusivamente com o Ocidente latino, mas as referências à filosofia muçulmana e judaica em outros capítulos, especialmente o capítulo 6, dão alguma impressão do escopo intercultural da filosofia medieval. Algum trabalho comparativo posterior permanece necessário.

medieval de *eternidade*, como a discussão de John Marenbon no capítulo 2 torna claro, e essa concepção era tomada muito seriamente. Da mesma maneira, a ideia de *hierarquia*, apresentada no mesmo capítulo por D. E. Luscombe, foi ubíqua no pensamento medieval, ordenando as classes sociais, os poderes da alma e os anjos do céu. Ao devotar um capítulo a essas duas ideias, resistimos à tentação de misturar o que é "diferente" no pensamento medieval ao que nos parece familiar.

Além disso, mesmo o que é aparentemente familiar tem aspectos de diferenciação. Mais uma vez, alguns exemplos. O desenvolvimento escolástico da ética da virtude aristotélica e estoica coloca as virtudes clássicas em um esquema coroado pelas virtudes "teológicas" de fé, esperança e amor cristão a Deus e ao próximo. As discussões medievais sobre a amizade, a felicidade cívica e a vida filosófica, como apresentadas no capítulo de James McEvoy sobre os bens últimos, são de grande interesse para nós, embora o interesse final da maioria dos autores apresentados estivesse centrado na beatitude – não a felicidade terrena, mas a bem-aventurança eterna. A inspiração aristotélica da metafísica medieval é clara, mas no período medieval houve uma imensa expansão da discussão, frequentemente bastante confiante, de uma realidade divina, apesar desta ter sido abordada por Aristóteles de maneira apenas breve e experimental. Em correspondência a esse fato, o capítulo de Stephen Menn sobre metafísica é predominantemente preocupado com o ser de Deus. Observações similares, a respeito do que é diferente em meio ao familiar, poderiam ser feitas sobre cada um dos tópicos mencionados nos parágrafos precedentes. Resta a questão: como deve ser entendida essa mistura de similaridade e diferença?

A História pode ajudar. A apresentação de Steven Marrone da filosofia medieval em seu contexto (capítulo 1) mostra quando e como os elementos mais remotos e os mais aparentemente modernos do pensamento medieval surgiram e vieram a ser tecidos em conjunto. Houve mudanças importantes nas atitudes para com a filosofia, e no próprio caráter desta, em sua milenar carreira medieval. Virtualmente, todos os pensadores medievais carregaram consigo algo da concepção clássica grega e romana da filosofia como modo de vida, mas os estilos de vida filosófica variaram de maneira distinta ao longo dos séculos e ambientes. (Esta narrativa histórica inicial fornece alimento para o pensamento, incidentalmente, sobre o tópico de uma – possível? Iminente? – "morte da filosofia". A moral sugerida pela experiência medieval é que a filosofia de fato pode morrer, mas tem uma tendência a retornar dos mortos.) A seção final do capítulo 1, sobre as fontes e gêneros de escrita filosófica medieval, fornece pontos de referência adicionais. Nesta seção, o lugar da autoridade no pensamento medieval é brevemente discutido, a disponibilidade de textos filosóficos clássicos em diferentes tempos e lugares do mundo medieval é mapeada e é fornecido um relato das formas nas quais a filosofia era publicada, formas frequentemente não familiares ao leitor moderno: comentários de *Sentenças*, sumas, *quodlibeta*, questões disputadas, sofisma e assim por diante.

O QUE É FILOSOFIA MEDIEVAL?

Falar de mudanças históricas no caráter da filosofia levanta algumas questões não históricas. Dadas essas mudanças, podemos bem perguntar: a filosofia medieval é, em algum sentido, igual à filosofia tal como a conhecemos? Se não, o que ela é? Deveríamos realmente chamá-la filosofia? Uma resposta (preliminar àquela que este *Companion* como um todo procura fornecer) pode ser dada por meio de uma ideia recém-mencionada, a ideia clássica da filosofia como modo de vida. Enquanto virtualmente todos os pensadores medievais carregaram consigo essa ideia, poucos consideraram a si mesmos como "filósofos" da maneira como podemos pensar, sem definir precisamente, o sentido clássico ou moderno do termo. Será útil, para evocar a diferença entre os modos de vida filosóficos medievais e a filosofia neste outro sentido, conduzirmo-nos por estágios. Agostinho, o mais influente pensador no Ocidente nesse período e ao mesmo tempo um estudo de caso quanto às tensões também sentidas no pensamento islâmico e judaico, servirá como primeiro exemplo.

O curso da vida de Agostinho foi estabelecido por sua leitura do diálogo perdido de Cícero, *Hortensius*. Segundo ele, esse texto o inflamou com um desejo por "sabedoria". O que ele pensava estar fazendo em seus melhores momentos, por mais de vinte anos após ter lido Cícero, era buscar essa sabedoria. Até aqui tudo bem. A jornada em busca da sabedoria, de certa forma, identifica o filósofo até mesmo hoje, e essa jornada deve moldar a vida deste em pelo menos alguns aspectos, mesmo que seja apenas quanto ao tipo de conversas a serem buscadas. A jornada de Agostinho levou-o através de certo número de posições intelectuais, incluindo o dualismo maniqueísta, o ceticismo e o neoplatonismo, até o que ele algumas vezes chamou de "nossa filosofia". Um genuíno "entendimento", segundo sua compreensão, da realidade, da verdade e do bem, uma parcela de sabedoria que ele havia perseguido e a qual os filósofos tinham buscado ao longo dos séculos. Mais uma vez, até aqui tudo bem. Se pensarmos na filosofia como a jornada pela sabedoria, no filósofo como alguém envolvido nessa jornada e em uma filosofia qualquer como o destino alcançado por tal buscador, Agostinho deve ser considerado um filósofo, e o entendimento alcançado por ele deve ser considerado uma filosofia.

Ao expor a "nossa filosofia", no entanto, Agostinho algumas vezes caracteriza "os filósofos" como antagonistas ou, quando muito, aspirantes necessariamente mal-sucedidos à sabedoria encontrada por ele. Pois o que Agostinho entende por "nossa filosofia" é uma visão especificamente cristã das coisas, um entendimento possível somente pela fé. "A menos que creias, não entenderás" (Isaías 7,9) tornou-se o lema de toda uma tradição de "fé que busca o entendimento", a qual definiu a jornada pela sabedoria no Ocidente latino desde Agostinho, passando por Anselmo e além. "Os filósofos" que Agostinho caracterizava como adversários não tinham fé. Assim, para ele, a filosofia como praticada por esses filósofos era necessariamente abortiva e, portanto, não o melhor exemplo do que a filosofia deveria ser.[3]

É aqui que incorremos contra uma concepção mais familiar de filosofia. Longe de pensar que o sucesso na filosofia seja impossível sem a fé religiosa, um leitor moderno pode assumir o contrário: que a filosofia se define por *não* proceder com base na fé. A filosofia, segundo a concepção comum, procede no interior dos limites, ou segundo a base, ou pela luz, da "razão apenas". Isso não impossibilita que uma mesma pessoa tenha fé e faça filosofia, mas

---

[3] Para um relato mais detalhado da "fé buscando o entendimento" como decreto de Agostinho para a filosofia cristã do que o exposto por mim, veja N. Kretzmann [71]. Veja também E. Gilson [68] 25-111 e C. N. Cochrane [398] 399-455.

acarreta necessariamente em que filosofar e crer sejam atividades distintas. Deste ponto de vista, o fato de que Agostinho não faça tal distinção torna-o suspeito. Ele está propenso a parecer retoricamente proselitizante, onde um verdadeiro filósofo deveria ser desinteressadamente racional.

Mas não se deve exagerar a dificuldade. Podemos sempre obter dos pensadores da tradição de Agostinho algo que pareça interessante, a partir de uma outra perspectiva. A concepção de Agostinho da mente como uma trindade de memória, entendimento e vontade, cada qual "compreendendo" os outros à sua própria maneira, pode estimular pensamentos úteis, bem distantes do uso dessa análise pelo próprio Agostinho, que a utilizava como meio de entendimento da crença cristã em Deus como triunitário. O mesmo pode ser dito de outras trindades no pensamento medieval. De modo semelhante, a teoria da linguagem de Agostinho, como envolvendo um discurso interior, mental, era para ele uma maneira de ligar o entendimento de sinais falados e escritos à iluminação divina. Mesmo na Idade Média, no entanto, essa teoria foi desenvolvida de outras maneiras, livres de qualquer relação específica com a teologia. Deve ser também lembrado que o projeto de Agostinho envolvia a fé buscando *entendimento*. Isso significa que os resultados de sua jornada por sabedoria podem frequentemente ser formulados em proposições sistematicamente relacionadas, que podem ser examinadas em busca da virtude da consistência, e também podem possuir outras virtudes "puramente filosóficas".

A acomodação da filosofia medieval a uma perspectiva do tipo "razão apenas" é ainda mais fácil no que diz respeito à parte mais tardia do período. Isso se dá porque a visão puramente racional não é de fato distintivamente clássica ou moderna. Essa é realmente uma concepção medieval, cujo exemplo mais famoso é encontrado na primeira *quaestio*[4] da *Summa theologiae* de Tomás de Aquino. Aqui Tomás procura determinar a relação entre a teologia e "as disciplinas filosóficas". A linha demarcatória proposta por ele posiciona-se exatamente sobre o que pode ser descoberto pela "razão" ("razão humana" ou "razão natural"). Isso é filosofia (incluindo as ciências naturais). A doutrina sagrada pode usar os métodos e resultados da filosofia, mas seus fundamentos são verdades provenientes de Deus pela revelação "sobrenatural". Para Tomás, então, bem como para maioria

---

[4] N.T. "Questão".

dos pensadores medievais tardios do Ocidente latino, há uma clara distinção entre filosofia e teologia, que nos permite separar as ideias filosóficas do resto de seu pensamento a partir de uma base fornecida por eles próprios. Essa base parece enquadrar-se, além disso, nas opiniões modernas sobre o assunto.

Neste *Companion* nos aproveitaremos de ambos os modos de acomodação citados. Isto é, iremos frequentemente tentar extrair algum material de interesse filosófico independente do pensamento agostiniano baseado na fé e, ao apresentar as ideias de pensadores que distinguiram entre filosofia como razão e teologia como revelação, nós nos concentraremos principalmente naquilo que os próprios autores considerariam filosófico. Seria, no entanto, um desserviço para com a filosofia, em qualquer sentido do termo, seguirmos tais políticas muito rigidamente. A relação entre filosofia e religião bíblica ou corânica é um tema muito pervasivo ao pensamento medieval e um estímulo muito eficaz à autoconsciência, em seu contraste com as típicas assunções modernas de emudecimento por interesse de um acesso rápido a partir da direção da filosofia corrente. De acordo com essa ideia, ao invés de tentar lidar com as interações entre filosofia e religião em um capítulo único ("Fé e Razão", por exemplo), vamos considerá-las em diferentes capítulos, assim como ocorrem em diferentes contextos. Por exemplo, o entendimento medieval da criação do universo *ex nihilo*[5] será discutida em paralelo com o entendimento medieval dos processos naturais. Conceitos centrais na filosofia moral, como virtude e vício, serão discutidos junto com conceitos teológicos relacionados, como mérito e pecado. De modo mais geral, quando extraímos elementos de interesse filosófico independente dos textos inspirados pela fé que busca o entendimento (ou daqueles inspirados por um interesse em utilizar a filosofia a fim de fornecer "preâmbulos à fé", como em Tomás de Aquino), nós o fazemos sem preconceitos em relação aos projetos religiosos nos quais os autores medievais desses textos estiveram engajados. Neste volume, Agostinho conta como um filósofo, não apenas por aquilo que nele parece razoável, descontando-se a fé, mas também por sua busca de inteligibilidade na crença cristã. O mesmo princípio inclusivo aplica-se aos pensadores islâmicos e judeus, bem como aos sucessores de Agostinho.

---

[5] N.T. "A partir do nada".

Indo adiante

Tenho argumentado que a filosofia medieval merece ser estudada, tanto por aquilo que é ou parece ser familiar nela, quanto por aquilo que há nela ou sobre ela que difere da filosofia, tal como é usualmente praticada nos dias atuais. Se os capítulos posteriores confirmarem essa dupla afirmação, os leitores desejarão ir adiante no assunto. As partes que concluem o volume ajudarão nesse caso. Para propósitos de orientação, P. J. Fitzpatrick e John Haldane mostram, no capítulo 13, sobre a presença da filosofia medieval no pensamento posterior, como a própria filosofia medieval foi adiante. Ali eles indicam alguns dos elementos medievais no Renascimento e no início da filosofia moderna e esboçam o estado presente do interesse erudito sobre o assunto. Thomas Williams, em seguida, discute os problemas de transmissão e tradução que devem ser considerados em qualquer engajamento com a época da filosofia aqui introduzida. Um auxílio posterior para se ir além é a bibliografia. Referências aos principais textos e estudos, no corpo do volume e na seção de biografias curtas dos principais pensadores, apontam para trabalhos listados na bibliografia, a qual também inclui outros recursos.

Uma imagem final: filosofia medieval e liberdade

Talvez a melhor representação solitária da filosofia medieval como um todo seja a imagem de Boécio, representando a filosofia como uma bela mulher que oferece liberdade de intelecto e espírito até mesmo na mais miserável das circunstâncias. O quadro é desenhado, em cinco livros de extraordinária poesia e prosa, em *A Consolação da Filosofia*. Aprisionado no início do sexto século, sob acusações de traição contra um rei em cuja administração ocupara os mais altos postos, Boécio encontrava-se doente de desgosto. Foi então que, como ele nos conta, apareceu-lhe a filosofia, repreendendo-o por colocar sua felicidade em coisas sujeitas às vicissitudes da fortuna, e mostrou-lhe que a verdadeira felicidade deve ser encontrada em Deus, o Bem supremo e governante providencial do universo. A visão religiosa que anima esta e muitas outras filosofias da Idade Média não impediu – em alguns casos ela até mesmo exigiu – um tratamento rigorosamente secular de assuntos seculares. Ademais, não havia acordo universal sobre a capacidade da filosofia de produzir os resultados liberadores que encontramos em Boécio. Há até mesmo materiais medievais para a crítica da religião como mito, e a rejeição das instituições religiosas como corruptas. A séria consideração de visões mais esperançosas na Idade Média foi por si mesma um tipo de liberação, no entanto, e essa postura mental elevou a qualidade do pensamento em todas as áreas da filosofia. Esse cenário da busca medieval da sabedoria pode ser apresentado, neste volume, como um recurso potencialmente liberador para a busca de sabedoria do próprio leitor, para onde quer que tal busca venha a levá-lo.

1 A filosofia medieval em seu contexto

Steven P. Marrone

Como era fazer filosofia na Idade Média? Neste capítulo, tentarei responder a essa questão através de um olhar sobre as circunstâncias sociopolíticas e econômicas relevantes, os ambientes institucionais específicos para a prática da filosofia e as diversas correntes intelectuais que competiam ou cooperavam entre si naquela época. Ao final do capítulo, direi algo sobre o lugar da autoridade no pensamento medieval, as fontes políticas disponíveis aos pensadores medievais em diferentes pontos do período e os gêneros literários nos quais eles expuseram suas próprias ideias.

De maneira breve, a história corre como descrito a seguir. O que conhecemos como filosofia medieval emergiu no final do Império Romano, a partir de um surpreendente ajuste completo entre fé cristã e pensamento clássico. Enfrentou então alguns séculos de dormência no Ocidente, enquanto surgia ao mesmo tempo com frescor no mundo islâmico. Nos séculos XI e XII, a filosofia reemergiu em uma nova Europa, de forma alterada, e enfrentando alguma resistência. Então, ao mesmo tempo incrementada e desafiada pelo trabalho de pensadores islâmicos e judeus, desfrutou no século XIII de uma era dourada de análise sistemática e especulação, correspondente a um novo grau de racionalização na política e na sociedade. E o final? A significância do pensamento do século XIV permanece contestada, apesar da substancial demonstração de seu brilhantismo por parte da erudição recente. Ao final da narrativa, portanto, o leitor terá de se mover do contexto para o conteúdo, familiarizando-se nos capítulos posteriores com as ideias e os argumentos dos quais dependerá sua própria compreensão da filosofia medieval como um todo, e não apenas a do século XIV.

Antes de começarmos, devemos notar um fato óbvio, mas importante. Os pensadores medievais não sabiam que eram medievais. A expressão "Idade Média" (no latim *medium aevum*; daí *medievalis* e "medieval") foi inicialmente usada para designar o período entre os mundos "antigo" e "moderno", no século XVII. Na escrita histórica e na consciência popular posterior, uma oposição radical é frequentemente retratada entre a Idade Média (ou "Idade das Trevas") e a fase inicial da era moderna, chamada desde o século XIX de "Renascimento". Como veremos, mesmo os menos filosóficos dos séculos medievais não foram completamente "sombrios", e as relações entre o pensamento renascentista e o medieval são bem mais complexas do que sugerem as representações do primeiro como uma iluminação revolucionária.

O SURGIMENTO DA FILOSOFIA MEDIEVAL NO FINAL DO IMPÉRIO ROMANO

O surgimento da filosofia medieval parece surpreendente não apenas a partir de uma visão "apenas racional" da filosofia, mas também sob a luz da oposição polêmica entre cristianismo e filosofia, que data desde a depreciação da "sabedoria do mundo" por São Paulo (especificamente, a sabedoria buscada pelos gregos) e seu alerta contra "a filosofia e a fraude vazia" (1 Coríntios 1,20-24, Colossenses 2,8). Essa era uma incompatibilidade que o antigo apologista norte-africano Tertuliano (cerca de 160 a cerca de 230) celebrava como absoluta. Sua motejante questão "O que tem Atenas a ver com Jerusalém?" foi um desafio aos compromissos cognitivos de seus contemporâneos de mente filosófica (*Sobre a Prescrição contra os Hereges* 7 [428] 8-10). Se hoje pensamos que a filosofia requer um completo isolamento dos envolvimentos da crença religiosa, podemos facilmente nos imaginar assumindo a mesma atitude ao avesso.

Mas, historicamente falando, a concepção de Tertuliano, de uma linha divisória entre religião e filosofia, foi ímpar. De fato, quando Paulo foi realmente confrontado pelos filósofos na colina do Areópago em Atenas, ele assumiu uma linha conciliatória, notando a concórdia entre sua própria pregação e os versos de um poeta estoico (Atos 17,28). No antigo mundo mediterrâneo, a filosofia não consistia em uma reflexão arcana sobre a natureza do que pode ser conhecido ou o valor do que deve ser feito, abstraída do negócio cotidiano de se viver em sociedade. Ela clamava, ao invés disso, por um engajamento completo da pessoa do filósofo no esforço de conhecer a verdade e fazer o bem. Para os próprios filósofos, ela correspondia a um modo de vida plenamente encompassante.¹ De fato, por volta dos séculos II e III d.C., a filosofia, como praticada pelos estoicos, platonistas e epicuristas, e o cristianismo, como professado entre os convertidos gregos e romanos educados, começavam a parecer bastante semelhantes. A filosofia havia vindo, nas palavras de E. R. Dodds, "a *significar* cada vez mais a busca por Deus".²

Em um mundo como esse, era fácil para alguém como Justino (falecido em torno de 163/167), buscando entre os filósofos uma resposta para o enigma da vida, terminar como cristão, e finalmente como mártir. Como apologista de sua fé, ele continuava a vestir a farda distintiva do filósofo e anunciava o cristianismo como filosofia no sentido mais completo da palavra (*Diálogo com Trifão* 8 [411] 198b). Havia, por certo, uma literatura de controvérsia lançando o pensador cristão contra o pagão, mas o tom às vezes ácido desses escritos era parcialmente devido ao fato de que os antagonistas lutavam por um território intelectual comum. Os escritores e professores cristãos do século III, Clemente de Alexandria e seu pupilo, Orígenes, e suas contrapartes pagãs, Plotino e seu discípulo, Porfírio, falavam a mesma linguagem filosófica, bebiam do mesmo reservatório conceitual – o neoplatonismo emergente – e até mesmo frequentavam círculos comuns.³

A filosofia medieval nasceu precisamente nesse cenário intelectual. Não por coincidência, houve também circunstâncias sob as quais o cristianismo veio a ser a religião oficial do Império Romano. É de fato apenas um breve exagero caracterizar a conversão legal, iniciada no princípio do século IV pelo imperador Constantino, como um epifenômeno derivado deste ambiente cultural mais geral. O caminho já havia sido preparado pelo espalhamento das comunidades judaicas e sua religião ao longo do Mediterrâneo, com uma correspondente helenização do pensamento judaico pelo contato com as ideias filosóficas gregas. Por volta do século III, uma corrente comum de discurso intruído floresceu entre a elite – pagã, judaica e cristã. A contribui-

---

1 Veja o convincente enunciado recente do caso feito por P. Hadot [406]. Há também o livro *Philosophy as a way of life* [407], do mesmo autor.
2 E. R. Dodds [402] 92.
3 Veja ibid. 105-108 e P. Brown [66] 90-93.

ção de Constantino foi simplesmente tornar dominante a variante cristã desse discurso, eventualmente de maneira opressiva, a partir do século IV. Mas o aparato conceitual, as inclinações intelectuais e as ferramentas interpretativas que foram usadas no curso desse processo não eram nem especificamente cristãs, nem muito novas. Em outras palavras, a conversão simplesmente assegurou que a formação filosófica do pensamento cristão, previamente a caminho, continuasse de maneira apressada, e viesse a caracterizar a cultura da instrução na Roma posterior. E também inaugurou a primeira de três fases da carreira da filosofia medieval.

O estilo de pensamento característico dessa fase é exemplificado em Agostinho, o retórico latino convertido em filósofo cristão e mais tarde bispo de Hipona, no norte da África, até sua morte em 430. Persuadido, como ele mais tarde explicou em suas *Confissões*, pela "exortação à filosofia" de Cícero, a abandonar sua vida de vaidade e promiscuidade e devotar-se à jornada interior demandada pelo amor à sabedoria, ele colocou-se no caminho que levava, por meio do conhecimento, "acima [para longe] dos deleites terrenos", na direção de Deus (*Confissões* III 4 [59]). Aqui, um papel diretivo crucial foi atribuído a "alguns livros dos platônicos traduzidos do grego para o latim", quase certamente trabalhos dos neoplatônicos Plotino e, possivelmente, Porfírio. Estes escritos levaram Agostinho à convicção de que o universo havia emergido e inevitavelmente tendia a retornar a um princípio único de bem, que é o próprio Deus, uma realidade brilhando acima, e ainda assim no interior, de cada um de nós, como a luz eterna da verdade (VII 9-10).[4]

Aos olhos de Agostinho, o passo seguinte do neoplatonismo em direção ao cristianismo era natural, quase inevitável. "Agora que li os livros dos platônicos e fui disposto por eles na direção da busca de uma verdade que é incorpórea... apeguei-me cobiçosamente à adorável escritura de Vosso Espírito, e especialmente ao apóstolo Paulo" (VII 20-21). Desse ponto de vista, as palavras de Paulo aos Atenienses no Areópago foram abertamente uma exortação a continuarem, com seu modo de vida escolhido, em direção à perfeição da verdade e do comportamento correto postos à vista no cristianismo (VII 9,

---

[4] Veja P. Brown [66] 94-95 sobre esses platônicos e como eles influenciaram Agostinho.

em referência a Atos 17,28). A busca de sabedoria do filósofo era, portanto, não apenas compatível com o ensinamento cristão. Ela era recebida, elevada de modo sublime e tornada plenamente realizável através da revelação divina e da graça em Cristo.

Os intelectuais cristãos da época de Agostinho, portanto, não tinham dúvida de que seguiam o caminho do filósofo. De acordo com esse fato, incorporaram tanto quanto puderam da herança filosófica clássica – tanto os hábitos mentais quanto o conteúdo conceitual – em seus padrões de discurso e modo de vida. O estoicismo e o neoplatonismo, as escolas antigas que pareceram suportes mais adequados aos compromissos práticos e intelectuais prévios do cristianismo, foram adicionadas virtualmente intactas aos esquemas morais e especulativos cristãos. Por exemplo, o mentor de Agostinho, o instruído e socialmente eminente bispo Ambrósio de Milão, seguiu o *Sobre os Deveres* de Cícero na elaboração de seu guia sobre os consideráveis deveres seculares e religiosos de um bispo. O próprio Agostinho explorou as implicações psicológicas e teológicas das teorias neoplatônicas da emanação em seu tratado *A Trindade*. E, em um dos mais proeminentes indicadores da aspiração cristã à herança do manto de estudos superiores greco-romanos, trabalhou durante os últimos quinze anos de sua vida a fim de produzir, em sua obra-prima *A Cidade de Deus*, a prova de que o cristianismo podia competir de igual para igual com o melhor que a erudição pagã tinha a oferecer.[5]

O estímulo imediato para o relato histórico e trans-histórico de Agostinho sobre a condição humana em *A Cidade de Deus* foi a acusação de que o abandono dos antigos deuses do paganismo havia sido responsável pelo saque de Roma pelos visigodos em 410. Quando Agostinho morreu, os vândalos encontravam-se aos portões de Hipona. Desde o início do século V, as partes ocidentais do império – da moderna Itália e Líbia até o Atlântico – vinham sendo postas sob controle militar de exércitos bárbaros, principalmente germânicos, grupos de soldados e suas famílias, aos quais os livros de história se referem como tribos. Estes intrusos teutônicos estabeleceram sua preeminência política naquilo que os romanos os haviam ensinado a chamar

---

[5] Veja ibid. 299-307.

de reinos. Sua soberania, no entanto, não reduziu drasticamente a influência das elites romanas, nem diminuiu a importância da cultura e erudição latina entre as classes governantes. No reino ostrogodo da Itália, no início do século VI, por exemplo, a alta cultura latina brilhou tão fortemente quanto em qualquer ponto desde Cícero.

Neste cenário, o patrocínio oficial de estudos filosóficos levou a uma ênfase sobre o pensamento puramente especulativo ou teórico que ia além de Agostinho e Ambrósio. O proeminente senador Boécio, cônsul romano e conselheiro do rei ostrogodo Teodorico, procurou levar a cabo uma completa tradução e comentário dos trabalhos de Platão e Aristóteles, na esperança de conduzir o discurso filosófico latino a um nível de sofisticação até então encontrado apenas em grego. Sua execução em 525 sob acusações de traição impediu-o de avançar além dos trabalhos de lógica que compõem o *Organon* de Aristóteles. Além desses trabalhos exegéticos, no entanto, Boécio também deixou para trás uma brilhante epítome de sabedoria grega, *A Consolação da Filosofia*, e alguns pequenos tratados nos quais aplicava a análise filosófica a questões de teologia. Esse corpo de textos estabeleceu um léxico de equivalentes latinos para termos e conceitos gregos, o qual seria utilizado pela filosofia medieval por mais um milênio. Cassiodoro, um romano de posição social ainda mais elevada e, de modo semelhante, um conselheiro na corte ostrogótica, realizou um feito menos prodigioso do ponto de vista técnico, mas talvez igualmente influente. Seu *Instituições de Letras Divinas e Seculares* oferecia um currículo de educação cristã no qual o cânone de clássicos retóricos e filosóficos continuava a desempenhar um papel principal.

Na região falante do grego no Império Romano oriental, foi o caráter extramundano da filosofia antiga tardia que veio à baila, no final dos séculos V e VI. A obra intitulada *Elementos de Teologia*, escrita pelo neoplatônico Proclo, líder da Academia fundada por Platão em Atenas, é um exemplo importante. Entre os cristãos, a mesma tendência mística na contemplação do divino, talvez intensificada pelo contato com a angelologia da literatura judaica helenizada, aparece em uma série de curtos tratados sobre tópicos, tais como os nomes divinos e a hierarquia celestial, escritos na Síria ou na Palestina. Da autoria de alguém claramente influenciado pelas ideias de Proclo, esses trabalhos circularam sob o nome de Dionísio, mencionado nos Atos 17,34 como um dos antigos pagãos que Paulo confrontou no Areópago, convertido pelas palavras do apóstolo. Sob um nome tão ilustre, as obras de Pseudo-Dionísio foram levadas a uma posição de grande proeminência nas tradições cristãs subsequentes de teoria e prática mística.[6]

Os séculos iniciais que se seguiram à conversão do Império Romano, portanto, testemunharam a maturação de uma corrente de especulação cristã em grande parte contínua com os padrões do pensamento antigo tardio, aqueles padrões que precederam à conversão ou foram evidentes depois dela fora dos círculos cristãos. Consequentemente, essa primeira fase da filosofia medieval respondia a algumas das preocupações da filosofia tal como é praticada hoje. Podemos posicioná-la ao longo de uma trajetória histórica que conecta a filosofia da Grécia clássica com aquela do mundo moderno.

Essa situação foi dramaticamente alterada, no entanto, a partir do século VI. Depois de Boécio e Cassiodoro, o discurso instruído na parte ocidental do império tornou-se menos hospitaleiro ao tipo de reflexão envolvida na visão de Agostinho sobre a vida cristã, considerada como o alcance bem-sucedido da jornada filosófica em busca de sabedoria. Vislumbres da tradição primitiva podiam ainda ser encontrados na Espanha, politicamente sujeita, na época, aos reinos dos visigodos germânicos. O trabalho continuava, ali, na tradição enciclopédica latina, que havia assimilado boa parte da especulação grega nos séculos da grandeza de Roma. As mais renomadas desse período são as *Etimologias* de Isidoro, bispo de Sevilha. Em outras partes do Ocidente, a atenção voltava-se de maneira crescente para fins apenas narrativos, afetivos ou práticos. Mesmo a escrita sobre tópicos puramente religiosos tornava-se menos teológica, no sentido de estar menos engajada no exame sistemático e na exploração de doutrinas, e mais devocional e inspiracional. Na parte oriental do império, o Imperador Justiniano é comumente assumido como tendo fechado as escolas de filosofia em Atenas, em 529. Se de fato houve tal fechamento (foi levantado o argumento de que os filósofos pagãos continuaram a atrair estudantes em Atenas depois de Justiniano), ele não deve ser pensado como o golpe de misericórdia desferido sobre o pensamento filosófico greco-romano.[7] Já aqui, também, a "filosofia", mesmo em sua forma cristã, não se encontrava mais no centro da atenção instruída.

---

[6] Proclo, *Elementos de Teologia* [381]. Pseudo-Dionísio, *Obras Completas* [78].
[7] Veja A. Cameron [395] e H. J. Blumenthal [393].

Disciplina monástica e erudição

Isso nos leva à segunda parte de nossa história, que percorre o meio do século XI e concentra-se no Ocidente. A partir do final do século VI, a metade ocidental do mundo mediterrâneo sofreu uma série de profundos choques econômicos e demográficos, os quais a apartaram cada vez mais, comercialmente, politicamente e, por fim, culturalmente, dos ainda vitais centros do Império Romano e da economia, localizados no Oriente falante do grego.[8] O que se seguiu não foi a extinção do aprendizado latino clássico, que havia nutrido a primeira fase da filosofia medieval, mas um estreitamento de foco e redirecionamento de interesse. Já desde o século V na Gália e VI na Itália, as escolas públicas de cultura latina e literatura haviam desaparecido. Romanos proeminentes, e germânicos que aspiravam à proeminência, aprendiam suas letras em casa, talvez com um tutor particular. Esses foram os indivíduos que conduziram adiante o que devia ser o remanescente do discurso letrado, enquanto a política e a economia do império declinavam. Era entre os bispos cristãos, e nas casas ou *familiae*[9] de dependentes e conselheiros reunidos em torno destes, que tal aprendizado ocasionalmente se elevava acima do nível elementar. As ferramentas, no entanto, não mais incluíam o que as gerações anteriores haviam chamado de filosofia e nem mesmo, entre as três artes linguísticas fundamentais conhecidas como *trivium*, a lógica ou *dialectica*. O que era aprendido em casa era simplesmente a gramática, a qual incluía a familiaridade com os clássicos da prosa e poesia latina e os rudimentos da retórica ou estilo. Os produtos dos salões episcopais de cultura superior eram principalmente sermões, relatos de milagres e História.[10]

Assim começou o que chamei de período de dormência da filosofia medieval. Com uma incrível exceção, há pouco nestes séculos do que hoje identificaríamos como "filosófico" e talvez, de maneira mais importante, não muito do que Agostinho e Boécio teriam também chamado de filosofia. Ao

---

[8] Veja o trabalho recente sobre cultura em W. A. Goffart [404] e P. Amory [392] e sobre economia por meio da arqueologia em R. Hodges e D. Whitehouse [409].
[9] N.T. "Famílias".
[10] Ainda a melhor introdução a essa cultura da Europa medieval-primitiva/romana-tardia é a de P. Riché [421] 139-210 e 266-290.

invés disso, a inspiração e o veículo para o aprendizado e o letramento jaziam com uma nova cultura de monasticismo latino. Quando o pensamento abstrato especulativo e analítico emergiu novamente, no final do século XI, o fez em meio ao ambiente monástico, o qual merece, portanto, nossa atenção.

Pela tradição, as origens do monasticismo cristão são traçadas até os heroicos fundadores Antônio e Pacômio, no Egito do início do século IV. Algumas das comunidades de ascetas do deserto que surgiram a partir desse ponto interagiram significativamente com o centro de aprendizado helenístico localizado em Alexandria. Guiados pelo ideal de filosofia cristã epitomizado por Orígenes, estas comunidades situaram a jornada do monge em direção à santidade ao longo do caminho do filósofo em busca de sabedoria.[11] Mas as correntes mais influentes para os desenvolvimentos ocidentais seguiram outro curso. Nessas correntes, a procura de Antônio pela paz interior e pela indiferença para com o mundo, através do combate apaixonado contra os demônios da tentação e do desespero, forneceu o modelo para a disciplina ascética. Essa era uma missão ao mesmo tempo mais prática que especulativa, e mais rotinizante que desenvolvimentista.

No início do século V, esse modo de vida foi introduzido no Mediterrâneo ocidental através das ilhas de Lérins (no que é hoje o sul da França) e de Marselha. Estas áreas tornaram-se rapidamente campos de treinamento para a disciplina monástica no Ocidente latino, escolas de prática monástica e trampolins para o proselitismo voltados para o território romano situado a norte e oeste. Não eram, no entanto, escolas de letras. Assim como nos centros episcopais contemporâneos de erudição antiga posterior, a entrada para estas comunidades exigia um mínimo fundamento em gramática e retórica, mas o objetivo não era promover o avanço da erudição cristã, nem moldar sensibilidades cristãs instruídas. Seu programa espelhava ainda menos a ideia de Agostinho da busca por sabedoria. O objetivo era adquirir os hábitos dos heróis monásticos e vencer os desejos da carne. Além da Bíblia, a literatura mais relevante para o currículo monástico consistia em vidas de santos e relatos domésticos de virtude monástica, dos quais os mais famosos circularam em várias coleções, como o *Apophthegmata patrum* ou *Dizeres dos Padres do Deserto*.[12]

---

[11] Sobre esse assunto, veja O. Chadwick [397].
[12] Sobre essa cultura do monasticismo ocidental primitivo, veja novamente P. Riché [421] 100-122 e 290-303.

É sob essa luz que devemos enxergar a invocação do Salmo 34,12 na *Regra de São Bento*, escrita na Itália em meio ao século VI, e normativa no interior do monasticismo ocidental do século IX em diante. Ali Deus clama à sua obra humana: "Quem é o homem que deseja a vida e quer longevidade para ver o bem?" A resposta esperada é "[deixar] de lado [a] própria vontade [para que assim] tome as toda-poderosas e corretas armas da obediência para lutar sob o verdadeiro Rei, o Senhor Jesus Cristo" ([362] 43). A jornada por bondade, já há vários séculos definida como o equivalente cristão do modo de vida filosófico, é agora interpretada significando o recolhimento atrás das paredes do claustro, com a adoção de uma disciplina de oração em comum e submissão pessoal a um abade. Para aqueles dispostos a seguir uma diretiva desse tipo, figuras clássicas como Sócrates e Platão, ou outras mais próximas como Agostinho e Boécio, não mais provêm o exemplo apropriado. Modelos mais rudes e heroicos passam à frente, como o maior de todos os eremitas do século IV, o galo-romano Martinho de Tours. E, de fato, suas lições para a vida não foram transmitidas por meio de diálogo, confissão ou meditação, mas sim na vida de um santo.[13]

Não que o ambiente monástico latino fosse inteiramente hostil aos tipos mais especulativos de aprendizado. Uma tradição de erudição ativa originou-se na Irlanda, que havia sido convertida ao cristianismo no século V, ao mesmo tempo em que a autoridade militar romana era deslocada no resto da Europa pelos bandos militares germânicos. Ali, onde a ordem social greco-romana nunca se havia enraizado, emergiu um aprendizado cristão que também dependia do mínimo gramático e retórico do currículo antigo, mas que – ao contrário do aprendizado do continente, onde as letras sobreviviam nos lares da elite – era gerado inteiramente no interior do ambiente monástico no qual era aplicado. Pelo meio do século VII, esse híbrido latino-irlandês de mortificação pessoal e disciplina das letras romanas havia sido transplantado, via atividade missionária, para o norte da Inglaterra. Lá, um bloco de fundações monásticas nutriu uma florescência de letramento na qual reapareceu parte da visão intelectual de Agostinho. O duplo mosteiro de Wearmouth e Jarrow rendeu o mais fino fruto dessa cultura, na

---

[13] Veja o perene favorito entre os leitores cristãos medievais, *A Vida de São Martinho*, pelo instruído estilista romano, Sulpicius Severus [427]. Sobre Martinho como paradigma de um tipo de proeminência cristã, veja P. Brown [394] 106-127.

pessoa do prolífico escritor e tipo central de erudito monástico medieval, Bede (falecido em 735). Além de compor comentários bíblicos, Bede foi, por assim dizer, um especialista em "tempo": escreveu uma história da Igreja e um tratado sobre os cálculos esotéricos envolvidos na determinação da data da Páscoa.

Com base no aprendizado monástico inglês do século VIII, somado a uma provável infusão do aparentemente não interrompido cultivo de altos estudos latinos no norte da Espanha, um notável, mesmo que relativamente breve, fenômeno cultural emergiu no continente europeu, sob a sombra protetora de uma dinastia expansionista de reis francos: a de Carlos Magno e seus sucessores imediatos.[14] Nos escritos de eruditos carolíngios, durante o final do século VIII e os primeiros três quartos do século IX, vem à luz um gosto por especulação e investigação, e uma aplicação da quase esquecida arte da lógica. Pela primeira vez no Ocidente desde o século V, a controvérsia teológica sobre doutrinas específicas envolveu a curiosidade de intelectuais ansiosos por raciocinar sobre sua fé. O gigante filosófico entre eles, e às vezes uma figura alarmante para o trabalho dos pensadores posteriores, foi João Escoto Erígena (falecido em cerca de 877). Nascido na Irlanda (e daí o "Erígena"), ele conheceu o grego, leu e traduziu Pseudo-Dionísio. O acesso de João à tradição mística platonizante forneceu alguns dos elementos para seu *Periphyseon*, uma ousada visão especulativa das "naturezas" vindo de Deus e retornando a Ele.

Ainda assim, a excepcional erudição do período carolíngio foi justamente isso, uma exceção – no caso de Erígena, uma exceção formidável. A cultura monástica ocidental da Idade Média central havia fomentado um aprendizado inclinado para a ascese, capaz de produzir maravilhosas coreografias de canto, oração e liturgia, mas dificilmente trabalhos de importância especulativa.[15] Devemos

---

[14] W. Levison [414]

[15] Como observou R. W. Southern, por volta do século XI a realidade da vida beneditina para os monges da mais prestigiosa das comunidades monásticas, Cluny, era quase inteiramente absorvida pela rotina da celebração comum de serviços no coro ([425] 160-164). Ainda a melhor descrição das inclinações intelectuais e espirituais dessa cultura monástica é a de J. Leclercq [413]. Para uma abordagem mais recente do mesmo assunto, veja M. Carruthers [396]. Veja também J. Coleman [399]. Os últimos, no entanto, baseiam-se fortemente em desenvolvimentos posteriores a 1100.

esperar outros dois séculos, a partir do século IX, para que surja algum filosofar significativo no Ocidente. Mas em outro lugar a situação era bem diferente.

O Islã

Em 622, o profeta árabe Maomé fugiu de sua cidade nativa, Meca, para a mais hospitaleira Medina, onde começou sinceramente sua missão, em última instância bem-sucedida, de levar a toda a península árabe o que apresentava como a revelação final de Deus à humanidade. Aqui, no extremo oposto do mundo romano considerado a partir da Irlanda – essa última tão importante, em torno da mesma época, para o Ocidente medieval –, havia se erguido, num turbilhão, um movimento ao mesmo tempo religioso e profundamente social que varreria, dentro de um século, muito do que restara das partes politicamente integradas do Império Romano, juntamente com seu rival ainda mais antigo, a Pérsia. Por volta de 720, o domínio militar e político do Islã se estendia da Espanha, no oeste, passando pelo norte da África, Palestina, Síria e Arábia, até o vale dos rios Tigre e Eufrates, a Pérsia e as fronteiras da Índia, no leste. Um núcleo do Império Romano oriental fora preservado na Grécia, nos Balcãs e na Ásia Menor. Isso é o que é hoje chamado de Império Bizantino, centrado em Constantinopla. No entanto, a maioria das terras nas quais a versão cristã de aprendizado helenizado ainda retinha algo de sua vitalidade havia caído sob o novo domínio.

É importante notar que, apesar de seu expansionismo e sua insistência na absoluta submissão dos crentes à nova regra de fé incorporada no Alcorão, a elite política conquistadora muçulmana não era intolerante com relação aos povos ou culturas sobre as quais estabelecia hegemonia. Na Síria, por exemplo, a filosofia antiga posterior, como exemplificada pelos judeus helenizados de Alexandria, por Orígenes, Porfírio e mesmo pelos mais místicos como Proclo e Pseudo-Dionísio, continuou a ser promovida em meio a um estrato instruído no topo da sociedade dominada. Por volta do fim do século IX, esse tipo de discurso letrado havia estabelecido uma cabeça-de-ponte no interior dos círculos intelectuais árabes. Al-Kindi, residente da cidade dos califas em Bagdá, é comumente venerado como o pai da filosofia árabe, tanto por seus próprios escritos como pelo trabalho que encorajava em outros. Nos duzentos anos seguintes, o período central do monasticismo no Ocidente, foi principalmente no mundo islâmico que a busca intelectual por sabedoria persistiu e avançou. Aqui podemos posicionar um início da terceira fase principal da história da filosofia medieval.

Já com Al-Kindi, o interesse muçulmano pela filosofia grega demonstrava um fascínio particular pelos trabalhos de Aristóteles. Nisso ele se equiparava a uma direção que Boécio havia tomado três séculos antes, a qual sem dúvida facilitou a recepção do pensamento árabe no Ocidente, quando o próprio trabalho de Boécio foi ressuscitado, por volta do final do século XI. Mas a rapidez com que o mundo islâmico desenvolveu um domínio sobre toda a herança grega e começou mapear seu próprio caminho é surpreendente. O grande polímata persa Avicena (Ibn Sina, falecido em 1037) produziu a síntese especulativa mais impressionante desde os antigos neoplatônicos. Em sua influência sobre críticos e defensores, igualmente, tanto no Islã quanto no Ocidente, o pensamento de Avicena pode ser facilmente comparado ao de Kant ou Hegel nos tempos modernos.

Na Espanha, local de um emirado que se opunha a Bagdá desde a metade do século VIII, lar do califado de Córdoba a partir de 929, um florescimento separado da mesma extraordinária cultura havia começado com apenas um pouco de atraso. Ali, o dinamismo das comunidades judaicas assegurava que os judeus instruídos desempenhassem um papel proeminente. O texto fortemente neoplatonizante intitulado *Fonte da Vida*, escrito em árabe pelo poeta judeu do século XI Avicebron (Salomão Ibn Gebirol), foi influente entre os muçulmanos e também, em tradução latina, nos círculos cristãos posteriores localizados ao norte. Por volta do século XII, o foco havia-se estreitado sobre Aristóteles ainda mais do que antes, e a sofisticação interpretativa aplicada a suas obras pelos intelectuais espanhóis havia dado um passo qualitativo para além de todos os tratamentos anteriores. Moisés Maimônides, judeu nascido e educado em Córdoba, mas ativo por muitos anos como médico no Cairo, apontou o caminho com seu *Guia para os Perplexos*, escrito, como o trabalho de Avicebron, em árabe. Em Averróis (Ibn Roshd), médico e advogado cordovano da mesma época e que terminou seus dias em Marrakesh em 1198, a erudição muçulmana produziu uma série monumental de comentários das obras de Aristóteles, que forneceram um foco para alguns dos debates filosóficos mais importantes dos séculos seguintes. Os pensadores cristãos posteriores, por exemplo, encontrariam enunciado em Averróis o desafiador ideal de um modo de vida puramente filosófico superior ao caminho da fé religiosa.

Tomada em sua completude, a evolução do pensamento especulativo no mundo muçulmano marcou um enriquecimento considerável da herança filosófica da Antiguidade. As realizações árabes na matemática e na filosofia natural, especialmente a astronomia, dispuseram as fundações para a ciência medieval posterior no Ocidente e, em última instância, armaram o palco para a Revolução Científica do século XVII.

O avanço do Ocidente e o ressurgimento da filosofia

Por volta do ano 1050, os territórios europeus do antigo mundo latino haviam absorvido, cristianizado e aculturado politicamente as terras germânicas até a Escandinávia, bem como as regiões Eslavas na Europa central. O Ocidente agora projetava uma presença mais formidável no palco global. Aqui, na terra natal do aprendizado monástico de Bede e das magníficas abadias beneditinas da Idade Média central, a filosofia redespertou. Os primeiros indícios foram os desenvolvimentos independentes no Islã. Podemos assim falar em dois inícios separados da terceira fase de nossa história, um no Islã, com Al-Kindi e seus sucessores, outro na Europa, com Anselmo e Abelardo. Na (por vezes) turbulenta confluência dessas duas correntes de pensamento, encontraremos algumas das principais realizações da filosofia no período posterior da Idade Média.

As raízes da transformação social ocorrida no Ocidente se estendem a até pelo menos o século X, naquilo que se tornaria uma revolução econômica através da Europa medieval. Graças a uma combinação de inovações tecnológicas (incluindo o arado com rodas, as ferraduras e o arreio de arado para cavalos), somada a uma reconfiguração da estrutura social, que estava ligada à expansão do feudalismo e ao poder crescente dos senhores feudais, o nordeste da Europa evoluiu, entre 900 e 1100, de uma área rural esparsamente povoada, ocupada por uma agricultura virtualmente voltada à subsistência, para uma topografia mais complexa de produção excedente, crescimento populacional, vilas emergentes (e até mesmo pequenas cidades), e os primórdios de significativos mercados e comércio.[16]

É essa transformação fundamental, de uma sociedade atrasada para uma dinâmica, que explica o avanço do Ocidente no final do período medieval e início do moderno. Sinais internos de uma nova ordem podiam ser vistos na revigoração das monarquias reais da França e da Inglaterra, no aparecimento de comunidades urbanas autogovernadas na Itália e na reforma da hierarquia eclesiástica na Igreja, evidenciada por um impulso na direção do celibato clerical e de uma maior independência com relação ao controle secular. Externamente, a mudança se anunciava em uma postura mais agressiva para com os vizinhos da Europa latina. A Reconquista – expansão militar dos principados cristãos do norte em direção às terras centrais e, eventualmente, do sul da Espanha Muçulmana – já estava em curso por volta da metade do século XI. Em 1054, um papado cada vez mais autoconfiante e descompromissado em Roma excomungava o patriarca de Constantinopla. O cisma com a ortodoxia oriental permanece até os dias de hoje. E, por fim, o evento mais famoso: em 1095, ocorreu a primeira de uma série de invasões massivas ao leste do Mediterrâneo, compostas de mercenários e fiéis cristãos em busca de salvação – as Cruzadas. Estas se repetiriam periodicamente, ao longo de duzentos anos.

A importância de todos esses fatos para a história europeia, e de fato para a história mundial, dificilmente pode ser exagerada. Aqui jaz a origem do que é visto hoje como a hegemonia global do Ocidente, cuja desejabilidade, inevitabilidade, durabilidade ou mesmo realidade, é ardentemente debatida, mas que sem dúvida parece assombrar a consciência coletiva, como um tipo de pesadelo pan-étnico ou como um sonho tornado realidade.

No que diz respeito à filosofia, esses eventos significaram o nascimento de uma sociedade na qual os indivíduos instruídos eram livres para dirigir seus esforços à análise e especulação por si mesmas e, eventualmente, àquele uso da razão pura do qual a filosofia tanto se orgulha hoje. Os sintomas de novos hábitos mentais, e um tipo de cultura letrada inteiramente diferente de qualquer uma descrita anteriormente, apareceram inicialmente no interior das próprias insti-

---

[16] Para uma introdução a esse tópico, veja o clássico de L. White Jr. *Tecnologia Medieval e Mudança Social* [431].

tuições de atividade erudita e produção literária mais características da Europa ocidental, no centro da Idade Média: os mosteiros. Estes haviam sido não apenas a vanguarda da pregação, das devoções religiosas e da escrita histórica de nosso segundo período medieval, mas também os provedores do alicerce pedagógico do mesmo. Como indicado acima, esse alicerce incluía a gramática e a retórica, mas geralmente não a outra arte linguística da Antiguidade, a lógica. A partir do século XI, alguns dos monges mais instruídos começaram a procurar entre os textos lógicos de Aristóteles e Boécio, os quais haviam sido conservados em suas bibliotecas, por algo que sentiam estar faltando em sua educação.

Uma poderosa voz promovendo a fascinação pela lógica foi ouvida em um dos centros de reforma eclesiástica e espiritual, a abadia de Bec, no ducado da Normandia. Ali, o abade italiano Lanfranco já havia anteriormente composto um comentário às epístolas de São Paulo, no qual analisava sua estrutura lógica, bem como retórica e gramática.[17] O mesmo abade assumiu o desafio de aplicar as ferramentas da dialética às questões de doutrina religiosa em disputa na época. Na controvérsia e intercâmbio de tratados entre Lanfranco e Berengário de Tours sobre a natureza da Eucaristia, a arte da lógica assumiu uma posição de proeminência no discurso da elite letrada, pela primeira vez na Europa latina desde o período carolíngio. Por volta do final do século XI, advogados ainda mais persuasivos começaram a ser ouvidos, como o primitivo nominalista Roscelino, homem de dificuldades; e Anselmo de Aosta, que foi sucessor de Lanfranco como abade em Bec e mais tarde também como segundo arcebispo normando da Cantuária.

A especulação medieval alcançou uma nova clareza e rigor nos escritos de Anselmo. O mais famoso desses escritos entre os filósofos, o *Proslogion* (Proslógio), expõe algo que pode ser lido como uma prova de Deus baseada na razão. Esse texto forneceu o alicerce histórico para o que mais tarde veio a ser conhecido como "argumento ontológico". O *Proslogion* foi originalmente intitulado "A Fé Buscando o Entendimento". Nesse texto, em uma meditação completamente baseada na tradição monástica beneditina, reaparecem as feições do ideal agostiniano de uma jornada intelectual cristã em direção à sabedoria. Descrevendo-se como "alguém que se esforça para elevar sua men-

---

[17] R. W. Southern [146] 33-35, 40-41.

te à contemplação de Deus e procura entender aquilo em que crê", Anselmo insistia não apenas em que o uso da razão não prejudicava a fé, mas que era de fato completamente apropriado a esta. "Não pretendo, Ó Senhor, penetrar vossa elevação... mas desejo, em alguma medida, compreender vossa verdade." Sua celebrada caracterização do projeto no qual estava envolvido é a seguinte: "Não busco compreender para crer, mas creio para compreender" (*Proslogion*, prefácio e cap. 1).[18]

Esse novo modelo de esforço intelectual reviveu uma forma de discurso há muito ausente no Ocidente, e também alterou o caráter desse discurso. Com sua excepcional ênfase na lógica, o modelo infundiu um matiz profundamente analítico à erudição da baixa Idade Média. Em seus diálogos sobre tópicos como a verdade, o livre-arbítrio e a queda do Diabo, mesmo o devoto contemplativo Anselmo podia soar mais como um mestre de universidade do final do século XIII do que como o retoricamente moldado Agostinho. A virada em favor da lógica se instaurou definitivamente no final do século XI e início do século XII, em ritmo acelerado. Por volta de 1100, ela havia encontrado um campeão em Paris, na pessoa de Pedro Abelardo, cujo brilhantismo sobrepujava todos os seus contemporâneos e apontava para os primeiros avanços significativos em teoria lógica desde os antigos estoicos. Os pensadores do século XII estavam, de fato, tão cônscios do que vinham adicionando à herança de Aristóteles e Boécio, especialmente em lógica proposicional e teoria dos termos, que cunharam um epíteto para a dialética de sua época: a *logica modernorum* ou "lógica dos modernos".[19]

Esse desejo de aplicar as ferramentas da razão, afiado pela dialética, estendeu-se a todas as áreas de conhecimento. Os primeiros sinais dos novos hábitos de pensamento, em Berengário e Lanfranco, haviam aparecido na discussão de um importante mas limitado tópico teológico, o sacramento da Eucaristia. Com Abelardo, no início do século XII, o estudo metódico da crença religiosa levan-

---

[18] Sobre a defesa de Anselmo do emprego da razão em questões teológicas como um modo de alcançar um "entendimento" que se encontra "a meio caminho entre a fé e a visão direta", veja sua carta ao Papa Urbano II em [138] I (II) 39-41, e traduzida parcialmente por G. Schufreider [144] 240-241.

[19] Como início, ver L. M. De Rijk [471] e G. Nuchelmans [468].

tou voo. Agora, a panóplia completa da especulação racional e análise lógica havia-se voltado para o entendimento de todo o alcance da fé e da prática do cristianismo. O resultado foi uma virtual reinvenção da teologia como discurso sistemático e, por vezes, altamente abstrato; esse fato representava um marcado distanciamento dos hábitos meditativos, memorativos e associativos do passado monástico. Abelardo dirigia-se a uma nova sensibilidade, ao defender seus esforços desbravadores em teologia. Segundo sua explicação, ele respondia aos "estudantes que pediam razões humanas e lógicas sobre o assunto, e exigiam algo mais inteligível do que [as] meras palavras" que recebiam do aprendizado sagrado tradicional de sua época (Abelardo, *Historia calamitatum* [152] 78).

A mesma ânsia de entendimento racional era sentida a respeito da conduta humana e do mundo exterior. A *Ética* de Abelardo apresenta uma explicação conceitual da responsabilidade moral que ainda hoje merece respeito por seus méritos filosóficos. E onde antes havia sido suficiente uma filosofia natural mínima, centrada na astronomia e no calendário, ao lado das ricas interpretações simbólicas da exegese bíblica e literária, as mentes instruídas do século XII começaram a exigir explicações causais de processos, e categorização cuidadosa das propriedades e tipos das coisas. Fazendo eco de Abelardo no pensamento religioso, Adelardo de Bath, um inglês que liderava o movimento dirigido aos novos métodos de investigação do mundo exterior, insistia que Deus havia dotado a humanidade de razão justamente para que pudéssemos deslindar as regras a partir das quais o mundo criado operava. Longe de minar a confiança fundamental de que Deus seria responsável, em última instância, por tudo que existia e tudo que acontecia, tal entendimento revelava a extraordinária providência de uma Divindade que havia escolhido trabalhar através de uma causação regular mas mediada.[20] De fato, a tendência crescente, entre os pensadores do século XII, de enxergar o cosmos como uma estrutura racionalmente ordenada, passível de investigação e análise por parte da mente racional, levou alguns historiadores a descrever esse período como uma época de "Descoberta da Natureza".[21] Não há dúvida de que os termos *"natura"* e seu equivalente grego *"physis"* foram bastante usados pelos estudiosos latinos, tanto

---

[20] Adelardo de Bath, *Quaestiones naturales* 1 e 4; trad. para o inglês R. C. Dales [401] 39-40.

[21] M.-D. Chenu [507] 4-18.

para descrever o mundo exterior, como para indicar as regularidades das quais o funcionamento deste último dependia.

Um modo conveniente de conceituar essa harmonia ordenada encontrava-se prontamente disponível nos textos cosmológicos neoplatônicos, preservados nas bibliotecas monásticas. De fato, o verdadeiro protótipo desses textos podia ser usado: o único trabalho de Platão que havia sido traduzido para o latim no final do Império Romano, o *Timeu*. A popularidade dos tratados de filosofia natural construídos a partir de uma metafísica e uma visão do universo platonizantes, na França daquele período, encorajou os historiadores a propor a existência específica de uma "Escola de Chartres": um centro de aprendizado episcopalmente supervisionado, onde os escritores-chave dessas obras haviam de ter estudado e ensinado, e a partir do qual suas visões haviam de ter sido disseminadas pelo Ocidente latino. Embora não esteja mais em voga pensar em Chartres como a localização física de uma escola desse tipo, o fato é que a visão de mundo platônica realmente moldou a maioria das abordagens da natureza na Europa ocidental do século XII.[22]

Uma inclinação similar também tornara os intelectuais latinos receptivos às vigorosas tradições de filosofia natural e matemática nos territórios islâmicos mais ao sul e ao leste: Espanha, sul da Itália e Sicília. Os círculos médicos e filosóficos bem-cultivados de Toledo, Córdova, Valença e Sevilha – onde o hebraico, o árabe e o latim confluíam em um ambiente erudito verdadeiramente polivalente – atraíam indivíduos como Adelardo, da Inglaterra, e Gerardo de Cremona, da Itália. Esses indivíduos se esmeravam no aprendizado judaico e muçulmano, e começavam a traduzir textos para o latim: a princípio, riquezas especulativas daquela parte do mundo e depois obras do mediterrâneo oriental clássico grego e helênico. O sul da Itália também foi um local de intensa atividade, particularmente nos centros de aprendizado médico de Salerno e arredores, onde foram compostos textos que transmitiram muito da filosofia natural grega e islâmica para o Ocidente.

Uma mudança tão radical de interesses e atitudes eruditas, com uma infusão tão massiva de aprendizado de fontes estrangeiras, dificilmente poderia deixar de provocar oposição. Estava em jogo nada menos que o destino de duas

---

[22] Ver a contribuição definitiva de R. W. Southern para o debate em [426] 61-85.

formas culturais divergentes, se não necessariamente opostas. De um lado, encontrava-se a velha rotina litúrgica, devocional e meditativa dos mosteiros; do outro, a nova ânsia de especulação e análise aplicada a tudo que fizesse parte da mente e do mundo. Para alguns indivíduos comprometidos com os antigos ritmos da cultura monástica latina, a relação do estilo teológico de Abelardo para com o cristianismo genuíno se assemelhava bastante à relação entre Atenas e Jerusalém aos olhos de Tertuliano. Um exemplo proeminente entre esses conservadores culturais foi o influente reformador religioso e pregador, Bernardo de Clairvaux. Estimulado pelos professores tradicionais de estudos sagrados, ele conseguiu a condenação de algumas das doutrinas de Abelardo em 1140, no concílio eclesiástico de Sens, o segundo a ser convocado contra o grande lógico tornado teólogo. Em uma carta ao papa Inocêncio II, composta para a ocasião, Bernardo expôs ao ridículo os métodos pedagógicos de um homem que, segundo ele, "elevava os filósofos com grande louvor, afrotando assim os professores da Igreja, e preferia suas imaginações e novidades à doutrina e à fé dos Padres Católicos". Tornando claro que era o método de Abelardo, tanto quanto a substância do que este dizia, que trazia ofensa, Bernardo aludia à justificativa do próprio Abelardo, certo de que as palavras de seu antagonista postariam-se como sua própria condenação: "Julguei inadequado que as bases da fé devessem ser entregues aos *raciocínios humanos* para discussão, quando, como é de acordo, [a fé] repousa sobre um fundamento tão firme e seguro" (Carta 189 [23] 89; grifo adicionado).

Mas, apesar de toda a proeminência de Bernardo como reformador institucional e porta-voz de uma hierarquia eclesiástica recentemente triunfante, sua convocação de uma resistência unida contra o novo aprendizado estava destinada ao fracasso.[23] O entusiasmo com relação à sabedoria especulativa e a abordagem analítica da interpretação era muito forte para ser suprimido. Já antes

---

[23] Apesar de sua oposição ao novo racionalismo, os escritos do próprio Bernardo representam uma considerável reorientação do pensamento monástico na direção das aspirações agostinianas de sabedoria. A presença destes ritmos mais "filosóficos" na especulação monástica latina a partir do século XII é o que torna os estudos modernos do aprendizado monástico ocidental – por exemplo, os três mencionados ao final da nota 15 – guias tipicamente mais confiáveis para as sensibilidades monásticas da Baixa Idade Média do que para aquelas do período central.

de Bernardo, vinham desenvolvendo-se instituições que nutriam e disseminavam as novas práticas entre uma corte sempre crescente de lógicos e pensadores especulativos – filósofos, de fato, tanto no sentido antigo quanto no sentido moderno da palavra. Por volta do final do século XI, círculos de erudição mais uma vez se reuniam em torno de bispos proeminentes, como nos séculos finais do Império Romano ocidental, porém de forma original. Encontramos agora instituições que podem ser legitimamente chamadas de escolas-catedrais, com mestres pagos pelo bispo e estudantes atraídos de fora do clero residente. A distribuição dessas escolas pela França e Inglaterra tornou-se conhecida por especialidades intelectuais: ensino religioso em Laon, gramática e dialética em Paris, retórica em Orleans, filosofia natural árabe e grega em Hereford. Para estes polos educacionais, eram atraídas mentes brilhantes como a de Abelardo, e, como no caso deste, era frequentemente em tais lugares que essas mentes iniciavam suas próprias carreiras de ensino. Às vezes, um indivíduo com uma reputação como a de Abelardo chegaria mesmo a oferecer instrução sem buscar uma sanção eclesiástica formal, recebendo estudantes que pagavam por suas lições em um tipo de escola privada.

Em centros de educação superior como esses, indo de escolas-catedrais a reuniões de estudantes monásticas ou privadas *ad hoc*, a totalidade do currículo antigo fora ressuscitada. Não apenas a gramática e a retórica, mas também, é claro, a lógica, terceira das artes do *trivium*, e agora também as quatro artes matemáticas ou *quadrivium*: aritmética, geometria, astronomia e música. Dado o interesse rapidamente crescente pela filosofia natural, e na verdade pela filosofia de qualquer tipo, amplamente concebida, não é surpresa que o programa educacional em alguns desses locais tenha-se expandido além de qualquer coisa do gênero oferecida na Roma tardia. Começamos a ver lugares onde a investigação em praticamente todas as áreas de pensamento ou prática era formalmente promovida.

No coração de tudo isso erguia-se a lógica, agora o paradigma para investigação e sumário em todos os campos. Começando com a leitura e exposição literal, em classe, dos textos fundamentais sobre um assunto, emergira um sistema formal de questões e respostas. Nesse sistema, os estudantes podiam exercitar suas habilidades lógicas em debates e, ao mesmo tempo, colocar as palavras das autoridades sob a lente da análise crítica, avançando em direção a uma maior compreensividade e melhorando a consistência da exposição, com mais clareza de entendimento. Esse método de análise, debate e resolução em classe, tornar-se logo padrão nas escolas emergentes. As principais disciplinas do aprendizado da Baixa Idade Média começavam a tomar forma, cristalizando-se em torno da semente dos recentemente compostos e logo universalmente adotados livros-texto. Estes eram estruturados como coleções de pontos de debate, tocando todos os aspectos significativos do assunto em questão.[24] Em teologia, havia as *Sentenças* da metade do século XII, do parisiense Pedro Lombardo; em lei canônica, o pouco anterior *Decretum* do Mestre Graciano de Bolonha; e em lógica, os numerosos comentários, sumários e coleções de questões associadas a várias facções acadêmicas, particularmente na metrópole da instrução, Paris.

Racionalização na sociedade: política, religião e instituições educacionais

De uma perspectiva mais ampla, o avanço explosivo do raciocínio – isto é, a aplicação explícita da lógica como ferramenta tanto analítica quanto sintética – no interior do método escolhido para o discurso instruído estava ligado a um fenômeno mais geral de racionalização da própria sociedade. "Racionalização" é um termo usado aqui no sentido de diferenciação das funções sociais e regularização das práticas pelas quais estas eram conduzidas, todas acompanhadas necessariamente por um aumento de complexidade das instituições – aquilo que associaríamos hoje a "burocracia". Dois tipos de racionalização, a intelectual e a social, caminhavam lado a lado, pois cada qual encorajava e dependia do progresso da outra. Foi mencionado acima que as monarquias reais haviam-se elevado, por volta do final do século XI, a uma posição de eminência como instrumentos de ordem política, nas terras cada vez mais prósperas e populosas da Europa ocidental. O século XII presenciou a consolidação dessas realizações, até o ponto em que uns poucos reinos haviam-se tornado de longe as estruturas políticas dominantes, fundamentos para os estados-nação que viriam a emergir no início dos tempos modernos. A evidência da nova realidade política podia ser vista na efetiva implementação de uma "paz real" ao longo de amplas regiões da

---

[24] Ver B. Lawn [412] 10-13.

Inglaterra, França, norte da Espanha e sul da Itália. Nesse caso, "paz" significava não apenas um emudecimento das hostilidades, tal como o que havia caracterizado a competição entre senhores feudais durante a Idade Média central, mas também a expansão dinâmica do poder real para reforçar o cumprimento das expectativas reais de comportamento adequado.

O estado da ordem eclesiástica também se vinha alterando. Controvérsias sobre os costumeiros direitos de governantes laicos apontarem os bispos em seus domínios eram cada vez mais resolvidas em favor da independência da Igreja. Como arcebispo da Cantuária, Anselmo tivera uma parcela de influência nesse processo, no início do século XII. Um século mais tarde, o primeiro artigo da *Magna Carta* declarava que o rei devia deixar inviolados "os direitos e liberdades da Igreja inglesa". Por essa época, o papado havia-se tornado uma monarquia reconhecida e efetiva em seu próprio direito, clamando autoridade única e completa como herdeira do príncipe dos apóstolos, São Pedro. O domínio papal era exercido principalmente sobre os oficiais da Igreja institucional, a princípio bispos e abades. Mas, no século XIII, houve também reivindicações implícitas de autoridade sobre questões seculares, uma autoridade que rivalizava, e mesmo suplantava, a dos reis e imperadores.

Para o governo laico e eclesiástico desse período, a realização mais concreta foi a elaboração de um sistema dual de cortes papais e reais. Estas alcançavam localidades que até então haviam conhecido somente a costumeira justiça da lei feudal. Traziam também a possibilidade de apelação a um julgamento monárquico – e, portanto, de um ponto de vista local, menos senhoril e partidário – mais ao alcance do que jamais fora, a pessoas muito mais abaixo na escala social. Uma mediação e intervenção requeria investimento. A taxação por parte de autoridades laicas e eclesiásticas desenvolveu-se rapidamente ao longo dos séculos XII e XIII, com algumas das inovações mais geniais sendo feitas pelos papas. Os impostos trouxeram consigo a necessidade de administração do gasto e da arrecadação, e dessa forma surgiram as primeiras tesourarias reais. A mais famosa dessas foi o Erário Inglês, que contava com procedimentos escritos de contabilidade e pessoal permanente: em suma, uma burocracia primitiva.

A transformação não estava limitada à oficialidade e às camadas superiores da sociedade. Havia fermento também no nível popular. Desde o final do século XI, esse fermento tomava forma mais perceptivelmente na agitação em favor de uma maior participação laica na religião e no desenvolvimento de novas formas devocionais. Havia também um difundido criticismo do modo de vida e dos padrões morais prevalecentes entre o clero. A previsível tensão entre esse ativismo popular e os esforços oficiais de organização e controle irrompia em acusações de heresia, marcas das primeiras instâncias de algo que poderia ser caracterizado como heresia popular ou amplamente social na Europa ocidental desde a Roma tardia.[25] Por volta das últimas décadas do século XII, partes do sul da França, norte da Itália e a Renânia contavam com pelo menos duas bem desenvolvidas redes de comunidades religiosas populares, os Cátaros e os Valdenses. Cada uma destas se opunha à dominação e desafiava a autenticidade da hierarquia eclesiástica estabelecida, e ambas eram rotuladas de hereges pela maioria dos oficiais clericais e seculares.

A resposta das autoridades superiores foi a ereção de baluartes institucionais contra a dispersão do poder, tanto material quanto ideológico. No lado ideológico, os papas começaram, no século XII, a convocar os primeiros concílios eclesiásticos universais ou "ecumênicos" desde o século VIII, os primeiros de fato na Europa ocidental. Tais reuniões, que obviamente não incluíam representantes das igrejas ortodoxas orientais, emprestavam apoio às reivindicações papais de liderança de uma Igreja na qual as linhas de autoridade coalesciam-se no topo. Elas também definiam a doutrina aceitável – isto é, ortodoxa – e construíam um aparato de disciplina. Em 1215, no quarto Concílio de Latrão em Roma, por exemplo, o papa Inocêncio III presidiu sobre uma assembleia de oficiais provenientes de toda a cristandade latina. O resultado foi um enunciado autorizado da fé que todos os cristãos eram obrigados a aceitar e uma convocação à confissão pessoal a um padre e ao recebimento da eucaristia pelo menos uma vez por ano, para todos os crentes. Após séculos de relativa indiferença, essas medidas revelavam uma séria intenção de levar a população laica às igrejas e pô-la em contato mínimo com os rudimentos da fé. Mas o concílio também expedia uma ameaça inconfundível de punição à discordância. Isso tornava-se explícito na reafirmação formal de uma injunção ministrada por um papa anterior em 1184, a qual comandava os bispos a investigar suas dioceses anualmente em busca de evidências de não conformidade. Aqui jaziam as origens da Inquisição medieval e moderna.[26]

---

[25] Ver R. I. Moore [420].
[26] Ver as seleções dos cânones do concílio em E. Peters [23] 173-178.

Medidas como essas, e os passos frequentemente mais brutais realizados pelos governos laicos a fim de suprimir a discordância e manufaturar ao menos a aparência de aquiescência e uniformidade, levaram o historiador R. I. Moore a escrever sobre a "formação de uma sociedade persecutória" na Europa ocidental nos séculos XII e XIII, uma visão cada vez mais adotada pela erudição recente sobre o final do período medieval e início do moderno.[27] Por esse ângulo, uma das mais salientes realizações institucionais da organização eclesiástica no início do século XIII, a fundação das duas primeiras ordens de frades mendicantes, os franciscanos e os dominicanos, assume um caráter profundamente ambíguo. Vagando entre a população, como pregadores da ortodoxia irrepreensivelmente desapegados e empobrecidos, os mendicantes foram rapidamente assimilados aos mecanismos oficiais de educação e disciplina eclesiástica. No lado educacional, o ensino e a pregação dos frades eram grandemente informados pela instrução em suas próprias casas de estudo e nos centros de aprendizado superior em desenvolvimento. No lado disciplinar, os dominicanos, logo seguidos pelos franciscanos, assumiram um papel conspícuo em uma centralizante inquisição papal, a qual havia sido estabelecida durante o século XIII, a fim de exceder em astúcia os assaltos inquisitoriais anuais dos bispos. Esse era o contexto social mais amplo da filosofia na Baixa Idade Média, um contexto repleto de estratégias de controle e esforços para imposição de ordem a um mundo desordenado e cheio de protestos.

O contexto institucional imediato no qual o novo aprendizado tinha lugar era também em si mesmo racionalizado. Havia diversos modelos: os círculos privados italianos, as novas ordens monásticas e, particularmente, o crescimento das guildas de mercadores e artesãos nos centros comerciais. Seguindo esses exemplos, blocos de escolas até então sem regimento, em alguns dos sítios mais proeminentes de atividade educacional, começaram a se consolidar e organizar ao longo de linhas institucionais corporativas. O ímpeto para estes movimentos partia da comunidade de mestres (ou estudantes!) de cada sítio. A base legal era o conceito da lei romana, então recentemente ressuscitado, de "corporação": um grupo de indivíduos agindo legalmente como uma só pessoa. Embora os passos nessa direção devam ter sido dados em lugares como Paris e Bolonha por volta

---

[27] Ver R. I. Moore [419].

da metade do século XII, somente no século XIII apareceram os primeiros documentos atestando a existência destes monopólios pedagógicos. Por essa época, Paris, Bolonha e Oxford já eram produtores universalmente aceitos de aprendizado superior, e pelo menos cinco outros centros desse tipo foram fundados até o final do século: Cambridge, Pádua, Nápoles, Toulouse e Montpellier. Por volta do século XIV, essas instituições eram habitualmente nomeadas por um dos sinônimos de corporações, "universidades".

Foi nas universidades que o aparato de educação avançada associado à Europa da Baixa Idade Média tomou forma. No interior de cada universidade, os grupos de mestres e estudiosos que trabalhavam nas várias disciplinas se organizaram em faculdades, com seus sentidos próprios de identidade subcorporativa e seus próprios selos oficiais para ratificar documentos. Fundamentais para todos os outros estudos superiores eram as artes, desenvolvidas a partir dos tradicionais *trivium* e *quadrivium*, mas incluindo uma seleção mais variada do que seria pensado hoje como filosofia e ciência natural, e dando maior atenção à lógica. A Faculdade de Artes, dessa forma, aglutinava-se no núcleo de cada universidade, e era a faculdade da qual a maioria dos estudantes matriculados receberia instrução. Entre os estudos mais avançados, para os quais a certificação de "Bacharel em Artes" seria normalmente esperada como precondição, um trio clássico logo se estabeleceu: Direito, dividido nas duas subdisciplinas principais de lei civil e eclesiástica (ou canônica); Medicina; e Teologia, rainha das faculdades e disciplina mais prestigiosa, por volta do século XIII. Ao mesmo tempo cada faculdade começava a formalizar seu currículo, com textos e cursos obrigatórios, exames, aprendizados de docência ou bacharelados, limites de tempo e certificação cerimonial de realização, as bases para os modernos diplomas acadêmicos. Assim surgia um elaborado sistema para obtenção de credenciais em áreas talhadas de acordo com as complexas demandas sociais. Aquela era, é claro, uma sociedade que avançava rapidamente no interior da especialização institucional e, portanto, requeria habilidades cada vez mais técnicas e diferenciadas de escrita e raciocínio, no governo, na religião e – em regiões de riqueza comercial – até mesmo em serviços como a medicina. O que vemos aqui são os estágios iniciais de profissionalização de um número crescente de indivíduos da elite instruída da Europa ocidental.

Todo esse complexo é subjacente ao "escolasticismo" do fim da Baixa Idade Média, que constitui a forma discursiva de aprendizado e especulação presente no auge ocidental de nossa terceira fase da filosofia medieval.

Aristóteles e o escolasticismo do século XIII

Talvez o mais interessante evento singular associado com o amadurecimento dessa cultura, e certamente o que atraiu mais atenção nas histórias do pensamento medieval, foi a assimilação do corpo quase completo dos escritos sobreviventes de Aristóteles. Do lado material, isso significou a integração ao currículo, primariamente na Faculdade de Artes, mas também em grau considerável na Teologia, das outras obras de Aristóteles, além dos primeiros livros do *Organon*. Impulsionados por um assíduo programa de traduções, inicialmente de versões árabes, mas cada vez mais do grego original, e frequentemente subsidiados por oficiais eclesiásticos ou seculares, os acadêmicos dos séculos XII e XIII familiarizaram-se intimamente com o restante do *Organon* e depois com as contribuições de Aristóteles às ciências naturais, seguidas por sua metafísica, quase simultaneamente com sua ética, e, finalmente, sua política.

Do lado formal, a história tem a ver com um novo paradigma de conhecimento. Mais cruciais aqui foram o desempacotamento e a adoção ostensiva das prescrições de Aristóteles para o conhecimento do tipo mais superior: *"epistèmè"* em grego, *"scientia"* em latim. Para cada campo de investigação, o objetivo tornara-se a identificação de princípios básicos que definissem "de modo evidente" a natureza essencial do assunto e então a dedução rigorosa, a partir desses princípios, de um corpo sistemático de verdades concernentes às propriedades do assunto. A chave para esse esquema – daquilo que os pensadores da Baixa Idade Média aceitavam regularmente como o ideal ao qual a "ciência" deveria aspirar – jaz enterrada nos *Analíticos Posteriores* de Aristóteles. João de Salesbury, um baluarte de erudição do século XII, havia apontado esse tratado, por volta de 1160, como crucial para a compreensão da "arte da demonstração, que é a mais exigente de todas as formas de raciocínio". João reclamava que o material dos *Analíticos Posteriores* era "extremamente sutil", confessando que em sua época "poucas mentalidades [podiam] fazer muito progresso" nesse tratado (*Metalogicon* IV 6 [157] 212). Somente por volta do segundo quarto do século XIII o texto veio a receber comentário escrito e interpretação por parte de Roberto Grosseteste, em certa época mestre de teologia em Oxford e posteriormente bispo de Lincoln.[28]

---

[28] Ver S. P. Marrone [200].

A partir de Grosseteste, eruditos de todas as disciplinas buscaram constituir seus trabalhos como trabalhos científicos. Até mesmo a teologia foi uma candidata, pelo menos até metade do século XIV, a despeito do maçante problema de que seus primeiros princípios pareceriam ter sido recebidos de Deus, por meio da fé, ao invés de captados como evidentes por si mesmos na vida presente. A "ciência" aos olhos escolásticos, portanto, envolvia muito mais do que as ciências naturais e matemáticas reconhecidas hoje.

Por certo, muito desse conteúdo e forma aristotélica foi recebido no interior de um conjunto mais amplo de práticas intelectuais que só pode ser descrito como neoplatônico, incluindo uma noção hierárquica de ser e um sentido de subordinação – e mesmo sublimação – das coisas materiais ao imaterial e espiritual. Ademais, havia mentes hábeis que eram críticas de muitos aspectos de Aristóteles mesmo no auge da influência deste, como Boaventura e Pedro João de Olivi. O que é chamado "aristotelismo", portanto, assumiu muitas formas no mundo escolástico, nenhuma delas pura. Com todas essas qualificações, no entanto, foi largamente sob a tutela de Aristóteles que esforços extraordinários foram feitos durante o século XIII, mesmo em faculdades de teologia, para estabelecer um corpo de conhecimento com o qual todas as mentes racionais, cristãs ou não, pudessem consentir. Um resultado disso foi que grande parte do que hoje seria considerado filosofia foi produzido naquela época por teólogos.

Os melhores e certamente mais celebrados exemplos de especulação teológica em que teve lugar um filosofar intensivo se apresentam nas obras de certo número de teólogos do final do século XIII, dos quais todos ensinaram durante pelo menos parte de suas carreiras na Universidade de Paris, a joia da coroa teológica da Baixa Idade Média. Esses vão dos frades dominicanos Alberto Magno e Tomás de Aquino, passando pelos franciscanos Boaventura e João Duns Escoto, até os mestres "seculares" – isto é, ainda clericais, mas nem mendicantes nem monásticos – Henrique de Gand e Godofredo de Fontaines. Pensadores religiosos profissionais como esses, todos treinados extensivamente em faculdades de artes e especialistas em lógica, consideravam a filosofia (assim chamada também por eles próprios) – o raciocínio aplicado à evidência obtida de modo natural – como distintamente diferente do entendimento baseado em verdades reveladas por Deus de modo sobrenatural. Todavia, consideravam a primeira forma de pensar como sendo um importante concomitante da segunda. Se a religião pretendesse alcançar sua dignidade intelectual completa, os teólogos deveriam ser versados em tudo o que a mente pudesse saber, não importando a fonte. Não deveriam nunca se desviar de um argumento lógico ou natural quando houvesse um disponível, mesmo para as verdades que tivessem sido concedidas por revelação. Para esses intelectuais, a filosofia possuía valor, mesmo no interior de sua disciplina eclesiasticamente sancionada, apenas por ser a serva da teologia, *ancilla theologiae*. E, uma vez que a assistência proveniente da filosofia era mais efetiva, quanto mais completamente sua integridade fosse preservada em toda a sua autonomia natural e não teológica, a especulação e a análise na qual esses pensadores se engajavam em nome da filosofia podem ser lidas e apreciadas até mesmo pelo mais irreligioso racionalista de hoje.

Havia, de fato, alguns escolásticos, principalmente nas faculdades de artes e especialmente em Paris, que sustentavam que a filosofia, por si mesma, seria capaz de conduzir às alturas da verdade – a qual era considerada, pelos mestres de teologia, como alcançável somente em seu discurso profissionalmente privilegiado, guiado pela fé e pelos ensinamentos da Igreja. Entre esses pensadores, mais notavelmente os mestres de artes Siger de Brabante e Boécio de Dácia, o ideal de um modo de vida filosófico levado adiante independentemente das instituições religiosas reapareceu no Ocidente pela primeira vez, desde o tempo em que os filósofos pagãos haviam competido com os cristãos "filosóficos". De acordo com alguns historiadores, esses filósofos estavam convencidos de que o uso da "razão natural", por si mesmo, levaria o buscador da verdade a perseguir a sabedoria que Orígenes ou Agostinho haviam buscado através da sublimação da jornada platônica, em um empenho de contemplação cristã. Diferentemente de Orígenes ou Agostinho, eles pensavam que levá-lo em consideração dos ditames irracionais da fé, ou das prescrições doutrinárias da ortodoxia, colocar-se-ia como obstáculo no caminho.[29] A distinção entre pensamento filosófico e religioso feita pelos escolásticos da Baixa Idade Média subordinava o segundo ao primeiro, talvez mesmo erradicando o pensamento religioso.

Sem surpresa, houve uma reação a esse frequentemente chamado "averroísmo" mesmo nos recintos iluminados das universidades "cientificamente" orientadas. Já em 1210 e 1215, os eclesiásticos de Paris haviam banido conferências públicas sobre os livros de filosofia natural de Aristóteles e bem conhecidos trabalhos árabes, provavelmente Avicena acima de todos. Essas restrições se

---

[29] A. de Libera [415].

desmantelaram com a virtual absorção de Aristóteles pelo currículo acadêmico, por volta dos anos 1240. Mas a radical associação de "sabedoria" e "pura razão" pelos mestres de artes em Paris, ao final dos anos 1260 e início dos anos 1270, e mesmo o respeito que teólogos como Alberto e Tomás dirigiam à filosofia como fonte de verdade autocontida, conduziu à renovação dos medos. Em 1270, e novamente de modo mais extensivo em 1277, o bispo de Paris condenou oficialmente o ensino de uma hoste de proposições, cuja maioria nós consideraríamos puramente filosóficas, as quais eram vistas pelos mestres de teologia como prejudiciais à fé cristã, mas circulavam livremente nas escolas parisienses. Os próprios escritos de Tomás de Aquino foram pelo menos indiretamente implicados nas denúncias, uma situação trazida mais próxima da superfície em condenações de espírito semelhante por parte de arcebispos da Cantuária em 1277, 1284 e 1286.[30] Hoje, os estudiosos debatem até mesmo a efetividade de curto prazo dessas proibições, e por volta da metade do século XIV muitos mestres de artes e teologia sentiam-se livres para o debate sem levar em consideração nenhuma das listas de ensinos proscritos. Estava claro, no entanto, que os estudos superiores em religião e filosofia não podiam coexistir sem o risco de conflito.

Por volta do final do século XIII, um cabo de guerra similar, mas mais ameaçador, havia começado a emergir em círculos menos sequestrados atrás de muralhas acadêmicas, e mais abertos à laicidade em geral. Um número de teólogos, que mantinham laços próximos com comunidades devocionais de laicidade letrada e semiletrada na Renânia, via o chamado à busca pela sabedoria através da razão, não como uma injunção separando a filosofia da teologia, mas como um convite para ver como, ao seguir a razão até as profundezas da alma, se poderia vir a descobrir a verdade da revelação sem recurso à supervisão eclesiástica. Os frades dominicanos Ulrico de Estrasburgo, Dietrich de Freiberg e o mais famoso Mestre Eckhart (1260-1327) voltaram-se para as tradições neoplatônicas de Pseudo-Dionísio e dos pagãos Proclo e Plotino, para restituir um programa de iluminação mental pessoal como o caminho para o encontro quase beatífico com Deus. O fato de que todos eles, mais uma vez especialmente Eckhart, estivessem profundamente envolvidos com o ministério entre a população não

---

[30] Para uma iniciação à enorme literatura sobre as condenações, começar com R. Hissete [408].

clerical emprestava a seus esforços especulativos uma ressonância marcadamente distinta daquela dos mestres de artes anteriores, tais como Siger de Brabante e Boécio de Dácia. Entre esses primeiros místicos da Renânia, começamos a ver uma surpreendente polinização cruzada entre o discurso instruído e o popular, e o enraizamento do que pode ser apenas chamado de atitude filosófica entre as fileiras das pessoas comuns.[31] De modo ainda mais intrigante, foram as comunidades laicas femininas, popularmente conhecidas desde o início do século XIII como "beguinas", que se provaram mais receptivas a esse tipo de pensamento e forneceram inspiração para grande parte da filosofia mística da Europa do final da Idade Média e início da Era Moderna.

O CONTROVERSO SÉCULO XIV

Em algumas histórias, o auge da filosofia medieval, ou, de fato, de toda a filosofia, é o século XIII. Ao longo dos últimos cinquenta anos, no entanto, estudiosos sintonizados com a lógica contemporânea e com a filosofia analítica têm encontrado também muito a admirar no pensamento do século XIV. Os escolásticos desse período tomaram como ponto de partida a lógica proposicional e terminista que havia começado a ser desenvolvida no tempo de Abelardo, e, no mesmo espírito de Abelardo, aplicaram seus resultados em lógica ao trabalho em outros campos. A nova abordagem, a *"via moderna"*, floresceu nas universidades ao longo dos séculos XIV e XV.

A acepção da *via moderna* é por vezes creditada ao brilhante franciscano de Oxford, Guilherme de Ockham (falecido em 1347/1348). Ockham é também celebrado – ou atacado – por seu nominalismo, isto é, por sustentar que os universais, como *homem* e *vermelho*, são nomes (*nomina*) e não coisas (*res*). Tem sido argumentado que "conceitualismo" seria um rótulo mais apropriado para a visão de Ockham, mas, em qualquer caso, nem Ockham nem sua posição sobre o problema dos universais devem ser considerados como a totalidade da *via moderna*. O que é claro, de qualquer modo, é que as universidades do século

---

[31] Ver A. de Libera [416] bem como K. Ruh [423], R. Imbach [410], e em inglês, B. McGinn [364].

XIV devotaram uma enorme energia intelectual à investigação de quebra-cabeças lógicos – enigmas envolvendo autorreferência, por exemplo – e a jogos chamados "obrigações", nos quais o objetivo era surpreender um oponente em meio à contradição, como resultado da aceitação de premissas aparentemente bastante consistentes. Essas atividades pressagiavam uma preocupação com a filosofia da linguagem e com tópicos de forma lógica que faria o discurso escolástico do período parecer curiosamente em casa no mundo da filosofia analítica do século XX. Ao mesmo tempo, havia uma inclinação, no século XIV, para a intensa análise da natureza da quantidade e para a experimentação com modos de raciocínio quantitativo nas disciplinas acadêmicas mais disparatadas, da física à teologia. Os líderes, nesse caso, foram um grupo de Oxford, chamados em sua própria época de *calculatores*". Em seu trabalho e naquele de pensadores tais como os mestres parisienses João Buridano e Nicolau de Oresme, alguns estudiosos discerniram os alicerces da Revolução Científica.[32]

A agudez lógica que veio a reinar nas universidades, na primeira parte do século XIV, deu origem a atitudes críticas na metafísica e na teologia, atitudes que correspondiam a certo grau de ceticismo sobre a solidez de sistemas de pensamento como aqueles do século anterior. Tem sido argumentado que, em alguns casos, a análise psicológica de como pensamos e agimos substituiu, nessa época, o discernimento metafísico sobre a realidade inteligível do que há para *pensar sobre* ou *agir por*.[33] Seja como for, o estatuto da teologia acadêmica como ciência ou sabedoria fora posto em questão. A fé servia como a base para a religião sem tanto, no que diz respeito a preâmbulos filosóficos, quanto um Tomás de Aquino havia pensado fornecer.

O século XIV presenciou também o amargo gozo, tanto em ação quanto em teoria, dos conflitos políticos inerentes à Cristandade do final da Idade Média. Como mencionado acima, por volta do final do século XII, o papado havia obtido autoridade monárquica sobre a hierarquia eclesiástica. Os papas estiveram também em posição de exercer uma considerável influência em assuntos seculares. Inocêncio III, convocador do Quarto Concílio de Latrão, interviera

---

[32] A historiografia remete a P. Duhem [510]. Para uma introdução, ver J. Murdoch [528].
[33] E. Gilson [403].

decisivamente nesses assuntos, em diversas ocasiões, conduzindo habilmente disputas entre reis, como no caso da França contra a Inglaterra, ou entre imperadores e eleitores imperiais, como na Alemanha. Na década de 1240, em um notável conflito entre o papa Inocêncio IV e o rei germânico e Sagrado Imperador Romano Frederico II de Hohenstaufen, o papa conclamou todos os monarcas católicos para se unirem em uma cruzada contra o próprio imperador. Essa iniciativa mostrou-se mal-sucedida, mas a diplomacia papal logrou refrear, apesar de tudo, as esperanças de Frederico sobre o governo efetivo de toda a Itália, e dispôs as bases para o colapso da dinastia de Hohenstaufen no início da década de 1250.

Por volta do final do século XIV, alguns reis haviam acumulado um nível de poder efetivo capaz de forçar a aquiescência a seus comandos, poder que suplantava a capacidade de resistência dos papas. Foram necessários dois confrontos entre o papa Bonifácio VIII e o rei da França, Felipe IV, um envolvendo impostos e o outro jurisdição real sobre altos oficiais eclesiásticos, para tornar claro o estado prático das coisas. Após a prisão e humilhação de Bonifácio nas mãos de mercenários franceses em 1303, e sua subsequente e acelerada desaparição de cena, ninguém na Europa seria capaz de duvidar que o que era comumente pensado como poder "real" pertencesse ao governante laico. Por aproximadamente setenta e cinco anos, de fato, a corte dos papas estivera localizada bem ao lado do reino francês, nos bancos do Reno em Avignon, onde amplamente se suspeitava que os franceses tomassem todas as decisões cruciais, em um período descrito por um escandalizado contemporâneo como o "cativeiro babilônico da Igreja".

No lado da teoria política, o poder laico e o poder papal tiveram cada qual seus defensores. Houve também pensadores que tentaram manter um dualismo mais ou menos equilibrado. Por volta do fim do século XIII, os teólogos parisienses Giles de Roma e Jaime de Viterbo compuseram tratados expondo uma visão da autoridade clerical na sociedade que foi apelidada de "hierocrática", por causa do poder governamental que atribuía ao clero e, transcendentalmente, ao papa. No início do século XIV, uma prescrição mais realista para a separação de poderes entre monarcas seculares e eclesiásticos veio à tona nos trabalhos de testemunhas de eventos políticos recentes, como o teólogo João de Paris. Uma linha radicalmente anti-hierocrática foi desenvolvida no *Defensor da Paz* de Marsílio de Pádua, completado em 1324, que representava as reivindicações papais à "plenitude de poderes" *(plenitudo potestatis)*, em questões temporais bem como espirituais, como uma irresistível ameaça à ordem e à tranquilidade. Uma última contribuição medieval do lado papalista veio em 1326, com a *Suma sobre o Poder Eclesiástico* de Agostinho de Ancona (chamado de Augustinus Triumphus a partir do século XVI). Contudo, o maior corpo de escrita "política" medieval foi produzido pelo mesmo Guilherme de Ockham a quem tradicionalmente é atribuído tanto crédito ou censura pelo nominalismo e a *via moderna*. Ockham acreditava que o papa avignonense João XXII havia caído em heresia, ao condenar oficialmente as asserções – que a maioria dos franciscanos consideravam como verdades cristãs aceitas – da absoluta pobreza de Cristo e dos apóstolos. Ele, por conseguinte, escreveu um diálogo massivo sobre a heresia, "especialmente a do papa". Em trabalhos posteriores, direcionados mais amplamente a questões de poder eclesiástico e laico, Ockham defendeu a independência normativa de cada um em relação ao outro, concedendo entretanto que distanciamentos da norma – em qualquer direção – fossem por vezes necessários.

É fácil exagerar o radicalismo dos temas anti-hierocráticos ou antiautoritários no pensamento de um Marsílio ou de um Ockham. A teoria legal e a filosofia moral dos séculos precedentes continham muitos elementos de suporte à consciência individual e aos direitos naturais, inclusive os direitos de comunidades seculares e religiosas tomarem providências contra seus governantes, em casos extremos. Estudantes de Tomás de Aquino tomaram de seu pensamento e da *Política* de Aristóteles um forte interesse por uma constituição "mista" como a melhor forma de governo, uma que combinasse elementos de monarquia, aristocracia e democracia.[34] Quando essas ideias são, por sua vez, combinadas com as de Marsílio e Ockham e com as teorias de soberania elaboradas pelos hierocratas, temos o tumultuoso início do pensamento político europeu moderno.

Antes da virada do século XIV, o ouvido atento podia discernir ainda outros sinais de mudança. Depois de décadas de lógica terminista e metafísica nominalista, John Wyclif, mestre de teologia em Oxford, trouxe as contra-afirmações do realismo, nunca inteiramente extintas em qualquer ponto da Idade Média, ressoando de volta à cena central. Para ele, o comum e universal, longe de ser uma questão de meros nomes, constituía uma realidade superior ao individual e particular.

---

[34] Sobre os direitos, ver B. Tierney [589] e A. S. Brett [572]. Sobre a constituição mista, ver J. M. Blythe [571].

Na política, Wyclif baseou-se nos ataques tradicionais à riqueza e mundanidade eclesiástica para defender a virtual desapropriação da Igreja. Isso lhe valeu uma audiência momentânea nos círculos reais nos anos 1370 na Inglaterra. A Revolta dos Camponeses de 1381 afastou os patronos aristocráticos das ideias de Wyclif, mas novas sementes para uma reordenação da sociedade haviam sido semeadas. Enquanto isso, o próprio escolasticismo, ou pelo menos o domínio inquestionado dos métodos dialéticos e disputativos das universidades da Baixa Idade Média, começou a dar sinais de arrefecimento. Na Inglaterra, argumentou-se, o direito substituía a teologia como campo supremo de estudo. Homens de negócios, então, expulsavam os habitantes da torre de marfim como líderes da cultura literária da elite social e governante.[35] Por essa época, um novo ar já vinha agitando-se há algum tempo na Itália: um humanismo autoconscientemente antiescolástico, convencido de que o aprendizado e o pensamento deviam ser totalmente reformados para que pudesse emergir qualquer coisa de valor.

No entanto, o que o líder desse movimento, Francesco Petrarca, julgara adequado para carregar consigo em sua subida do Monte Ventoux, uma aventura frequentemente tomada como emblemática do início do Renascimento? Nada menos que as *Confissões* de Santo Agostinho, a autobiografia filosófica e espiritual do pensador com quem se iniciou nossa narrativa da filosofia medieval. Contrariamente à imagem do Renascimento como anticristão, Agostinho e outros padres da Igreja continuaram a exercer grande influência sobre os seguidores de Petrarca.[36] O próprio escolasticismo sobreviveu – os escolásticos repreendidos pelos luminares da Renascença eram mais frequentemente seus próprios contemporâneos do que as figuras às quais nos referimos neste capítulo – e a tradição de Tomás de Aquino, em particular, teve um renascimento no século XVI em Paris e na escola espanhola de Salamanca. Estes e ainda outros desenvolvimentos são mencionados no capítulo 13 deste *Companion*, sobre a presença da filosofia medieval no pensamento posterior. Entre o presente capítulo e aquele, meus colegas apresentarão as ideias para as quais tentei fornecer um pano de fundo: a história interna, por assim dizer, da filosofia criada nos contextos descritos até aqui.

---

[35] Ver W. Courtenay [400] 365-368.
[36] C. Trinkaus [429].

O LUGAR DA AUTORIDADE NO PENSAMENTO MEDIEVAL

A maior parte do filosofar da Idade Média foi realizado em um cenário de crenças religiosas baseadas primariamente na aceitação de textos particulares como divinamente inspirados. Pensadores judeus, cristãos e muçulmanos ofereciam argumentos para a aceitação da Bíblia ou do Alcorão como revelação divina,[37] mas, uma vez aceito dessa maneira, o texto sagrado adquiria uma autoridade que transcendia a razão humana. Como fonte absolutamente segura da verdade, especialmente a verdade sobre a natureza e os propósitos de Deus, as Escrituras serviam, daí em diante, como dado ou compromisso pré-teórico para o raciocínio posterior, e não, como em boa parte do pensamento moderno, como objeto de escrutínio crítico – e, talvez, cético.

A diferença entre as típicas atitudes medieval e moderna para com a autoridade das Escrituras (e também para com outras autoridades) é real, e não pode ser impedida de afetar nossa leitura da filosofia medieval. É também uma diferença que não se deve exagerar. Dois pontos podem ser abordados para ganharmos uma perspectiva sensível. O primeiro é que a autoridade, ou algo semelhante a ela, desempenha sempre algum papel no pensamento de qualquer época. Nenhum pensador, nem mesmo um Descartes, começa realmente do zero ou, até mesmo nos campos mais científicos, tenta oferecer prova de tudo o que reclama como verdadeiro. Em nossa própria época, a confiança nos especialistas é tão universal que chega a ser invisível. E a assunção de que a sanção política ou institucional, quando invocada, apoia-se em critérios transparentes de anuência, é mais frequentemente não examinada, talvez mesmo não justificada, do que o contrário. A aquiescência autoconsciente dos medievais para com a voz da autoridade não é, portanto, tão cegamente crédula em comparação com os hábitos modernos, como pode ser suposto.

O segundo ponto é que a confiança medieval nas Escrituras (ou o respeito por instituições reclamadoras de autorização escritural) provocava o

---

[37] Ver, por exemplo, Agostinho, *A Vantagem de Crer* [55]; Tomás de Aquino, *ScG* I, cc. 3-6; *ST* IIaIIae, q. 2, a. 9, ad 3. A relação entre raciocínio natural, filosófico, e verdade revelada é um tema principal na filosofia do Islã e na filosofia medieval judaica, como discutido nos capítulos 4 e 5 adiante.

pensamento, assim como o limitava. Como palavra de Deus, as Escrituras não podiam ser falsas, e qualquer coisa contrária às Escrituras não podia ser verdadeira. Dito isso, no entanto, não era um problema fácil decidir, em casos particulares, precisamente em que constituía a verdade. Tanto a Bíblia quanto o Alcorão comumente falavam de ambos os lados de um tópico, requerendo conciliação para que fosse estabelecida uma posição definitiva. Os Evangelhos, por exemplo, requeriam que os cristãos fossem pacifistas (a visão primitiva comum) ou aprovavam guerras justas (como argumentaram Agostinho e outros depois dele)? O mais importante é que a maior parte das Escrituras, se não toda, estava sujeita à interpretação. A formulação, pelos concílios eclesiásticos dos séculos III e IV, de dogmas fundamentais da ortodoxia cristã medieval, como a Trindade e a Encarnação, foi o resultado de intensos debates sobre o significado de passagens-chave das Escrituras (debates para os quais, incidentalmente, as ideias filosóficas gregas deram uma importante contribuição).

Em uma tradição com raízes nas estratégias clássicas gregas e romanas de leitura de textos canônicos míticos ou épicos, os exegetas cristãos da Idade Média central reconheciam quatro níveis interpretativos. Havia o significado literal das palavras (que poderia ser ele próprio metamórfico, como quando qualidades físicas eram atribuídas a Deus); a significação figurada, na qual a Bíblia Hebraica prenunciava o Novo Testamento cristão; a lição moral incrustada na letra; e finalmente o significado anagógico, pressagiador de maravilhas a ocorrer no fim dos tempos.[38] Uma tal hermenêutica possibilitava extraordinária flexibilidade no emprego das Escrituras como verdade padrão.

Em um degrau considerável abaixo da Bíblia e do Alcorão, mas ainda de autoridade eminente, estavam os escritos de autores aos quais a tradição havia garantido um prestígio especial. Diversos pensadores cristãos vieram a ser especialmente respeitados como "doutores" ou professores da Igreja: no Oriente, Atanásio, Gregório Nazianzeno, Basílio e João Crisóstomo; no Ocidente, os quatro escritores romanos tardios, Ambrósio, Jerônimo, Agostinho e Gregório, o Grande.

---

[38] Ver H. De Lubac [417] e B. Smalley [424].

Com o avanço das instituições de disciplina eclesiástica na Europa ocidental do século XI e os acompanhantes esforços para impor a ortodoxia dogmática – um fenômeno antecipado em vários séculos na Roma oriental e em vários centros de poder do Islã –, tornou-se comum citar pronunciamentos da hierarquia da Igreja como evidência de verdade ou falsidade, e tornou-se perigoso contradizer esses pronunciamentos. Havia um respeito único pela autoridade papal, especialmente como exercida em e com os concílios da Igreja, mas também como expressada em outras declarações e mandatos. Por certo, nenhuma teoria precisa de autoridade papal, episcopal ou conciliar obteve aceitação universal no período da Idade Média, nem mesmo no Ocidente. Um hierocrata dedicado como Agostinho de Ancona reconhecia a possibilidade de heresia papal, uma possibilidade que, como vimos, Ockham considerava como realizada em João XXII. Contudo, na época em que as escolas do século XII começaram a se coalescer, a supervisão eclesiástica veio a assumir uma presença significativa mesmo em debates de importância completamente secular, como, por exemplo, os relacionados à filosofia natural.

À época do sistema universitário plenamente desenvolvido, no final do século XIII, alguns renomados teólogos "modernos" receberam também estatuto de quase autoridade, especialmente no interior de suas próprias ordens religiosas. Apesar das disputas sobre quem contava como doutor legítimo, a presunção de verdade agarrava-se de maneira crescente às afirmações de pensadores como Tomás de Aquino, para os dominicanos, e Boaventura, para os franciscanos.

Fontes filosóficas

Nas escolas filosóficas mais tardias da Antiguidade, os textos dos fundadores eram vistos com profundo respeito. Isso usualmente permaneceu verdadeiro, mesmo em face dos desenvolvimentos subsequentes em direções bastante diferentes. Os primeiros pensadores cristãos herdaram esse senso de reverência, embora não sem um toque da sopesante suspeita em relação ao pensamento pagão, como expressada por Tertuliano. Agostinho, não surpreendentemente, pensava em Platão como divinamente inspirado, mesmo que não completamente iluminado pela totalidade da verdade cristã.

Quando essas tradições filosóficas foram ressuscitadas no Ocidente, ao final do século XI, as velhas atitudes voltaram à tona. Platão, ou qualquer ensinamento atribuível a ele, foi praticamente inatacável durante a maior parte do século XII. No século XIII, o guia secular *par exellence* para a verdade era Aristóteles, "o Filósofo". Novamente, a interpretação assegurava a flexibilidade.

Para entender o uso da filosofia clássica pelos pensadores medievais (ou o uso do pensamento islâmico ou judaico pela escolástica latina), é vital saber quando os textos anteriores tornaram-se disponíveis aos leitores que vieram depois. Para a disponibilidade dos textos clássicos no Islã, ver o capítulo 4 adiante. Um sumário das datas de acessabilidade em latim de alguns textos selecionados é fornecido na tabela 1.[39]

Gêneros

Poucos pensadores medievais se adequavam à imagem moderna do filósofo profissional. Consequentemente, as ideias significativas do período hão de ser encontradas em gêneros literários diferentes dos artigos de periódicos ou tratados sistemáticos de hoje. As formas principais incluíam trabalhos meditativos, tratados teológicos, comentários, compêndios ou sumários e vários tipos de "questões" (que são, em alguns aspectos, bastante semelhantes a artigos de periódicos!). Direi algo sobre cada uma dessas formas e algumas outras.

Trabalhos meditativos ou devocionais abundavam na Idade Média. Alguns são de considerável interesse filosófico. Entre os mais antigos encontram-se as *Confissões* de Agostinho, um dos maiores monumentos à especulação de todos os tempos. A *Consolação da Filosofia* de Boécio fornece um clássico exemplo do século VI. Com o retorno do interesse pelo pensamento filosófico no Ocidente, no século XI, o modo revive, o *Proslogion* e o *Monologion* de Anselmo liderando

---

[39] Essa tabela se apoia fortemente no compêndio presente em *CHLMP* 74-79. Atribuições e datas das traduções de Avicena e Avicebron são baseadas em A. Rucquoi [422]. A complexa e frequentemente incerta história das traduções da filosofia grega no mundo islâmico resiste à tabulação. Ver D. Gutas [490], C. d'Ancona Costa [476], G. Endress e J. A. Aertsen [168], F. Rosenthal [496], e J. Kraye *et al.* [18] para acompanhamento.

o caminho e o *Itinerário da Mente para Deus* de Boaventura continuando a tradição no baixo escolasticismo do século XIII.

Tratados teológicos investigando doutrinas religiosas ou combatendo erros percebidos eram também numerosos. Eles tendiam a se apoiar pesadamente na autoridade das Escrituras ou em outra autoridade religiosa, mas o desejo de entender aquilo em que se acreditava, ou de expressá-lo claramente, frequentemente rendia *insights* filosóficos. Novamente, Agostinho estabeleceu o padrão com seu *A Trindade*, e Boécio contribuiu com um bloco de trabalhos curtos, altamente influentes na formação da terminologia filosófica latina para o período posterior, o escolástico. Os carolíngios produziram escritos desse tipo, espetacularmente, no caso de João Escoto Erígena, assim como o fizeram figuras esparsas do Islã e do Judaismo. O *Guia para os Perplexos* de Maimônides, por exemplo, retém sua proeminência até o presente. As universidades do Ocidente da Baixa Idade Média provaram solo especialmente fértil para esse tipo de composição, com exemplos indo do *Hexaëmeron* de Grosseteste, no século XIII, uma exploração multifacetada dos seis dias da Criação, ao *Sobre a Causa de Deus, Contra Pelágio* do inglês Tomás Bradwardine, no século XIV. Apesar de seu foco imediato na dogmática, todos esses trabalhos se voltavam constantemente para a filosofia em busca de argumento e elucidação.

A antiga tradição de comentários, particularmente sobre os clássicos do legado filosófico, foi continuada e desenvolveu-se ainda mais na Idade Média.[40] Boécio havia dado um conspícuo início, com sua intenção de comentar toda a obra de Platão e Aristóteles. Os comentários que ele de fato realizou sobre a maior parte do *Organon* de Aristóteles e sobre outros textos lógicos, tais como a *Isagoge* ("Introdução") de Porfírio, juntamente com seus tratados teológicos, dispuseram a cena, após séculos de incubação, para o renascimento especulativo dos séculos XI e XII. Comentários de obras filosóficas clássicas, não apenas na área da lógica, proliferavam na Europa do século XII. Mais importantes a longo prazo foram os esforços de eruditos muçulmanos. O *Livro da Cura* de Avicena pode ser considerado um vasto comentário sobre toda a obra de Aristóteles. Averróis, por sua vez, elevou a forma do comentário ao auge. Embora não tenha escapado da crítica (Tomás de Aquino, com rara acidez, chamou-o de "o Depravador" de Aristóteles, e não "o Comentador"), suas glosas sobre o *corpus* Aristotélico dominaram o campo por centenas de anos, principalmente no Ocidente latino.

[40] Ver E. Jeauneau em [36] 117-131.

Tabela 1 – *Primeiras traduções de obras do grego, hebraico e árabe para o latim*

Autor	Obra	Tradutor	Data
Platão	*Timeu*	Calcídio	*c.* 400
Aristóteles	*Categorias*	Boécio	*c.* 510-22
	De interpretatione	Boécio	*c.* 510-22
	Analíticos Anteriores	Boécio	*c.* 510-22
	Analíticos Posteriores	Jaime de Veneza	? 1125-50
	Tópicos	Boécio	*c.* 510-22
	Refutações Sofísticas	Boécio	*c.* 510-22
	Física	Jaime de Veneza	? 1125-50
	De anima	Jaime de Veneza	? 1125-50
	Metafísica (quase completa)	Miguel Scot	*c.* 1220-24
	Ética a Nicômaco	Roberto Grosseteste	? 1246-47
	Política	Guilherme de Moerbeke	? 1260
Porfírio	*Introdução* (*Isagoge*)	Boécio	*c.* 510-22
Proclo	*Elementos de Teologia*	Guilherme de Moerbeke	1268
Anônimo	*Liber de causis* (tirado de Proclo)	Gerardo de Cremona	antes de 1187
Pseudo-Dionísio	*Tratados Místicos*	Escoto Erígena	862
Avicena	*Metafísica* (*Livro da Cura* IV)	Dominicus Gundisalvi	após 1150
	De anima (*Livro da Cura* III.6)	Ibn Daud e Dominicus Gundisalvi	após 1152
Maimônides	*Guia para os Perplexos*	Anônimo	*c.* 1230
Averróis	*Grande Comentário à Física de Aristóteles*	Miguel Scot	*c.* 1220-35
	Grande Comentário ao De anima de Aristóteles	Miguel Scot	*c.* 1220-24
	Grande Comentário à Metafísica de Aristóteles	Miguel Scot	*c.* 1220-24
	Comentário Médio à Ética a Nicômaco de Aristóteles	Hermano, o Alemão	? 1240

A partir desses modelos, nascia uma virtual indústria do comentário de clássicos filosóficos entre os estudiosos das universidades, não apenas mestres de artes como João Buridano, que comentou sobre a ciência natural e a ética de Aristóteles no século XIV, mas também teólogos. Alberto Magno introduziu o Ocidente ao alcance completo do pensamento do Filósofo, e seu aluno Tomás de Aquino, no auge de sua carreira como professor da doutrina sagrada, produziu exposições detalhadas dos principais tratados aristotélicos de lógica, metafísica e filosofia natural e moral. Alguns comentários escolásticos, inclusive a maioria dos comentários de Tomás, eram "literais": explicações frase a frase do texto. Outros eram compostos em forma de questões, levantando e resolvendo objeções à doutrina de Aristóteles e às vezes aproveitando a oportunidade para expor as ideias próprias do comentador com algum detalhe.[41]

De longe, o maior número de composições medievais de conteúdo filosófico significativo foram peculiares às escolas da Europa ocidental na Baixa Idade Média, primeiramente as escolas-catedrais e depois as universidades. Já no século XII, livros-textos desenvolvidos para uso em sala de aula eram produzidos na Itália, França e Inglaterra. Um tipo proeminente foi o compêndio (*summa* ou *summula*) de lógica. O clássico de todos os tempos, nessa linha, foi o *Summulae logicales*, do dominicano do século XIII Pedro de Espanha. O século XIV viu muitos outros, da *Summa totius logicae* de Guilherme de Ockham aos numerosos manuais de Paulo de Veneza.

A questão *(quaestio)*, o gênero mais proximamente identificado com o escolasticismo medieval, surgiu a partir dos exercícios de sala de aula que caracterizaram a pedagogia no Ocidente do século XII em diante: o debate ou disputa.[42] Colocando aluno contra aluno, e às vezes mestre contra mestre, esses debates não apenas afiavam as habilidades de lógica, mas também serviam como principal veículo de investigação dos tópicos. O *Sic et non* de Abelardo, um texto de sala de aula para teologia, abriu o caminho para a apropriação dessa técnica inicialmente oral. Por volta do século XIII, todas as disciplinas, das artes aos mais altos estudos profissionais, inclusive a teologia, haviam aceitado a forma disputativa como padrão para disseminação escrita de ideias. Coleções de questões, às vezes tomadas de salas de aula, às vezes de debates formais entre mestres, às vezes compostas privadamente no escritório do autor, dominaram o mundo erudito latino.

Uma questão típica começava com um enunciado de um problema ou tese, seguido de uma lista de argumentos de um lado da questão e outra lista em oposição. O núcleo consistia na determinação *(determinatio)*. Aqui o mestre expunha sua resposta considerada. Ao final, usualmente vinha uma série de respostas mais curtas aos argumentos das listagens iniciais que permaneciam não resolvidos. Do final do século XIII em diante, questões estruturadas de maneira

---

[41] Para exemplos de comentários literais e comentários em forma de questão, ver *CT* II.
[42] Ver C. Viola em [36] 11-30.

mais complexa não eram incomuns: os conjuntos iniciais de argumentos podiam incluir objeções e respostas (embora não as respostas finais), e podia haver uma rodada adicional de argumentos no final *(dubitationes additae)*, depois de os argumentos iniciais ou "principais" terem sido eliminados. Grande cuidado é às vezes necessário para rastrear a posição original do autor.

Reuniões de questões tiradas das disputas das aulas de um mestre sobre um tópico particular – em teologia, mais frequentemente em conjunção com o curso requerido sobre as *Sentenças* de Pedro Lombardo – eram publicadas – oferecidas para disseminação pública pelos livreiros das universidades – como "questões ordinárias" *(quaestiones ordinariae)*.[43] Os cursos de Duns Escoto e Ockham sobre as *Sentenças* são fontes importantes para suas ideias filosóficas, bem como teológicas. As versões polidas de debates magisteriais especiais, nas quais questões eram colocadas pela audiência sobre "qualquer coisa" *(quaestiones quodlibetales)*, são nossa principal fonte para as ideias de pensadores importantes, tais como Godofredo de Fontaines e Jaime de Viterbo, e são cruciais também para nosso entendimento de Henrique de Gand. No século XIII, mestres desenvolveriam ocasionalmente suas próprias compilações para um campo inteiro, mesmo um tão vasto quanto a teologia. Essas compilações chegaram a nós como *summas*, a mais celebrada das quais é a *Summa theologiae* ("Suma de teologia") de Tomás de Aquino. O século XIV testemunhou a evolução de vários tipos de disputas de excepcional rigor formal, por exemplo aquelas associadas a enigmas lógicos e as "obrigações" mencionadas acima. Cada um produziu um subgênero literário de um tipo específico.

Em todos os casos, para as questões debatidas em um curso ou exercício acadêmico real, o que circulava não era sempre uma revisão supervisionada pelo mestre, mas às vezes um relato *(reportatio)* reunido a partir das notas de alguém que participava da audiência. Sobre esse e outros problemas relacionados, ver o capítulo 14 deste volume.

Restam ainda três gêneros sobre os quais umas poucas palavras são necessárias. As tradições grega e latina, desde a Antiguidade, e eventualmente também a tradição árabe, renderam trabalhos devotados simplesmente à filosofia natu-

---

[43] Sobre os vários tipos de *quaestio* escolástica, consultar os capítulos de B. C. Bazán, J.-G. Bougerol, J. F. Wippel, e J. E. Murdoch em [36] 31-100; B. C. Bazán *et al.* [37]; e O. Weijers [430].

ral. Esses podiam ser compêndios, como as *Etimologias* de Isidoro, ou diálogos, como as *Questões Naturais* de Adelardo. Eruditos árabes destacavam-se em astronomia e ótica, e suas obras nessas áreas influenciaram profundamente a ciência e a filosofia do Ocidente, no final da Idade Média e início da Era Moderna. Cartas e sermões reunidos, os equivalentes judaicos e cristãos das orações da era dourada clássica, podem ser mineirados em busca de pepitas de especulação filosófica de praticamente qualquer século do período. Finalmente, não devemos esquecer as polêmicas, especialmente aquelas inspiradas por contendas políticas.[44] A evolução do governo no Ocidente medieval tardio estimulou uma demanda excepcional por essas obras, muitas das quais implicavam questões de teoria moral e política que ainda ressoam no mundo moderno.

---

[44] Para um subtipo, ver J. Miethke em [36] 193-211.

2 Duas ideias medievais: Eternidade e hierarquia

John Marenbon e D. E. Luscombe

Ambas as ideias apresentadas neste capítulo têm raízes no neoplatonismo antigo, mas seu desenvolvimento é distintamente medieval. Boécio traçou uma nova definição de eternidade, e se Pseudo-Dionísio, o Areopagita, não inventou o termo *hierarquia*, colocou uma etiqueta neste último, que seria carregada por muitos séculos, em muitos contextos. Eternidade e hierarquia podem ser vistas como algo semelhante às coordenadas temporais e ontológicas do pensamento medieval, com a eternidade envolvendo todo o tempo, e a hierarquia graduando verticalmente todos os entes. As duas ideias são, de qualquer modo, tanto pressuposições como problemas, na maior parte do que se segue neste volume.

Eternidade (John Marenbon)

O que os pensadores medievais queriam dizer quando se referiam a Deus como "eterno"? Nós hoje atribuímos dois sentidos principais à "eternidade": perpetuidade ("eternidade-P") – quando algo carece de um começo (Pi), ou de um fim (Pii), ou de ambos (Piii); ou sendo completamente fora do tempo e imensurável a partir dele ("eternidade-O"). Os filósofos normalmente explicam a eternidade-O como "atemporalidade". Alguma coisa é atemporal, eles dizem, quando é sem extensão ou posição no tempo, e assim nenhuma sentença que contenha referências temporais de qualquer tipo pode ser verdadeira dessa coisa. Com base nisso, nada pode ser tanto eterno-P como eterno-O, uma vez que uma coisa eterna-P existe em muitos tempos (todos os tempos, no caso de Piii), enquanto uma coisa eterna-O não existe em nenhum tempo.

Os filósofos e teólogos medievais também falavam sobre eternidade às vezes no sentido de eternidade-P e às vezes no sentido de eternidade-O. Mas certo número deles pensava que Deus fosse eterno em ambos os sentidos: de fato, alguns até mesmo consideravam que ele fosse eterno-O *porque* era eterno-P. Claramente, portanto, muitos filósofos medievais não entendiam a eternidade-O como atemporalidade – embora a maioria de seus intérpretes modernos insistam que eles a tenham entendido desse modo. E há pelo menos dois outros elementos surpreendentes na discussão medieval que provocarão estupefação, a menos que sejam claramente reconhecidos.

Primeiro, havia uma assimetria entre as atitudes com relação à ausência de início e aquelas com relação à ausência de fim. Anjos, almas humanas e, de fato, a punição dos condenados ao Inferno eram todos pensados como tendo início mas não fim. Muitos pensadores, no entanto, assumiam uma posição bastante diferente com relação à ausência de início. Eles não se contentavam em aceitar meramente, com base na autoridade, que todas as criaturas de Deus tivessem um início de fato: eles argumentavam que seria incompatível com ser uma criatura à falta, não apenas de um fim, mas também de um início.[1] Essa visão fora formulada pelo pensador do século XII, Ricardo de São Vítor, e frequentemente citada no século XIII;[2] ao final do século, Henrique de Gand propôs um sofisticado argumento em favor da mesma.[3] Partindo desse ponto de vista, então, a eternidade-Piii é uma maneira de ser metafisicamente diferente daquela das outras coisas, e peculiar a Deus.

Segundo, o tempo era geralmente considerado como tendo sido criado. Para os pensadores medievais, portanto, se algo havia começado com

---

[1] A disputa era centrada em se o mundo podia ou não ter sido criado por Deus sem um início. Para um levantamento completo, ver R. Dales [433]; e para uma análise dos argumentos, veja R. Sorabji [438] 193-252. A maioria dos pensadores acreditava que não poderia haver nada que carecesse de início mas tivesse um fim.

[2] Ver, por exemplo, *Summa Fratris Alexandri* I, Inq. 1, trat. 2, q. 4, mem. 1, cap. 4 [358] 89 (§ 60), citando Ricardo de São Vítor, *De Trinitate* 6, 8, 11; *PL* 196, 894ss.

[3] Nenhuma criatura existe por si mesma. Se algo existe sempre, então (a partir de uma visão aristotélica de modalidade) existe necessariamente, e portanto existe por si mesmo: Henrique de Gand, *Quodlibet* I [219] V, especialmente 39.4-42.67.

o tempo, isso não significava que a coisa fosse sem um início. É claro, ela não tivera um início *no tempo*. Mas há uma fortíssima tendência – às vezes tornada explícita – nas discussões medievais, a pensar o tempo apenas como uma espécie de duração; outras espécies de duração, como a eternidade e também a eviternidade (a especial duração sem fim dos anjos), eram aparentemente consideradas por alguns como se estendendo para além do tempo e por outros como participando de relações diferentes e mais complicadas para com o tempo.[4]

Boécio

O tratamento da eternidade de Deus por Boécio, um cristão completamente familiarizado com o neoplatonismo grego pagão, foi o ponto de partida da maior parte das discussões medievais. À primeira vista, a análise de Boécio não parece conter nenhum dos enigmáticos caracteres mencionados acima. Tanto em *Sobre a Trindade* (§ 4) quanto na *Consolação da Filosofia* (V, pr. 6.2-12),[5] ele diferencia claramente o modo como o mundo, de acordo com os filósofos, não tem começo nem fim e "nunca começa nem deixa de ser, e sua vida é estendida junto com a infinitude do tempo", da eternidade de Deus, a qual, em uma definição que se tornou clássica, é "a completa, perfeita e simultânea possessão de vida interminável". Não há dúvida de que Boécio esteja fazendo uma clara distinção entre eternidade-P e a eternidade-O que caracteriza a vida de Deus. Mas o que exatamente Boécio entende por eternidade-O? Quase todos os comentadores modernos consideram que ele a enxerga como eternidade atemporal,[6] embora alguns reconheçam que a ideia de Boécio é mais rica do que a mera ideia de ausência de extensão e posição temporais, porque envolve a vida, e até mesmo admite que, embora atemporal, envolve também duração.[7]

---

[4] Este ponto importante foi bem discutido por R. Fox [434].
[5] *De Trinitate*, em [84] 175.231-176.248, 155.5-156.51. As citações a seguir são da passagem da *Consolação*.
[6] Ver R. Sorabji [438] 115-116 e 119-120 para uma boa defesa da visão-padrão.
[7] E. Stump e N. Kretzmann [439]; e ver também [440]. As posições de ambos são defendidas (com modificações) em B. Leftow [435] 112-146.

A duração atemporal, no entanto, é um conceito difícil; incoerente, diriam alguns.[8]

A discussão de Boécio da eternidade-O pode, entretanto, ser interpretada de maneira menos problemática. Boécio discute a eternidade a fim de explicar o modo de conhecer de Deus. Sua descrição da eternidade divina não precisa ser tomada como nada além de uma explicação de como Deus vive sua vida e desempenha sua atividade vital de conhecer. Dizer que ele é eterno significa que ele tem toda a sua vida de uma só vez. Não há, portanto, movimento ou mudança na vida de Deus.

Argumentou-se que Boécio deve ter considerado a eternidade divina como atemporal, pois a topologia de uma eternidade temporal simultânea é autocontraditória: ela requer que partes temporais anteriores e posteriores sejam simultâneas.[9] Mas Boécio está descrevendo, na leitura aqui proposta, não a topologia de um tipo especial de duração, a eternidade, mas o modo de vida de Deus. Certa passagem parece, à primeira vista, estar de fato comparando as estruturas do tempo e da eternidade: Boécio diz que o movimento interminável das coisas temporais é feito de momentos que são, cada qual, imitações, tentativas fracassadas de "preencher e expressar" o "sempre-presente estado de vida imutável" que é a eternidade. Mas, como essa formulação indica, Boécio não está falando aqui sobre o tempo, mas sobre a existência cambiante das coisas temporais.

Então, Boécio pode estar afirmando simplesmente que tudo o que acontece na vida de Deus acontece simultaneamente, o invés de em sucessão: a vida de Deus, portanto, é um ato único, imutável, indivisível, sem começo ou fim. Nessa leitura, quando Boécio contrasta a eternidade de Deus com a interminável duração do mundo, ele não está negando que a própria eternidade divina subsista interminavelmente, mas está apontando que ela tem uma característica especial – a de ser uma vida vivida de modo completamente simultâneo – que não é compartilhada por nenhuma outra coisa interminavelmente subsistente. Muitas sentenças, temporalmente qualificadas ou conjugadas, sobre Deus serão verdadeiras, embora venham a se tornar

---

[8] Mas veja abaixo sobre a duração não temporal no século XIII.
[9] B. Leftow [435] 115.

enganosas se a linguagem temporal for tomada significando que Deus pode mudar de alguma maneira.[10]

Anselmo

Em seu *Monologion* (1076), Anselmo expõe o problema da eternidade de Deus de maneira muito mais explícita que Boécio.[11] Primeiro (§ 18), ele estabelece que Deus não tem princípio nem fim: desde que é sempre verdadeiro que algo irá existir, e será sempre verdadeiro que algo existiu, a verdade é sem princípio nem fim, e Deus é a verdade. A seguir, Anselmo se adianta para revelar um paradoxo. De um lado, ele diz (§ 20), Deus existe em todos os instantes de tempo, porque tudo, incluindo o tempo, depende dele para existir. Todavia, a partir dessa posição, o contrário pode ser mostrado como decorrente (§ 21). Deus não tem partes e, assim, se ele existe em todos os instantes, ele deve existir como um todo em todos os instantes. Não seria suficiente para ele existir, como fazem os seres humanos, como um todo em certo sentido, mas "separada e distintamente" em diferentes instantes de tempo, pois nesse caso ele seria dividido em partes temporais – uma impossibilidade para algo absolutamente simples. Mas como pode ele existir apropriadamente como um todo, em todos os instantes, quando os próprios instantes são consecutivos, e não simultâneos (versão de Anselmo para a objeção topológica à eternidade temporal simultânea mencionda acima)? A única maneira de preservar a simplicidade divina é dizer que Deus não existe no tempo.

Anselmo resolve essa contradição argumentando (§ 22) que Deus é capaz de existir apropriadamente como um todo em todos os instantes de tempo, porque somente as coisas limitadas e medidas pelo tempo são divididas por este em partes. Deus existe de fato em todos os tempos, mas é melhor dizer que ele existe "com o tempo" do que "no tempo", porque quando a frase "no tempo" é usada em referência a outras coisas, significa que o tempo as contém, enquanto, no caso de Deus, ele não é contido pelo

---

[10] Ver J. Marenbon [88] 172-173.
[11] Capítulos 18-24. Omito em minha explicação o tratamento que Anselmo dá à relação de Deus e lugar, a qual aparece junto com a discussão de Deus e o tempo.

tempo, mas está presente em todos os tempos. Anselmo crê, portanto, que a eternidade-Piii de Deus ajuda a explicar como, embora não atemporal, ele pode ser eterno-O.

Por que Anselmo pensa que, por carecer de princípio e fim temporais, Deus é capaz de ser eterno desse modo especial, simultâneo, especialmente depois de notar a objeção topológica voltada a essa simultaneidade sem atemporalidade?[12] Dizer que Deus não é limitado pelo tempo significa, pelo menos, que nenhum momento do tempo é o primeiro ou último momento de Deus. Anselmo considera que o tempo mede as coisas limitando-as. O tempo não pode limitar, e assim não pode medir, algo que não tem um primeiro ou último momento. O fracasso do tempo em agir como métrica para a eternidade parece ter, na visão de Anselmo, consequências topológicas: a eternidade divina, de acordo com ele, carecerá da estrutura topológica dos momentos sucessivos, compartilhada por todas as coisas limitadas pelo tempo. Deus, então, é suficientemente diferente das coisas temporais para ser capaz de viver sua vida simultaneamente, mas sem ser atemporal.[13]

O início do século XIII

Duas das mais completas discussões de eternidade da Universidade de Paris do início do século XIII são aquelas encontradas na *Summa Fratris Alexandri* (*SFA*), compilada em 1236-1245 pelos pupilos franciscanos de Alexandre de Hales,[14] e na *Summa de bono* de Filipe o Chanceler (falecido em 1236).[15]

---

[12] Na melhor e mais completa investigação do conceito de eternidade de Anselmo feita até hoje, B. Leftow ([435] 183-216, especialmente 203-09) responde a essa questão apelando para a visão de Anselmo, segundo a qual Deus é melhor descrito como "justiça" ao invés de "justo", "verdade" ao invés de "verdadeiro" e assim por diante. Mas essa resposta não é de Anselmo, embora possa ser anselmiana.

[13] Anselmo também discute a eternidade de Deus em seu *Proslogion* (cap. 18-22) e em seu tratado *Sobre a Harmonia da presciência de Deus, a predestinação e a graça com o livre-arbítrio* (I 5). Embora nessas explicações ele enfatize os sentidos nos quais Deus *não* é o tempo, elas revelam uma posição fundamentalmente diferente daquela encontrada no *Monologion*.

[14] I, Inq. 1, Trat. 2, q. 4 [358] 84-111 (§§ 56-71).

[15] *Summa de bono* I, q. 4 [379] 52-54.

A *SFA* toma de empréstimo muito do *Monologion* de Anselmo, mas acrescenta a ideia (mem. 1, cap. 1, a. 2; § 57) de que há uma série de diferentes tipos de duração, estendendo-se da eternidade ao tempo. A eternidade de Deus não tem princípio nem fim, nem é mutável; a eviternidade dos anjos tem um princípio, mas nenhum fim, e não é mutável; o tempo tem um princípio, não tem um fim por si, mas será terminado por outro (Deus), e é mutável. Esta série pode ser usada para estabelecer um grau de significado comum entre "eterno" usado em referência a Deus e usado em referência a, por exemplo, as punições do Inferno. Claramente, então, embora a *SFA* considere que há mais em relação à eternidade de Deus do que apenas a ausência de princípio ou fim, ela trabalha a partir da ideia desta (a eternidade) como sendo algum tipo de eternidade-P com condições extras, em particular a imutabilidade. Como Anselmo, a *SFA* não concorda em desistir da onitemporalidade de Deus (mem. 4, q. unic., § 71), e no entanto não pensa que a onitemporalidade dê a versão mais completa, ou mesmo a mais importante, da história.[16] Em alguns momentos, a *SFA* se move em direção à definição de eternidade como duração de um tipo diferente em relação ao tempo: carecendo de sucessão (mem. 1, cap. 3, ad. 4; § 59) e distinguível do tempo, mesmo quando o tempo é considerado infinito em ambas as direções, porque ela é um estado imóvel de contínuo presente.

O tratamento mais breve de Filipe é mais claro na exposição da ideia de eternidade como duração, semelhante ao tempo, mas de um tipo bastante diferente (embora não atemporal). Filipe considera que as duas durações, tempo e eternidade, sejam unidas (*simul*), embora uma esteja contida na outra. Mas, a partir dessa visão, o tempo parece ser igual a uma parte da eternidade e então, pelo uso do tempo como medida, muitas – talvez infinitas – vezes, não será possível medir a eternidade? E, uma vez que trechos de tempo perfazem nada menos que o próprio tempo, o tempo será igual à (totalidade da) eternidade. Filipe oferece duas respostas diferentes. Na primeira, que tem similaridades com a abordagem de Anselmo, ele argumenta que, mes-

---

[16] Escrevendo pouco depois da *SFA*, provavelmente nos anos 1250, Roberto Kilwardby mostra uma confiança ainda maior no *Monologion* e um desejo de enfatizar a onitemporalidade de Deus: ver [372] §§ 133-143.

mo se fosse estendido infinitamente (presumivelmente por multiplicação), o tempo se estenderia sem limites apenas em direção ao futuro, enquanto a eternidade não tem fim. Na segunda, Filipe concede que o tempo possa ser infinito em ambas as direções e, assim, possa ser *igual* à eternidade, mas nesse caso ele ainda não seria *o mesmo* que a eternidade. O tempo é uma sucessão e é dividido em partes, enquanto a eternidade é sem partes e sem sucessão. Filipe oferece uma explicação adicional sobre como os dois tipos de duração são relacionados. O "agora" do presente momento, considerado em si mesmo, sem os "agoras" precedentes e seguintes, é "uma parte da eternidade ou a eternidade": "subsistindo em si mesmo", ele produz a eternidade, mas com seus "agoras" precedentes e seguintes ele perfaz o tempo. Acima de tudo, Filipe parece enxergar o tempo e a eternidade como duas durações coincidentes, diferentes em suas topologias. Embora Deus exista na eternidade, e não no tempo, a posição de Filipe permite que enunciados temporais sejam verdadeiros de Deus, conquanto não impliquem qualquer mudança nele.

Essas posições fazem sentido? A ideia de que há diferentes tipos de duração não é muito distante (vocabulário à parte) da noção de tempo não-unificado alimentada por alguns filósofos modernos.[17] Mas há problemas adicionais. Os múltiplos fluxos de tempo dos filósofos modernos são todos semelhantes ao tempo em sua topologia, em contraste com a eternidade dos pensadores do século XIII. E é difícil enxergar como o conceito de eternidade desses pensadores não acarreta necessariamente que Deus seja atemporal, embora eles claramente não pensem que ele o seja.

Tomás de Aquino e Alberto Magno

No tratamento de Tomás da eternidade – reunido de maneira mais completa na q. 10 da primeira parte de sua *Summa theologiae* –, a tensão é ainda maior do que nas explicações do início do século XIII. Com algumas mudanças de ênfase a partir dessas explicações anteriores, ele apresenta a topologia da eternidade de modo tal que a eternidade pode bem ser considerada

---

[17] Como aponta R. Fox [434]; uma boa introdução ao debate moderno é dada em W. Newton-Smith [436] 79-95 e M. MacBeth [437].

uma duração atemporal;[18] ainda assim, algumas passagens indicam que ele não a considera atemporal.

Como a *SFA* e Filipe, Tomás de Aquino (a. 4) aceita que uma diferença entre o tempo e a eternidade é que o tempo tem um princípio e um fim, enquanto a eternidade não tem nenhum dos dois, mas ele procede à explicação de que essa diferença é acidental. As visões de Tomás sobre a eternidade do mundo requeriam-lhe que fizesse tal qualificação. À época de sua maturidade, Tomás sustentava que Deus poderia ter criado um mundo que carecesse de início temporal (e que poderia ter criado coisas que carecessem de princípio e fim – cf. a. 5). Tomás não podia, portanto, fazer da ausência de princípio e fim a característica distintiva da eternidade divina. Ao invés disso, ele volta-se para a outra característica trazida à luz por Filipe, a ausência de sucessão, para distinguir a eternidade de Deus de qualquer tipo de tempo, até mesmo o tempo infindável. A eternidade é (como disse Boécio) "toda de uma vez" (*tota simul*); nela não há (a. 1; a. 5) nenhuma ordenação que vai do anterior ao posterior. Embora haja passagens em que Tomás de Aquino, como os escritores anteriores, visione a eternidade como se estendendo para além do tempo, ele põe mais ênfase na ideia de que a eternidade é "toda inteiramente de uma vez". A sugestão parece ser que a eternidade é não estendida, e essa sugestão é reforçada pela famosa passagem da *Summa contra Gentiles* (I 66), em que Tomás compara a eternidade a um ponto no centro de um círculo e o tempo à circunferência desse círculo.

Logo, seria tentador concluir que Tomás concebia a eternidade como atemporal. Mas há partes dessa discussão que tornam difícil tirar essa conclusão. Consideremos, por exemplo, como ele explica por que a Bíblia se refere a Deus usando linguagem temporal. "Palavras que se referem a vários tempos diferentes são atribuídas a Deus", explica ele (a.2, ad 4), "na medida em que sua eternidade inclui todos os tempos, e não porque ele próprio varie de acordo com passado, presente e futuro". A primeira parte dessa resposta parece fazer com que Deus exista em todos os tempos (não em nenhum

---

[18] A maioria dos comentadores modernos diz que Tomás de Aquino pensava eternidade como atemporal (ver, por exemplo, W. L. Crig [432], M. M. Adams [318], e C. Hughes [242]). Stump e Kretzmann aplicam sua ideia de duração atemporal a Tomás bem como a Boécio, e ela *ajuda* a explicar muita coisa, embora não tudo, na concepção de Tomás.

tempo), e a segunda parte mostra por que Tomás acha que a linguagem temporal engana quando aplicada a Deus: *não* porque ele seja atemporal, mas porque ele é imutável e essa linguagem sugere que ele muda de um tempo para outro.[19] Em sua tardia *Summa theologiae* (*c.* 1270),[20] o antigo professor de Tomás, Alberto Magno, chega mais próximo de propor a eternidade divina como atemporal. Considerada em si mesma, a eternidade é apenas a existência de Deus, sem princípio nem fim. Mas há de fato outro aspecto dela: extensão infinita no passado e no futuro. Porém, esse aspecto encontra-se meramente na mente daqueles que pensam sobre a eternidade de Deus. Como coloca Alberto:

> A eternidade é chamada de duração ou envergadura não porque a substância e o quê da eternidade sejam estendidos, mas por causa da extensão da alma, a qual se estende infalível e excelentemente acima de toda a duração que se encontra abaixo dela. E assim a eternidade não é dividida de acordo com substância e partes que estão na própria eternidade, mas de acordo com a substância e as partes que estão nas coisas abaixo dela, que têm duração (cap. 1, a. 1, ad 1).

Dessa maneira, Alberto priva a própria eternidade divina de quaisquer características temporais ou semitemporais, enquanto fornece, através de sua explicação psicológica, os elos do mundo do tempo, que todo autor medieval parece ter achado necessários.[21]

---

[19] R. Fox [434] é um dos poucos autores a argumentar que para Tomás de Aquino a eternidade divina não é atemporal. Ele aponta especialmente a necessidade, para Tomás, da presença de Deus no tempo para sustentar todas as coisas e para afirmar a relação análoga entre tempo e eternidade.

[20] Trat. 5, q. 23 [203].

[21] O espaço não permite uma discussão de eternidade e atemporalidade na Idade Média posterior. A posição erudita ordinária é que as ideias sobre eternidade atemporal se tornaram menos importantes e menos amplamente aceitas, talvez a partir da época de Duns Escoto (mas veja R. Cross [292]) e certamente a partir da época de Ockham: ver W. L. Craig [432 129-133 e M. M. Adms [318] 1137-1138. Mas se a visão proposta aqui for correta, então os pensadores do século XIV exibirão mais continuidade com relação a seus predecessores do que tem sido acreditado.

Atemporalidade e o Problema da Presciência

A discussão medieval da eternidade de Deus estava frequentemente ligada ao "Problema da Presciência". Deus é onisciente, e assim deve conhecer eventos futuros, bem como os passados e presentes. Mas esse conhecimento parece determinar o futuro, de modo que não haja eventos futuros contingentes. Se Deus já sabe agora que eu devo ir à opera amanhã, parece então que eu não terei escolha amanhã sobre ir ou não: pois como eu poderia, ao passar a noite em casa, transformar o conhecimento de Deus em uma falsa crença?

O modo mais óbvio de formular essa ideia mais estritamente é dizer que, desde que, por uma questão de definição, o que é conhecido é verdadeiro, então

(1) Se Deus souber que *x* acontecerá, então *x* acontecerá necessariamente.

No entanto, (1) é um disparate lógico. Tudo o que somos permitidos afirmar é

(2) Necessariamente: se Deus souber que *x* acontecerá, então *x* acontecerá.

No entanto, (2) é perfeitamente consistente com a existência de eventos futuros contingentes. Então o Problema da Presciência é meramente o resultado de uma confusão lógica? Não: a intuição na qual ele é baseado é válida, mas a forma lógica na qual ela é expressada necessita capturar o ponto de que o conhecimento de Deus *vem antes* do evento conhecido. Suponhamos que (2) seja ajustado da seguinte maneira:

(3) Necessariamente: se Deus soube que *x* acontecerá, então *x* acontecerá.

Não apenas o antecedente de (3) ("Deus soube que *x* acontecerá") é verdadeiro para qualquer evento *x*, mas, uma vez que se refere a um evento passado, é *necessariamente* verdadeiro, no sentido (chamado de "necessidade acidental") em que o que aconteceu não pode ser alterado. Nós podemos, então, afirmar

(4) Necessariamente, Deus soube que *x* acontecerá.

A maioria das lógicas modais sustenta que, a partir de "Necessariamente, se *p* então *q*", e "Necessariamente *p*", segue-se que "Necessariamente *q*". E assim, (3) e (4) parecem acarretar

(5) *x* acontecerá necessariamente.

O argumento (3-5), o "argumento da necessidade acidental", é o modo mais convincente de apresentar o Problema da Presciência. A atemporalidade de Deus fornece um modo elegante de evitá-lo. Se Deus é atemporal (no sentido estrito, de acordo com o qual nenhuma sentença temporal ou conjugada é verdadeira de Deus), então o conhecimento possuído por Deus de que *x* acontecerá não é um evento passado, e portanto não é acidentalmente necessário: (4) é falso, e portanto o argumento da necessidade acidental fracassa. Os modernos filósofos da religião usualmente referem-se a essa maneira de lidar com o Problema da Presciência como "solução boeciana" e veem Tomás de Aquino como um dos seguidores da mesma. Se Boécio e Tomás realmente lidaram com o problema dessa maneira, então – apesar do que foi argumentado acima – eles devem ter considerado a eternidade de Deus como sendo atemporal.

De fato, embora ambos os pensadores usem sua visão da eternidade divina para resolver o problema da presciência, nenhum deles apela para a atemporalidade de Deus. A formulação do próprio Boécio para o Problema da Presciência segue a linha de (1) e, embora ele tenha uma ideia intuitiva de que há uma dificuldade mais profunda, pode-se argumentar que ele nunca nota o erro lógico em (1).[22]

Quando Boécio se volta para a ideia de eternidade divina, ele não está respondendo ao argumento da necessidade acidental. Ao invés disso, ele está tentando explicar como os eventos futuros podem ter a devida necessidade para serem conhecidos, e ainda serem abertos, de modo que agentes humanos possam arbitrar livremente a realização de um curso de ação ou outro. Nosso conhecimento dos eventos *presentes*, argumenta ele, é necessário precisamente nesse sentido. Na visão aristotélica de ne-

---

[22] Ver J. Marenbon [88] 162-164 e [87].

cessidade, o que está acontecendo é necessário quando está acontecendo, e assim o conhecimento do presente tem eventos necessários como seu objeto. Mas ninguém acredita que esse conhecimento restrinja os eventos ou limite a liberdade de seus agentes. Boécio, em seguida, aponta que, porque o modo de Deus conhecer todos os eventos, em seu eterno presente, é como nosso modo de conhecer eventos presentes, o conhecimento divino de eventos que, para nós, são futuros, terá as características de nosso conhecimento de eventos presentes: os eventos serão necessários em relação a Deus como seu conhecedor, mas não de um modo que restrinja seu resultado e remova a liberdade humana.

Tomás de Aquino, em contraste, conhecia o argumento da necessidade acidental, e respondeu a ele explicitamente.[23] Tivesse ele sustentado que Deus é atemporal, ele teria tido um modo fácil de responder ao argumento. De fato, ele escolhe responder de um modo bastante diferente, bem mais próximo do de Boécio. Ao invés de rejeitar (4), Tomás de Aquino admite

(5) Se Deus soube que x acontecerá, x acontecerá necessariamente.

Mas então ele afirma que onde "algo sobre a cognição é significado no antecedente, é necessário que o consequente seja tomado de acordo com o ser do conhecedor, não de acordo com o ser da coisa conhecida". Por esse princípio, ele diz, a necessidade de x é justamente o tipo de necessidade não restritiva que Boécio tinha em mente. O argumento de Tomás para esse princípio é convoluto e pouco convincente. Teria sido extraordinário que Tomás, tivesse ele sustentado a atemporalidade de Deus, tivesse apelado para esse raciocínio incerto, quando um modo simples de refutar o argumento da necessidade acidental estava aberto a ele. O tratamento de Tomás para o Problema da Presciência é, portanto, outro forte pedaço de evidência de que ele não considerava a eternidade divina como atemporal.

---

23   I *Sent.*, d. 38, q. 1, a. 5, ad 4; *ST* I, q. 14, a. 13, ad 2; *Sobre a Verdade*, q. 2, a. 12, ad 7.

Hierarquia (D. E. Luscombe)

A ideia de hierarquia sustentava as visões medievais de ordem no universo, ao assegurar algumas ou mesmo a todas as formas de ente – transcendente, inteligível, material – uma posição particular e uma função apropriada. Embora fosse frequentemente usada para apoiar uma concepção mais ampla, aquela da "grande corrente do ser", a hierarquia era uma ideia distinta com seu próprio alcance particular de referências.[24] Seu nicho fora determinado por sua principal fonte e autoridade, Pseudo-Dionísio, o Areopagita (ou Dionísio, o Pseudo-Areopagita). A hierarquia oferecia um modelo derivado da ordenação do mundo celestial, onde entes puramente espirituais eram arranjados em ordens. Ela significava a manifestação gradual de Deus ao universo dos espíritos, e a assimiliação desses a Deus. Dionísio, escrevendo por volta do ano 500 e usando um pseudônimo para ligá-lo a São Paulo em Atenas (Atos 17,34), definiu o termo em *Hierarquia Celeste* III 1: "Hierarquia, para mim, é ordem sagrada, conhecimento, e atividade assimilando-se, até onde é capaz, à figura de Deus e alçando-se até seu limite, por meio das iluminações concedidas por Deus, à imitação de Deus".[25] Ele dispôs então duas hierarquias, uma que é celestial ou angélica, a qual prové o exemplo para a outra, que é eclesiástica e humana.[26]

---

[24] A. O. Lovejoy, em seu clássico trabalho sobre a ideia mais ampla [447], tem muito pouco a dizer sobre as noções medievais de hierarquia; ver E. P. Mahoney [451]. Sobre os níveis de ser no neoplatonismo, ver D. J. O'Meara [453]. Para o desenvolvimento, por pensadores medievais, da ideia de que quanto mais próximas as criaturas estiverem da semelhança de Deus, mais elevado é seu ser, ver especialmente E. P. Mahoney [452, 451, 80]. Sobre graus de ser no "terceiro modo" de demonstração da existência de Deus por Tomás de Aquino, veja o capítulo 6 adiante.

[25] *Hierarquia Celestial* [79] 87; PG 3, 164D.

[26] No Novo Testamento, anjos e espíritos malignos figuram proeminentemente como manifestações de Deus ou do Diabo; diferentes nomes foram usados, no caso dos primeiros. Ver Colossenses 1,16 e Efésios 1,21; 9 (tronos, dominações, principados, potências, virtudes). Também Isaías 6,2 (Serafins) e Ezequiel 1,14-24; 10,4-22 (Querubins). Dionísio também foi profundamente influenciado pelos antigos neoplatônicos, como Proclo e seus precursores, Plotino, Porfírio e Jâmblico – embora a maioria dos leitores medievais de Dionísio fossem inconscientes dessas fontes. Durante o século IV, a angelologia cristã e a filosofia neoplatônica haviam-se aproximado bastante uma da outra. Marius Victorinus situava quatro classes de anjos no mundo inteligível, supercelestial (arcanjos, anjos, tronos e glórias) e também situava anjos no mundo material, juntamente com deuses e demônios

Dionísio retratou a harmoniosa hierarquia angélica como um magnificente arranjo vertical de nove ordens, dividas em três tríades superpostas, de acordo com seus níveis de conhecimento, pureza e participação nos segredos e bondade de Deus. Cada tríade, e no interior desta, cada ordem, medeia a purificação, iluminação e perfeição entre a ordem acima e a ordem abaixo. O processo é ao mesmo tempo ascendente e descendente, saindo e retornando, enquanto os espíritos são trazidos para mais próximo de Deus através de sua purificação, iluminação e aperfeiçoamento pelas ordens superiores. A ordem que os espíritos ocupam na hierarquia é sua medida de semelhança a Deus – sua deiformidade. Para sustentar a divisão dos anjos em grupos de três, Dionísio afirmava a autoridade de certo Hieroteu (desconhecido, de outro modo),[27] mas Proclo (falecido *c.* 485) já havia assimilado os deuses pagãos em tríades que comunicavam luz e conhecimento umas às outras; Dionísio adaptou isso na prática e apresentou três tríades de ordens de anjos. Ele também apresentou duas tríades de ordens de seres humanos, com os bispos ocupando o grau mais elevado e se comunicando diretamente com a ordem mais inferior de anjos, localizada logo acima:

A hierarquia celestial[28]
Serafins
Querubins
Tronos

Dominações
Virtudes
Potências

Principados
Arcanjos
Anjos

(P. Hadot [446]). Gregório de Nissa identificava o mundo inteligível com a cidade dos anjos, à qual as almas humanas, através da contemplação da bondade sobrenatural, podiam ser admitidas (J. Daniélou [444], parte 2, cap. 2, "La cité des anges").

[27] *Hierarquia Celestial* [79] 104; PG 3, 200D.
[28] *Hierarquia Celestial* 7-9.

A hierarquia eclesiástica[29]
Bispos
Padres
Ministros

Monges
Pessoas santas
Ordens purificadas

Cada ordem comunica-se diretamente com a ordem acima e com a ordem abaixo. Todas as ordens nascem a partir de Deus diretamente; as ordens superiores não produzem as subordinadas. Mas, no interior de cada tríade, as *atividades* de purificação, iluminação e aperfeiçoamento são tarefas, respectivamente, das ordens inferior, média e superior. Todas, exceto a ordem mais inferior da hierarquia eclesiástica, trabalham para converter a Deus as ordens abaixo, ajudando-as a se conformar tão completamente quanto possível à ordem acima, que é mais deiforme. A atividade hierárquica é um processo de mediação. Toda intervenção divina na história – tal como a doação da lei a Moisés, a purificação dos lábios de Isaías e a Anunciação do nascimento de Cristo – foi mediada às pessoas na Terra através da hierarquia angelical. O *conhecimento* da teocracia (o governo de Deus) é, da mesma maneira, mediado através das ordens, sendo a função da hierarquia trazer Deus para fora de seu silêncio e revelar o que é obscuro, liderando assim as ordens inferiores à união com Deus. Os anjos recebem a iluminação instantânea e intuitivamente. A hierarquia eclesiástica partilha das contemplações intelectuais dos anjos, mas capta o conhecimento divino em fragmentos e estágios, com a assistência de coisas materiais, sacramentais. A hierarquia eclesiástica foi construída por Dionísio à luz da realidade histórica da Igreja nos séculos IV e V. A primeira tríade inclui os iniciadores: o bispo, que é purificado, iluminado e aperfeiçoado pelos anjos, e transmite purificação, iluminação e perfeição à ordem dos padres, os quais, por sua vez, comunicam-nas aos ministros (portadores, leitores, acólitos, exorcistas). Daí, elas chegam à segunda tríade

[29] *Hierarquia Eclesiástica* 5-6.

dos iniciados: primeiro aos monges, depois às pessoas santas e, finalmente, às ordens purificadas (penitentes, energúmenos e catecúmenos).

De Gregório, o Grande, a Guilherme de Auvergne

O papa Gregório, o Grande (falecido em 604), apresentou os nove coros celestiais de anjos em seu *Moralia* sobre Jó e, no Livro II de sua trigésima-quarta *Homília sobre os Evangelhos*, fez referência a Dionísio, o Areopagita. Diferente de Dionísio, Gregório é lúcido e descomplicado ao descrever a missão dos anjos para com Deus, o universo e a raça humana. A raça humana, escreveu ele de modo influente, quando for elevada ao Paraíso na próxima vida, formará um décimo coro e remediará assim as perdas que se seguiram à queda dos anjos que desertaram para seguir Lúcifer. Os escritos de Dionísio circularam entre o clero e os religiosos em Bizâncio,[30] e traduções foram feitas para o sírio, o armênio e o árabe. Embora suas obras tenham sido traduzidas para o latim em 835,[31] só foram citadas no Ocidente raramente antes do século XII. Os ensinos de Gregório, o Grande, sobre os anjos dominavam. Há uma exceção, no entanto, proveniente de Hinemar, arcebispo de Rheims a partir de 845. Baseando-se na *Hierarquia Celestial* para enfatizar sua superioridade em relação a um bispo, Hinemar produziu um dos mais poderosos de todos os enunciados medievais sobre autoridade e sujeição. Ele pintava a Igreja como uma instituição única e divina, consistindo em anjos e seres humanos, divididos em diferentes ordens ou, como ele também as chamava, paternidades. A desigualdade é um fato da vida, tão necessário para os humanos como o é para os anjos. Anjos e seres humanos são, cada qual, iguais por natureza, mas não são iguais em poder e ordem. Assim como no Paraíso os anjos tanto ministram como assistem, na Terra também a hierarquia eclesiástica age de maneira semelhante: os arcebispos ministram

---

[30] Ver A. Wenger [83] para modificações de Nicetas Stethatos no século XI.
[31] Por Hilduíno, o abade de São Dionísio. Sua versão foi revisada duas vezes por Escoto Erígena. G. Théry [82]. As traduções latinas medievais das obras de Dionísio foram reunidas em *Dionysiaca* [77]. Para a edição completa do comentário de Erígena à *Hierarquia Celestial*, ver J. Barbet, ed., *Iohannis Scoti Eriugenae Expositiones in Ierarchiam Coelestem* (Turnhout, 1975).

sobre os bispos, e os bispos assistem os arcebispos. Hinemar ajusta o esquema da hierarquia eclesiástica disposta por Dionísio, mas seu argumento ganha em importância por ser posto em um referencial universal, pois, como havia escrito Gregório, o Grande, "O universo não pode subsistir por outra razão a não ser porque uma ordem superior de diferença o conserva".[32]

Esse modo particular de raciocínio reapareceu apenas algumas vezes, até o ressurgimento do interesse pelo pensamento de Erígena, evidente nos escritos de Honório Augustodunense (início do século XII)[33] e autores subsequentes, inclusive Hugo de São Vítor (falecido em 1142), que escreveu um influente comentário sobre a *Hierarquia Celestial*.[34] O Livro I desse comentário expõe o entendimento de Hugo sobre a diferença entre teologia natural e teologia divina. A natureza criada prové o conhecimento de Deus, mas por meio de sinais; apenas a graça, mediada às criaturas pelos anjos, concede iluminações divinas ou teofanias, e as hierarquias reconduzem os seres humanos a Deus: "Por essas hierarquias ou poderes sagrados, o mundo todo é governado".[35] A teofania, como observou Chenu,[36] é uma marca do areopagitismo latino do século XII; as misteriosas manifestações do Deus incognoscível, escondido neste mundo, são consumadas pelas hierarquias. Uma pequena coleção de definições que circulou no final do século XII ajudou a disseminar essa noção, distinguindo três hierarquias – supercelestial, celestial, e subcelestial – e três teofanias angélicas – epifania, hiperfania e hipofania.[37]

Nos escritos de Alan de Lille e Guilherme de Auvergne, floresceram descrições luxuosas e detalhadas das hierarquias. Alan (falecido em 1203), em um trabalho intitulado *Hierarchia*, comentou a coleção de definições mencionada acima. Ele definiu hierarquia como senhoria (*dominium*). Seguindo

---

[32] *Opusculum LV capitulorum*, PL 126, 282-294, especialmente cap. 11-15. Cf. W. Ullmann [454] 114-116.
[33] M.-T. D'Alverny [441] e J. A. Endres [445] 64-69, 140-145.
[34] PL 175, 923-1154. Cf. D. E. Luscombe [155].
[35] I, 5, PL 175, 931CD; I, 2, PL 175, 927C-930B.
[36] M.-D. Chenu, *La Théologie au douzième siècle* (Paris, 1957), 304-305; ver também Chenu [507] 80-85.
[37] H. F. Dondaine, *RTAM* 17 (1950), 303-311. M.-T. D'Alverny [357] 94-99 atribuiu cautelosamente essas definições a Alan de Lille.

Gregório, o Grande, Alan escreveu que a humanidade havia sido criada para preencher o vazio deixado pela queda dos anjos maus do Paraíso. Alan atenuou as elevadas ideias de Dionísio, ao utilizar uma imageria mais popular e mais prontamente inteligível. Ele descreveu as funções específicas dos anjos em relação aos diferentes tipos de seres humanos que irão, após receber a instrução angélica apropriada, unir-se à ordem angélica que mais adequadamente corresponde a sua condição. A cada uma das nove ordens de anjos corresponde uma ordem de homens e uma antiordem de demônios, nove de cada tipo, ao todo. As ordens da hierarquia humana são: (1) contemplativos, (2) estudantes das Escrituras, (3) juízes, (4) e (5) governantes, (6) defensores contra as tentações diabólicas, (7) fazedores de milagres, (8) pregadores maiores, e (9) pregadores menores e professores. Essa imageria um tanto vaga fora tomada por Alan de seu próprio mundo contemporâneo.[38]

Com Guilherme de Auvergne, o mestre universitário que se tornou bispo de Paris em 1228, a ideia de hierarquia se tornou politizada. Guilherme escreveu uma vasta enciclopédia englobando conhecimento da Trindade, do universo dos espíritos e da humanidade, dos planetas, estrelas e dos elementos, bem como dos reinos da fé, das leis, dos sacramentos, das virtudes e dos vícios. Guilherme era um entusiasta e um otimista. Ele amava a beleza e a magnificência do universo. No segundo dos sete tratados dos quais sua enciclopédia – *Magisterium divinale sive sapientiale* – é composta *(De universo)*, ele descrevia o "universo das criaturas". Falava do Paraíso como um reino que desfruta a paz, e que possui muitas e variadas ordens de ministros que presidem sobre as nações da Terra. Guilherme nos diz que, quando jovem, teve a ideia de comparar as ordens de anjos com aquelas de um bem-ordenado reino terreno. Ele fora aparentemente bastante influenciado pelo esquema de Alan, composto de nove ordens no Paraíso, nove na Terra e nove no Inferno. Mas foi além. Guilherme comparava as nove ordens de anjos não apenas com o *clerus*, a hierarquia eclesiástica, mas também com as patentes encontradas em um reino secular. Ele também retratava a Igreja como reino bem-ordenado, seguindo o modelo de uma

---

[38] *Hierarchia* [357] 223-35; *Expositio prosae de angelis*, 206-210; *Sermo in die sancti Michaelis*, 249-251.

monarquia secular, bem como o de uma monarquia celestial. Notavelmente, Guilherme não apresenta a hierarquia terrena, secular, como um reflexo da hierarquia eclesiástica e subordinada a ela.

Os portadores de patentes seculares refletem diretamente as tarefas da corte e do reino celestial. Guilherme privilegia o estado: suas patentes são modeladas com base nas ordens da cidade dos anjos. Em adição, Guilherme relata que alguns filósofos buscaram assimilar a doutrina aviceniana das Inteligências – oito delas movendo os céus, a nona sendo o intelecto agente – à angelologia cristã; as ideias divinas, ou as razões inteligíveis das criaturas, são transmitidas através das teofanias angélicas.[39]

A Idade Média posterior: crítica e mudança[40]

O caminho estava aberto para a construção de hierarquias eclesiásticas e seculares, destinadas à expressão de visões pessoais de como as hierarquias terrenas refletiam ou deviam refletir o exemplo celestial. Guilherme, por exemplo, excluía os frades da hierarquia eclesiástica; os frades retaliavam vigorosamente os clérigos que lhes negavam um papel e lugar devido na hierarquia eclesiástica. Vigorosas disputas ocorreram durantes os anos da década de 1250 (bem como, de fato, durante os séculos vindouros).[41] Um grande campeão dos frades foi Boaventura, ministro-geral dos franciscanos a partir de 1257. Como Guilherme de Auvergne, Boaventura aplicou a concepção de hierarquia ao universo inteiro – à Trindade divina, aos planetas, à alma humana individual e muito mais – e, como Guilherme, analisou em finos detalhes as correspondências entre cada uma e todas as hierarquias.[42] Boaventura captou a ideia de que a Trindade divina – ela própria uma hierarquia, mas de três pessoas iguais em um Deus[43] – imprime seu caráter trino e uno sobre a hierarquia angelical, de modo a assimilá-la e

---

[39] *De universo*, II, ii, cap. 112 [391] 908. Cf. H. Corbin [122] 101-117.
[40] Cf. D. E. Luscombe [448].
[41] O estudo clássico dessas disputas é Y. M.-J. Congar [443].
[42] *Collationes in Hexämeron*, em [211] V 327-454, [212]. Cf. J. G. Bougerol [216].
[43] *Collationes in Hexämeron* [212] *Visio IV, coll.* II (versão falada); [211] V 431-437 (versão relatada ampliada).

torná-la semelhante a Deus. De modo semelhante, as ordens angelicais imprimem seus caráteres hierárquicos sobre a igreja apostólica, isto é, a Igreja neste mundo. Esta é a procissão *(processus)* ou descida, a partir da Trindade, através dos anjos, até o mundo da humanidade. No retorno há o que ele chama de "redução" ou ascensão das criaturas a Deus. Os seres humanos são purificados, iluminados e aperfeiçoados pela hierarquia eclesiástica, liderada pelos prelados da Igreja. Mas, no interior da Igreja, Boaventura distinguia entre uma hierarquia ativa, de prelados, e uma hierarquia superior, contemplativa – uma hierarquia externa e uma interna. Ele também via a hierarquia como se desdobrando ou evoluindo no curso da história.[44] Acima dos prelados encontram-se aqueles que alcançaram um estado superior de contemplação. Estes são os membros das ordens religiosas: monges cistercienses e cônegos premonstratenses; acima destes, frades franciscanos e dominicanos; e, finalmente, contemplativos perfeitos, como o próprio São Francisco de Assis. Em última análise, o papa poderia fazer uso dos membros dessa hierarquia contemplativa para suplantar a hierarquia ativa liderada pelos bispos.

Um dos documentos mais controversos em toda a história da relação ideológica entre poder laico e clerical foi a bula papal de Bonifácio VIII em 1302 – bula conhecida por suas palavras de abertura em latim como *Unam sanctam*. Bonifácio declarava que todo ser humano estava sujeito ao papa, tendo este como principal intermediário entre Deus e os homens. O papel de intermediário era de importância suprema: "Pois de acordo com São Dionísio, a lei da divindade é liderar as coisas inferiores, através das intermediárias às mais elevadas. De acordo com a lei do universo, portanto, todas as coisas são reduzidas à ordem, não igual e imediatamente, mas o inferior através do intermediário, o intermediário através do superior".[45] Isso reflete as opiniões de Giles de Roma, que, em seu *De ecclesiastica potestate* (1300-1302), escrevia sobre a hierarquia e a divisão tripartida como sendo a lei do universo.[46]

---

44 *Apologia pauperum*, XII 10 [211] VIII 319.
45 Para o desenvolvimento inicial da máxima *lex divinitatis est inferiora per media, et media per superiora reducere* nos escritos de Boaventura, ver J. G. Bougerol [217] 70. E também D. E. Luscombe [449].
46 *Sobre o Poder Eclesiástico*, especialmente II 13 [270].

À época em que Giles escreveu, no entanto, a moda de modelar a hierarquia eclesiástica a partir da hierarquia celestial havia recebido um severo golpe de Tomás de Aquino. Tomás aceitava que o universo consistisse em ordens de entes desiguais, com o mais alto nível de ser de um gênero mais baixo sendo participante do mais baixo nível de ser do gênero imediatamente superior.[47] Ele também aceitava que a hierarquia fosse um fato universal: nenhuma multidão de entes seria bem disposta se não fosse dividida em ordens, possuindo diferentes funções, nem seria bem disposta a menos que os entes superiores utilizassem os entes intermediários para conduzir os entes inferiores à união com Deus.[48] Inferiores aos anjos, como o são os seres humanos, Tomás enfatizava algumas diferenças essenciais entre eles: os últimos não são simplesmente versões em miniatura, encarnadas, dos primeiros, cada um possuindo a alma de um anjo e o corpo de um animal. As ordens de anjos diferem não apenas na graça divina que recebem, mas também em natureza. Seres humanos, por outro lado, embora também difiram quanto à graça divina que recebem, são todos iguais por natureza. Nenhuma hierarquia de tipo angélico entre seres humanos pode ser construída com base na natureza humana (por causa da fundamental igualdade da natureza humana) ou sobre as bases da graça divina (porque para os seres humanos essa graça é invisível em sua recepção). Na prática, a hierarquia da igreja apostólica é constituída não por níveis de graça ou de santidade pessoal (os quais são invisíveis), mas por níveis de poder público, jurídico e sacramental. A hierarquia humana não pode imitar a hierarquia celestial em todos os aspectos.[49] Quanto à hierarquia supercelestial – aquela da Trindade divina – Tomás rejeitou-a: nenhuma pessoa divina possui domínio *(principatus)* sobre outra, nem foi essa a doutrina de Dionísio.[50] Ademais, Tomás desafiava a ideia dionisiana de que os anjos fossem intermediários essenciais entre Deus e a humanidade. Deus pode iluminar diretamente qualquer intelecto criado. O principal mediador é o próprio Cristo. No interior da sociedade angelical, os anjos só podem iluminar

---

[47] *ScG* II 68.
[48] *ST* I, q. 108, a. 2; q. 106, a. 3; *Contra impugnantes Dei cultum et religionem* 4 [224] XLIA.
[49] II *Sent.*, d. 9, q. 1, a. 7.
[50] II *Sent.*, d. 9, q. 1, a. 1.

os graus inferiores ao passar essa iluminação de uma ordem a outra de acordo com uma estrita hierarquia; mas, no interior da sociedade humana, qualquer pessoa iluminada pode transmitir sua iluminação a qualquer outra pessoa.[51]

As dúvidas de Tomás produziram uma grande impressão em alguns escritores posteriores, que se concentraram em suas implicações quanto ao papel da autoridade espiritual como intermediária entre o poder laico e Deus e que negaram que a hierarquia eclesiástica possuísse autoridade temporal; que a sociedade secular fosse modelada a partir de um exemplo celestial; e que leigos e reis fossem sujeitos ao papa mesmo em questões temporais. Na medida em que os homens se assemelham aos anjos, a hierarquia celestial é seu modelo, mas anjos não são entes físicos, nem vivem no tempo, e assim a organização de sua sociedade não provê um modelo para a organização da sociedade humana no espaço físico e no tempo. João de Paris é um notável expoente destas linhas de criticismo: João enxergava as pessoas leigas como ocupando a ordem mais inferior da Igreja, mas, guiado pela *Política* de Aristóteles, ele também escreveu que a ordem natural e civil que essas pessoas criam é separada da ordem espiritual fornecida pela hierarquia eclesiástica, e não é sujeita a ela em questões civis.[52]

Daí em diante, houve crescentes desentendimentos sobre as implicações da concepção de hierarquia. Em geral, os papas insistiam no papel dos mediadores – fossem eles sacerdotes ou anjos – na obra de conduzir as pessoas de volta a Deus e de trazer Deus às pessoas. Mas desenvolveu-se também o que se pode chamar "problema de Lúcifer", o qual foi levantado por João Wyclif. Wyclif aceitava amplamente as teorias tradicionais da hierarquia. Mas em seu livro sobre *A Igreja* (*De ecclesia*, 1378), ele lutou com o problema da corrupção no interior da hierarquia clerical. Ele não acreditava que os membros de uma hierarquia fossem incondicionalmente permitidos a permanecer como membros de sua ordem. Lúcifer e os anjos maus lutaram contra Miguel e os anjos bons, e foram, como resultado, expulsos da hierarquia angelical, perdendo desse modo seu poder de purificar e iluminar outros. Certamente, portanto, o clero, ao perder seu poder de purificar e iluminar outros, deve ser

---

[51] *ST* I, q. 117, a. 2. Cf. D. E. Luscombe [248].
[52] *Sobre o poder Real e Papal*, escrito em 1302/1303.

expulso da hierarquia eclesiástica e tornar-se sujeito aos leigos. Wyclif estava, nesse caso, levando adiante um argumento em favor da resistência em nome da hierarquia, que havia sido apresentado primeiro por Roberto Grosseteste em 1253, na ocasião em que este se recusara a admitir que o sobrinho do papa Inocêncio IV recebesse uma prebenda na catedral de Lincoln: "Nenhum servo fiel da Santa Sé", escrevera Grosseteste, "pode submeter-se a manadatos, preceitos ou quaisquer outras demonstrações desse tipo, não, nem mesmo se o autor for o mais elevado corpo de anjos".[53]

Seria fácil multiplicar exemplos de debates da Baixa Idade Média, nos quais os esquemas hierárquicos eram ajustados para atender aos objetivos de seus defensores. Mais notavelmente, nas disputas entre os frades mendicantes e o clero secular, e entre os defensores do conciliarismo e os da monarquia papal, houve apelos repetidos e frequentes aos tratados de Dionísio sobre a hierarquia – mas em direções opostas, dependendo de qual ideologia estivesse sendo debatida ou criticada.[54] Nos séculos XV e XVI, foi expressada a hostilidade a tal discurso. Por volta de 1455, Lorenzo Valla expressou reservas a respeito da afirmação de que Dionísio fosse um contemporâneo e discípulo de São Paulo; estas ganharam o apoio de Erasmo e outros, no século seguinte. Os que duvidavam eram grandemente excedidos em número, tanto naquela época quanto nos séculos vindouros, pelos que acreditavam nas afirmações de Dionísio. Platônicos renascentistas, como Bessarion, Marsílio Ficino e Pico della Mirandola, mostravam entusiasmo pelo platonismo de Dionísio; João Colet explorou os dois tratados deste último sobre a hierarquia. Mas Martinho Lutero objetou às curiosidades oníricas que encontrou: "Atribuir tanto crédito a esse Dionísio, quem quer que ele tenha sido, desagrada-me de todo, pois não há nele virtualmente nenhum ensinamento seguro".[55] Lutero pensava que podia construir um esquema de hierarquia eclesiástica melhor que o de Dionísio, simplesmente colocando o papa, os cardeais e os arcebis-

---

[53] Grosseteste, *Epist*. 128 [194] 432-437. Sobre Wyclif, ver D. E. Luscombe [353].

[54] Os debates entre os defensores do conciliarismo e os da monarquia papal durante os séculos XIV e XV frequentemente giravam em torno de interpretações da hierarquia. Ver especialmente A. Black [569]. Contribuições importantes incluem a *Concordância Católica* de Nicolau de Cusa [613].

[55] Martinho Lutero, *O Cativeiro Babilônico da Igreja*, 1520. Ordenação [450] 109-110.

pos acima dos bispos, que ocupavam a posição mais elevada na obra desse último. Isso era exatamente o que os defensores da monarquia papal haviam feito com bastante frequência, e talvez Lutero não estivesse sendo sério enquanto escrevia. Calvino também dispensava a *Hierarquia Celestial* como "em sua maior parte, nada além de conversa fiada", e negava que houvesse qualquer base "para filosofar sutilmente sobre uma comparação entre hierarquias celestiais e terrenas".[56]

Em balanço do que foi dito, a despeito de todas as controvérsias, a hierarquia enriqueceu as visões medievais de uma estrutura estável, permanente, dinâmica e articulada, na Igreja e na sociedade em geral, visões que refletiam e espelhavam a estrutura eterna da sociedade angelical e das ordens angélicas no Paraíso. A concepção de hierarquia *stricto sensu*, isto é, como encontrada nos tratados de Dionísio, o pseudo-Areopagita, foi ampla e crescentemente considerada como um ponto de referência necessário a partir do século XII. Ela teve de ser acomodada e ajustada ao ponto de onde pudesse apoiar uma visão do porquê as estruturas existem, e quais estruturas devem existir. O problema, é claro, foram os desentendimentos sobre o último tópico. Assim, a concepção de hierarquia foi arrastada em direções conflitantes, engenhosa, polêmica e flexivelmente, em escritos sobre a pobreza evangélica; as provisões papais de benefícios eclesiásticos; a isenção dos monastérios à jurisdição episcopal; o governo angevino no reino da Sicília; a disputa entre o rei Filipe, o Belo, e o papa Bonifácio VIII; o Grande Cisma do papado no século XIV; o lolardismo; e o movimento hussita na Boêmia. Argumentos baseados no exemplo celestial eram encontrados, e de fato tinham de ser encontrados, ao longo de todos os debates sobre a Igreja medieval, entre filósofos, bem como teólogos.

---

[56] João Calvino, *Instituição da Religião Cristã* I 14, IV 6 [442] I 164-165, II IV.

3 Linguagem e lógica

E. J. ASHWORTH

É impossível superestimar a importância do estudo da linguagem e da lógica para o entendimento dos filósofos e teólogos medievais. Muitos dos assuntos discutidos por gramáticos e lógicos são de interesse por si mesmos e têm uma óbvia relevância para problemas científicos e teológicos; mas, em um nível mais profundo, toda a escrita e o pensamento do período são permeados de vocabulário técnico, técnicas de análise e estratégias inferenciais tiradas do treinamento básico em artes liberais que todo estudante medieval recebia. A natureza desse treinamento revela duas importantes características da educação medieval. De um lado, os pensadores se concentravam em textos de autoridades – a Bíblia, as obras de Aristóteles e Agostinho, as *Instituitiones gramaticae* de Prisciano, as *Sentenças* de Pedro Lombardo – e a tentativa de reconciliar e reinterpretar essas autoridades encontrava-se por trás de muitos desenvolvimentos. Por outro lado, o método de ensino era largamente oral, e isso influenciava a expressão escrita de muitos modos, dos diálogos filosóficos de Agostinho e Anselmo à altamente estruturada apresentação disputacional da *Summa theologiae* de Tomás de Aquino.

Não é possível captar a riqueza e complexidade das teorias medievais da linguagem e da lógica em um curto capítulo.[1] No que segue, devo primeiro fornecer um breve sumário e, em seguida, concentrar-me em alguns temas principais.

---

[1] Para introduções mais completas à lógica, ver I. Hadot [405] e J. Marenbon [465] para o período mais antigo, P. Dronke *CH* 12 para o século XII, e *CHLMP* para a Idade Média posterior. Sobre linguagem, ver os artigos em S. Ebbesen [460]. Para bibliografias completas, ver E. J. Ashworth [456] e F. Pironet [470]. Para textos, ver N. Krtezmann e E. Stump *CT* I. Notas subsequentes apontam para leituras adicionais.

Fontes e desenvolvimentos

A forma do currículo básico da faculdade de artes era dada pelas sete artes liberais: as três artes linguísticas da gramática, lógica e retórica, e as quatro artes quadriviais da aritmética, geometria, astronomia e música. Essa estrutura havia sido completamente disposta primeiro por Agostinho em seu *De ordine*, em que as artes liberais são apresentadas como preparando a alma para sua sistemática jornada ascendente em direção à contemplação das coisas inteligíveis. A estrutura foi tomada e transmitida às eras posteriores por Marcião Capella, em cujo poema sobre o casamento de Mercúrio e Filologia Mercúrio simbolizava o duplo sentido do *Logos* como verbo e razão divina e Filologia, a amante do *Logos*, personificava as sete artes liberais.[2]

O principal texto de gramática da época, as *Instituitiones gramaticae* de Prisciano, fora escrito em Constantinopla durante o primeiro quarto do século VI. Esse era um longo tratado sistemático, particularmente notável por sua abordagem semântica. Isto é, partes do discurso eram definidas em termos de seu significado, ao invés de sua função em uma sentença. Outro texto importante foi o *Ars maior* de Donato, escrito no século IV, e cujo terceiro livro, o *Barbarismus*, era especialmente usado para treinamento em figuras de linguagem, um tópico ignorado por Prisciano. Quando a obra de Prisciano entrou para o currículo carolíngio, tornou-se assunto de comentário, e no século XII Pedro Helias escreveu sua influente *Summa super Priscianum*, a primeira *summa* completa sobre determinado assunto. A obra de Helias assinalava uma mudança na abordagem da gramática, uma vez que classificava partes do discurso não tanto em termos de sua significação quanto em termos das propriedades linguísticas, que constituem seus *modi significandi* ou modos de significação. Ao mesmo tempo, os lógicos tomaram dos gramáticos os problemas de referência e de diferentes tipos de significação, e o aprendizado da gramática tornou-se menos filosófico e mais um aprendizado em linguística geral. Os currículos universitários tendiam a prestar mais atenção ao *Priscianus minor*, os últimos dois livros das *Instituitiones*, que lidavam com sintaxe, e Donato fora substituído pelas gramáticas de ensino mais

[2] Ver I. Hadot [405]

novas, em forma de verso, tais como a *Doctrinale* de Alexandre de Villa Dei (c. 1199) e o *Graecismus* de Everardo de Béthune (c. 1210), ambas populares nas universidades europeias até o final da Idade Média.³

A segunda metade do século XIII presenciou um retorno parcial aos temas filosóficos da gramática, com o aparecimento de gramáticos especulativos ou *Modistae*.⁴ Eles tentaram apresentar a gramática segundo o modelo de uma ciência aristotélica, o que significava que a gramática tinha de lidar com o que é comum a todas as linguagens. Encontraram esse fator comum no postulado paralelismo entre os modos de ser das coisas *(modi essendi)*, os modos de entendimento da mente *(modi inteligendi)* e os modos de significação das palavras *(modi significandi)*. Eles não se encontravam, no entanto, compromissados com a visão de que a linguagem espelha o mundo, porque, uma vez que o intelecto tenha formado modos de significação, pode realizar várias atribuições. *Quimera* é um termo fictício, mas é uma palavra de substância; *movimento* significa mudança e impermanência, mas a palavra tem os modos de significação de qualquer substantivo, quais sejam, estabilidade e permanência. A insistência na universalidade e o foco voltado para os modos de entendimento levaram a uma clara dissociação entre a gramática especulativa e a linguagem falada no século XIV.

A lógica foi a arte linguística que passou pelas mudanças mais dramáticas. No período inicial da Idade Média, os textos disponíveis eram limitados em número. Incluíam o trabalho de Marius Victorinus sobre definições, o *Categoriae decem*, uma obra erradamente atribuída a Agostinho, que foi o trabalho lógico mais intensamente estudado nos séculos IX e X, e o próprio *De dialectica* de Agostinho, bem como discussões encontradas em enciclopedistas como Isidoro de Sevilha. As obras de Boécio são as mais importantes. Ele parece ter sido responsável pela tradução para o latim de seis trabalhos de Aristóteles sobre lógica, dos quais sobreviveram todos, menos os *Analíticos Posteriores*. Ele também traduziu a *Isagoge* de Porfírio, uma introdução às categorias de Aristóteles. Escreveu comentários sobre parte da lógica de Aristóteles, sobre Porfírio e sobre os *Tópicos* de Cícero. Em adição a isso,

---

3 Para gramática, ver C. H. Kneepkens [463].
4 Ver M. A. Covington [458], C. Marmo [466] e I. Rosier [472] e [473].

compôs monografias de sua própria lavra sobre Divisão, silogismos categóricos, Tópicos e silogismos hipotéticos, isto é, proposições condicionais e argumentos construídos a partir das mesmas. O trabalho sobre Divisão foi particularmente influente.[5] Por volta do final do século X, Gerberto de Aurillac ensinava a *Isagoge* de Porfírio, as *Categorias* e o *Da Interpretação* de Aristóteles, os *Tópicos* de Cícero, e bastante Boécio, na escola-catedral de Rheims. Mestres do século XII utilizavam o mesmo currículo básico, o qual, com a adição do *Liber sex principiorum* atribuído a Gilberto de Poitiers, viria logo a ser conhecido como a *logica vetus* ou Lógica Velha.

A partir de 1150, grandes mudanças ocorreram. O restante das obras lógicas de Aristóteles, juntamente com outros textos, foi recuperado; e pensadores começaram a desenvolver novas áreas da lógica. Os *Tópicos* e as *Refutações Sofísticas* de Aristóteles já eram conhecidos por volta dos anos 1130, e toda a *logica nova* (Lógica Nova), incluindo os *Analíticos Anteriores* e os *Posteriores*, já era conhecida em 1159, quando João de Salesbury se referiu a essas quatro obras em seu *Metalogicon*. Na segunda metade do século XII, começou a ser traduzida a lógica árabe, inclusive escritos de Avicena. Nos anos 1230, diversos comentários lógicos de Averróis foram traduzidos, embora tenham sido menos bem-sucedidos que os trabalhos árabes traduzidos anteriormente. Alguns comentadores gregos também foram traduzidos. Esses textos, dado seu número e conteúdo avançado, forneceram um currículo completo de lógica para uma instituição organizada.

Apesar de os escritos de Aristóteles terem sido sempre centrais para o currículo de lógica, e sujeitos a numerosos comentários, houve questões que ele não discutiu. Isso deu espaço a um considerável número de novos desenvolvimentos, todos os quais tinham suas raízes na segunda metade do século XII. O exemplo mais proeminente é a lógica terminista, que inclui a teoria da suposição e suas ramificações. Os tratados de teoria da suposição lidam com a referência de termos de sujeito e predicado em proposições, e têm como corolários os tratados de sincategoremática, os quais lidam com todos os outros termos das proposições, incluindo *todo*, *não*, *e*, *exceto* e assim por diante. Três outros desenvolvimentos importantes são encontrados em tratados sobre

---

[5] Ver tradução em *CT* I 12-38.

paradoxos insolúveis ou semânticos, sobre as obrigações ou regras que alguém é obrigado a seguir em certo tipo de debate, e sobre as consequências de inferências válidas. Outra nova forma de escrita era o livro-texto completo. Pelo menos seis sobreviveram do século XIII, incluindo os de Guilherme de Sherwood, Pedro de Espanha e Rogério Bacon. No século XIV, encontramos os de Guilherme de Ockham, João Buridano e Alberto de Saxe. Algumas universidades, especialmente Oxford e Cambridge, preferiam usar coleções soltas de tratados breves sobre vários tópicos; um bom exemplo dessas coleções é a *Logica parva* de Paulo de Veneza, que estudou em Oxford.

Todos os novos desenvolvimentos tiveram ramificações além dos tratados particularmente devotados a eles, mas a nova técnica envolvendo a análise e solução de sofismas foi particularmente difundida na gramática e lógica medievais.[6] Uma sentença sofística é um enigma cujo objetivo é introduzir ou ilustrar uma dificuldade, um conceito ou um problema geral. Exemplos na lógica incluem "Toda fênix existe", dado que apenas uma fênix pode existir de cada vez, e "Sócrates é mais branco que Platão começa a ser branco". Exemplos na gramática incluem "Amor é um verbo" e várias sentenças começando com "proch dolor" (Ai que dor!). Aqui o problema concerne à mistura de uma interjeição com um substantivo ordinário, a primeira expressando dor de modo natural, o segundo referindo-se a ela na linguagem convencional. No fim do século XII, o sofisma estava estabelecido em diferentes gêneros de escrita lógica e gramática, os quais incluíam tratados especiais devotados aos sofismas. Tipicamente, esses tratados começariam com um sofisma e, utilizando técnicas disputacionais, mostrariam que o mesmo raciocínio que sustentava uma tese plausível podia também estabelecer algo implausível. O problema seria então resolvido através de um recurso a distinções lógicas ou gramaticais, ou dissolvido pela mostra de que diferentes valores de verdade eram possíveis, de acordo com os diferentes sentidos da sentença sofística. Essas técnicas disputacionais eram empregadas no treinamento oral dos estudantes.

Outros novos desenvolvimentos nunca foram sujeitos a tratamentos especiais. Para entendermos a reflexão medieval sobre a natureza da linguagem

---

[6] Ver S. Read [47].

e da lógica em geral, e sobre as diferenças entre a linguagem falada e a linguagem do pensamento, temos de olhar para uma variedade de fontes filosóficas e teológicas. Devo abordar esses tópicos gerais nas próximas duas seções, antes de abordar os tópicos mais especializados.

O PROPÓSITO E A NATUREZA DA LINGUAGEM E DA LÓGICA

Tanto a linguagem quanto a lógica eram vistas como tendo uma orientação primariamente cognitiva; a linguagem tendo sido formada para enunciar a verdade e a lógica para nos conduzir de uma verdade a outra. Essa orientação deu origem a diversas tensões que são particularmente óbvias tanto em Agostinho quanto em Tomás de Aquino. Agostinho era cético a respeito da habilidade humana de comunicar verdades através da fala. Como retórico profissional, ele possuía uma aguda apreciação dos multifários usos da linguagem, bem como de seus perigos;[7] mas ele também argumentava, em seu *De Magistro*, que nos devíamos afastar completamente da fala ordinária para aprender diretamente de Cristo, que é, ao mesmo tempo, o Mestre Interior e o Verbo Divino.

Tomás de Aquino é mais bem-disposto quanto ao papel da fala. Ele nota que a função própria da linguagem é tornar conhecida a verdade ao dar a conhecer nossos conceitos (*ST* IIaIIae, q. 110, a. 1).[8] A fala é necessária para preencher os fins da vida social, para comunicar noções do que é útil ou pernicioso, justo ou injusto, e a sociedade é baseada no dizer a verdade. A principal noção de linguagem de Tomás, como aquela dos *Modistae*, parece ter sido a de um sistema racional, governado por regras, que podia ser estudado em isolamento do contexto e da intenção do falante, e que se concentrava nas proposições, vistas como unidades linguísticas que comunicam a informação necessária para o conhecimento organizado (*scientia*). Essa visão implica que uma elocução significativa requer sentenças que não sejam nem sintática nem semanticamente desviadas, cujos componentes sejam elegantemente alinha-

---

[7] Ver especialmente *Sobre a Doutrina Cristã, De Magistro* e *De dialectica*.
[8] Ver E. J. Ashworth [236] e I. Rosier [258].

dos com os conceitos do falante, e cujo fim seja a enunciação da verdade. Outros usos da linguagem, como invocação ou convocação, questionamento, ordenação, pedido ou súplica, devem ser deixados à retórica e à poesia. Contudo, Tomás prestou alguma atenção à função expressiva da fala. Por exemplo, nós louvamos um homem não apenas para dar-lhe a conhecer a boa opinião que temos dele, mas também para estimulá-lo em direção a coisas melhores, e para induzir outros a ter dele uma boa opinião, a reverenciá-lo ou a imitá-lo (*ST* IIaIIae, q. 91, a. 1). Em sua discussão dos sacramentos, Tomás também reconheceu a natureza factiva ou performativa da linguagem ("Eu te batizo", "Eu vos declaro marido e mulher"). E o mais importante de tudo, ele prestou uma cuidadosa atenção ao papel das intenções humanas na compensação de escorregões da língua e outros erros linguísticos.

No que concernia à lógica, os pensadores concordavam que esta tinha a ver com a verdade. Como observou Agostinho (*De dialectica* [60] 102), "o propósito da dialética é discernir a verdade", e Avicena mais tarde insistiu que a função da lógica é conduzir-nos do conhecido aos desconhecido. Nunca houve qualquer sugestão de que o estudo da lógica fosse o estudo de sistemas formais, e mesmo embora os lógicos medievais posteriores usassem uma linguagem semitécnica para revelar distinções, a intenção era revelar distinções de significado. Isso teve algum efeito sobre a noção de inferência formal. Uma vez que não havia sistemas, nenhuma definição de formalidade relativa a esses era possível, e desse modo uma inferência formal era uma inferência que podia ser justificada apenas como preservadora óbvia da verdade. Como observou Agostinho, a verdade da inferência válida (*veritas conexionum*) não é inventada pelo homem, mas é "permanente e divinamente instituída na ordem razoável das coisas *[in rerum ratione]*" (*De doctrina christiana* II 32). É claro que essa atitude era compatível com certo desacordo sobre quais inferências eram aceitáveis, e também com a crença de que algumas referências podiam ser justificadas por referência a outras. Além disso, era reconhecido que mesmo a melhor inferência só é útil se suas premissas forem verdadeiras e que erros são frequentes em inferências, como resultado de premissas ambíguas ou confusas. O estudo das falácias e de como evitá-las era o foco de boa parte da discussão lógica.

É relevante notar, nesse ponto, que há um sentido em que a lógica pode visar a verdade sem o uso do método da inferência discursiva formal. Enquanto a abordagem estoica e aristotélica da lógica certamente se concentrava na inferência formal, a dialética neoplatônica era mais um guiar ascendente da alma ao lugar de onde esta pudesse enxergar a realidade inteligível diretamente. Esse processo dialético é claramente exemplificado pela prova agostiniana da existência de Deus, em *Sobre a Livre Escolha da Vontade* II. O mesmo processo é também encontrado em Anselmo, cujo chamado argumento ontológico (que é mais sobre a grandeza do que o ser) parece visar a colocação da alma em uma posição de aonde ela possa ir além das palavras, para captar a própria realidade inteligível. No entanto, o argumento de Anselmo, diferente daqueles de Agostinho, é formalizável como um argumento válido, nesse caso um clássico argumento de redução ao absurdo *(reductio ad absurdum)*. De modo similar, suas provas no *Monologion* são apresentadas como argumentos habilitados, com premissas e conclusões. Anselmo foi de fato um lógico cuidadoso, além de um agostiniano.

Deixando de lado a dialética neoplatônica, há ainda muito a ser dito sobre os usos do termo *dialectica*. Em sentido amplo, a dialética é apenas lógica; o nome *dialectica* prevaleceu até o final do século XIII, quando o termo *lógica* passou a dominar. A palavra possui também três sentidos mais estreitos: dialética como a arte do debate; dialética como a arte de encontrar material para argumentos; e dialética como um tipo de raciocínio, que cai entre o raciocínio demonstrativo e o raciocínio sofístico. O primeiro sentido é encontrado em Cícero, que chama a dialética de método correto de discussão *(disserendi diligens ratio)*, e em Agostinho, que escreveu (*De Dialectica* [60] 82): "Dialética é a ciência de disputar bem". O segundo sentido é associado com a discussão dos Tópicos, os cabeçalhos sob os quais o material para os argumentos pode ser organizado.[9] Como o estudo dos Tópicos também incluía as máximas, ou generalizações verdadeiras de modo autoevidente que podiam fornecer garantia para diferentes tipos de argumento, há um elo próximo entre os Tópicos e a argumentação. Daí, o terceiro e mais usual sentido da dialética tinha a ver com silogismos tópicos ou dialéticos, como uma subparte da lógica. Os lógicos medievais tratavam a distinção aristotélica entre silogismos dialéticos e demonstrativos como uma distinção episte-

---

[9] Ver N. J. Green-Pedersen [461].

mológica concernente ao estatuto de suas premissas, de modo que, enquanto os silogismos dialéticos tinham a mesma estrutura formalmente válida dos silogismos demonstrativos, suas conclusões careciam de certeza.

Assim como havia diferentes sentidos para a palavra *dialética*, havia diferentes sentidos para a *lógica*. Isidoro de Sevilha notou que *logica* vem da palavra grega *logos*, que pode significar *sermo* (palavra) ou *ratio* (razão). Como resultado, a lógica podia ser chamada ou uma *scientia sermocinalis* (ciência linguística) ou uma *scientia rationalis* (ciência racional). Havia considerações apoiando ambos os títulos. De um lado, os estoicos haviam dividido a filosofia em natural, moral e racional, e a última fora igualada à lógica, a qual podia então, como assinalou Boécio, ser vista ao mesmo tempo como um instrumento e uma parte da filosofia. Por outro lado, a lógica era uma das artes liberais e pertencia ao *trivium*, juntamente com a retórica e a gramática, o que a fazia parecer uma ciência linguística. Essa ênfase foi intensificada pela descoberta de lógicos árabes, que incluíam a *Retórica* e a *Poética* de Aristóteles em suas obras lógicas, uma classificação aceita por Alberto Magno e Tomás de Aquino, entre outros. Alguns lógicos, como Guilherme de Sherwood, prefeririam chamar a lógica apenas uma ciência linguística, mas muitos outros no século XIII, inclusive Roberto Kilwardby e Boaventura, chamavam-na ao mesmo tempo linguística e racional.

Nos séculos XIII e XIV, a noção de lógica como ciência puramente racional tornou-se predominante. Esse movimento foi parcialmente associado à descoberta dos *Analíticos Posteriores* e à nova ênfase posta na ciência demonstrativa, e levantou certos problemas sobre a natureza da lógica. Se a ciência consiste em proposições universais necessárias, se ela procede por demonstração, e se lida com entes *(ens)*, como pode o estudo de falácias ou de argumentos individuais contar como ciência? Problemas similares foram levantados a respeito da gramática, e, como vimos acima, os *Modistae* forneciam uma solução em termos de princípios universais subjacentes às linguagens faladas. Princípios similares foram adotados por lógicos que argumentavam que a lógica não contava como ciência, porque lidava com os princípios – universais e necessários – governantes dos fenômenos lógicos (inclusos os fenômenos aparentemente desviantes dos argumentos falaciosos); e porque a noção de ente incluía não apenas entes reais, mas também entes da razão, os quais devem sua existência à atividade da mente.

Os entes da razão incluíam objetos fictícios e impossíveis, como quimeras e montanhas douradas, mas aqui eles podem ser identificados com *segundas intenções* – conceitos de alto nível que usamos para classificar nossos conceitos das coisas do mundo – e estas incluem noções como gênero, espécie, sujeito, predicado e silogismo. Nominalistas e realistas discordavam sobre se as segundas intenções discernem objetos comuns especiais, incluindo universais e estruturas lógicas, ou se elas são apenas construtos mentais alcançados através da reflexão sobre coisas individuais e sobre peças reais de discurso ou escrita; mas isso não impediu nominalistas como Ockham de seguir Avicena, ao dizer que a lógica lida com segundas intenções e que o silogismo, considerado pelo lógico, não é nem uma coisa do mundo nem uma peça de fala ou escrita. Alguns preferiam dizer que a lógica referia-se às coisas do mundo enquanto enquadradas nas segundas intenções. Outros preferiam assinalar como assunto da lógica alguma segunda intenção em especial, tal como a argumentação ou o silogismo, mas havia ainda um forte consenso de que os objetos da lógica são objetos racionais.

Significação, linguagem mental e convencional

Significação

A noção semântica de *significação* era central. No entanto, não devemos confundir significação, definida como "uma propriedade psicológico-causal dos termos",[10] com *significado*. O significado de um termo não é uma entidade à qual o termo é relacionado de alguma forma, mas pode-se dizer que uma elocução significa ou torna conhecida uma entidade, seja ela conceitual ou real, universal ou particular. Além do mais, o significado não é transitivo, mas a significação sim. Lamberto de Auxerre (ou Lagny) escreveu: "uma elocução, que é um signo de um signo – i. e., de um conceito –, será um signo da coisa significada – i. e., da coisa; no entanto, [a elocução] é um signo do

---

[10] P. V. Spade, *CHLMP* 188.

conceito diretamente, mas um signo da coisa apenas indiretamente".[11] Isso não é negar que os pensadores medievais tivessem uma noção de significado. Eles falavam sobre sentido *(sensus)*, sobre pensamento ou significado *(sententia)* e sobre a força de uma palavra *(vis verbi)*. Ademais, eles usavam frequentemente o próprio termo *significatio*, com seus cognatos, de modo bastante amplo.

Havia duas abordagens à significação, não inteiramente compatíveis, cada qual baseada em uma sentença de Aristóteles. De acordo com a primeira abordagem, baseada em *Da Interpretação* 16b9-21, significar é gerar ou estabelecer um entendimento. Essa definição coloca a ênfase não no falante, mas no ouvinte. Dada essa ênfase, é possível considerar grunhidos e talvez até mesmo sons de animais como significantes. Contanto que o ouvinte possa adquirir algum entendimento através da audição, a elocução é significante mesmo que o falante seja incapaz de pensamento racional e abstrato e mesmo que o falante não tenha nenhuma intenção de comunicar uma mensagem. A segunda abordagem associa o poder significante de uma elocução a sua capacidade de tornar conhecido um conceito. O texto crucial aqui é *Da Interpretação* 16 a 3-4, lido como dizendo "Palavras faladas são signos de conceitos". Isso apoia a visão de que o crucial para a elocução significante é a capacidade intelectual do falante, somada às intenções deste. Sons animais e grunhidos revelam paixões específicas e estados sensoriais, como medo ou dor, mas não são ligados a conceitos, e não são propriamente parte da linguagem.

Aristóteles, conforme a interpretação dos comentadores medievais, havia chegado a dizer que conceitos eram similitudes ou sinais de coisas, e isso levantava a questão do que é singificado por "coisa". Em outras palavras, o que nós entendemos quando uma elocução como "homem" ou "animal" estabelece um entendimento? A assunção usual, desde Boécio a até pelo menos o final do século XIII, tinha sido a de que o entendimento seria algum tipo de universal, uma essência ou natureza comum; por isso, devemos ter em mente o impacto que epistomologias diferenciadas podiam causar naquela época.

[11] CT I 105.

Para Agostinho e Anselmo, os quais aceitavam a doutrina de uma familiaridade intelectual com ideias e verdades eternas através da iluminação divina, a distinção entre conhecer as palavras e conhecer as próprias coisas era essencial (e. g., *De Magistro* 1.2). No *Monologion* 10, Anselmo faz uma distinção entre falar as palavras, pensar as palavras faladas, e pensar a coisa, a essência universal "animal racional mortal". Ele emprega a mesma distinção no *Proslogion* 4, quando explica como o tolo disse em seu coração o que não pode ser pensado, ou seja, "Deus não existe". Captar a essência "algo para além do qual não se pode pensar nada maior" é captar um real inteligível, e ao captá-lo não se pode falhar em ver que ele existe necessariamente. A questão era bem diferente para Tomás de Aquino e aqueles que aceitavam uma epistemologia aristotélica, a qual tornava a formação de conceitos dependente da experiência sensorial, e o conhecimento das realidades inteligíveis subsequente ao conhecimento das realidades sensíveis. Para eles, não havia uma maneira simples (embora divinamente auxiliada) de passar do pensar das palavras ao pensar das próprias coisas.

A interposição de conceitos entre palavras e coisas inteligíveis estava por trás do debate do século XIII sobre se palavras significam conceitos ou coisas. Para Lamberto de Auxerre (ou Lagny), nos anos 1260, a espécie inteligível seria o significado primário das palavras, e a essência ou natureza comum seria o significado secundário.[12] Porém, o desenvolvimento de Tomás – de uma distinção entre a espécie inteligível, como ingrediente essencial do processo intelectivo, sem ser o objeto do intelecto, e a palavra interior ou conceito, isto é, a coisa pensada – alterou os termos do debate. Acaso uma palavra significa primeiro a espécie inteligível, não como mero acidente da mente, mas como representação da coisa externa? Ou significa primeiro a palavra interior? Se o segundo caso é verdadeiro, então qual é o estatuto do mundo interior? A coisa pensada é uma construção que depende apenas da mente? (Se é assim, os conceitos são primariamente significados.) Ou a coisa pensada pode ser identificada com o objeto externo, tomado como relacionado à mente de alguma maneira? (Se é assim, a coisa pensada é idêntica à essência externa, e são as coisas que são primariamente

---

[12] *CT* I 104-105. A tradução mascara o uso feito por Lamberto do termo *espécie*.

significadas.) Esta última foi a posição assumida por Siger de Brabante e discutida por Duns Escoto.[13]

Os termos do debate mudariam completamente, no século XIV, com o surgimento do nominalismo, a doutrina de que tudo o que existe são coisas individuais e que apenas conceitos podem ser comuns. Aquela tornava-se uma questão de prioridade: uma palavra significa uma coisa individual no mundo diretamente? Ou significa primeiro o conceito geral, que é uma condição necessária à significação? Buridano e Ockham divergiam quanto ao tópico. Buridano sustentava que palavras significariam primeiro conceitos, pois somente assim poderíamos explicar por que termos como *ser* e *um*, que têm a mesma extensão, diferem em significação. Ockham preferia dizer que palavras significariam coisas individuais, enquanto eram subordinadas a conceitos. Ambos os pensadores são dignos de nota, por sua nova insistência ao dizer que o próprio conceito seria um sinal representativo.[14]

Linguagem convencional e linguagem natural

Havia alguma discussão sobre se a linguagem era convencional, como Aristóteles e Boécio claramente sustentavam, ou se era natural, em algum sentido. A questão emergia ligada à discussão do episódio da nomeação dos animais por parte de Adão, contado em Gênesis 2,19: "Do que quer que Adão chamasse toda criatura viva, aquele seria o nome a partir de então". A linguagem instituída por Adão, ou por Deus através de Adão, era uma linguagem natural, no sentido de uma linguagem que permitia a seus usuários captar essências graças a uma relação natural entre palavras faladas e coisas nomeadas? Encontramos aqui uma tensão entre a exegese bíblica, que enfatizava uma relação natural, enquanto reconhecia que tal relação não podia envolver a onomatopeia, e a lógica aristotélica, que enfatizava a convencionalidade.[15] No século XII, Thierry de Chartres havia exposto a teoria de que as palavras emitidas por Deus no momento da Criação teriam dado essência às

---

13 Ver G. Pini [298].
14 Ver J. Biard [457].
15 Ver G. Dahan [459].

coisas e que, através da inspiração do Espírito Santo, Adão usara as mesmas palavras para nomear as coisas criadas. Ele claramente acreditava que essa doutrina fosse compatível com a crença de Boécio na convencionalidade da linguagem falada. Autores posteriores, inclusive Pseudo-Kilwardby e Tomás de Aquino, insistiram que a imposição (a dotação original das palavras com a significação convencional) devia ser considerada uma atividade racional deliberada, mas Tomás de Aquino sugeria que isso se dava em virtude da palavra interior, a qual capturava a essência da coisa nomeada, em vez de qualquer correspondência entre som arbitrário e essência.

Linguagem mental

O corolário da linguagem falada convencionalmente significante é a linguagem interior natural.[16] Por volta do século II a.C., a noção de discurso interior *(logos endiathetos)* havia-se tornado comum nas escolas gregas de filosofia, e os dados sugerem que a noção não era a de uma linguagem convencional silenciosa, mas a de um discurso interior genuíno, embora ainda não dotado de estrutura composicional. O discurso interior desempenhava um papel particularmente importante em discussões de como os seres humanos diferiam dos animais, inclusive dos animais capazes de pronunciar palavras (como os papagaios).

No início da Era Cristã, houve uma bifurcação. De um lado, a noção de discurso interior foi usada em comentários neoplatônicos de Aristóteles e, através de Boécio, passada adiante para os lógicos e filósofos profissionais latinos. Do outro lado, teólogos cristãos, mais notavelmente Agostinho, usaram a noção de uma palavra interior em suas tentativas de tornar inteligível a assimilação do *Logos* divino ao Cristo encarnado. Agostinho apresentava uma articulada psicologia do homem interior como um modelo de produção espiritual, e o importante para ele era a natureza ativa da palavra interior, mais do que suas analogias linguísticas. Essas duas tradições bastante diferentes se encontraram no século XIII, nas universidades falantes do latim, e Tomás de Aquino desempenhou um importante papel em sua assimilação

---

[16] Ver C. Panaccio [469].

e reforma. No final do século XIII e início do XIV, encontramos discussões extensas e sofisticadas sobre a natureza da representação conceitual; a questão de se a palavra mental é um ato da mente, um objeto intencional especial, ou uma coisa no mundo, conforme o pensamento que se tem deste; e sobre a distinção, já presente em Agostinho, entre uma reflexão interior sobre palavras faladas e um discurso interior independente das linguagens faladas.

Uma versão rica e sofisticada da hipótese da linguagem do pensamento foi desenvolvida no século XIV, por Guilherme de Ockham.[17] Ockham traçava um nítido contraste entre os termos de linguagens faladas convencionalmente significantes e os conceitos ou termos mentais aos quais essas seriam subordinadas. Esses conceitos seriam signos representativos, significantes por sua própria natureza, e seriam os mesmos para todos os seres humanos, ou pelo menos para todos com experiências sensoriais semelhantes. Assim como os termos da linguagem falada entram em frases, proposições e argumentos com uma estrutura gramatical, os termos mentais entrariam em composições gramaticalmente estruturadas, embora a linguagem mental não ostente todos os aspectos gramaticais das linguagens faladas, mas apenas aqueles essenciais para os aspectos semânticos. Substantivos mentais precisam ser singulares ou plurais, por exemplo, mas não precisam ter gênero (masculino ou feminino). No nível semântico, os valores-verdade das proposições mentais seriam uma função da referência dos conceitos de sujeito e predicado, juntamente com os aspectos sintáticos da proposição. A teoria da linguagem do pensamento elaborada por Ockham foi influente até as primeiras décadas do século XVI.[18]

Paronímia e analogia

Até aqui a discussão da significação tem-se concentrado em termos substanciais concretos, isto é, termos como *homem* e *animal*, os quais constituem um entendimento de coisas que se encontram na categoria da substância.

---

[17] Ver C. Panaccio [322].
[18] Ver E. J. Ashworth [455].

Não importando qual a posição assumida em relação às naturezas comuns ou universais, os pensadores concordavam que esses termos eram bem-sucedidos em distinguir tipos de coisa no mundo objetivo, e que esses termos podiam receber uma definição essencial em termos de gênero e diferença (e. g., "O homem é um animal racional"). No entanto, nem todos os termos significantes são desse tipo. Uma das maiores realizações do pensamento medieval foi a análise sofisticada dos diferentes tipos de termo. Devo concentrar-me em dois casos: termos acidentais concretos e termos analógicos.

Termos acidentais concretos são aproximadamente equivalentes aos parônimos de Aristóteles, também chamados denominativos.[19] Eles incluem "letrado" *(grammaticus)* e "branco" *(album)*. O problema com esses termos é que eles não se encaixam em nenhuma categoria aristotélica. Eles parecem ter uma dupla relação: de um lado, com as coisas substanciais; e de outro, com as qualidades de letramento ou brancura. Ademais, de modo diferente do adjetivo no idioma inglês, eles podem ser usados como o sujeito de uma sentença latina. A questão era mais complicada graças à competição entre as autoridades de Prisciano, que dizia que *nomen* (nome ou substantivo) significa substância com qualidade, e Aristóteles, que dizia que as duas categorias são distintas e que "branco" significa apenas uma qualidade. O *De grammatico* de Anselmo foi a primeira discussão importante desses problemas, embora seu trabalho tenha sido, em muitos aspectos, semelhante ao de certo comentador anônimo de Prisciano, do mesmo período. Anselmo resolvia o problema traçando uma distinção entre significação e nomeação (apelação), e dizendo que Aristóteles preocupava-se apenas com a significação. Enquanto a palavra *homem* principalmente significa e nomeia uma substância que é qualificada de certa maneira, a palavra *grammaticus* (<coisa> letrada) significa uma qualidade diretamente *(per se)* e nomeia um homem, o sujeito da qualidade indiretamente *(per aliud)*. Discussões subsequentes do mesmo problema foram fortemente influenciadas pelas visões rivais de Avicena e Averróis, quando estas tornaram-se conhecidas e culminaram na teoria dos termos conotativos de Ockham, a qual envolve uma inversão completa da posição de Anselmo. Para Ockham, *album* (branco) significa primariamente uma coisa e conota a forma "brancura", que qualifica a coisa.

---

[19] Ver N. Kretzmann [41].

As questões relacionadas aos termos acidentais concretos são ligadas à questão que concerne à unidade semântica de palavras de mesma raiz. Fazia-se um apelo à distinção entre a coisa significada e os modos de significação do gramático, os quais permitiam distinguir entre abstrato e concreto, ou entre substantivos, verbos e adjetivos (sendo estes aspectos essenciais), ou entre vários gêneros e casos gramaticais (sendo estes aspectos acidentais). Um primeiro exemplo é encontrado em Guilherme de Conches, que observara que *branco* e *brancura* diferiam não quanto à coisa significada *(res significata)*, isto é, a brancura, mas quanto ao modo de significação. Essa distinção veio a ser muito importante na discussão da linguagem religiosa. Tomás de Aquino argumentava que palavras como *sábio* e *bom* significam puras perfeições, mas têm modos de significação do tipo criado. Isto é, elas sugerem a inerência de uma qualidade separável. Suas contrapartes abstratas, sabedoria e bondade, também têm os modos errados de significação, uma vez que não são normalmente ditas de substâncias. Para falar sobre Deus, não precisamos cancelar os modos de tipo criado dos substantivos concretos e abstratos.[20] No entanto, o problema central da linguagem religiosa persiste, uma vez que a coisa significada, a pura perfeição, ainda não será atribuída a Deus no mesmo sentido em que é atribuída aos seres humanos.

A razão para essa diferença de atribuição é encontrada nas doutrinas da simplicidade e transcendência de Deus, especialmente conforme formuladas por Agostinho e Boécio em suas obras sobre a Trindade. Eles insistiam que Deus transcende as categorias de Aristóteles e que Deus é absolutamente simples, de modo que nenhuma distinção pode ser feita entre a essência de Deus e sua existência, ou entre uma perfeição, tal como a bondade, e outra, tal como a sabedoria, ou, de modo mais geral, entre Deus e suas propriedades. Como escreveu Boécio (*A Trindade* [86] 19), "Quando dizemos dele, 'Ele é justo', nós realmente mencionamos uma qualidade, mas não uma qualidade acidental – e sim uma que é substancial e, de fato, supersubstancial. Pois Deus não é uma coisa porque é e outra coisa porque é justo; para ele, ser justo e ser Deus são uma e a mesma coisa". Teólogos do século XII, como Gilberto de Poitiers e Alan de Lille, parcialmente sob a influência de Pseu-

---

[20] Ver E. J. Ashworth [237] e I. Rosier [474].

do-Dionísio e Escoto Erígena, levaram a questão adiante pelo emprego da teologia negativa. Não podemos afirmar nada de positivo sobre Deus, pois nenhuma afirmação pode ser apropriada a um ser transcendente. É melhor negar propriedades de Deus, dizendo, por exemplo, que ele não é bom (i. e., no sentido humano), e ainda melhor dizer que Deus não é existente, mas superexistente; não substancial, mas supersubstancial; não bom, mas superbom. Essas doutrinas teológicas levantaram o problema geral de como podemos falar significativamente sobre Deus, e levantaram também diversos problemas particulares, especialmente o problema de como podemos dizer que Deus é justo e que Pedro também é justo. Por volta da metade do século XIII, os teólogos tentaram resolver esse problema apelando para a analogia.

A discussão de termos analógicos inseria-se no referencial da doutrina de termos equívocos encontrada nos textos lógicos.[21] O foco original da discussão era dado pelas *Categorias* de Aristóteles, que se iniciam com uma breve caracterização de termos usados equivocamente, tais como *animal* usado em relação a seres humanos reais e seres humanos pintados; termos usados univocamente, como *animal* usado em relação a seres humanos e bois; e termos usados paronimiosamente, como *forte* e *letrado* (os termos acidentais concretos que examinamos acima). No primeiro caso, o termo falado é o mesmo, mas há dois significados ou concepções intelectuais distintas; no segundo caso, principalmente o dos termos substanciais concretos, o termo falado e o significado são o mesmo. As *Categorias* eram suplementadas pelas *Refutações Sofísticas*, nas quais Aristóteles discutia três tipos de equívoco e como eles contribuíam para as falácias na lógica.

Outra inspiração para as doutrinas de analogia foi a metafísica. Um texto crucial encontra-se na *Metafísica* IV 2 (1003 a 1033-1035) de Aristóteles: "Há muitos sentidos [*multis modis*] nos quais o ente [*ens*] pode ser dito, mas estes são relacionados a um ponto central [*ad unum*], um tipo definido de coisa, e não são equívocos. Tudo o que é sadio é relacionado à saúde... e tudo o que é medicinal à medicina". Em seu texto, Aristóteles levanta o problema geral da palavra *ente* e seus diferentes sentidos, e também introduz o que é conhecido como equívoco *pros hen* ou significado focal: a ideia de

---

[21] Ver E. J. Ashworth [235] e o capítulo 6 deste volume.

que diferentes sentidos possam ser unificados através de uma relação com um sentido central. Outro texto fundamental é um trecho da *Metafísica* de Avicena, em que este escreve que o ente *(ens)* não é nem um gênero, nem um predicado que se predica igualmente de todos os seus subordinados, mas sim uma noção *(intentio)*, na qual eles concordam de acordo com o anterior e o posterior. Como veremos, essa referência ao anterior e ao posterior é particularmente importante. Devemos também notar que *ens* é um dos assim chamados termos transcendentais, termos que vão além das *Categorias* de Aristóteles, podendo ser atribuídos a coisas de qualquer categoria. Os outros transcendentais importantes eram uno *(unum)*, bom *(bonum)* e verdadeiro *(verum)*, de modo que a discussão dos transcendentais era muito proximamente relacionada tanto à discussão das perfeições puras quanto ao problema geral dos termos acidentais concretos.[22]

Para os autores do século XIII, havia três tipos principais de analogia. No sentido grego original, a analogia envolve uma comparação de duas proposições ou relações. Assim, *princípio* é dito um termo analógico quando dito de um ponto e de uma fonte d'água, porque um ponto é relacionado a uma reta como uma fonte é relacionada a um riacho. Esse tipo de analogia veio a ser chamado analogia de proporcionalidade, e foi brevemente privilegiado por Tomás de Aquino em *Verdade*. No segundo sentido, a analogia envolve uma relação entre duas coisas, das quais uma é primária e a outra é secundária. Assim *sadio* é dito um termo analógico quando dito de um cão e sua comida, porque enquanto o cão tem saúde no sentido primário, sua comida é sadia apenas secundariamente, como contribuindo para a saúde do cão ou a causando. Esse segundo tipo de analogia tornou-se conhecido como analogia de atribuição, e sua marca especial era ser dito em um sentido anterior e um posterior *(per prius et posterius)*. Um terceiro tipo de analogia, às vezes evocado por teólogos, inclusive Tomás de Aquino em seu comentário às *Sentenças*, envolve uma relação de semelhança entre Deus e as criaturas. As criaturas são ditas boas ou justas, porque sua bondade ou justiça imita ou reflete a bondade ou justiça de Deus. Esse tipo de analogia era chamado analogia de imi-

---

[22] Ver J. A. Aertsen [504] e o capítulo 4 deste volume.

tação ou participação.²³ Dos três tipos, a mais central para as discussões medievais foi a analogia de atribuição.

Do século XIV em diante, as discussões da analogia não se concentraram tanto nos usos linguísticos quanto na natureza dos conceitos que correspondiam às palavras usadas. Há apenas um conceito que corresponde a um termo analógico ou há uma sequência de conceitos? Se o segundo caso é verdadeiro, como os membros da sequência são ordenados e relacionados uns aos outros? Ademais, até que ponto devemos distinguir entre os assim chamados conceitos formais (ou atos da mente) e conceitos objetivos (qualquer que seja o objeto do ato de entendimento)? Havia também aqueles que, como Duns Escoto, rejeitavam a analogia.²⁴

Outras explorações de ambiguidade eram menos diretamente relacionadas à teologia e tinham a ver não com termos individuais, mas proposições inteiras. Uma das ferramentas básicas da análise proposicional era a distinção entre sentidos compostos e divididos, que é geralmente associada com a lógica modal, mas originou-se na discussão aristotélica da falácia da composição e divisão. O ponto básico concerne dois modos de leitura da sentença "Um homem sentado pode andar". A proposição é falsa no primeiro sentido, mas verdadeira no segundo. Tornou-se comum, ao considerar inferências modais, inclusive silogismos modais, distinguir entre os sentidos compostos e divididos das premissas e da conclusão e formular os resultados lógicos dessas diferentes leituras. O tratado de Guilherme Heytesbury sobre o assunto²⁵ mostra a variedade de problemas aos quais a distinção era aplicada no século XIV.

REFERÊNCIA: TEORIA DA SUPOSIÇÃO

A nova teoria mais notável que tomou forma no século XII foi a teoria da suposição. Assim como a teoria dos termos analógicos, ela era proximamente ligada a problemas teológicos, particularmente aqueles associados à doutrina da

---

²³ Ver B. Montagnes [467].
²⁴ Para uma discussão, ver capítulo 6 deste volume.
²⁵ *CT* I 413-434.

Trindade (três Pessoas em um Deus). A palavra *suppositum* tinha um uso duplo. Na gramática, significava o sujeito, às vezes sintático, ou seja, o substantivo que concorda com o verbo, e mais usualmente significava o sujeito semântico, isto é, o portador da forma predicada; em teologia, significava a Pessoa, o sujeito qualificado pela essência divina. Esses sentidos e aqueles associados à palavra *suppositio* (colocação como sujeito) e o verbo *supponere* (colocar como sujeito) alimentaram a nova noção de *suppositio pro* ou representação. Assim, a palavra "Deus" era dita supondo uma pessoa quando representava uma Pessoa da Trindade, e supondo uma essência quando representava uma essência divina (Tomás de Aquino, *ST* I, q. 39, a. 4). Em sua forma desenvolvida, a teoria da suposição, juntamente com sua ramificações, particularmente a ampliação e a restrição, explorava os diferentes tipos de referência que um termo de sujeito ou predicado podia ter em vários contextos.[26] Os três tipos principais de suposição eram o material, o simples e o pessoal. Um termo era dito possuidor de suposição material quando representava a si mesmo ou a outras ocorrências do mesmo termo, como em "Homem é um substantivo". Assim, a suposição material substituía dispositivos de citação. Um termo era dito possuidor de suposição simples quando representava um universal, como em "Homem é uma espécie". Tanto a suposição material quanto a suposição simples ensejavam controvérsias, especialmente a suposição simples, devido ao óbvio problema do estatuto ontológico dos universais ou naturezas comuns. Finalmente, um termo era dito possuidor de suposição pessoal quando representava seus referentes normais, como quando *homem* representa Sócrates, Platão e assim por diante.

Alguns lógicos distinguiam entre a suposição pessoal acidental e a suposição natural, a qual permitia que um termo fizesse uma referência pré-proposicional a todos os seus referentes, passados, presentes e futuros. Enquanto isso, outros insistiam que a suposição devia ser puramente proposicional e contextual. Esse debate era ligado à questão de como definir "suposição": seria ela um tipo de significação pertencente especificamente ao sujeito de uma proposição? Ou não seria de todo uma significação, mas a aceitação de um termo como representante de seus referentes?[27] O debate também afetava

---

[26] Para um rico arranjo de textos não teológicos, ver L. M. de Rijk [471].
[27] Ver Lamberto em *CT* I 106-107.

as doutrinas de ampliação, segundo as quais a referência de um termo podia ser estendida, e as de restrição (o oposto da ampliação). Lógicos parisienses, como Jean le Page, escrevendo por volta de 1235, tendiam a aceitar a suposição natural e a dizer (como Buridano, no século XIV) que os termos possuíam suposição natural em proposições científicas, ou seja, verdades universais necessárias, de modo que nenhuma ampliação era necessária. Como corolário, em proposições não científicas, a suposição dos termos era restrita de vários modos. Para os lógicos ingleses do século XIII, toda suposição era contextual, e a noção de ampliação tinha de ser usada quando o sujeito de uma proposição devesse estender-se para além das coisas presentes existentes.

A noção de ampliação era particularmente importante na análise de proposições contendo verbos conjugados, termos modais e termos epistêmicos, como *imagino*. Os lógicos geralmente sustentavam que proposições afirmativas com termos não referentes seriam falsas, mas, ainda assim, muitas proposições que desejamos tomar como verdadeiras têm termos que não se referem a nada que tenha existência corrente. A doutrina da ampliação permitia que a referência se estendesse a objetos passados, futuros e possíveis. No século XIV, Marsílio de Inghen argumentava que devia ser permitida a referência a objetos imagináveis que fossem impossíveis. Ao permitir a ocorrência desse tipo de ampliação quando eram usados termos como *imagino*, ele podia salvar a verdade de "Eu imagino uma quimera", enquanto ainda sustentava a falsidade de "Uma quimera é um animal"[28].

Os três tipos de suposição pessoal mais frequentemente evocados eram o tipo determinado, o puramente confuso *(confuse tantum)*, e o confuso e distributivo. Esses tipos eram normalmente ilustrados por meio de uma descida aos singulares. Por exemplo, dizer que o sujeito de uma proposição afirmativa particular, "Algum A é B", possui suposição determinada é dizer que pode ser inferida a disjunção de proposições singulares, "Este A é B, ou aquele A é B, ou o outro A é B e assim por diante". Dizer que o predicado de uma proposição afirmativa universal, "Todo A é B", possui suposição puramente confusa é dizer que pode ser inferida uma proposição com um predicado disjunto, "Todo A é este B ou aquele B ou o outro B e assim por

---

[28] Ver E. J. Ashworth [455] para esse e outros problemas de referência.

diante". Dizer que o sujeito de uma proposição afirmativa universal possui suposição confusa e distributiva é dizer que pode ser inferida uma conjunção de proposições, "Este A é B, e aquele A é B, e o outro A é B e assim por diante". Alguns pensadores distinguiram entre casos móveis e casos imóveis. Por exemplo, nenhuma descida é possível a partir de "Somente todo A é B", e assim A possui suposição imóvel. Um quarto tipo de suposição era a suposição coletiva, como em "Todo homem está orçando um barco", dado que estão todos realizando a ação juntos. Aqui qualquer descida envolverá um sujeito conjunto, como em "Este homem e aquele homem e o outro homem estão todos orçando um barco".

A teoria da suposição pessoal era usada para resolver uma variedade de problemas. Um problema típico tinha a ver com a promessa (ou "dívida" em alguns autores). Se eu lhe prometo um cavalo, há algum cavalo que lhe prometo? Se não, como deve ser construída a sentença original? Uma ampla variedade de respostas foi proposta. Valter Burley sugeria que *cavalo* possuía suposição simples; Heytesbury considerava que *cavalo* possuía suposição puramente confusa, e que não implicava "Há algum cavalo que lhe prometo", pois a nova posição de *cavalo* antes do verbo atribuía ao termo uma suposição determinada. Ockham preferia substituir a sentença por uma mais complexa, "Terás um cavalo por meio de minha doação".[29]

Verdade e paradoxo

A linguagem e a lógica preocupam-se com a verdade, mas o que é a verdade? A questão era complicada pela interação entre a afirmação de Aristóteles de que "é porque a coisa real existe ou não existe que o enunciado é dito verdadeiro ou falso" (*Categorias* 4b8-10); a doutrina dos transcendentais, de acordo com a qual uno, bom, ser e verdadeiro são não apenas idênticos, mas vêm em graus; e a afirmação de Cristo no Evangelho de João 14,6, "Eu sou o caminho, a verdade e a vida". Em *Sobre a Livre Escolha da Vontade* II 12, Agostinho usou a verdade proposicional como degrau para a conclusão de

---

[29] Ver ibid.

que Deus é a Verdade. Uma vez que verdades proposicionais existam, deve haver, graças ao princípio platônico do um-sobre-muitos, uma verdade da qual elas participam, e essa Verdade só pode ser Deus. Em outros lugares, Agostinho apelou para um paradoxo, formulado por Boaventura (*Questões Disputadas* [213] 113) nas seguintes palavras: "Se não há verdade, então é verdadeiro dizer: 'Não há verdade'. Mas se isso é verdadeiro, então algo é verdadeiro. E se algo é verdadeiro, há uma primeira verdade". Anselmo produziu um movimento similar no *Monologion* 18. Em seu *De Veritate*, ele abordou a questão dos diferentes sentidos da palavra *verdade* e encontrou uma solução que lhe permitiu reconciliar as autoridades conflitantes. A verdade é fundamentalmente retidão, e essa noção se aplica primeiro a Deus, mas também podemos falar sobre a verdade dos objetos, conforme reflitam corretamente as Ideias divinas, e sobre a verdade dos enunciados, conforme reflitam corretamente a verdade dos objetos.

Não surpreendentemente, Tomás de Aquino rejeitava os movimentos platônicos que permitiam uma progressão da visão da verdade das proposições à visão da Verdade divina (*ST* I, q. 2, a. 1, ad 1); e sua discussão dos diferentes sentidos da verdade começava não com Deus, mas com o mundo em torno dele. Tomás tomara a afirmação atribuída a Isaac Israeli, de acordo com a qual a verdade é a "adequação entre o intelecto e a coisa" *(adaequatio intellectus et rei)*, e argumentara que havia dois tipos de conformidade, uma entre mente e objeto, outra entre objeto e mente. Quando falamos da conformidade entre objeto e mente, estamos falando da verdade transcendental, graças à qual os objetos são reflexões de ideias divinas; quando falamos de mente e objeto, falamos da conformidade da mente humana aos objetos em torno dela, pela qual os julgamentos são verdadeiros (*ST* I, q. 16, a. 1; q. 21, a. 2). Esses dois sentidos foram então usados para explicar que Deus pode ser chamado Verdade porque nele há uma dupla conformidade, dado que seu ser *(esse)* e intelecção *(inteligere)* são o mesmo.

Um dos mais notórios problemas sobre a verdade é associado aos paradoxos semânticos ou insolúveis.[30] A versão mais simples era o Paradoxo do Mentiroso, "O que eu digo é falso", dado o *casus* ou a situação inicial em

---

[30] Ver P. V. Spade [475].

que isso é tudo o que é dito, mas versões complexas com proposições hipotéticas ("Deus existe, e alguma proposição conjuntiva é falsa") ou sequências de proposições mutuamente referentes ("Suponha que Sócrates diga 'Platão diz algo falso', e Platão diga 'Sócrates diz algo verdadeiro'".) também eram discutidas.³¹ No século XX, esses paradoxos foram usados para lançar dúvida sobre as fundações mesmas da teoria semântica, e conduziram a elaboradas distinções entre níveis de linguagem e metalinguagem. Os lógicos medievais, no entanto, não deram sinais de uma tal crise de mentalidade, e embora empregassem certas restrições à autorreferência e fizessem certas distinções entre linguagem e metalinguagem, essas técnicas eram geralmente limitadas ao problema específico em questão.

Inferência e paradoxo

A noção de inferência, ou *consequentia*, encontrava-se no coração da lógica. O enorme volume de escrita devotado a problemas de significação e referência tinha a intenção de auxiliar o raciocinador a evitar a inferência falaciosa. De modo similar, os muitos tratados sobre obrigações (as regras a serem seguidas em certo tipo de debate) tinham a intenção de dar ao estudante uma prática ao seguir através das implicações lógicas das proposições que houvesse aceitado.³²

Havia um considerável debate sobre a definição de validade. A afirmação de que uma consequência é válida, se e somente se é impossível para o consequente ser falso quando o antecedente é verdadeiro, era questionada por duas razões. Em primeiro lugar, as proposições envolvidas eram tomadas como itens ocorrentes, fossem eles escritos, falados ou mentalizados. Elas poderiam falhar em existir, e nesse caso não haveria nada para carregar um valor-verdade. Alternativamente, seu significado poderia estar em disparidade em relação a sua real expressão, como em "Toda proposição é afir-

---

31 Alberto de Saxe em *CT* I 357, 349.
32 Ver K. Jacobi [462] e M. Yrjönsuuri [51] para discussões de consequências e obrigações.

mativa, portanto nenhuma proposição é negativa". Esses problemas foram extensamente discutidos por Buridano, por exemplo, o qual os resolvera pela substituição de uma definição de validade em termos de significação, isto é, que uma consequência fosse válida se e somente se fosse impossível para ela ser significada pelo antecedente sem ser significada do mesmo modo pelo consequente.

A presença do "se e somente se" levanta o segundo problema. A definição de verdade (ou o substituto de Buridano) pode fornecer uma condição necessária para a validade, mas essa condição é suficiente? Se é suficiente, devemos aceitar os paradoxos de implicação estrita, isto é, que qualquer coisa é implicada por uma proposição impossível, e uma proposição necessária é implicada por qualquer coisa. O debate sobre esses paradoxos começara no século XII, e houve uma série de tentativas de fornecer uma segunda condição que, juntamente com a primeira, fosse suficiente para a validade. Abelardo tinha um princípio de contenção pelo qual o dito do antecedente devia conter o dito do consequente, e Roberto Kilwardby, no século seguinte, como Strode na Oxford do meio século XIV, dizia que o consequente devia ser compreendido no antecedente. Alguns pensadores do século XIII concentravam-se na realidade e argumentavam que uma consequência devia capturar uma relação causal e que, como resultado, o antecedente devia referir-se a um estado de coisas que pudesse ser ao menos supostamente possível. Nenhum desses pensadores podia aceitar os paradoxos como formalmente válidos. Por outro lado, os *Parvipontani* ou *Adamitas* (seguidores de Adão de Balsham) no século XII e João Buridano no século XIV mostravam-se contentes em aceitar a formulação do tipo "se e somente se" como oferecendo as condições necessárias, bem como suficientes, para a validade, com todas as implicações necessárias quanto à aceitação dos paradoxos.

Há muitos outros lugares, distintos daqueles mencionados acima, nos quais as questões lógicas e filosóficas ou teológicas se sobrepõem, incluindo as discussões da natureza das proposições e da lógica modal.[33] Algumas dessas discussões, como aquelas mencionadas acima, parecem apresentar a lógica como um estudo da inferência em vez de uma busca da verdade, mas, como

---

[33] Para proposições, ver G. Nuchelmans [468]; para lógica modal, ver S. Knuuttila [464].

observara Agostinho, "uma coisa é conhecer as regras da inferência, outra é conhecer a verdade das proposições" (*Sobre a Doutrina Cristã* II 34). Ele continuava, para dizer que "O conhecimento da inferência, definição e divisão é um grande auxílio para o entendimento [*intellectorem*], conquanto não se cometa o erro de pensar que tê-las aprendido é o mesmo que ter aprendido a verdade da vida abençoada" (*ibid.* II 37). Para o pensador medieval, a lógica era um estudo preliminar, e não um fim em si mesmo.

4 Filosofia no Islã

Thérèse-Anne Druart

Por que "Filosofia no Islã"? Por que não "Filosofia Islâmica" ou "Filosofia Árabe"? As respostas simples a estas perguntas e as consequências nada simples dessas respostas proveem uma entrada ao rico mundo de ideias brevemente explorado neste capítulo. A resposta simples à pergunta "Por que não 'Filosofia Islâmica'?" é que nem todos os filósofos das terras sob domínio islâmico na Idade Média eram muçulmanos. É fácil esquecer o quão diverso era o império do Islã e, em particular, que este incluía numerosas minorias religiosas ativas.[1] Entre os filósofos havia:

– muçulmanos, como Alfarabi, Avicena (Ibn Sina) e Averróis (Ibn Roschd), alguns dos quais eram sunitas, outros xiitas ou ismaili, como os Confrades da Pureza;
– cristãos, como Yahya Ibn 'Ady, um dos principais discípulos de Alfarabi e bem conhecido teólogo jacobita;
– sabianos, como o médico Thabit ibn Qurra, um tradutor;
– masdeístas ou zoroastristas, como Mani al-Majusi;
– pagãos, como o famoso Abu Bakr al-Razi, que negava a própria possibilidade de revelação ou profecia, com base no fato de que ela favoreceria um povo particular e seria, portanto, incompatível com a justiça de Deus;
– judeus, como Ibn Suwar, Ha-Levi, Maimônides etc.

---

[1] J. L. Kraemer, por exemplo, mostrou admiravelmente os intercâmbios culturais em Bagdá no final do século X e na primeira metade do século XI entre povos de diversas origens étnicas e religiosas [492].

O grande número e importância dos filósofos judeus, inclusive aqueles que trabalharam no Ocidente Latino após a Reconquista, exige um capítulo inteiro devotado a seu pensamento (o capítulo seguinte a este), mas eles, bem como os outros não muçulmanos listados acima, devem ser considerados como participantes de uma única conversação filosófica conduzida do século IX ao XIII e além.

Os estudiosos têm às vezes preferido falar em uma "filosofia árabe", para evitar a sugestão de que haja um modo "islâmico" de filosofar, comparável à concepção de "filosofia cristã" – advogada, controversamente, por Gilson, como um meio de capturar o espírito da filosofia medieval no Ocidente latino.[2] Mas também há problemas com o título "filosofia árabe". Deixando de lado o caso do judeo-árabe (árabe escrito em caracteres hebraicos), precisamos reconhecer que nem todos os textos filosóficos foram escritos em idioma árabe, uma vez que Avicena, entre outros, redigiu alguns importantes tratados em persa. Ademais, a palavra *árabe* pode ser interpretada como se referindo não apenas à linguagem usada pelos filósofos, mas também a seu pano de fundo étnico, e, com exceção de Al-Kindi e Averróis, poucos filósofos eram árabes. Avicena e Algazel, por exemplo, eram persas.

A inclusão, em meu recenseamento dos filósofos, do pensador menos nomeado – Algazel – aponta para mais uma complicação, pois a principal contribuição de Algazel à filosofia foi um poderoso trabalho crítico, a *Incoerência dos Filósofos*. Isso levanta a questão: o que significa filosofia? Com frequência, tende-se a restringi-la a *falsafa*, uma palavra árabe que simplesmente translitera a palavra grega *philosophia* e imediatamente aponta para a origem estrangeira da disciplina. A maioria dos *falasifa*, isto é, filósofos helenizados, clamava admissão em uma escola derivada de Aristóteles, e Averróis criticava acidamente Avicena por distanciar-se muito do "primeiro mestre". Outros, no entanto, como al-Razi, criticavam Aristóteles e invocavam Platão ou Sócrates. Ademais, a teologia islâmica *(Kalam)* havia já elaborado alguns conceitos filosóficos e uma ontologia – havia desenvolvido reflexões filosóficas, mesmo que seus praticantes não quisessem ser equiparados aos *falasifa* (filósofos). Algazel objetava vigorosamente às afirmações exageradas dos *falasifa* (filósofos),

---

[2] E. Gilson, "O que é Filosofia Cristã?", em [635] 177-191, e E. Gilson [628]. F. Van Steenberghen defendeu a autonomia da filosofia e argumentou que, estritamente falando, não pode haver nenhuma filosofia especificamente cristã, em [637].

que clamavam possuir demonstrações apodíticas da existência ou natureza de Deus, mas suas objeções eram por si mesmas tão filosoficamente agudas que Averróis sentiu-se chamado a refutar tantas quanto pôde (enquanto concedia validade às restantes). Tem sido bem argumentado que havia muita filosofia original e genuína na *Kalam* (teologia islâmica), e que Avicena exercera mais influência em Algazel do que se havia previamente pensado.[3]

O título "Filosofia no Islã" inclui, portanto, as ideias de não muçulmanos, de não árabes e de muitos pensadores que não desejaram ser conhecidos como filósofos – e não é nem um pouco mais pobre, filosoficamente, por causa disso. Deve ser ainda enfatizado aqui que mesmo aqueles que se autointitulavam *falasifa* (filósofos) não eram baseados exclusivamente em Aristóteles e no neoplatonismo (ou em textos neoplatônicos falsamente atribuídos a Aristóteles, como o procleano *Liber de causis* e o plotiniano *Teologia de Aristóteles*).[4] Havia outras fontes gregas, inclusive cristãs, como os argumentos de Filopônio contra a eternidade do mundo. Pouco se sabe sobre como o estoicismo veio a influenciar os *falasifa* (filósofos), mas ele claramente o fez. O mesmo é válido para o médico-filósofo Galeno, que influenciou muitos *falasifa* (filósofos) que também foram médicos, como Al-Razi, Avicena, Ibn Tufayl e Averróis. Fontes sírias e persas não podem ser ignoradas, embora o grande movimento de tradução da época dos primeiros Abácidas tenha certamente se concentrado em textos gregos.[5] Em relação a essas fontes, no entanto, deve ser notado que há ainda uma considerável incerteza quanto ao que os pensadores filosóficos do Islã tiveram de fato diante de si. Nem sempre é claro se estamos lidando com traduções de um trabalho completo, ou simplesmente de algum tipo de resumo. Temos uma versão árabe do *Sumário do "Timeu" de Platão*, de Galeno, mas não conhecemos nenhuma tradução completa do próprio *Timeu*. É incerto se houve de fato uma tradução completa das *Leis* de Platão.[6] Há uma velha disputa sobre se a *Política* de Aristóteles foi traduzida para o árabe. No caso dela, como no caso da *Ética a Nicômaco*, se existiu uma tradução completa,

---

[3] Ver R. M. Frank [487-489].
[4] Ver C. D'Ancona Costa [477] e J. Kraye et al. [18].
[5] Ver D. Gutas [490]. Gutas mostra como naquela época, assim como hoje, as ideologias políticas às vezes ditavam a escolha dos textos que eram traduzidos.
[6] D. Gutas [102] e T.A. Druart [100] duvidam disso, mas J. Parens [105] o afirma.

não sabemos o quanto nem onde circulou (as referências de Al-Kindi à obra são bastante vagas, por exemplo).[7]

Uma última observação para concluir essa explicação da "filosofia no Islã": embora o escopo deste capítulo seja arbitrariamente limitado quase inteiramente aos filósofos até e inclusive Averróis (falecido em 1198), deve ser entendido que a suposta morte da filosofia nas terras islâmicas após Averróis é um mito. Uma tradição aviceniana, a Filosofia da Iluminação, introduzida por Al-Suhrawardi (1154-1191), tem sido mantida até o presente, particularmente no Irã, por filósofos como Al-Tusi (1201-1274), Mir Damad (1543-1631) e Mulla Sadra (1571/2-1641).[8] Recentemente, estudiosos editaram textos filosóficos pós-medievais de outras áreas do mundo islâmico, como o Império Otomano, onde, por exemplo, diversos eruditos escreveram *Tahafut*, isto é, tratados sobre a *Incoerência dos Filósofos* nos mesmos moldes de Algazel. A *Incoerência* de Kemal Pasazade (também conhecido como Ibn Kemal), de 1533, leva em consideração os argumentos de Algazel, Averróis (contrariamente à afirmação de que Averróis não teve nenhum impacto sobre os filósofos no Islã), e de um erudito otomano prévio, Hocazade.[9] Para os medievalistas, é claro que a filosofia do Islã na Idade Média é por si mesma suficientemente absorvente para valer o estudo por parte das gerações posteriores de eruditos, mas a conversação filosófico-crítica com a qual estamos preocupados neste capítulo continuou para além do período medieval até o presente.

FILOSOFIA, RELIGIÃO E CULTURA

É comumente pensado que havia na Idade Média (e talvez haja ainda hoje) um conflito fundamental entre a filosofia e a religião no Islã. É claro, a

---

[7] H. A. Davidson em [483] mostra admiravelmente as origens gregas dos argumentos sobre esses tópicos, como as fontes relacionadas à *Kalam* (teologia islâmica), e sua transformação e integração nas mãos dos filósofos nas terras sob domínio islâmico.
[8] Ver a segunda parte de H. Corbin [10], intitulada "Da Morte de Averróis aos Dias de Hoje". Corbin também sublinhou que a filosofia persistiu entre sunitas e xiitas, bem como ismaili.
[9] M. Aydin [478].

partir do que já foi visto sobre a presença do pensamento filosófico mesmo entre os críticos da *falsafa* (filosofia), que a ideia de uma simples oposição é um engano. Seria igualmente um engano, no entanto, imaginar que houvesse uma única ideia positiva dominante do que tinham a ver, uma com a outra, a filosofia e a religião. Em vez disso, encontramos uma variedade de explorações imaginativas e atenciosas dessa relação. O fato de que nenhuma das discussões que iremos considerar tenha sido estritamente homóloga a qualquer reflexão produzida no Ocidente Latino torna essas discussões mais, e não menos, frutíferas para a compreensão intercultural.

A importância do contexto cultural dificilmente pode ser exagerada. Enquanto o cristianismo havia chegado como uma nova religião em uma civilização greco-latina, na qual as escolas filosóficas clássicas eram bem representadas, a situação no Islã era oposta. Lá a filosofia fez sua aparição no século XIX, como uma importação estrangeira, com a tarefa de criar um lugar para si mesma em uma civilização formada, em seus níveis mais profundos, tanto política quanto culturalmente, pelo Alcorão e pela lei baseada neste. Um dos primeiros debates envolvendo *falsafa* (filosofia) centrava-se na questão de se a lógica por si mesma era verdadeiramente universal ou simplesmente emergia da gramática grega. Os tradutores e a maioria dos primeiros defensores da *falsafa* (filosofia) não eram falantes do árabe. Seu árabe fragmentado e suas estranhas cunhagens para verter termos técnicos gregos embaraçavam seus interlocutores muçulmanos, tão orgulhosos de sua linguagem e da importância desta como a linguagem da revelação de Maomé. Muitos consideravam o próprio Alcorão como incriado, uma asserção baseada na inimitabilidade do mesmo, na impossibilidade da construção de versos de tamanha arte literária. O debate era complicado pelo fato de que os *falasifa* (filósofos) adotavam a posição da escola alexandrina, de que a *Retórica* e a *Poética* de Aristóteles eram partes da lógica, em vez de partes da filosofia prática. Eles igualavam os argumentos dos especialistas em *Kalam* (a teologia islâmica) à dialética, e os argumentos do Alcorão a argumentos retóricos e poéticos.[10] Quando

---

[10] Ver D. Black [480], em particular o capítulo sobre o silogismo poético e imaginativo, p. 209-241.

os *falasifa* (filósofos) começaram a usar um tipo de árabe mais palatável e a acrescentar melhorias estilísticas às traduções, alguns dos desentendimentos se dissiparam, e a lógica, frequentemente comparada à matemática, foi claramente distinguida da gramática grega, reconhecida como universalmente válida, e mais tarde encontrou um lugar no currículo das escolas de Direito. Esse debate levanta vividamente a questão do que é universalmente válido na filosofia e o que é culturalmente determinado. Se a lógica pôde por algum tempo ser considerada como peculiarmente grega, não nos deveríamos espantar com o estatuto problemático da metafísica para alguns dos pensadores que estaremos considerando.

No que se refere às questões mais amplas da relação entre filosofia e religião, faremos bem em começar a partir do final do período em questão, com Averróis (1296-1198), pois uma compreensão incompleta de sua posição é uma fonte primária da crença em um conflito simples e básico entre filosofia e religião. Um maior entendimento das posições de Averróis nos auxiliará na contextualização de diversas discussões anteriores.

O juiz Averróis

Há uma imagem de Averróis como defensor de um Livre Pensamento implicitamente antirreligioso e como um precursor do Iluminismo.[11] Essa imagem é largamente baseada em uma leitura parcial de seu *Tratado Decisivo, Determinando a Natureza e Conexão entre Filosofia e Religião*.[12] Nessa obra, Averróis de fato louva o discernimento filosófico como a mais alta forma de conhecimento. Mas a imagem liberal é severamente, se não inteiramente, danificada, quando lemos, na refutação de Averróis da *Incoerência dos Filósofos* de Algazel, que "os hereges devem ser mortos".[13] Há uma inconsistência? Não

---

[11] E. Renan [172].

[12] Também conhecido como *A Harmonia entre Filosofia e Religião*. Minha tradução baseia-se na de G. F. Hourani [161]. A maioria dos textos aos quais irei referir-me nesta seção não foram traduzidos para o latim durante a Idade Média e, portanto, tiveram pouco impacto sobre a escolástica, mesmo tendo ganhado popularidade no Iluminismo (ver G. A. Russell [497]) e em nossa própria época, particularmente entre os discípulos de Leo Strauss.

[13] *Incoerência da Incoerência*, discussão 17, "os hereges devem ser mortos" [165] I 322.

totalmente. Averróis não era simplesmente um médico-filósofo, mas também um juiz e, portanto, um especialista na lei islâmica. O tratado é apresentado como uma *fatwa* oficial, isto é, uma decisão jurídica determinando o estatuto canônico da filosofia. "O propósito deste tratado", declara ele já de início, "é examinar, do ponto de vista do estudo da lei [*shari'a*], se o estudo da filosofia [*falsafa*] e da lógica é permitido pela lei ou proibido, ou exigido, seja por meio de recomendação ou como obrigatório."

O julgamento de Averróis é que os estudos em questão são *obrigatórios* a uma elite intelectual, mas devem ser proibidos aos crentes ordinários. A apresentação em estilo de *fatwa* (decisão jurídica), e não menos que nove referências a Algazel (1058-1111), mostra claramente que a *Incoerência dos Filósofos* deste último havia produzido um sério impacto no mundo islâmico. Antes de fornecer uma longa e detalhada refutação dos argumentos de Algazel em seu próprio trabalho, *A Incoerência da Incoerência*, Averróis oferece aqui uma defesa mais popular da lógica e da filosofia; é, contudo, uma defesa disposta em termos da lei islâmica. Ele começa, astutamente, defendendo a lógica, pois o próprio Algazel a havia defendido e afirmado em sua autobiografia intelectual que a lógica dos *falasifa* (filósofos) era superior ao raciocínio dos especialistas em lei islâmica, e dizia-se que ele teria convencido as escolas de Direito a incluir a lógica no currículo. Mas Averróis leva a justificação da lógica mais além. Ele argumenta a favor da utilidade dela como um instrumento para a *falsafa* (filosofia), a qual ele define como "nada além do estudo dos entes existentes e reflexões sobre os mesmos como indicações do Artesão", isto é, Deus, o Criador. A *falsafa* (filosofia) torna-se assim teodiceia, visando provar a existência do criador e fornecer um melhor entendimento de Deus. Averróis procura, desse modo, anular a acusação de Algazel, que diz que os *falasifa* (filósofos) não provam realmente que o mundo tem um Artesão, uma vez que reduzem essa palavra a uma metáfora (*Incoerência*, segunda e terceira discussões). Um passo crucial na aculturação da filosofia aos requerimentos do Islã, feita por Averróis, repousa sobre uma mudança na terminologia das palavras traduzidas para o inglês, como *phylosophy* (filosofia). Elaborando um paralelo entre os aspectos da lei islâmica e a filosofia, Averróis substitui "filosofia" *(falsafa)* por "sabedoria" *(hikmat)*. No Alcorão, um dos belos nomes de Deus é "O Sábio", e, portanto, "sabedoria" tem um timbre corânico, enquanto *falsafa* (filosofia) conota algo estrangeiro. Averróis chama a "filosofia" (ainda *hikmat* [sabedoria]) de arte das artes. Ele conclui a primeira seção do tratado clamando que há um caminho para a verdade adequado à natureza de cada muçulmano, primeiro citando o Alcorão XVI 125: "Convoque-os ao caminho de seu Senhor por sabedoria ou por boa pregação, e debata com eles da maneira mais efetiva". A raiz da palavra para "debate", *jadal*, é usada para se referir aos *Tópicos* de Aristóteles, um trabalho preocupado com argumentos dialéticos baseados em opiniões geralmente recebidas. Averróis igualará esse "debate" com a *Kalam*, ou teologia islâmica. Ele será então capaz de apresentar a filosofia como um modo de suprir a injunção corânica – um modo que é apropriado, e de fato obrigatório, a certos indivíduos:

> Assim as pessoas em relação às Escrituras caem em três classes. Uma classe é a daqueles que não são de todo pessoas de interpretação: estes são a classe retórica. Eles são a massa esmagadora, pois nenhum homem de intelecto judicioso é isentado desse tipo de aquiescência. Outra classe é a das pessoas de interpretação dialética: estes são os dialéticos, seja só por natureza, ou por natureza e por hábito. Outra classe é a das pessoas de certa interpretação: estes são a classe demonstrativa, por natureza e por treinamento, i. e., na arte da filosofia [*hikmat*]. Essa interpretação não deve ser expressa à classe dialética, e muito menos às massas ([161] 65).

Elidindo desse modo algumas das distinções entre a linguagem corânica e as palavras e conceitos técnicos do grego, Averróis é capaz de afirmar ao final do *Tratado* que "a filosofia [*hikmat*, agora entendida como sinônimo de *falsafa*] é a amiga e irmã de leite da... lei [*shari'a*]".

Muitos intérpretes, não cientes dessas mudanças de terminologia e das diferenças culturais, assumiram que Averróis levantara questões sobre a relação entre filosofia e fé religiosa similares àquelas propostas pelos assim chamados "averroístas" do século XIII em Paris. Mas Averróis não se referiu de fato à religião, mas à *shari'a* ou lei islâmica, e a relação que ele sustentava existir entre a filosofia e essa lei era de concórdia, mas apenas para uma pequena elite.

A profecia interpreta a filosofia (culturalmente): Alfarabi

Alfarabi, "segundo mestre" (após Aristóteles) e importante participante do antigo debate sobre o estatuto da lógica,[14] prestava louvor à terminologia grega, ao falar da "Cidade Ideal ou Virtuosa", mas indicava que *cidade* podia significar um império universal com grande diversidade étnica, linguística e religiosa. Ele era totalmente cônscio de que a lei islâmica visava ser universal e que uma cidade-estado não se adequava à situação política e econômica corrente de sua época.[15]

> As sociedades humanas absolutamente perfeitas são dividas em nações. Uma nação se diferencia de outra por duas coisas naturais – constituição natural e caráter natural – e por algo que é composto (é convencional, mas tem uma base nas coisas naturais), que é a linguagem – refiro-me ao idioma através do qual os homens se expressam. Como resultado, algumas nações são grandes e outras pequenas (*O Regime Político* [97] 32).

Alfarabi é um radical: a *falsafa* (filosofia), que para ele alcançara seu ápice com Aristóteles, é absoluta e universalmente verdadeira, mas acessível apenas a uma pequena elite intelectual. As massas precisam, portanto, de algo a que se possam relacionar, isto é, a religião, a qual deve ser adaptada às culturas particulares. Embora haja apenas uma verdade filosófica – conforme a tradição alexandrina, ele afirma que Platão e Aristóteles estão basicamente em concordância –, deve haver uma pluralidade de religiões verdadeiras, variando de cultura para cultura, cada qual comunicando conceitos filosóficos por meio dos símbolos apropriados. Ele explica, por exemplo, que as trevas ou o caos nos textos religiosos representam o não ser ou matéria-prima, o Intelecto Agente é representado pelo anjo Gabriel e assim por diante. Somente a

---

[14] Alfarabi era famoso por seu Comentário Longo sobre o *De interpretatione* de Aristóteles e por suas epítomes do *Organon* aristotélico, incluindo a *Poética*. Ele distinguia cuidadosamente a lógica da gramática, e embora fosse um racionalista, sua linguagem e vocabulário eram influenciados pela terminologia religiosa.

[15] Ver a tradução de R. Walzer [95].

filosofia utiliza demonstrações apodíticas; a *Kalam* (teologia islâmica) utiliza argumentos dialéticos, e a religião utiliza a retórica e a poesia.[16] Daí, no *Livro das Letras* e em *A Obtenção da Felicidade*, ele escreve que a *falsafa* (filosofia) é anterior, no tempo, à religião [*"din"*, mais próxima de nossa concepção de religião do que a *shari'a* (lei islâmica) de Averróis].[17] Religiões são imitações culturalmente determinadas da verdadeira filosofia aristotélica. A profecia é simplesmente uma inundação de inteligíveis na imaginação e, portanto, subordinada à filosofia. Um governante perfeito será não apenas filósofo, mas legislador e profeta, ou trabalhará em conexão com um profeta, para traduzir as ideias filosóficas para uma linguagem mais acessível às várias culturas. Se Alfarabi realmente sustentava essas opiniões, ou se as usava para adular e atrair possíveis *falasifa* (filósofos), pode ser debatido, mas ele foi bastante respeitado e morreu em idade avançada, a despeito de suas não tão ocultas asserções de primazia da filosofia.[18]

A excessiva ênfase dos *falasifa* (filósofos) na "demonstração apodítica" e sua asserção de que somente eles a praticavam explica porque Algazel se deleitava em mostrar que a maioria dos argumentos filosóficos não era apodítico de todo, particularmente na metafísica, mas ao contrário, manifestavam uma aceitação acrítica de posturas filosóficas gregas. A energia de Algazel se equipara à dos ácidos ataques de Alfarabi contra seus rivais intelectuais, os especialistas em *Kalam* (teologia islâmica), os quais este ridicularizava.

A filosofia culmina na profecia: Avicena

O racionalismo de Alfarabi e sua subordinação da religião ao papel de intérprete local da filosofia grega influenciou foretemente Averróis, mas colocou a *falsafa* (filosofia) à margem da cultura islâmica. Já Avicena (980-1037), como persa, escrevendo em árabe e persa, envolveu-se positivamente com a

---

[16] M. Galton [101] e J. Lameer [103] sublinham a ligação entre lógica e filosofia política em Alfarabi.

[17] Ver "A Obtenção da Felicidade" em *A Filosofia Platônica e Aristotélica de Alfarabi* [96].

[18] M. Mahdi, em particular, sublinhou o racionalismo de Alfarabi em [104], e C. E. Butterworth publicou recentemente traduções dos *Aforismos Escolhidos, O Livro da Religião*, e *A Harmonização das Opiniões dos Dois Sábios: Platão, o Divino, e Aristóteles* em [98].

cultura do Islã. Ele esteve mesmo por vezes envolvido na política prática, como vizir de Shams al-Dawla.

Avicena conhecia de cor a *Metafísica* de Aristóteles, mas não pôde entendê-la, dizia ele, até que um pequeno tratado de Alfarabi lhe revelasse que a metafísica não estava focada na teologia, como ele havia acreditado, mas no ser enquanto ser.[19] Mas então seu próprio pensamento profundo levou-o a modificar ou abandonar alguns dos ensinamentos de Aristóteles. Avicena "completou" o entendimento aristotélico das causas físicas como causas de movimento, precedendo seus efeitos com um entendimento das causas verdadeiras ou metafísicas, as quais são simultâneas a seus efeitos, mas operam necessariamente e por emanação.[20] O Intelecto Agente, a décima inteligência separada, é não apenas uma fonte de iluminação intelectual, mas também literalmente um "doador de formas" aos seres sublunares e serve de base a essa simultaneidade causal. Em outras palavras, Avicena aceitou o desafio de repensar parte da "ortodoxia" grega herdada. Embora ainda filosofando no espírito de Aristóteles,[21] ele levou em consideração as ideias neoplatônicas, bem como conceitos elaborados na *Kalam* (teologia islâmica), e prestou mais atenção às circunstâncias de sua própria época e lugar. Isso pode explicar porque seus textos permaneceram influentes na cultura islâmica até hoje, especialmente no Irã.

O mais conhecido texto metafísico de Avicena, a *Metafísica* do "*Shifa*" (*Kitab al-Shifa'* ou *Livro da Cura*), termina no Livro X, capítulos 2-5, com reflexões sobre filosofia política.[22] Ali ele apresenta a profecia como o cume do desenvolvimento intelectual, uma compreensão de inteligíveis que não mais requer raciocínio discursivo. No capítulo 2, ele argumenta pela necessidade da profecia. Seres humanos precisam formar associações, as quais requerem um Legislador que deve convencer as massas e deve, portanto, ser um ser humano (há intenção de um contraste hostil com a concepção cristã de Cristo como Filho de Deus). O Legislador deve ser um profeta:

---

[19] *A Vida de Avicena* [117] 30-35.
[20] *Metafísica do "Shifa"* (*Livro da Cura*) VI 1 e 2. Tradução latina medieval [116] II 291-306. Tradução inglesa [113].
[21] Ver D. Gutas [124].
[22] Trad. [114]

Um profeta, portanto, deve existir e deve ser humano. Deve também possuir características não presentes em outros, de modo que os homens possam reconhecer nele algo que eles não têm, e as quais o diferenciam deles. Portanto, ele realizará milagres... Quando a existência desse homem ocorre, ele deve dispor leis sobre os assuntos dos homens... O primeiro princípio governando sua legislação é deixar que os homens saibam que têm um Criador, Uno e Onipotente... que Ele preparou para aqueles que a Ele obedecem uma pós-vida de bem-aventurança, mas para aqueles que a Ele desobedecem uma pós-vida de miséria. Isso induzirá a multidão a obedecer aos decretos postos na boca do profeta por Deus e pelos anjos. Mas o profeta não deve envolver os homens com doutrinas relativas ao conhecimento de Deus, o Exaltado, além do fato de que Ele é um, a verdade, e não possui outro semelhante a Si mesmo. Ir além disso... é questionar demais. Isso simplesmente confundirá a religião que eles tenham ([144] 100).

No entanto, para incitar a juventude promissora a buscar a filosofia, o profeta pode inserir símbolos e sinais que podem estimular um verdadeiro despertar filosófico, como é o caso no Alcorão.

O capítulo 3 do texto de Avicena fornece uma justificativa mais racionalista das prescrições islâmicas sobre aspectos do culto, como a purificação ritual para as preces oficiais e a peregrinação. O capítulo 4 justifica racionalmente outras práticas islâmicas, como a doação de esmolas, o cuidado pelos pobres, os doentes e os aleijados, assim como justifica costumes de casamento e a dependência das mulheres para com os homens, uma vez que as mulheres "são menos inclinadas a obedecer à razão". (É interessante notar que nesses detalhes Avicena se distancia de Alfarabi, que seguia de perto a *República* de Platão ao afirmar uma semi-igualdade das mulheres e também ao ordenar que os doentes crônicos e os aleijados não fossem cuidados. Averróis seguirá Alfarabi em sua negligência para com aqueles que não são "úteis" à cidade, bem como na afirmação de que "a mulher partilha com o homem de todo o trabalho dos cidadãos", mesmo que na sociedade do próprio Averróis "elas [as mulheres] frequentemente assemelhem-se a plantas", como no caso das más cidades.

O fato de as mulheres serem um fardo para os homens é uma das causas da pobreza urbana.)²³

O capítulo de conclusão da obra de Avicena concerne ao califa e à organização política. Avicena obviamente considera Maomé o maior dos profetas – não simplesmente um entre muitos, como o era para Alfarabi – e fornece ali uma justificação racional dos mais básicos princípios da *shari'a* (lei islâmica). A explicação aviceniana da filosofia política e da religião é muito mais islamizada do que a de Alfarabi. No entanto, a posição de Avicena ainda é consideravelmente racionalista, como atestam claramente um pequeno tratado sobre a prece²⁴ e a *Prova das Profecias*.²⁵ Uma interpretação genuinamente mística de seu pensamento é duvidosa.

Exílio

Alfarabi, Avicena e Algazel trabalharam no Oriente, mas a *falsafa* (filosofia) começou a se difundir para o Ocidente das terras islâmicas, para a Andaluzia em particular, onde a situação política era ao mesmo tempo confusa e fragmentada. Em al-Andaluz os *falasifa* (filósofos) renunciaram ao ideal platônico do filósofo-governante-legislador-profeta e advogaram o "exílio" da "cidade", talvez por causa da instabilidade política.

Ibn Bajjah ou Avempace (falecido em 1138), outro médico-filósofo, escreveu *O Governo do Solitário*.²⁶ Abandonando o sonho do estado perfeito ou virtuoso de Alfarabi, ele concentrou-se no lugar do filósofo em uma cidade imperfeita.

> É claro a partir da situação do solitário que ele não deve associar-se com aqueles cujo objetivo é corpóreo, nem com aqueles cujo objetivo é a espiritualidade adulterada com a corporealidade. Em vez disso, ele deve associar-se com aqueles que perseguem as ciências. Agora uma vez que

---

²³ *Averróis sobre a "República" de Platão* [164] 101 e 59.
²⁴ Em *Avicena sobre a Teologia* [120].
²⁵ Trad. [22] 112-21. Curiosamente, Rogério Bacon (c. 1210-92) adaptou o final do Livro X de Avicena à cristandade em seu *Opus maius*, Parte VII.
²⁶ Tradução inglesa bastante parcial em [22] 123-33.

aqueles que perseguem as ciências são poucos em alguns modos de vida e muitos em outros, havendo até mesmo modos de vida em que eles não existem de todo, segue-se que em alguns dos modos de vida o solitário deve manter-se inteiramente afastado dos homens tanto quanto puder e não lidar com eles, exceto em questões indispensáveis e à medida que seja indispensável a ele fazê-lo; ou deve emigrar para os modos de vida nos quais as ciências são perseguidas – se esses modos puderem ser encontrados. Isso não contradiz o que foi enunciado na ciência política e o que foi explicado na ciência natural. Ali foi explicado [isto é, na ciência natural] que o homem é político por natureza, e foi explicado na ciência política que todo isolamento é maléfico. Mas é apenas maléfico em si; acidentalmente, pode ser bom, como ocorre a respeito de muitas coisas pertencentes à natureza (*O Governo do Solitário* [361] 132).

Ilhas separadas

Ibn Tufayl (*c.* 1116-1185) escreveu um famoso romance filosófico precedido de uma introdução técnica, *Hayy ibn Yaqzan*, ou *O Vivente, Filho do Desperto* ("Desperto" pode referir-se aqui ao Intelecto Agente). Nessa encantadora fábula, Hayy (o Vivente), tendo de algum modo chegado a uma ilha deserta como um recém-nascido, é criado por uma corça. Sem contato com outros seres humanos, ele descobre por si mesmo não apenas como sobreviver, mas também, mais tarde, todos os princípios da *falsafa* (filosofia). Ele deduz a existência de Deus e então, a princípio, tenta imitar os corpos celestes. Emula sua provisão de luz e calor cuidando dos animais; seu brilho, pela limpeza, perfumes e roupas deslumbrantes; seus movimentos circulares, girando em torno de si mesmo até perder a consciência, como fazem os dervixes "rodopiantes" ou Sufis, e correndo ao redor de sua própria casa, em uma transposição da peregrinação ritual ao redor da casa de Abraão em Meca; e sua contemplação, pela concentração dos pensamentos no ser necessário, Deus. Pouco a pouco, no entanto, ele percebe que suas preocupações ambientais e seu interesse pela limpeza distraem-no da contemplação de Deus e de sua própria essência, e assim ele as abandona e atinge um estado que não pode ser expresso. Na ilha vizinha, um homem chamada Asal, crente de uma das verdadeiras religiões, decide tornar-se um eremita e muda-se para a ilha de Hayy, a qual ele assume estar deserta. Depois que Hayy o encontra e rapidamente aprende a falar, Asal descobre que Hayy atingiu um nível de contemplação muito superior ao atingido por ele próprio. Por outro lado, Hayy não pode entender por que a religião de Asal oferece apenas imagens e parábolas de verdades filosóficas. A fim de iluminar as pessoas da outra ilha, Hayy e Asal viajam até lá, mas quanto mais Hayy tenta ensinar-lhes a verdadeira filosofia, mais inquietas e insatisfeitas elas se tornam. Finalmente, Hayy compreende que elas não são dotadas para a filosofia e devem, para seu próprio bem, ser deixadas em paz com sua religião. Ele retorna a sua própria ilha deserta com Asal, o qual, apesar de seus melhores esforços, nunca alcança o nível de contemplação de Hayy.[27]

Essa fábula notável implica que a razão pode descobrir tudo por si mesma, enquanto as religiões são socialmente úteis às pessoas comuns, mas são apenas pálidas imitações da *falsafa* (filosofia).[28] As opiniões de Ibn Tufayl são surpreendentes, uma vez que ele foi médico da corte e vizir do governante almóade Abu Ya'qub, ao qual apresentou Averróis. Achando difíceis os textos de Aristóteles, Abu Ya'qub solicitou a Averróis que escrevesse comentários sobre eles, um pedido que este último cumpriu monumental e seminalmente.

A questão da relação da filosofia com a religião é longe de ser central nos textos filosóficos produzidos no Islã medieval. O que foi escrito sobre essa

---

[27] Excelente tradução parcial inglesa [22] 134-62; tradução completa [368].
[28] Na Idade Média, o romance de Ibn Tufayl foi traduzido para o hebraico (com um comentário hebraico por Moisés Narboni). Foi traduzido para o latim somente em 1671, por Pocok, e para o inglês em 1708, sob o título *A Melhoria da Razão Humana Exibida na Vida de Hai Ebn Yokdhan, em que é demonstrado, por quais métodos pode-se, pela mera luz da natureza, obter o conhecimento das coisas naturais e sobrenaturais; mais particularmente o conhecimento de Deus, e os assuntos da outra vida*. O texto inglês é ilustrado e acrescido de um apêndice, cuja intenção é proteger a fé dos leitores cristãos, "no qual a possibilidade da obtenção do verdadeiro conhecimento de Deus e das coisas necessárias à salvação, pelo Homem, é brevemente considerada" [367]. Os tradutores do latim e do inglês lêem ambos a fábula como uma explicação puramente racionalista, embora alguns a tenham interpretado como uma alegoria mística. Para interpretações do texto, ver L. I. Conrad [369]. Há alguma disputa sobre se a tradução de Pocok poderia ter influenciado o autor de *Robinson Crusoé*, e formas simplificadas da fábula são ainda às vezes contadas como conto de fadas às crianças do Oriente Médio. Ver também H. Daiber [481].

questão é não obstante de considerável interesse, especialmente se evitarmos o engano de achar que havia uma única opinião sobre o assunto – ou um único par de posições violentamente opostas, uma filosófica e puramente racional, outra religiosa e assistematicamente dogmática.

Psicologia e metafísica

Alfarabi desenvolveu uma psicologia para adequar suas opiniões sobre a religião e a profecia. Para ele, há somente um Intelecto Agente para toda a humanidade, a décima inteligência emanada, a qual ele iguala ao anjo Gabriel, que transmitiu o Alcorão a Maomé. Os inteligíveis emanam do Intelecto Agente para todos os seres humanos, mas a maioria dos inteligíveis só podem ser adquiridos pelas poucas pessoas que estão melhor preparadas para recebê-los, os *falasifa* (filósofos), é claro.

> Aqueles são os primeiros inteligíveis que são comuns a todos os homens, como, por exemplo, que o todo é maior que a parte, e que as coisas iguais em tamanho a uma e a mesma coisa são iguais entre si. Os primeiros inteligíveis comuns são de três tipos: (1) os princípios das habilidades produtivas, (2) os princípios pelos quais alguém se torna cônscio do bem e do mal nas ações humanas, (3) os princípios usados para conhecer os existentes, que não são objetos das ações humanas, e seus princípios e graus primários: como os céus e a causa primeira (*Sobre o Estado Perfeito* [95] 203, 205).

Os inteligíveis podem então inundar a imaginação disfarçados de símbolos e parábolas apropriadas às várias culturas e linguagens. A subordinação de Alfarabi da profecia à filosofia explica suas afirmações de que não apenas os primeiros inteligíveis da metafísica, mas também os da ética e das várias disciplinas, vêm por emanação do Intelecto Agente, enquanto Algazel, que tinha menos confiança no intelecto que Alfarabi, atribui a descoberta até mesmo dos princípios básicos da astronomia e da medicina à profecia. (O interessante é que Alfarabi nos diz que seu mestre, o cristão Ibn al-Haylan, e seus colegas cristãos eram proibidos de ler os *Analíticos Posteriores* de Aristóteles, conhecidos em árabe como *O Livro da Demonstração*.) A emanação dos primeiros inteligíveis do Intelecto

Agente assegura a validade das demonstrações supostamente apodíticas características dos *falasifa* (filósofos). O neoplatonismo serve de base ao aristotelismo.

Avicena considerou necessário abandonar alguns dos princípios de Aristóteles, não apenas para desenvolver sua explicação da profecia, mas também para fundamentar sua concepção de uma pós-vida puramente espiritual e para fornecer uma psicologia humana e animal mais sofisticada para a vida presente. Em seu famoso *De anima* do *"Shifa"* (*Livro da Cura*, Livro I, caps. 1-3), ele argumenta que a alma racional não é a forma do corpo, mas uma substância completa por si mesma. Ele então constrói um experimento mental – "o homem voador" – para provar que a consciência de si é imediata e não um resultado da reflexão. O texto nos lembra, retrospectivamente, o *Cogito* de Descartes.

> Alguém entre nós deve imaginar a si mesmo como se houvesse sido criado todo de uma vez e criado perfeito, mas que sua visão tenha sido velada à observação das coisas externas, e que ele fosse criado caindo no ar ou no vazio de maneira que não encontrasse resistência do ar, fazendo-o sentir, e que seus membros fossem separados uns dos outros de modo que não se encontrassem nem tocassem. Ele deve então refletir sobre se ele afirmará a existência de seu eu. Ele não duvidará de sua afirmação da existência de seu eu, mas não afirmará nenhum membro entre seus órgãos, nenhum órgão interno, seja coração ou cérebro, e nenhuma coisa externa. Em vez disso, ele estaria afirmando seu eu sem atribuir a ele comprimento, largura ou profundidade. E se nesse estado ele fosse capaz de imaginar uma mão ou algum outro órgão, não o imaginaria como parte de si ou como condição para sua existência ([129] 387).

Avicena fornece uma explicação dos sentidos interiores muito mais detalhada que a de Aristóteles.[29] Mais apropriadas aos temas do presente capítulo são sua concepção do Intelecto Agente e sua distinção de quatro "intelectos" no interior da alma humana. Junto com a maioria dos comentadores gregos

---

[29] Sobre isso, ver capítulo 9 do presente volume.

de Aristóteles, ele sustenta que há apenas um Intelecto Agente para a humanidade inteira e segue Alfarabi ao afirmar que esse Intelecto é a décima Inteligência, que governa o mundo sublunar. Mas no interior da alma Avicena postula: (1) um intelecto puramente potencial; (2) um intelecto atual, que recebeu os inteligíveis primários (como o princípio de não contradição e a noção de que um todo é maior que qualquer uma de suas partes) do Intelecto Agente; (3) um intelecto habitual, que conserva inteligíveis secundários e pode usá-los à vontade; e (4) o intelecto adquirido, quando está de fato pensando os inteligíveis e sabe que o está fazendo. Uma vez que a alma é uma substância espiritual para Avicena, e não, como sustentava Aristóteles, uma forma impressa na matéria, ela sobrevive após a morte do corpo. A pós-vida é puramente espiritual, mas as pessoas que não atingiram a plena e imediata consciência de si, não sendo capazes de conceber a si mesmas sem o corpo, recriarão para si um corpo imaginário, no qual experimentarão as recompensas ou punições "físicas" da pós-vida, como descritas no Alcorão.[30]

Uma vez que Avicena, ao contrário de Alfarabi, não subordina a profecia à filosofia, ele indica que alguns indivíduos têm um intelecto muito poderoso e podem, portanto, entrar facilmente em contato com o Intelecto Agente, e não necessitam de muita instrução ou raciocínio para adquirir novos conhecimentos. Alguns não precisam de nenhum processo discursivo de todo, mas apenas intuição, e seu intelecto habitual torna-se um intelecto santo ou divino, que capta imediatamente todos os inteligíveis ao mesmo tempo. Silogismos não são mais necessários. Nesse caso, esses inteligíveis inundam a imaginação, a qual os traduz em símbolos, parábolas e assim por diante. Essa faculdade intelectual é a mais alta faculdade humana, privilégio do profeta.[31]

É claro que Avicena está tentando mais do que acomodar a filosofia grega a suas próprias circunstâncias políticas e religiosas. Ele encontra alimento para seu próprio pensamento distintivo em qualquer lugar. É famoso por argumentar em sua *Metafísica* do *"Shifa" (Livro da Cura)* I 5 que o ser é "o primeiro conceito". Nesse capítulo, ele sustenta que os outros concei-

---

[30] Ver J. Micot, *La Destineé de l'homme selon Avicenne* (Louvain, 1981).
[31] Tradução inglesa parcial em F. Rahman [119].

tos primários são "coisa" (conhecido em latim como o transcendental *res*) e "necessário".[32] Aristóteles havia falado de certas noções como pertencentes a todo ser enquanto tal (por exemplo, "uno", "verdadeiro" e "bom"). Avicena derivou dos compromissos ontológicos da *Kalam* (teologia islâmica) a necessidade da "coisa" como conceito primário. Ele argumentava que o conceito era requerido para fundamentar a distinção entre essência e existência, bem como a distinção entre o contingente e o necessário-por-si.[33]

Uma vez que me tenho apoiado principalmente no *Shifa' (Kitab al-Shifa', o Livro da Cura)*, um texto claramente pertencente à tradição aristotélica, por toda a sua originalidade, devo apontar três problemas da interpretação aviceniana. Primeiro, as versões latinas das obras de Avicena nem sempre condizem com o árabe. Isso levou Rahman a conjecturar se Avicena realmente afirmava que a existência seria um acidente da essência, como Tomás de Aquino entendeu que ele fizera.[34] Uma vez que os manuscritos latinos são frequentemente mais antigos que aqueles que temos em árabe, o texto latino pode às vezes ser mais correto que o árabe. Ademais, estudos recentes mostram que as concepções psicológicas e epistemológicas de Avicena evoluíram e que ele nem sempre assumiu a mesma posição em todos os textos.[35] Segundo, Avicena às vezes fala em uma filosofia "oriental", que alguns sustentam ser sua própria filosofia, bem diferente de seus textos "aristotélicos", enquanto outros o negam.[36] A terceira dificuldade decorre do fato de que em algum ponto da carreira de Avicena, ele e outros *falasifa* (filósofos) começaram a adotar a linguagem dos místicos do sufismo, talvez para prover algum disfarce a suas opiniões racionalistas pouco convencionais. Diversos pequenos textos foram publicados há um século como *Tratados Místicos de Avicena*, entre eles a abordagem racionalista às preces islâmicas, à qual nos referimos

---

[32] Trad. [49] 219-239. Ver também M. E. Marmura [131] e Tomás de Aquino, *Verdade*, q. 1, a. 1.
[33] R. Wisnovsky [134]. Marmura apontou diferenças anteriores entre a filosofia de Avicena e a *Kalam* (teologia islâmica) [130]. Para a imensa influência dessas distinções na filosofia latina, ver capítulo 6 deste volume.
[34] F. Rahman [132].
[35] Ver D. Gutas em [133] 1-38 e D. N. Hasse em [133] 39-72.
[36] S. H. Nasr argumenta pela "originalidade" da Filosofia Oriental em [11] 247-251, enquanto D. Gutas afirma que não há tal coisa [123].

anteriormente.³⁷ A duradoura influência de Avicena sobre o escolasticismo latino, maior que a de Averróis, certamente provém de seu racionalismo, mas esse é um racionalismo que modifica alguns princípios aristotélicos pela integração de aspectos do neoplatonismo e que desenvolve distinções teologicamente frutíferas entre essência e existência e entre contingência e necessidade.³⁸ A distinção de Avicena entre causas físicas e metafísicas encontra-se no coração da distinção de Duns Escoto entre causas essencial e incidentalmente ordenadas, central para sua famosa prova da existência de Deus.

Algazel, desbancando as afirmações de demonstrações apodíticas dos *falasifa* (filósofos), concentrava seus ataques em Alfarabi e Avicena e as concepções de ambos sobre a causação. Sua autobiografia intelectual mostra que ele era totalmente cônscio de que essa era a questão nuclear em sua condenação de duas das posições centrais destes filósofos: a criação eterna e a negação do conhecimento de Deus sobre os particulares.³⁹ A emanação, que ele ataca brilhantemente, torna a criação uma necessidade eterna para Deus. Algazel insiste que somente Deus é um Agente verdadeiro e que a agência requer a habilidade de distinguir entre dois instantes temporais indiscerníveis. Ela requer, portanto, um conhecimento sobre particulares, bem como escolha. Se Algazel, sob influência de Avicena, permite alguma eficácia às causas secundárias, permanece uma questão a ser debatida.⁴⁰

Surpreendentemente, Algazel despende pouco tempo nas visões dos *falasifa* (filósofos) sobre o intelecto, conquanto essas visões seriam responsáveis por muita comoção na Paris do século XIII. Algazel simplesmente indica que os *falasifa* (filósofos) falham em sua tentativa de provar que a alma humana é uma substância capaz de subsistir após a morte. Sobre esse tópico, ele pode ter-se contentado mais com a concepção aristotélica da alma humana como forma do corpo, uma vez que no Islã a ressurreição equivale à completa recriação, e não há concepção de uma alma sobrevivendo à morte do cor-

---

[37] A. F. Mehren, *Traités mystiques d'Avicenne*, 4 fascículos (Leiden, 1889-1894). H. Corbin também sublinhou um aspecto "místico" em Avicena [10]. Mas se há algum misticismo, é de um tipo bastante racionalista.

[38] Ver J. F. Wippel [261].

[39] Trad. [149].

[40] R. M. Frank diz sim em [487], e M. E. Marmura o nega em [151] e [150].

po. Algazel simplesmente deplora a negação dos *falasifa* (filósofos) quanto à ressurreição do corpo e, portanto, da realidade das recompensas e punições físicas na ressurreição.

Averróis afirma não apenas que há somente um Intelecto Agente para a humanidade inteira, mas também somente um intelecto passivo ou "material". O assim chamado "Intelecto Material" é de fato imaterial, mas desempenha na intelecção um papel similar ao da matéria na composição hilomórfica. Sua posição parece privar os seres humanos de sua própria capacidade de pensar e agir livremente, uma vez que eles próprios não pensam realmente, mas os Intelectos Material e Agente comuns pensam por eles e fornecem-lhes inteligíveis. Essas opiniões causaram tumulto na Universidade de Paris, onde alguns membros da faculdade de artes adotaram-nas com entusiasmo. Em 1270, Tomás de Aquino sentiu a necessidade de escrever seu *Da Unidade do Intelecto contra os Averroístas* para refutar essas opiniões e criticar a interpretação de Aristóteles por Averróis como uma traição. Foi argumentado recentemente, no entanto, que algumas das críticas de Tomás são mal orientadas e que Averróis pôde de fato fornecer uma explicação coerente de nossa consciência dos atos de entendimento como sendo nossos próprios atos.[41] O argumento depende da leitura correta do *Comentário Longo* de Averróis sobre o *De anima*, que é conhecido somente através de uma tradução latina medieval, embora alguns poucos fragmentos do árabe tenham recentemente vindo à tona.

Não é fácil determinar exatamente qual a posição de Averróis sobre o Intelecto Material.[42] Não apenas o texto do *Comentário Longo* é muito difícil, mas estudiosos, trabalhando no texto árabe original da *Epítome* de Averróis sobre o *De anima,* mostraram que naquele texto ele não afirma que há somente um Intelecto Material para a humanidade inteira. Eles argumentam, portanto, que uma posição tão estranha deve provir de erros na tradução latina. De fato, há duas versões da *Epítome*, e a pesquisa mais recente mostrou que Averróis revisou seu texto em uma data posterior. É, portanto, verdadeiro que Averróis não defendeu de todo essa posição na primeira versão da *Epítome*, mas que sentiu posteriormente a necessidade de desenvolvê-la.

---

[41] Ver D. Black [166].
[42] H. A. Davidson rastreou de modo notável a história geral dessa questão tanto entre os comentadores gregos quanto entre os *falasifa* (filósofos) em [482].

Ele indica em seu prefácio à *Epítome* revisada que sua exposição anterior baseava-se mais nos comentadores do que no texto de Aristóteles. Depois de se concentrar realmente no texto de Aristóteles, suas opiniões mudaram.[43] Mesmo se nos limitarmos aos comentários sobre o *De anima* e não tocarmos nas várias posições defendidas em outros textos,[44] há ainda algumas questões espinhosas. Primeiro, só lentamente tem sido reconhecido que Averróis mudou de ideia sobre várias questões filosóficas e voltou para corrigir alguns manuscritos de seus próprios trabalhos prévios. Segundo, se o *Comentário Médio*, que é uma paráfrase do texto de Aristóteles, mas inclui uma longa digressão sobre o Intelecto Material, precede o *Cometário Longo*, é questão de debate.[45] A situação pode tornar-se mais clara quando R. C. Taylor publicar sua tradução inglesa do *Comentário Longo*.[46]

Ética

Os estudiosos têm dedicado pouca atenção à ética filosófica do Islã.[47] O foco na *falsafa* (filosofia) como primariamente aristotélica contribuiu para essa negligência, pois embora a *Ética a Nicômaco* e um sumário desta conhecido como *Summa Alexandrinorum* tenham sido traduzidas para o árabe, essas obras não circularam ampla ou rapidamente. Sobreviveram poucos textos da tradição aristotélica, incluindo alguns que se sabe terem sido escritos, como o *Comentário à Ética a Nicômaco* de Alfarabi. O *Comentário Médio*

---

[43] Averróis parece a princípio ter seguido Alexandre de Afrodísias, depois ter adotado a posição de Avempace (Ibn Bajjah) [360], e, finalmente, após ter lido Temístio, ter decidido que devia haver um único Intelecto Material para toda a humanidade. No *Comentário Longo* ele acusa, algo retoricamente, a Avempace de tê-lo conduzido ao erro.

[44] Tais como a *Epístola sobre a Possibilidade de Conjunção com o Intelecto Ativo* [160].

[45] A. L. Ivry, que editou e traduziu o *Comentário Médio* (edição árabe em 1994 e com tradução inglesa em 2002), sustenta que ele é posterior ao *Comentário Longo*, enquanto H. A. Davidson considera que ele o precede (Ivry [170], Davidson, com resposta de Ivry, em [167]).

[46] Os artigos de A. Hyman, A. L. Ivry, e R. C. Taylor em [168] fornecem bastante material útil sobre essas difíceis questões.

[47] Exceto G. F. Hourani [491] e M. Fakhry [486].

sobre a Ética, de Averróis, aguarda ainda uma edição crítica completa. Existem, contudo, diversos textos interessantes de uma tradição helenística mais popular de medicina espiritual.

A tradição da *falsafa* (filosofia) foi muito influenciada pela Escola Alexandrina, que desenvolvera um currículo que requeria aos estudantes que primeiro adquirissem os hábitos de caráter necessários aos estudos filosóficos sérios. Os *falasifa* (filósofos) distinguiam, portanto, entre uma "reforma do caráter" ou "medicina espiritual", como pré-requisito para o estudo da lógica e da filosofia, e uma "ética científica" baseada na metafísica (como vimos em nossas reflexões sobre a *Metafísica* do *Shifa'* X de Avicena).

Estudiosos da filosofia helenística mostraram que os estoicos, céticos e epicuristas escreveram "terapias da alma" destinadas a curar as paixões dos estudantes, ou pelo menos reprimi-las, a fim de liberar a alma para o estudo da filosofia. Emoções, paixões ou desejos eram consideradas falsas crenças, ou efeitos dessas crenças, e poderiam, portanto, ser curadas através de sua substituição por crenças mais apropriadas. A arte literária tornava os argumentos mais atrativos aos filósofos debutantes, e, geralmente, havia uma progressão dos argumentos retóricos aos dialéticos e verdadeiramente filosóficos, uma vez que os estágios no processo de cura permitiam uma crescente sofisticação filosófica.[48]

Um dos mais longos tratados de Al-Kindi (*c*. 801-866) é *A Arte de Dissipar Tristezas*, no qual ele se move dos "remédios suaves", isto é, os argumentos estoicos, para os "remédios mais fortes", isto é, argumentos metafísicos neoplatônicos. Há notáveis semelhanças entre esse tratado e a *Consolação da Filosofia* de Boécio, uma vez que ambos são profundamente enraizados na mesma tradição helenística.[49]

Al-Razi, o médico-filósofo não denominacional persa (*c*. 864-925 ou 932), escreveu uma encantadora *Medicina Espiritual*, fortemente baseada em Galeno, a qual incita o leitor a reformar seu caráter e a começar a estudar lógica e filosofia.[50] Um crítico de Aristóteles, Al-Razi considerou as opiniões de Platão sobre a transmigração literalmente e

---

[48] Ver M. C. Nussbaum [494] e [495].
[49] Ver T.-A. Druart [92] e [485].
[50] Trad. [384].

elaborou uma concepção de alma bastante original, na qual os animais são dotados de certo tipo de razão e escolha. Isso permitiu a Al-Razi elaborar uma ética normativa puramente racional, baseada em uma consideração dos atributos básicos de inteligência, justiça e compaixão de Deus. Uma detalhada ética ambiental foi incluída, bem como um estudo de caso do tipo "Quem deve ser salvo primeiro?"[51] Uma vez que Deus é misericordioso e tenta diminuir a dor, Al-Razi ataca as práticas ascéticas das várias religiões:

> Sendo o julgamento do intelecto e da justiça que o homem não deve causar dor aos outros, segue-se que ele não deve causar dor a si mesmo. Muitos assuntos proibidos pelo julgamento do intelecto caem também sob essa máxima, como o que fazem os hindus, ao se aproximar de Deus, queimando seus corpos e arremessando-os sobre pedaços de ferro afiados, e como os maniqueístas, que amputam seus testículos quando desejam intercurso sexual, emaciando-se através de fome e sede e aviltando-se pela abstinência de água ou pelo uso de urina no lugar desta. Entra também nesta classificação, embora de modo distante, o que fazem os cristãos, que buscam a vida monástica e retiram-se a eremitérios, bem como muitos muçulmanos, que ficam permanentemente em mesquitas, renunciam aos ganhos e restringem-se a um módico de comida repugnante e a roupas grosseiras e irritantes. De fato, tudo isso é uma iniquidade para com eles mesmos e causa-lhes dor que não afasta uma dor preponderante ([383] 232).

Al-Razi também aceitava a distinção alexandrina entre uma pré-filosófica "reforma do caráter" e uma ética científica baseada na metafísica.

Uma vez que o *Comentário à Ética a Nicômaco* de Alfarabi foi perdido, voltamo-nos para seu popular *Lembrete do Caminho para a Felicidade* (não confundir com *A Obtenção da Felicidade*), que advoga a reforma do caráter e convida seus leitores ao estudo da lógica (cuidadosamente distinguida da

---

[51] Ver sua autobiografia *O Livro da Vida Filosófica*, trad. inglesa de C. E. Butterworth [383], e T.-A. Druart [385] e [386].

gramática). Para Alfarabi, há certos primeiros inteligíveis éticos, como a existência da liberdade humana, emanando do Intelecto Agente. Em seu *Comentário Longo sobre o De Interpretatione de Aristóteles*, Alfarabi faz uma crítica mordaz aos especialistas em *Kalam* (teologia islâmica), os quais, de acordo com ele, sustentam que não há liberdade humana.[52] Aqui, novamente, uma "ética científica" repousa sobre a psicologia e a metafísica.

O discípulo cristão de Alfarabi, Yahya ibn 'Ady (893-974), também escreveu uma *Reforma do Caráter*, que incluía ataques afiados contra clérigos que abusavam de seu rebanho.[53] Tentando defender os monges cristãos dos ataques de Al-Razi e de pensadores muçulmanos que consideravam o celibato como excessivamente ascético e separado da vida em comunidade, ele argumentava que o celibato permitia que os monges preparassem melhores silogismos apodíticos. Essa visão surpreendente ajuda-nos a entender melhor o quanto os filósofos enfatizavam seu monopólio sobre o raciocínio demonstrativo.

Entre os muçulmanos, essa tradição continuou com Ibn Miskawayh (falecido em 1030). Sua *Reforma do Caráter* inverte a ordem tradicional e começa com uma apresentação sistemática da ética, muito influenciada pela *Ética a Nicômaco*, mas termina prescrevendo remédios para a alma. Sua primeira parte dispõe um alicerce, com um estudo das faculdades da alma e reflexões sobre o bem e a felicidade e sobre vícios e virtudes. Após discutir o caráter e a perfeição humana e seus meios, Miskawayh inspeciona com mais detalhes o bem e a felicidade. Ele concentra a quarta parte de seu tratado na justiça e na quinta parte lida com o amor e a amizade. Finalmente, são fornecidos remédios para a alma, com referências a Galeno e Al-Kindi. Miskawayh analisa aqui diferentes enfermidades da alma, como a raiva, o medo da morte e a tristeza; determina suas causas; e sugere o tratamento apropriado. Seu *Tratado sobre a Felicidade* baseia-se fortemente no *Lembrete* de Alfarabi e pertence inteiramente ao gênero da "medicina da alma".

Essa tradição permeia a *Ética Nazireia* de Al-Tusi (falecido em 1274), escrita em persa.[54] Nenhuma comunidade religiosa era imune ao gênero:

---

52 Trad. [94] 76-84. Ver também T.-A. Druart [99].
53 Trad. [366].
54 Trad. G. M. Wickens [390].

o escritor religioso muçulmano Ibn Hazm de Córdova (994-1064) escreveu um *Livro sobre o Caráter e o Comportamento*, e o escritor judeu Ibn Paqudah (*c.* 1050-1080) redigiu um *Guia dos Deveres do Coração* inspirado por essa tradição.

Avicena, embora aderindo à tradição alexandrina de uma ética dupla, isto é, uma pré-filosófica e uma científica, escreveu pouco sobre ética, mas, como vimos, concluiu sua *Metafísica* do *Shifā'* com uma justificação racional das prescrições básicas da *shari'a* (lei islâmica).[55]

Essa breve e extremamente incompleta apresentação da filosofia do Islã mostra que há ainda muito trabalho pioneiro a ser feito. Desde 1950, muito tem acontecido nessa área. Excitantes descobertas foram feitas. Traduções inglesas de textos-chave, como a *Metafísica* do *Shifā'* de Avicena por M. E. Marmura e o *Comentário Longo sobre o "De anima"*, de Averróis, por R. C. Taylor, são ansiosamente esperadas. No entanto, edições críticas de outros textos importantes são ainda necessárias, bem como análises de argumentos e obras de interpretação. Seria errado exagerar a contribuição que pode ser fornecida pela pesquisa erudita do material apresentado neste capítulo às controvérsias atuais sobre valores "ocidentais" e "islâmicos", mas pode ao menos ser dito que uma compreensão mais aprofundada da filosofia no Islã medieval, incluindo uma consciência mais sutil das questões debatidas a respeito da própria existência da *falsafa* (filosofia) na cultura islâmica, pode melhorar nosso discernimento sobre a natureza e o papel (e talvez as limitações) da filosofia em geral.

---

[55] Mehren (nota 37 acima) atribuiu a ele um tratado sobre o *Medo da Morte*, mas, de fato, esse texto pertence à seção de conclusão da *Reforma do Caráter* de Muskwayh.

5 Filosofia judaica

IDIT DOBBS-WEINSTEIN

Se a filosofia medieval é estranha para o leitor moderno, a filosofia medieval judaica é ainda mais estranha. À medida que a filosofia medieval tem sido reconhecida como filosofia, ao invés de rejeitada como teologia, suas fronteiras têm sido estritamente dispostas, geográfica e doutrinalmente, em torno da Europa ocidental cristã. Isso exclui tanto a filosofia judaica quanto a islâmica, de modo que até mesmo a significativa atividade filosófica do sul da França e da Espanha islâmica tem permanecido invisível à tradição ocidental moderna. Quando a atividade além das fronteiras prescritas foi reconhecida de todo, ela o foi pelos poucos historiadores da filosofia medieval e, então, como regra, apenas à medida que sua influência sobre os principais pensadores cristãos não pudesse ser ignorada. A significância do trabalho além das fronteiras tem sido, por conseguinte, determinada exclusivamente pela relevância em relação aos interesses dos filósofos cristãos. Exceto por uns poucos especialistas, portanto, a visão geral da filosofia medieval permanece indevidamente estreita. A partir da leitura das lições sobre história da filosofia de Hegel, ou de Heidegger, ou de Russell, poder-se-ia apenas concluir que não houve filósofos judeus medievais – isso apesar do fato de que o período em questão é estimado pelos judeus eruditos como uma era dourada.

Em vez de tentar remediar essa negligência através de um levantamento completo dos filósofos judeus medievais, concentrar-me-ei em quatro figuras, cuja importância para a filosofia posterior, judaica, bem como cristã, é especialmente grande: Saadías Gaon, Salomão Ibn Gebirol (Avicebron), Moisés Maimônides e Gersônides (Levi Ben Gerson). Para dar alguma unidade à consideração dos diversos estilos e preocupações desses pensadores, darei maior atenção a uma única questão filosófica: o universo é eterno ou criado? A fim de sugerir a contribuição distinta da filosofia judaica e situá-la em relação ao restante da filosofia medieval, levarei em consideração três tipos de influência: (1) as tradições filosóficas e outras tradições literárias que informaram o pensamento de cada filósofo; (2) a influência de cada um sobre o pensamento judaico subsequente; e (3) a influência de cada um sobre a filosofia cristã subsequente. No caso de um dos quatro pensadores selecionados, estranhamente, a influência do segundo tipo é nula, enquanto a influência do terceiro tipo é bastante ampla.

As raízes do conhecimento – Saadías Gaon (882-942)

Embora não tenhamos nenhuma evidência direta a respeito da educação de Saadías, seus escritos refletem um amplo conhecimento da filosofia e ciência gregas, a influência da teologia islâmica (*Kalam*), e uma familiaridade com a doutrina cristã e várias formas de filosofia oriental. Embora a obra de Saadías fosse desconhecida no Ocidente cristão, sua influência na filosofia judaica era (e é) ampla. Saadías foi o primeiro filósofo judeu, como distinto de um filósofo que fosse judeu por acaso, sendo sua preocupação principal a relação entre a filosofia e a Bíblia e a tradição hebraicas. Como resultado, os filósofos judeus subsequentes tiveram de responder a sua obra, mesmo que criticamente.

Os escritos de Saadías eram de três tipos: polêmicos;[1] trabalhos pedagógicos, preocupados com a preservação do conhecimento da Bíblia e da tradição judaica; e duas obras predominantemente filosóficas, *O Livro da Criação* e *O Livro das Doutrinas e das Crenças*[2] – todos eles tendo como objetivo único a educação da comunidade judaica, em uma época em que o letramento hebraico encontrava-se em declínio e quando, entre os letrados, a confusão e

---

[1] A principal polêmica de Saadías foi contra a seita dos caraítas, a qual tinha um significativo número de seguidores no mundo islâmico por volta do final do século X. Os caraítas rejeitavam o judaísmo talmúdico e buscavam estabelecer um judaísmo estritamente baseado na Bíblia hebraica, sem sua tradição legal e interpretativa.

[2] Das obras de Saadías, apenas duas estão disponíveis em tradução inglesa, *O Livro das Doutrinas e das Crenças* [106] e o *Livro da Teodiceia* [107].

o erro eram atrozes. Enquanto *O Livro da Criação* teve pouca influência no pensamento judaico subsequente, *O Livro das Doutrinas e das Crenças* ainda é estudado como uma obra principal na filosofia religiosa judaica, e discutirei apenas este último.

No *Livro das Doutrinas e das Crenças*, Saadías procurou demonstrar uma harmonia fundamental entre a filosofia e a revelação bíblica. Como base para a exibição dessa harmonia em relação a questões particulares de disputa (após delinear os impedimentos ao conhecimento e acautelar extensivamente a respeito da ordem própria da investigação), ele argumentava pela integridade de quatro raízes do conhecimento humano. De início, Saadías repetidamente argumentava que essas raízes deviam ser cultivadas em estágios sucessivos.

Em um de seus argumentos mais interessantes, ele apresenta sua visão do conhecimento como apropriadamente progressivo, em vez de perfeito desde o início, em resposta a uma objeção à existência de um criador perfeito: um tal criador, segundo a objeção, teria sido capaz de criar um mundo perfeito com criaturas perfeitamente racionais. Saadías, seguindo Aristóteles, insistia que a perfeição de uma raiz seria condição necessária para o desenvolvimento da seguinte. Enunciando distintamente, e de um modo que antecipava a filosofia aristotélica subsequente, ele formulou a diferença entre tipos de autoevidência como uma diferença entre o que é mais evidente para nós (conhecimento sensível) e o que é mais evidente em si mesmo (primeiros princípios). As três primeiras raízes são filosóficas, a quarta, tradicional. Juntas, essas raízes sustentam a teoria da interpretação bíblica de Saadías, bem como o lado mais estritamente filosófico de seu projeto harmonizante. As quatro raízes são descritas a seguir.

(1) *Percepção sensorial* (literalmente: ciência sensível). Dado que o órgão sensorial seja saudável e o indivíduo não iludido, a crença derivada da sensação é válida e é a base para todo o conhecimento subsequente. Saadías aponta que somente alguns poucos céticos radicais rejeitam essa raiz e afirma que, ao fazê-lo, eles rejeitam também a segunda e a terceira raízes, uma vez que quanto mais o conhecimento está distante da sensação, mais ele é sujeito à dúvida. "A razão para essa distribuição desigual de opiniões jaz no fato de que o segundo tipo de conhecimento é mais oculto que o primeiro e, de modo semelhante, o terceiro é mais oculto que o segundo. Naturalmente, somos mais prontamente inclinados a negar o que é oculto do que o que é óbvio" ([106] 37).

(2) *Razão*. Saadías sustenta que algumas verdades são intrinsecamente (necessariamente) evidentes ou conhecíveis *per se*. Sua descrição desse tipo de conhecimento mostra sua confiança irrestrita nos poderes naturais da razão humana, dado que ela seja apropriadamente treinada: "Quanto ao conhecimento da razão [literalmente: os inteligíveis], sustentamos que toda concepção formada em nossa mente, quando esta é livre de defeitos, é indubitavelmente um conhecimento verdadeiro, dado que sabemos como raciocinar, completamos o ato de raciocínio e nos protegemos de sonhos e ilusões" ([106] 38). Ele acrescenta, no entanto, que aqueles que acreditam no estatuto racional de sonhos e ilusões o fazem a fim de salvaguardar o conhecimento sensível, confundindo, de certo modo, percepção sensível e representação imaginativa. Assumindo que os sonhos derivam diretamente das percepções sensíveis, eles acreditam que negar o estatuto racional dos sonhos equivale a negar simultaneamente as origens sensíveis do conhecimento humano. A explicação de Saadías para a confiança nos sonhos é ao mesmo tempo inovadora e surpreendente. Por um lado, ele a utiliza para apoiar sua própria asserção da relação próxima entre sensação e razão. Por outro lado, ele a utiliza para salvaguardar o estatuto racional da revelação profética nos sonhos, afirmando que eles "contêm um lampejo de inspiração do alto na forma de indicações e parábolas" ([106] 39, tradução modificada). Isto é, uma vez que as distinções apropriadas sejam reconhecidas entre os diferentes tipos de representação – sensível, imaginativa e racional (a qual requer treinamento apropriado) –, não há perigo de confundir estados despertos com estados de sonho, e não há necessidade de duvidar da veracidade da percepção sensorial. A dupla explicação de Saadías para os sonhos é assim um argumento ousado, que coloca a revelação ao mesmo tempo como culminação do processo natural da cognição humana e como auxílio divino que ultrapassa o lento processo temporal da perfeição, assegurando que aqueles que são intelectualmente mais fracos não sejam privados da fé religiosa.

(3) *Inferência*, quando rende proposições que não podem ser negadas sem negar simultaneamente proposições derivadas da percepção sensorial ou da razão. A inferência é necessária quando nem a evidência sensorial nem a racional são suficientes para explicar um fenômeno; por exemplo, quando percebemos a fumaça sem perceber o fogo ou, mais importante, quando percebemos o universo, mas não percebemos uma causa para ele. Ou novamente: "Somos compelidos a admitir que o homem possui uma alma,

embora não o percebamos através de nossos sentidos, a fim de não negarmos suas funções óbvias. Similarmente, somos compelidos a admitir que a alma é dotada de razão, embora não o percebamos através de nossos sentidos, a fim de não negarmos sua função óbvia" ([106] 36).

Saadías delineia sete regras para a inferência, seja na filosofia, seja na interpretação da tradição bíblica. Estas novamente confirmam a autoridade da razão. A inferência não deve contradizer (1) a percepção sensorial, (2) a razão, (3) alguma outra verdade, e (4) não deve ser autocontraditória, (5) nem envolver dificuldades maiores que aqueles que tentamos resolver. A sexta e a sétima regras ordenam cautela, a fim de evitar conclusões precipitadas. Uma vez que o intérprete exerça o cuidado apropriado, de acordo com Saadías, as quatro primeiras regras devem ser aplicadas a toda interpretação bíblica.

(4) *Tradição confiável*. Saadías refere-se aqui principalmente, mas não exclusivamente, à tradição revelada. Ele argumenta que essa raiz é de fato baseada na percepção sensorial e na razão. A certeza a respeito do estatuto da instrução profética é derivada da realização de milagres pelo profeta, que é testemunhada por outros e não pode ser explicada de outro modo. Assim, tanto a percepção sensorial, na forma de testemunho, quanto a inferência da causa de um evento, que não pode ser explicado de outro modo, servem para verificar o estatuto da profecia.

Saadías oferece duas justificativas para uma abordagem especulativa da religião, uma abordagem investigativa, que faz uso de percepção sensorial, razão e inferência, e não toma simplesmente a tradição como dado. Em primeiro lugar, a investigação especulativa transforma em conhecimento real e intrínseco o que Deus revelara como instrução profética extrínseca. Em segundo, aproveitar-se de toda base para o conhecimento permite ao crente refutar aqueles que escarnecem da crença religiosa. Maimônides viria a questionar a esmagadora confiança de Saadías no poder da razão humana, considerando-a uma forma mal orientada de *Kalam* (teologia islâmica).

A atribuição de prioridade à percepção sensorial e à razão em relação à tradição na interpretação bíblica não seria surpreendente quando aplicada a muitas questões. O admirável é que Saadías mantém essa prioridade mesmo quando lidando com a questão da criação. E uma vez que, como nota ele no começo de sua discussão, a percepção sensorial não fornece nenhum dado a respeito dessa questão (se o fizesse, não haveria desacordo), ele de fato procede com base na razão e na especulação filosófica. Maimônides será especialmente veemente em sua crítica a Saadías nesse ponto.

Saadías oferece quatro provas da criação divina do universo.³ De uma maneira que se tornaria corriqueira, essas provas utilizavam princípios cosmológicos ou naturais aristotélicos, a fim de chegar a conclusões que tinham a intenção de refutar a conclusão de Aristóteles de que o mundo é eterno. Em contraste com o enunciado de Aristóteles nos *Tópicos* (I 11, 104b13-17) de que a origem do mundo só pode ser investigada dialeticamente, Saadías afirma que a criação é demonstrável. Suas provas provêm da natureza finita do universo, da natureza composta dos corpos, da natureza dos acidentes inerentes aos corpos e da natureza do tempo. Em um esboço, elas se desenvolvem como a seguir. (1) Uma vez que o céu, a terra e todos os corpos celestes são finitos em magnitude, a força que os preserva deve ser também finita. Logo, o mundo deve ter tido um início, e terá um fim. (2) Uma vez que o mundo abrange corpos compostos e bem ajustados, estes devem ser "a obra habilidosa de um habilidoso artesão e criador" ([106] 54) – uma versão do argumento do planejamento. (3) Uma vez que as substâncias naturais e os acidentes inerentes a elas são finitos e contingentes (isto é, não existem necessariamente), elas devem ter sido trazidas à existência por um criador. (4) Uma vez que o infinito não pode ser transposto em pensamento ou em realidade, o tempo deve ser finito. Se o tempo não fosse finito, entes finitos não poderiam ter sido gerados. Finalmente, tendo concluído que o mundo teve um início e que o tempo é finito, Saadías afirma que se a criação não fosse *ex nihilo* (a partir do nada), os entes poderiam criar a si mesmos, o que é impossível. Consequentemente, todos os entes devem ter sido criados por um ser externo, eterno e todo-poderoso.

Há uma inconsistência central nas provas da criação de Saadías, que será veementemente criticada por Maimônides, ou seja, que embora ele negue que a percepção sensorial possa fornecer dados sobre a origem do mundo, ele baseia suas provas na natureza percebida dos entes finitos realmente exis-

---

[3] Saadías acrescenta que há outras provas possíveis. Uma vez que as quatro provas que ele apresenta baseiam-se nas provas comuns da *Kalam* (teologia islâmica) para a criação, dentre as quais Maimônides apresenta sete, a referência de Saadías deve ser entendida como incluindo pelo menos essas.

tentes. Em vista da crença inabalável de Saadías no poder da razão humana, a maior ironia presente na crítica de Maimônides é que ele acusa Saadías do erro de que este último acusava os outros: a pseudorrazão.

Hilomorfismo universal – Avicebron (Ibn Gebirol) (c. 1021 – c. 1058)

Somente em 1859 foi descoberto que o homem conhecido pela tradição judaica quase exclusivamente como Salomão Ibn Gebirol, um poeta responsável pela composição de centenas de poemas litúrgicos e seculares, era o pensador conhecido pela tradição cristã como Avicebron, o filósofo supostamente muçulmano que compôs a *Fons vitae*, *Fonte da Vida*. Dos trabalhos filosóficos de Avicebron, somente dois sobreviveram: a *Fons vitae* (em hebraico: *Mekor Hayim*), em uma tradução latina do século XII produzida a partir do original árabe, e o *Tikkun Midot ha-Nefesh* (Melhoramento das Qualidades Morais). Uma vez que este último, um trabalho de ética prática, exerceu pouca influência sobre a filosofia subsequente, judaica ou cristã, devo restringir minha discussão a uma breve revista do *Mekor Hayim*, na qual os elementos filosóficos mais significativos do *Tikkun Midot ha-Nefesh* são, em todo caso, repetidos.

O *Mekor Hayim* reflete a educação de seu autor na rica cultura intelectual, filosófica, científica e literária judeo-árabe da Espanha Islâmica em seu auge. A obra é escrita na forma de um diálogo entre um mestre e seu discípulo. É dividida em cinco livros, precedidos de um sumário introdutório de sua intenção e estrutura. A intenção é a investigação da natureza da matéria e da forma universais, enquanto manifestas como substância corpórea composta e substância espiritual simples. A estrutura da obra é descrita a seguir.

> No primeiro tratado, trataremos daquilo que deve ser postulado sobre a matéria e a forma universais, a fim de determinar a matéria e a forma nas substâncias compostas. No segundo, trataremos da substância sustentando a corporealidade do mundo. No terceiro, trataremos da realidade das substân-

cias simples. No quarto, trataremos da ciência da compreensão da matéria e forma das substâncias simples. No quinto, trataremos da matéria e forma universais consideradas em si mesmas ([135] 1; tradução desta autora).

Embora a explicação de Avicebron das relações entre matéria e forma não seja consistente,[4] é evidente que por "substância simples" ele nunca entende algo indivisível, destituído de toda composição. Sua contribuição mais original e influente à filosofia é de fato seu hilomorfismo, de acordo com o qual todas as substâncias são compostas de matéria e forma, sendo a matéria hierarquicamente ordenada da mais alta matéria espiritual geral à mais baixa matéria-prima. Quaisquer que sejam suas fontes – Aristóteles, os estoicos, Proclo, Isaac Israeli e Pseudo-Empédocles, todas foram sugeridas –, Avicebron desenvolve um original sistema hierárquico neoplatônico do Ser, que é inconsutilmente unificado, limitado pelo ser de Deus em seu ápice e pelo da matéria-prima em seu nadir.

Nas duas explicações emanacionistas de Avicebron para a criação, ela é atemporal. Em uma explicação, a matéria se origina da essência de Deus, enquanto a forma origina-se da vontade divina; na outra, matéria e forma originam-se da vontade divina.

O *Mekor Hayim* é uma obra única na filosofia medieval judaica, pelo fato de que carece de qualquer evidência interna que possa identificá-la como uma obra escrita por um filósofo judeu; ela não contém nenhuma referência à Bíblia hebraica ou a qualquer outra fonte judaica, tradicional ou filosófica. Não é de admirar, portanto, que, em contraste com sua significativa recepção positiva bem como crítica[5] pelos filósofos cristãos, especialmente os franciscanos, como Boaventura e Duns Escoto, o *Mekor Hayim* exerceu pouca influência sobre a filosofia judaica. Este estranho destino pode ser melhor compreendido à luz da áspera crítica lançada contra Avicebron pelo judeu

---

[4] Algumas vezes, ele apresenta matéria e forma como indiferenciadas, em outras, como opostas. Igualmente, algumas vezes ele traça uma distinção entre as origens da matéria e da forma, como sendo, respectivamente, a essência e a vontade divinas, enquanto em outras, ele afirma que ambas originam-se simultaneamente da vontade divina. A inconsistência sobre o estatuto da matéria pode ser traçada de volta até Plotino.

[5] Por exemplo, a crítica de Tomás de Aquino (*De substantiis separatis* 5-8) ao postulado da matéria espiritual de Avicebron.

aristotélico do século XII, Abraão Ibn Daud, que o acusava de endereçar seu discurso a todas as nações, em vez de ao povo judeu; de concentrar-se demais em um único assunto (matéria e forma); de carecer de um método científico e usar premissas falsas (imaginárias) para alcançar falsas conclusões; e desorientar imensamente o povo judeu.

Os limites da razão – Moisés Maimônides (1138-1204)

Moisés Maimônides é sem dúvida o mais conhecido e o mais controverso filósofo judeu medieval. Embora haja um desacordo sobre seu mérito preeminente, ninguém negará que sua influência sobre a filosofia subsequente tenha sido a mais ampla e duradoura. Como muitos de seus contemporâneos medievais, especialmente na tradição judaica e islâmica, Maimônides fora treinado como médico, jurista e filósofo. Com base em nosso conhecimento da educação de outros judeus proeminentes daquela época, é razoável assumir que ele tenha primeiro estudado a Torá, o Talmude, matemática e astronomia com seu pai, e tenha sido posteriormente educado por mestres árabes em ciências naturais, medicina e filosofia. A partir de seu testemunho em uma carta dirigida a Samuel Ibn Tibbon, o tradutor do judeu-árabe para o hebraico de sua principal obra filosófica, o *Dalalat al-Ha'irin* (Guia dos Perplexos), sabemos que, em adição a Aristóteles, pelo qual ele nutria a mais alta estima, Maimônides fora influenciado por filósofos do mundo islâmico, especialmente Alfarabi.

A proeminência de Maimônides como autoridade espiritual é evidenciada por sua ampla *Responsa* a questões legais, religiosas e filosóficas, dirigidas a ele por comunidades judaicas em terras islâmicas e cristãs, e pelo *Misneh Torah*, um trabalho escrito em hebraico, no qual ele procurava apresentar uma clara exposição sistemática da Lei Oral, a fim de torná-la completamente acessível a todos os judeus. Sua proeminência como médico é atestada por seus escritos médicos e por sua indicação como médico da corte de al-Fadil, vizir de Saladino (Salah al-Din).

O *Dalalat al-Ha'irin* (daqui em diante, o *Guia*) tem como objetivo explícito a resolução da perplexidade em relação à aparente tensão entre filosofia e revelação, uma perplexidade sentida mais agudamente por aqueles educados ao mesmo tempo na Torá e na filosofia. É a essa audiência que o *Guia* é endereçado. Maimônides diagnostica a fonte da perplexidade de seus leitores como, de um lado, um forte desejo intelectual, levando a uma pressa desordenada na busca pelo conhecimento, e, de outro lado, uma instrução imprópria nas questões divinas, dada pelos praticantes de *Kalam (Mutakallimun)* judeus, tais como Saadías. Uma vez que a perplexidade com a qual se preocupa o *Guia* é ocasionada pela interpretação imprópria da Bíblia em relação à filosofia, começarei pelo problema da interpretação e passarei em seguida aos três tópicos mais suscetíveis ao erro: unicidade divina, criação e providência.

A aparente contradição entre a Torá e a filosofia emerge, de acordo com Maimônides, da mal orientada interpretação do discurso bíblico, pela aplicação a esse discurso de critérios e métodos próprios das ciências naturais. A Bíblia não procede demonstrativamente ou de maneira linear, e nem o fará o *Guia*. Maimônides sustenta que seu método, o qual deliberadamente entrelaça dialética e sugestões indicativas, é o mais pedagogicamente adequado, porque segue tanto a prudência bíblica, que aconselha grande cautela no desvendar de assuntos divinos, quanto a prudência filosófica, que ensina desenvolvendo a capacidade do estudante para uma busca similar independente. Ele instrui o leitor:

> Se desejais compreender a totalidade do que este Tratado contém... deveis conectar seus capítulos um com o outro; e quando estiverdes lendo um dado capítulo, vossa intenção não deve ser apenas entender a totalidade do assunto daquele capítulo, mas também compreender cada palavra que nele ocorre... mesmo que aquela palavra não pertença à intenção do capítulo. Pois a elocução deste Tratado não foi escolhida ao acaso, mas com grande exatidão e extrema precisão e com o cuidado de evitar a falha ao explicar qualquer ponto obscuro. E nada foi mencionado fora de lugar, salvo tendo em vista a explicação de alguma questão em seu lugar apropriado (Guia I, introdução [178] 15; ênfase desta autora).

Após delinear outras dificuldades pertencentes à interpretação filosófica da Torá, Maimônides apresenta a mais fundamental, ou seja, as limitações naturais da razão humana na apreensão da ciência divina. Por ciência divina, Maimônides entende a instrução intelectual contida na Torá como distinta de seus ensinos morais. Ele imediatamente assegura ao leitor, no entanto, que as ciências divina e natural são complementares, e que o verdadeiro conhecimento da última é necessário para o alcance do verdadeiro conhecimento da primeira. Pois, embora a revelação possa dar aos crentes opiniões verdadeiras sobre assuntos divinos, eles só poderão entender esses assuntos quando houverem adquirido um conhecimento da ciência natural. É por isso que, de acordo com Maimônides, a Bíblia principia com o "Relato do Início" e os filósofos principiam seu estudo com a física. A princípio, não há diferença de entendimento entre os vulgos e a elite. Nenhum dos grupos pode enxergar as aparentes contradições entre filosofia e revelação ocasionadas pela forma do discurso parabólico da Bíblia. Os vulgos, no entanto, contentam-se com a letra do texto bíblico, enquanto os potencialmente sábios são incitados pela Bíblia a buscar o conhecimento adicional. Mas, após o estudo das ciências naturais, a elite experimenta a perplexidade e deve buscar a compreensão genuína dos mistérios da ciência divina, isto é, a verdadeira compreensão da Torá. Tal compreensão equivalerá às vezes a compreender claramente que o discernimento completo e a demonstração filosófica encontram-se além de nossa capacidade. "Vós não deveis pensar que estes grandes *segredos* sejam total e completamente conhecidos a qualquer um de nós. Eles não o são. Mas às vezes a verdade lampeja para nós, de modo que pensamos que é dia, e então a matéria e o hábito em suas várias formas ocultam-na de modo que nos encontramos novamente na noite obscura, quase como estivemos a princípio" (*Guia* I, introdução [178] 7).

O maior princípio de interpretação derivável das observações introdutórias de Maimônides e repetido ao longo do *Guia* é aristotélico. Seguindo o dito de Aristóteles na *Ética a Nicômaco* (I 2; 1094b21-27), segundo o qual "é a marca de um homem educado buscar a precisão em cada classe de coisas só até onde a natureza do assunto permite", Maimônides não busca provas demonstrativas onde estas não são apropriadas, a saber, na ciência divina e nos assuntos que derivam seus princípios desta última. Quanto menos um assunto admite a demonstração, maior o desacordo engendrado por ele. Assim, de acordo com Maimônides, os maiores desacordos são encontrados na metafísica, os menores na ciência natural e nenhum na matemática.

Uma vez que o propósito de sua obra é a resolução da perplexidade ocasionada pelos erros, Maimônides concentra-se principalmente em questões nas quais a interpretação bíblica ou o argumento filosófico são mais inclinados a se extraviar. Por conseguinte, ele devota a parte principal de cada investigação à refutação, e só depois articula sua própria posição. O *Guia* é, portanto, dialético (precisamente no sentido do Livro I dos *Tópicos* de Aristóteles), e não se intimida ante a crítica de outros pensadores judeus. Maimônides frequentemente apresenta os ensinamentos dos filósofos, especialmente Aristóteles, como superiores aos de seus correligionários. Para a obtenção da perfeição humana, a eliminação do erro é mais crucial a respeito do que se segue: (1) a corporealidade divina, (2) a criação, (3) a providência, (4) a lei divina e (5) a perfeição humana. Sobre o primeiro assunto fundamental, os ensinamentos filosóficos e revelados estão de pleno acordo. O aparente desacordo sobre a corporealidade de Deus é resultado de uma má compreensão vulgar da revelação. Sobre os outros assuntos, alguns desacordos entre as duas tradições são aparentes, outros são reais. Quando os desacordos entre ensinamentos filosóficos e revelados manifestam conflitos reais, a posição de Maimônides é sempre uma adaptação da tradição revelada, que é filosoficamente razoável, embora frequentemente indemonstrável.

A compreensão apropriada da incorporealidade e da unicidade de Deus, segundo Maimônides, é o propósito primário de toda a Torá, uma vez que a verdadeira perfeição humana é impossível sem essa compreensão. Por conseguinte, apesar da grande dificuldade de sua obtenção e apesar da natureza esotérica do assunto, todos os judeus devem atingir alguma compreensão da incorporealidade de Deus e devem rejeitar a concepção contrária. Nesse tópico, Maimônides assume uma posição radical e inflexível, que resulta em uma estrita teologia negativa. O mais adequado conhecimento de Deus acessível à razão humana é a compreensão daquilo que Deus não é, ou seja, da radical distinção entre Deus e as criaturas. Assim Aristóteles, "príncipe dos filósofos", pôde demonstrar que Deus existe, mas não mais do que isso; ele negara a possibilidade do conhecimento humano da essência ou "coisidade" do reino supralunar, e especialmente do primeiro motor. Maimônides concorda inteiramente:

> Sabei que a descrição de Deus por meio da negação é a descrição correta, possa Ele ser lembrado e exaltado... Devo tornar-vos claro que não

temos nenhuma maneira de descrevê-lo a não ser através de negações e não de outro modo... Já foi demonstrado que Deus, possa Ele ser honrado e magnificado, é existente por necessidade e não há composição Nele... e que apenas somos capazes de apreender o fato de que Ele é e não podemos apreender sua qüididade (Guia I 58 [178] 134-135).

Consequentemente, Maimônides insiste em uma interpretação figurada da letra da Torá e da tradição, na qual quer que a corporealidade possa ser sugerida. Ao fazê-lo, ele desafia as crenças da maioria dos judeus e os ensinamentos de alguns de seus predecessores, notavelmente Yehudah ha-Levi. Diferente de muitos pensadores judeus anteriores, que consideravam a linguagem antropomórfica necessária para a instrução religiosa da maioria, mesmo negando a veracidade definitiva de tais atribuições, Maimônides sustenta que todos os antropomorfismos conduzem somente à idolatria. Conformemente, ele discute a incorporealidade divina não apenas em seu *Guia* filosoficamente estruturado, mas também em seu *Comentário sobre a Misnah* e no *Misneh Torah*. Ele baseia cinco das treze crenças que considera necessárias para se ganhar acesso ao "mundo por vir" (isto é, à imortalidade) na afirmação da unicidade e da incorporealidade divina. Conversamente, ele insiste que a crença na corporealidade divina, e, portanto, em uma compreensão literal dos versos bíblicos que a implicam, acarreta a exclusão da comunidade de Israel e do mundo por vir. Consequentemente, a maior parte do Livro I do *Guia* é devotada a uma explicação de termos antropomórficos bíblicos que conduz à celebrada (ou notória) negação de significado às atribuições divinas positivas e à negação de qualquer conhecimento positivo de Deus por analogia, não importa o quão remoto. Atributos de ação, isto é, caracterizações de Deus a partir de efeitos no mundo criado, são admissíveis, mas mesmo essas caracterizações são, estritamente falando, falsas. Elas são aceitáveis porque são os melhores exemplos a serem imitados pelas ações humanas, mas não articulam nada verdadeiro sobre Deus.

Seguindo Aristóteles e a tradição filosófica islâmica, Maimônides fornece quatro provas demonstrativas da existência de Deus. Todas elas são causais, partindo dos fenômenos físicos observados e concluindo que, uma vez que o regresso infinito de causas é impossível, deve haver uma causa primeira incausada ou primeiro motor da cadeia inteira de causalidade. Seguindo Avicena, Maimônides identifica o primeiro motor de Aristóteles com o ente necessário singular, cuja existência é idêntica à essência, diferente de todo outro ente, nos quais a existência é distinta da essência e é somente possível, ao invés de necessária. Maimônides afasta-se de Avicena, no entanto, ao considerar a criação. Enquanto Avicena sustenta que os outros entes provêm de Deus por uma emanação necessária, Maimônides nega que a necessidade causal seja estendida a Deus. Deus é causa da necessidade no universo, ao invés de ser restringido por ela.

Precisamente porque Aristóteles reconhecia as limitações da razão natural humana, Maimônides pôde substituir os ensinamentos revelados por algumas das especulações do Filósofo sobre assuntos inacessíveis à demonstração. Assim, nos assuntos que Maimônides considera fundamentais na Torá, como a criação e a providência, assuntos sobre os quais Aristóteles e a Bíblia discordam, ele primeiro expõe a fraqueza da posição filosófica e, em seguida, tenta mostrar que os ensinamentos revelados são mais plausíveis, quer por serem mais congruentes com os requerimentos da lógica, ou por serem melhores como explicações da experiência sensível.

> Não me criticai por ter levantado dúvidas que se vinculam à opinião [de Aristóteles]... No entanto, trataremos esse filósofo como seus seguidores apreciariam que o tratássemos. Pois Alexandre [de Afrodísias] explicou que em todo caso no qual nenhuma demonstração é possível, as duas opiniões contrárias a respeito do assunto em questão devem ser postas como hipóteses, e deve ser verificado quais dúvidas vinculam-se a cada uma delas: deve-se crer naquela à qual se vincularem menos dúvidas. Alexandre diz que as coisas são assim a respeito de todas as opiniões referentes ao divino que Aristóteles expõe, e em referência às quais nenhuma demonstração é possível (Guia II 22 [178] 320).

Ao investigar a questão da criação, Maimônides delineia três posições principais que parecem defensáveis: a da Torá, a de Platão e a de Aristóteles. A primeira afirma a criação *ex nihilo* (a partir do nada) mediante um ato da vontade de Deus; a segunda afirma um ato de criação a partir de uma matéria-prima coeterna a Deus; a terceira afirma um primeiro motor de um mundo coeterno a este, bem como ao tempo e ao movimento. Tendo delineado as três posições, Maimônides argumenta que, embora a posição de Platão não prejudique o alicerce da Torá, enquanto a de Aristóteles o destrói, ambas as posições filosóficas podem ser refutadas como se fossem uma só – e ele de fato procede assim e trata-as como tal. A fusão dessas duas posições filosóficas distintas, e a admissão de Maimônides de que nem a posição filosófica nem a revelada são demonstráveis, levou os estudiosos a especular que, ao defender a posição da Torá, Maimônides esconde sua verdadeira opinião, a qual é contrária à Torá, ou seja, a crença na eternidade do mundo. É, no entanto, possível explicar a posição de Maimônides de uma maneira que não apenas honra sua opinião enunciada, mas é mais filosoficamente convincente do que aquela especulação permite.

A explicação proposta é a seguinte. Embora a posição platônica não destrua os alicerces da Torá para os crentes não filosóficos, ela ainda restringe o poder divino de uma maneira que compromete a noção revelada de Deus. Isso se dá porque a existência coeterna de qualquer coisa prévia à criação (por exemplo, a matéria-prima), com a necessidade dessa matéria para o próprio ato da criação, restringe o ato criativo, conquanto determina ontologicamente a medida do que Deus pode ou não fazer. Consequentemente, a matéria coeterna é também um princípio codeterminante no mundo criado. Os simples crentes não podem reconhecer a diferença entre a criação *ex nihilo* (a partir do nada) e a criação a partir da matéria-prima coeterna, e assim, para eles, a posição platônica é consistente com a afirmação da criação pela Torá. Mas os filósofos perplexos, que formam a audiência do *Guia*, podem enxergar a diferença. Além disso, para os filósofos perplexos, mas crentes, a posição platônica é atrativa, uma vez que permite a eles simultaneamente afirmar a criação e explicá-la, enquanto a posição da Torá coloca a criação além da explicação. Ao adotar a posição platônica, no entanto, esses pensadores devem admitir um princípio de mudança e corrupção independente da vontade divina, uma admissão com graves consequências para a possibilidade da perfeição humana e tanto mais para a justiça divina.

A questão central é, portanto, se a origem do mundo é ou não demonstrável. Uma vez que Aristóteles tentou resolver a questão filosoficamente, enquanto

Platão propôs sua visão somente como uma "história provável", são os argumentos de Aristóteles que representam uma verdadeira ameaça à Torá e, por isso, requerem investigação cuidadosa. Se for mostrado que eles se baseiam mais em conjectura que em princípios demonstrativos, então a posição da Torá poderá ser proposta como no mínimo igualmente plausível. Maimônides se esforça imensamente para mostrar que os ensinamentos de Aristóteles são verdadeiros no que diz respeito à física sublunar, embora, no que se refere à física celestial, e ainda mais no que concerne à metafísica, eles sejam não apenas contrários à física de Ptolomeu, mas também violem alguns dos preceitos lógicos do próprio Aristóteles. Além disso, ele aponta numerosas ocasiões nas quais o próprio Aristóteles concluira que a questão da origem do mundo estava além da demonstração e que somente os aristotélicos posteriores, como, por exemplo, Saadías Gaon, acreditavam que uma resposta fosse demonstrável.[6] Para sublinhar essa conclusão, Maimônides argumenta pela indemonstrabilidade não apenas de eventos não observados únicos e extranaturais, mas de todos os fenômenos não observados:

> Nenhuma inferência pode ser tirada a qualquer respeito a partir da natureza de uma coisa depois desta ter sido gerada, de ter atingido seu estado final, e de ter atingido a estabilidade em seu estado mais perfeito, quanto ao estado da coisa enquanto esta progredia para a geração. Nem pode uma inferência ser tirada a partir da natureza de uma coisa que progride para a geração, quanto a seu estado anterior ao início da progressão. Quando errais nisto e tirais uma inferência a partir da natureza de uma coisa que obteve a atualidade, quanto a sua natureza quando essa coisa era somente in potentia [em potência], dúvidas graves despertam em vós. Além disso, coisas que devem existir tornam-se impossíveis em vossa opinião, e por outro lado, coisas que são impossíveis tornam-se necessárias em vossa opinião (Guia II 17 [178] 295; ênfase desta autora).

Maimônides fornece um exemplo contrafactual para mostrar a impossibilidade da dedução das condições necessárias à existência a partir da própria existência. Ele imagina a incredulidade de um homem que, tendo crescido sem qualquer associação com as fêmeas, humanas ou animais, não pode imaginar que o nascimento humano ocorra como ocorre.

---

[6] Ver acima, p. 156 e nota 3.

Uma vez que a posição filosófica sobre a origem do mundo prova-se duvidosa, e a posição da Torá sobre a questão é aceita como igualmente válida, todos os ensinamentos da Torá, incluindo os milagres e a profecia, podem ser mostrados como filosoficamente razoáveis. Contudo, é importante enfatizar que, de acordo com Maimônides, se houvesse uma demonstração a respeito da origem do universo, a conclusão desta teria de ser aceita mesmo que contradissesse a *letra* da Torá.

O argumento de Maimônides para a indemonstrabilidade da origem do mundo, argumento que nega a extensão da necessidade causal a Deus, concerne somente os atos divinos. Esse argumento não é uma rejeição da teleologia natural e necessária, mas somente a limita ao universo existente em ato, em seu estado formado, embora sem a exclusão da possibilidade da intervenção divina livre e indeterminada, nesse universo. Essa possibilidade, segundo Maimônides, é tornada imanente por natureza, em virtude do ato criativo. Assim, um evento milagroso não constitui um rompimento da ordem natural. Em vez disso, os milagres são possibilidades virtuais, não atualizadas, na natureza, e são uma parte constitutiva do plano original da criação. De maneira semelhante, é precisamente graças à natureza cognitiva e voluntária do ato criativo, precisamente conquanto esse ato não é necessário, que Deus pode ser dito providente e onisciente, diferente da divindade descrita por Aristóteles como indiferente ao mundo sublunar. O conhecimento que Deus possui da geração e da corrupção é geral, enquanto seu conhecimento das coisas potencialmente imortais – dos seres humanos enquanto intelectos, e portanto feitos à imagem do intelecto divino – é particular. A extensão sublunar da providência particular exclusivamente aos seres humanos não é meramente uma concessão à Torá, nem é o resultado de um excessivo intelectualismo (duas acusações opostas levantadas contra Maimônides). Em vez disso, na medida em que não faz afirmação da imortalidade individual,[7] essa posição é a única que pode ser sustentada consistentemente, uma vez que tanto a criação livre e voluntária quanto a causalidade natural são afirmadas.

---

[7] Deve-se notar que, para Maimônides, a individuação sublunar pode ocorrer somente por meio da matéria. O conhecimento que Deus tem dos seres humanos enquanto (*qua*) intelectos é um conhecimento do intelecto agente, do qual participam os diferentes indivíduos proporcionalmente a sua compreensão.

Os entes que são sujeitos às leis da causalidade necessária são conhecidos somente como espécies, enquanto sujeitos às leis universais originárias de Deus, uma vez que é somente como espécies que eles possuem permanência e podem assim ser verdadeiramente conhecidos. Por outro lado, os entes intelectuais, que não agem necessariamente, mas podem escolher entre agir e se abster da ação (em que a ação própria é considerada consequente ao intelecto), nessa medida atualizam sua perfeição própria, obtêm sua permanência e podem ser conhecidos como indivíduos distintos, ao invés de membros essencialmente idênticos de uma espécie.

Está além do escopo deste capítulo investigar se Maimônides pensava que Deus pudesse ser dito conhecedor de seres humanos individuais que não atualizam seus intelectos. É mais provável que ele o tenha negado. O que é importante reconhecer em Maimônides é que, (1) enquanto *(qua)* humanos, todos os indivíduos possuem uma liberdade de agir que os seres estritamente naturais não possuem, e (2) que os seres humanos receberam a Lei, por meio da qual podem agir de acordo com o intelecto (o divino, bem como o deles próprios), e que podem escolher, ou se abster de escolher, fazê-la sua. Enquanto as criaturas irracionais atingem sua perfeição própria de acordo com as leis necessárias universais de sua natureza, os seres humanos são livres para atingi-la através da lei revelada "intelectual". A falha ao fazê-lo é uma escolhida corrupção da perfeição natural humana e, portanto, reduz o indivíduo a um grau de ser inferior ao racional. "Sabei que essa única alma, cujos poderes ou partes são descritas acima, é como a matéria e o intelecto é sua forma. Se ela não atinge essa forma, a existência de sua capacidade de atingir essa forma é inútil e, por assim dizer, fútil" (*Oito Capítulos* I [177] 64). Por outro lado, ao observar a lei divina e buscar compreendê-la, todos os seres humanos são capazes de atingir "uma porção do mundo por vir".

A influência de Maimônides na filosofia subsequente, tanto judaica quanto cristã, dificilmente pode ser sobreenfatizada. Sua influência na filosofia cristã é mais evidente em Tomás de Aquino, cujas frequentes referências às visões do "Rabi Moisés" são altamente respeitosas, mesmo quando ele discorda do Rabi.[8]

---

[8] Ver, por exemplo, *Quaestiones de anima*, q. 3, obj. 6 e ad 6; q. 8, obj. 19 e ad 19. Tomás frequentemente segue Maimônides. Ver, por exemplo, *Expositio super librum Boetii De Trinitate*, q. 3, a. 1; *ST* IaIae, qq. 101-102, *passim*; *Quaestiones disputatae de potentia*, q. 3, *passim*. Sobre Tomás de Aquino e Maimônides em geral, ver J. I. Dienstag [190], e W. Dunphy [183] e [192].

Um aristotelismo mais puro – Gersônides (Levi Ben Gershom) (1288-1344)

Gersônides nasceu em Provença. Acredita-se que tenha residido em Orange durante a maior parte de sua vida, e certamente passou um considerável período em Avignon. É geralmente aceito que seu conhecimento da filosofia e ciência grega tenha sido obtido através de traduções hebraicas de textos árabes e gregos, mas há um desacordo sobre se ele era capaz de ler latim. Em todo caso, suas obras exibem familiaridade com a substância e o estilo da filosofia escolástica,[9] e há evidências diretas de sua interação com pensadores cristãos e com a corte papal, onde foi altamente estimado como matemático e astrônomo.

Embora a fama e influência de Maimônides como aristotelista judeu de longe exceda a de Gersônides, este último foi um aristotelista mais meticuloso e consistente. Sob esse ângulo, é irônico – embora não surpreendente, dado o espírito conturbado da época – que as obras filosóficas de Gersônides tenham permanecido desconhecidas para a tradição filosófica cristã,[10] ao mesmo tempo que foram, na tradição judaica, maligna e incisivamente ignoradas. Seu *magum opus*, *As Guerras do Senhor (Milhamot ha-Shem)*, foi de fato caluniado como "Guerras contra o Senhor", enquanto seus numerosos comentários sobre os comentários de Averróis às obras de Aristóteles foram ignorados. Com exceção de uma tradução inglesa de seu *Sobrecomentário aos Analíticos Anteriores (Supercommentary on the Prior Analytics)* e uma tradução parcial não publicada de seu *Sobrecomentário à Epítome ao De Anima (Supercommentary on the Epitome on the De Anima)*, seus comentários permanecem ainda ocultos, em forma de manuscrito. Uma vez que, apesar de seu interesse intrínseco, os sobrecomentários não exerceram influência nenhuma na filosofia subsequente judaica ou cristã, concentrar-me-ei estritamente nas *Guerras*.[11]

---

[9] Ver *The Wars of the Lord* (*As Guerras do Senhor*) I 1, último parágrafo, o qual reflete a posição de Tomás de Aquino.

[10] A exceção é o Livro V de *Wars of the Lord* (*Guerras do Senhor*), que foi traduzido para o latim como um trabalho independente sobre astronomia.

[11] Deve ser notado que, muito embora ignorar os sobrecomentários torne nossa tarefa mais simples, faz também com que fechemos os olhos para as maneiras segundo as quais a discussão das mesmas questões, nesses sobrecomentários, modifica e enriquece nossa compreensão das posições *filosóficas* de Gersônides. Isso é especialmente importante, tendo em vista ao fato de que, nos sobrecomentários, Gersônides não é limitado pela necessidade de harmonizar filosofia com ensinamentos bíblicos.

Na introdução às *Guerras*, Gersônides enumera seis grandes problemas que devem ser abordados a fim de se obter a perfeição humana, tanto intelectual quanto política. Cada uma das seis aporias (*aporiae*) é assunto de um livro separado: (1) se a alma é imortal; (2) a natureza dos sonhos, das adivinhações e da profecia; (3) se Deus conhece ou não existentes individuais; (4) a natureza da providência divina; (5) a natureza e movimento dos corpos celestes (astronomia); e (6) se o universo é eterno ou criado. Embora a questão final seja a última em ordem de investigação, Gersônides enuncia explicitamente que ela é a primeira em ordem de importância. É o princípio e dificuldade fundamental de onde se seguem todos os outros. Ele também afirma de início que a única prova possível a respeito da origem do universo é uma prova *a posteriori*, e que nenhuma prova pode ser derivada da "essência da causa primeira" (uma crítica implícita à posição de Saadías Gaon):

> É importante perceber que nessa questão não podemos derivar provas a partir daquilo que é anterior ao mundo, por exemplo, a partir da Causa Primeira; pois nosso conhecimento da essência da Causa Primeira é muito frágil. Portanto, não podemos torná-lo uma premissa a partir da qual podemos construir uma prova para essa questão. De fato, o tipo de prova disponível para nós nessa investigação é a prova *a posteriori*, a qual é baseada em fenômenos posteriores a esta entidade gerada [o universo], se o universo é de fato gerado (Guerras, observações introdutórias [323] 92).

Até onde as dificuldades de uma questão forem filosóficas, Gersônides diz que procederá através de um exame das forças e fraquezas presentes nas diferentes opiniões sobre ela, a fim de derivar princípios bem como distinguir o verdadeiro do falso e erradicar a dúvida. De uma maneira mais desafiadora que a de Maimônides, Gersônides anuncia que sua procupação é auxiliar "o homem de investigação", não aqueles que tentam proibir a investigação, pois a investigação filosófica é uma "imitação de Deus", e "a Torá não é um *nomos* [lei/costume/tradição] que nos força a acreditar em falsidades, mas em vez disso nos direciona à obtenção da verdade na medida do possível" (*Guerras* I, observações introdutórias [323] I 98; tradução modificada).

Maimônides, como vimos, endossa a posição da Torá em alguns assuntos depois de afirmar que estes excedem a demonstração racional. Em nítido contraste, Gersônides argumenta que o desejo *natural* pelo conhecimento desses assuntos, evidente nas investigações filosóficas que foram devotadas a eles (incluindo aquelas de Maimônides), indica que esse conhecimento é *naturalmente* atingível. Os principais entre esses assuntos são a origem do universo e o conhecimento que Deus tem dos existentes individuais, os tópicos nos quais me concentrarei a seguir. Em ambas as questões, as conclusões de Gersônides desafiam as afirmações de Maimônides, e o fazem a partir de bases filosóficas.

Em sua investigação da origem do universo, Gersônides primeiro delineia as diversas maneiras as quais duas posições básicas e contraditórias sobre a questão foram compreendidas e defendidas. A criação pode ser interpretada como a geração sucessiva de muitos mundos ou como a criação de um único, e cada uma dessas interpretações admite duas possibilidades, a saber, a criação *ex nihilo* (a partir do nada) e a criação a partir da matéria primordial. De modo semelhante, a eternidade pode ser interpretada como a existência eterna do mundo ou como a eterna emanação do mundo a partir de Deus. Dessa análise preliminar, Gersônide conclui que somente três das várias opiniões merecem uma investigação posterior: os argumentos de Aristóteles a favor da eternidade, os argumentos de Maimônides a favor da criação *ex nihilo* e os argumentos de Platão a favor da criação a partir da matéria primordial. Ele afirma em seguida que todos os argumentos dispostos até então em favor dessas posições são inadequados. E finalmente defende uma versão da posição platônica, mas o faz com base em considerações científicas essencialmente aristotélicas.

O que é mais surpreendente a respeito da posição de Gersônides não é simplesmente o fato de que ele argumenta a favor de uma criação atemporal a partir de uma matéria primordial absolutamente informe, de acordo com as leis da física, mas que suas razões para sustentar essa posição quanto à questão da origem também fundamentam sua convicção de que o mundo é indestrutível e perpétuo. Ele, em seguida, afirma que sua posição é totalmente consistente com a Torá, incluindo os ensinamentos desta sobre milagres, pois os milagres sempre envolvem mudança em uma matéria já existente. Na visão de Gersônides, a criação a partir da matéria *absolutamente* informe (o vazio e a água primeva no Gênesis I) de modo algum limita a vontade divina, porque a matéria informe não tem nenhuma potencialidade para o movimento ou a mudança até que seja dotada de forma, que é precisamente o que constitui a criação. Assim como sua explicação da criação do mundo, os argumentos de Gersônides a favor da indestrutibilidade do mesmo são baseados nas leis da física, especialmente no que é naturalmente necessário, possível e impossível. Sua investigação dessa questão começa com um exame das causas da destruição. Estas são ou naturais ou voluntárias. A destruição natural só possível por meio da matéria, em vez da forma, pois "forma é o que *luta* para preservar o existente determinado [ou seja, enformado] em existência na medida do possível" (*Guerras* VI; tradução desta autora).[12] Embora seja possível que um existente individual considerado em si mesmo possa ser destruído se sofrer a ação de poderes que são naturalmente contrários e superiores a seus poderes de ação, essa contrariedade não diz respeito aos corpos celestes, cuja forma é perfeita. Ademais, à medida que a forma perfeita dos corpos celestes é o que dota os existentes sublunares de forma e os aperfeiçoa, não é possível que as formas (espécies) dos existentes mutáveis cessem de existir. Portanto, conclui Gersônides, não há nenhuma causa natural para a destruição do mundo. O mundo é destrutível, então, por um ato de vontade, propositadamente? Gersônides rejeita isso como absurdo. Porque se as formas das coisas existentes lutam para preservá-las e aperfeiçoá-las, Deus o faz ainda mais. Supor que Deus tenha o poder, e mais ainda a vontade, de destruir o mundo equivale a atribuir a Deus a capacidade de realizar atos vis e deploráveis. Nas mesmas bases em que havia rejeitado vários cenários alternativos para a criação (a criação de mundos sucessivos, de outros mundos possíveis, e a criação *ex nihilo*), Gersônides defende a eternidade posterior do mundo único criado a partir da matéria prima.[13]

---

[12] Não obstante as diferenças terminológicas, os argumentos de Gersônides são notavelmente similares aos de Espinosa, incluindo a linguagem da perseverança *(hishtalut)*.

[13] Deve ser notado que também Maimônides argumentou que o mundo é eterno após ter sido criado. Ver *Guia* III 25 [178] 502-506.

O mesmo naturalismo filosófico consistente anima a discussão de Gersônides sobre o conhecimento que Deus possui sobre os indivíduos. O problema, mais uma vez, é reconciliar a filosofia e a religião. Os filósofos, que não estão preocupados com a justiça divina por si mesma, a qual requer um conhecimento dos indivíduos como individuais, negam o conhecimento divino dos individuais, a fim de atribuir a Deus apenas um conhecimento que genuinamente merece o título, isto é, uma compreensão intelectual do que é universal e necessário. Os teólogos, no entanto, cuja principal preocupação é a justiça e providência divina, insistem no conhecimento divino de entes e ações contingentes e individuais. Ambas as posições, no entanto, parecem comprometer a liberdade humana – a primeira, ao submeter os atos e eventos ao acaso, tornando-os, portanto, fúteis; a segunda, ao considerar todas as ações humanas individuais como sujeitas a um estrito determinismo. Julgando as diferentes formulações de ambas as posições (incluindo a tentativa de Maimônides de reconciliá-las) como filosoficamente inadequadas, Gersônides sustenta que Deus não tem *conhecimento* de indivíduos como individuais. Todavia, Deus *conhece* os indivíduos em outro respeito, ou seja, à medida que são ordenados por um intelecto.

> Porque afirmamos que o conhecimento de Deus sobre particulares enquanto ordenados é baseado na ordem inteligível pertencente a eles, a qual é eternamente inerente a Seu intelecto e não é baseada nestas coisas contingentes. Porque Deus não adquire Seu conhecimento deles, uma vez que sua existência é um efeito da ordem inteligível pertencente a eles, inerente ao intelecto divino (Guerras III 5 [323] 133).

Precisamente porque esse tipo de conhecimento reflete (ou mesmo fundamenta) a compreensão das leis naturais necessárias, ele também implica uma compreensão daquilo que é realmente ou naturalmente possível, incluindo os tipos de eventos e ações às quais dizem respeito a escolha e a liberdade. Deste modo, embora Deus saiba que certos tipos de eventos e ações ocorrerão sempre, Deus não *sabe* (ou não pode saber) que este ou aquele indivíduo agirá desta ou daquela maneira neste tempo determinado. "O conhecimento de Deus sobre eventos futuros não implica que os eventos preconhecidos ocorrerão necessariamente; em vez disso, seus opostos são ainda possíveis... Eles permanecem contingentes graças ao fator da escolha" (*Guerras* III 5 [323] 133).

O aspecto mais radical dos escritos filosóficos de Gersônides, e aquele que melhor explica a exclusão desses escritos dos cânones filosóficos judaicos e cristãos, é também o que torna manifesto seu parentesco com Espinosa. Para Gersônides, nosso conhecimento científico do que é universal e necessário (em contraste com a percepção sensorial do individual e contingente) não é diferente em tipo, mas somente em grau, do conhecimento possuído por Deus. Portanto, quanto mais os seres humanos entendem a ordem natural e necessária das coisas, mais eles "partilham" de uma dimensão do conhecimento possuído por Deus, e mais livres eles são.

INTERAÇÕES JUDAICO-CRISTÃS

Três tipos de interações, distintas em forma e conteúdo, caracterizam as relações intelectuais judaico-cristãs medievais: (1) disputas polêmicas, orais e escritas; (2) consultas eruditas unilaterais sobre a interpretação bíblica; e (3) intercâmbios ou influências filosóficas mútuas. Considerando o foco filosófico deste capítulo, e conforme as condições forçadas sob as quais os primeiros dois tipos de interação ocorreram, direi pouco sobre estes últimos tipos, além de notar algumas diferenças importantes entre eles e em seu interior.

Embora o contexto político de toda disputa fosse um no qual os judeus eram uma minoria perseguida, as primeiras polêmicas (aproximadamente até o século XIII) geralmente assumiam a forma de diálogos escritos, os quais, apesar de suas apresentações falseadas das opiniões do antagonista, exibem familiaridade com as fontes da outra tradição, e não são coagidas. Por outro lado, as disputas posteriores (incluindo aquelas que foram subsequentemente registradas em forma escrita) eram eventos públicos iniciados pelas autoridades eclesiásticas, dos quais os judeus "participavam" sob ameaça de conversão forçada ou morte. Em nenhum dos casos, no entanto, há evidência de influência genuína, e muito menos recíproca.[14]

---

[14] Ver S. W. Baron [499], especialmente 55-134.

A influência e interação judaico-cristã no que diz respeito à interpretação bíblica ocupa uma região média entre a polêmica e a filosofia. Por um lado, exegetas e filósofos cristãos buscavam a perícia (gramática, filológica e filosófica) de intérpretes judeus. Por outro lado, estes intercâmbios eram não apenas unilaterais, mas, frequentemente, os mesmos pensadores cristãos que buscavam tal perícia judaica, advogavam a tolerância e asseguravam aos judeus proteção contra a expulsão e outras formas de perseguição violenta, faziam-no por razões que justificavam políticas violentas e opressivas, não obstante próximas da eliminação dos judeus (por exemplo, Roberto Grosseteste, Alexandre de Hales, Rogério Bacon, Tomás de Aquino, João Duns Escoto e outros).[15]

Contrastando com as duas formas precedentes de interação, houve, a partir do século XIII, interações filosóficas recíprocas entre judeus e cristãos, as quais foram relativamente (embora longe de inteiramente) independentes das repressivas preocupações político-eclesiásticas, e às vezes opuseram-se implicitamente a elas. Entre os fatores responsáveis por essa mudança na natureza das interações judaico-cristãs, os mais importantes para nossos propósitos são (1) as traduções latinas de textos filosóficos e científicos gregos, árabes e judeo-árabes, em Toledo, durante a segunda metade do século XII; (2) a tradução de textos filosóficos e científicos gregos, árabes e judeo-árabes para o hebraico, e a fundação de comunidades eruditas cujas principais linguagens filosóficas eram o hebraico (em vez do judeo-árabe) e pelo menos uma das linguagens românicas, e onde muitos membros eram também versados em latim; (3) a vibrante comunidade de eruditos e tradutores judeus e cristãos estabelecida em Nápoles pelo Imperador Frederico II na primeira metade do século XIII, uma comunidade cujo discurso era independente da censura eclesiástica; e (4) a tradução latina do *Guia* de Maimônides, que deu ensejo a uma extensiva cooperação erudita entre estudiosos judeus e cristãos na Itália.

---

[15] Roberto Grosseteste, Cartas 5 e 7 [194] e *De cessasione Legalium* (1232), discutido em L. M. Friedman [198] 21-23; Alexandre de Hales, *Summa Fratris Alexandri* II ii. 8, 1 [358]; Rogério Bacon, *Compendii studii Philosophiae*, em Bacon, *Opera quaedam hacterus inedita*, ed. J. S. Brewer (Londres, 1859), p. 472; Tomás de Aquino, *ST* IIallae, q. 10 (cf. Comentário de Caetano na edição leonina), bem como *Opusculum ad Ducissam Brabantiae*; João Duns Escoto, *Quaestinones in librum quartum Sententiarum*, d. 4, q. 9.

Uma primitiva e exemplar interação na corte imperial ocorreu entre Jacó Anatoli, o médico do imperador, que traduziu obras filosóficas e científicas do árabe e do latim para o hebraico e, muito provavelmente, auxiliou em traduções de textos hebraicos e árabes para o latim, e Michael Scott, um renomado tradutor de obras árabes para o latim. O testemunho de Anatoli quanto à natureza da relação entre ambos é notável em pelo menos dois aspectos. Primeiro, ele concede a um pensador cristão o máximo louvor possível, na introdução a sua obra principal, *Malmad ha-Talmidim* (*O Tormento dos Estudantes*), um texto devotado a sermões sobre a Torá. Segundo, ele atribui a Michael Scott uma habilidade superior como exegeta bíblico. Em adição a isso, de uma maneira que é surpreendentemente similar à exortação de Maimônides ao leitor em sua *Introdução ao Avot* (*Os Oito Capítulos*), a "ouvir a verdade de quem quer que a diga", Anatoli recomenda ao tradicional leitor judeu do *Malmad ha-Talmidim* que aprecie a verdade, independentemente da afiliação religiosa de seu proponente.

As traduções e a cooperação iniciadas na corte imperial criaram um *corpus* filosófico comum que tornou possível, pela primeira vez, um genuíno diálogo judeu e cristão e influências mútuas, especialmente na Itália. Assim, complementar à extensiva influência de Maimônides na filosofia cristã, há clara evidência de influências da filosofia cristã escolástica e neoplatônica na filosofia judaica. Essas influências são evidentes tanto em Maimônides quanto em filósofos judeus antimaimonideanos. Moisés de Salerno (falecido em 1279), por exemplo, em seu comentário ao *Guia*, bem como em outros textos, empregou a terminologia e o método escolástico, enquanto Hilelo de Verona e Imanuel de Roma foram fortemente influenciados por Dante.

Em contraste com a relativa independência de preocupações doutrinais e fiscalização eclesiástica dos intercâmbios filosóficos na Itália, iniciados na corte imperial, influências recíprocas não eram abertamente reconhecidas na Espanha e em Provença. Ao contrário, embora os escritos de filósofos judeus claramente exibam familiaridade com a filosofia cristã, especialmente com as obras de Tomás de Aquino, Duns Escoto, Guilherme de Ockham, Pedro Aureolo, Nicolau de Oresme e afins, pouca pesquisa tem sido devotada até hoje à natureza e extensão dessas influências. A exceção é o ensaio seminal de Schlomo Pines, "Scholasticism after Thomas Aquinas and the Teaching of Hasdai Crescas and His Predecessors" ("O escolasticismo depois de Tomás de Aquino e o ensinamento de Hasdai Crescas e seus predecessores") [256]. Apesar dos surpreendentes paralelos entre as obras de filósofos judeus e cristãos assinalados neste capítulo, e apesar da intrínseca improbabilidade de que os textos em questão sejam independentes uns dos outros, Pines pôde oferecer somente de modo tentável sua evidência e conclusões a respeito da influência.[16]

A natureza precária das interações filosóficas judaico-cristãs, especialmente aquelas que são explicitamente reconhecidas, é agudamente evidente no Renascimento. Essa fragilidade torna também evidente a até que ponto as interações filosóficas judaico-cristãs são um caso especial do estado tênue da filosofia em relação ao poder político-eclesiástico. Elias del Medigo (1460-1496) é um vívido exemplo. Nascido em Creta sob o governo veneziano, Elias foi um aristotelista averroísta, fluente em hebraico, árabe, grego, latim e italiano, líder do *Yeshiva* (escola judaica) de Pádua, onde proferia conferências sobre filosofia. Entre seus numerosos admiradores e patronos cristãos, encontrava-se Pico della Mirandola, que o enxergava como seu mentor em filosofia e misticismo judaico. Quando Elias del Medigo, a convite do governo veneziano, foi solicitado como árbitro de um inflamado conflito filosófico, sua determinação a favor de uma escola de pensamento incendiava a animosidade da outra. Por razões similares, provenientes de seu averroísmo, ele entrou em conflito com o *Rav* (instrutor de Torá) de Pádua. Consequentemente, após a morte de Pico della Mirandola em 1494, tendo perdido seu poderoso patrono cristão, Elias foi compelido a retornar a Creta, onde, ironicamente, permaneceu altamente estimado tanto pelos judeus quanto pelos cristãos.

---

[16] W. Kluxen, um pioneiro na pesquisa das influências filosóficas judaico-cristãs, é ainda mais cauteloso. Ver [193].

6 Metafísica: Deus e ser

STEPHEN P. MENN

Os antigos filósofos gregos tinham muito a dizer sobre Deus ou sobre os deuses; alguns tinham também muito a dizer sobre o ser (seja o ser enquanto predicação ou identidade, expresso por "X é Y", ou o ser enquanto existência, expresso por um simples "X é" ou "existe um X"). No entanto, eles não conectaram sistematicamente os dois tópicos, e muitos filósofos modernos também não. Mas muitos filósofos medievais sim. Pode o pensar sobre o ser ajudar-nos a compreender Deus? Pode o pensar sobre Deus ajudar-nos a compreender o ser? Explorarei algumas conexões entre os dois tópicos, vistas pelos filósofos medievais, bem como algumas dificuldades encontradas por esses filósofos. Não me concentrarei tanto em filósofos particulares quanto nas ideias centrais que muitos filósofos diferentes assumiram, ilustrando essas ideias a partir do trabalho de filósofos que as expuseram de maneiras especialmente interessantes ou acessíveis, e notando os desafios aos quais os diferentes filósofos responderam de diferentes maneiras. Muitas dessas ideias e desafios partiram de autores muçulmanos e foram adotadas por autores cristãos a partir do século XIII. Realizarei, portanto, constantes idas e vindas entre fontes muçulmanas e cristãs.

PROVAS FÍSICAS E METAFÍSICAS DE DEUS

As provas da existência de Deus são um lugar óbvio para se começar. Tomás de Aquino, na *Summa theologiae* I, q. 2, a. 3, diz que a existência de Deus pode ser provada através de cinco vias. A primeira via de Tomás, argumentando a partir das causas do movimento, e a segunda via, a partir das causas eficientes, são argumentos físicos, tirados de Aristóteles; sua quinta via, a partir da teleologia, é igualmente física, derivada, em última instância, dos estoicos. Mas a terceira e quarta vias parecem ser argumentos *ontológicos*, pelo que não pretendo afirmar que elas se assemelham ao famoso argumento de Anselmo, o qual é rejeitado por Tomás (*ST* I, q. 2, a. I, ad 2), mas simplesmente que elas partem do fato do ser (no sentido de existência), e não de fatos contingentes a respeito do mundo físico.

A quarta via volta-se para os "graus" de acordo com os quais as coisas são ditas mais X ou menos X:

> O *mais* e o *menos* são ditos de diversas coisas enquanto estas se aproximam, diversamente, de um *máximo*; assim o mais quente é o que mais se aproxima do maximamente quente. Há, portanto, algo verdadeiríssimo, ótimo e nobilíssimo, e, por consequência, *ente* máximo [ou maximamente *real*]; pois as coisas que são maximamente verdadeiras são maximamente reais, como diz [Aristóteles] na *Metafísica* II. Mas o que é dito maximamente tal ou qual, em qualquer gênero, é causa de tudo o que esse gênero compreende, como o fogo, maximamente quente, é causa de todas as coisas quentes, como diz [Aristóteles] no mesmo livro. Logo, há algo que é causa do ser, e da bondade, e de qualquer perfeição, em todas as coisas. A isso chamamos Deus (*ST* I, q. 2, a. 3).

Tomás afirma que assim como o fogo, que é o maximamente quente, é a causa segundo a qual outras coisas são quentes em graus menores, também Deus, que é o maximamente existente, é a causa segundo a qual outros entes existentes *são*, em seus graus menores. Há objeções óbvias à prova de Tomás enquanto prova; mas supondo-se que Tomás esteja certo, como devemos entender a situação descrita por ele? Em que sentido há graus de ser? O "ser" é dito diferentemente de Deus e das criaturas – são eles, de algum modo, tipos lógicos diferentes? Como Tomás bem sabe, Aristóteles diz que o "ser" não é dito univocamente de substâncias e acidentes: um acidente "existe" em um sentido derivativo e diminuído, uma vez que, para que a brancura exista, apenas deve existir uma substância que seja branca. Há uma diferença entre a existência de Deus e a das substâncias criadas? Mesmo que haja: como Deus comunica um grau inferior de existência aos outros entes? Presumivelmente, não da maneira como uma substância comunica existência a um acidente, sendo o substrato daquele acidente; nem da maneira como o fogo comunica calor ao ferro, misturando-se a este. Mas há algum outro modelo para essa conexão metafísica entre Deus e o mundo?

A vantagem de uma prova "metafísica" da existência de Deus, se esta puder ser posta a funcionar, é que ela nos conduz, pelo pensamento a respeito das questões sobre Deus e o ser levantadas por ela, a uma concepção mais profunda de Deus e da conexão causal entre Deus e as outras coisas, do que quando concebemos Deus como simplesmente (digamos) a causa primeira do movimento.

Existiu, pelo menos desde Avicena, um agudo debate sobre se essa estratégia poderia funcionar. João Duns Escoto – ele próprio um defensor de Avicena – colocou-o da seguinte maneira.

> Há uma controvérsia entre Avicena e Averróis. Avicena afirma que não é Deus, mas outro algo, tal como o ser, o assunto da metafísica. Pois nenhuma ciência prova a existência de seu próprio assunto, e ainda assim o metafísico prova que Deus e as substâncias separadas [isto é, imateriais] existem. Em seu comentário final ao Livro I da Física, Averróis critica Avicena: assumindo a premissa principal de Avicena (comum a ambos) de que nenhuma ciência prova a existência de seu assunto, ele infere que Deus é o assunto da metafísica e que a existência de Deus é provada não na metafísica mas na física, uma vez que nenhum tipo de substância separada pode ser provado como existente, a não ser através do movimento, o qual pertence à física (*Reportatio parisiensis*, prólogo, q. 3, a. I; em latim com tradução (aqui modificada) em Duns Escoto [286] 9-10).

Isso não é somente uma disputa de limites disciplinares a respeito do que a metafísica deveria estudar, ou sobre qual ciência tem o privilégio de provar a existência de Deus. Avicena e Averróis pensam em tipos bastante diferentes de provas, produzindo maneiras bastante diferentes (embora não necessariamente incompatíveis) de pensar sobre Deus e sobre a relação deste com o mundo. Averróis defende o procedimento aristotélico tradicional de argumentação, a partir das coisas sublunares, indo destas para os movimentos eternamente constantes das esferas celestes que as governam, e destes movimentos a seus motores, dos quais o primeiro de todos é Deus. Avicena, por sua vez, deseja fornecer uma prova da existência de Deus que não dependa de fatos sobre o mundo físico, e argumenta a partir do ser, indo deste para Deus como causa primeira do ser. Avicena tenta tornar bom aquilo que ele enxerga como uma decepção na *Metafísica* de Aristóteles. Enquanto Averróis pensa que a metafísica é puramente uma ciência das coisas imateriais, de Deus e dos outros motores das esferas celestes, Avicena, seguindo Alfarabi, acha que a metafísica aristotélica é também sobre o ser em geral e seus atributos universais (os quais são "imateriais" no sentido em que não dependem da matéria e aplicam-se a entes imateriais, bem como a entes materiais). Avicena às vezes diz que a metafísica tem o ser como seu assunto e Deus como seu objeto – isto é, começando pela investigação do ser, ela termina estabelecendo Deus como causa primeira do ser.[1] Mas a *Metafísica* de Aristóteles decepciona como execução desse projeto, uma vez que estabelece Deus somente como a causa da rotação da esfera mais exterior – e esse procedimento revela tão pouco a respeito de Deus que não fica nem mesmo claro como Deus é superior às "inteligências" ou aos "anjos" que movem as outras esferas. Avicena deseja cumprir a promessa da *Metafísica*, estabelecendo Deus como causa primeira de todos os entes, tanto materiais quanto imateriais. Para fazê-lo, no entanto, ele necessita de mais argumentos do que a "quarta via" de Tomás, a qual simplesmente assume que há um único ente máximo, o qual é a causa do ser de todos os entes. Podemos perguntar por que não pode haver um regresso infinito a causas de ser cada vez maiores. Ou, mesmo que um regresso infinito seja impossível nesse caso, por que não poderia haver diversos entes "primeiros", cada um dos quais não necessitando de nenhuma causa de ser além de si mesmo? A resposta não pode ser que *todo* ente requer uma causa anterior de ser, uma vez que o próprio Deus não a requer. Se um

---

[1] Em relação às posições de Avicena quanto ao objeto da metafísica, ver a *Metafísica* do *Kitab al-Shifa'* I 1-4 [111]. Avicena fala, em sua *Autobiografia* ([124] 28), de sua frustração com a *Metafísica* de Aristóteles, sua inabilidade para descobrir o "objetivo" ou "objeto" primário desse tratado e dessa ciência, e fala de sua descoberta da solução ao ler *Sobre os objetivos da Metafísica* [93] de Alfarabi.

ente X não existiu sempre, mas veio-a-ser no tempo, podemos facilmente ver por que ele necessitaria de algo anterior para causar sua existência; se usarmos essa premissa, no entanto, estaremos partindo não do fato do ser, mas do fato do vir-a-ser ou do movimento. E por que não poderia haver vários entes *eternos* independentes? Essas dificuldades estão entre as razões pelas quais muitos filósofos, inclusive Averróis, concluíram que a maneira metafísica de provar a existência de Deus usada por Avicena não funciona, e que devemos argumentar, ao invés disso, a partir da física.

O ARGUMENTO DE AVICENA E ALGUNS DESAFIOS DIRIGIDOS A ELE

Uma maneira de Avicena apresentar seu argumento começa com a modalidade. Se X existe, então sua existência ou é necessária ou é contingente.[2] Mais precisamente, ou a existência de X é necessária *pelo próprio X* (desconsiderando a causalidade de quaisquer outros objetos) ou é contingente no que diz respeito ao próprio X. Se X existe, então deve haver uma razão suficiente para a existência de X. Se X é necessariamente existente por si mesmo *(wajib al-wujud bi-dhatihi)*, então o próprio X contém a razão suficiente para sua própria existência. Mas se X é contingentemente existente por si mesmo *(mumkin al-wujud bi-dhatihi)*, e se X de fato existe, então ele requer alguma causa adicional. Se Y contém uma razão suficiente para a existência de X, então a existência de X não é mais contingente: assim Avicena diz que, embora X seja contingentemente existente por si mesmo, ele é necessariamente existente por outra coisa *(wajib al-wujud bi-ghayrihi)*. A primeira tarefa de Avicena ao provar a existência de Deus é provar que há algo que é necessariamente existente por si mesmo. Talvez isso seja tudo, quanto a provar a existência de Deus; ou talvez não seja uma prova da existência de *Deus* até que tenhamos mostrado que há somente um ente desse tipo e que ele tem pelo menos alguns dos atributos tradicionais de Deus.

[2] A palavra *mumkin* é frequentemente traduzida como *"possible"* ("possível") em traduções inglesas de textos filosóficos árabes, seguindo os tradutores latinos que vertiam o termo como *possibile*. Mas a tradução correta é *"contingent"* ("contingente"), uma vez que se opõe a "necessário" (*wajib*) tanto quanto a "impossível".

Em qualquer caso, para realizar essa primeira tarefa, tomemos qualquer coisa X realmente existente (digamos, você mesmo). Se X é necessariamente existente por si mesmo, a tarefa está completa. Se X é contingentemente existente por si mesmo, ele é necessariamente existente por outra coisa, digamos, Y. Y ou é necessariamente existente por si mesmo, ou necessariamente existente por outra coisa; e assim por diante. Mas por que não deveria haver um regresso infinito? Avicena não nega a possibilidade (como aristotelista, ele crê que o mundo e todas as espécies biológicas presentes nele são eternas, então há uma série infinita de ancestrais passados). Mas mesmo que haja uma série infinita de causas de X, "cada uma das causas ou é contingente em si mesma, ou necessária em si mesma. Se é necessária, não necessita de uma causa, e se é contingente, então o todo [composto de todas as causas na série] é caracterizado pela contingência. E toda coisa contingente requer uma causa além de si mesma; então o todo [a série inteira] requer uma causa fora de si mesmo" (como enunciado por Algazel, em *A Incoerência dos Filósofos* [148] 82, tradução modificada; citado no *Tahafut al-Tahafut* de Averróis [165] I 163). Em outras palavras, se tomarmos a série *completa* (talvez infinita) de causas de X, por definição essa série não pode ter uma causa exterior a si mesma; então a série inteira não é contingente em si mesma; então ela não pode ser composta inteiramente de coisas que são contingentes em si mesmas; então ela deve conter algum termo que é necessário em si mesmo; uma vez que este termo não pode ter uma causa, ele deve ser a primeira causa incausada no interior da série.

Avicena enfrenta um problema talvez maior no que diz respeito ao argumento a favor da *unicidade* de um ente necessariamente existente por si mesmo. Mas seu argumento em defesa da *existência* de tal ente era já controverso. Algazel, em sua *Incoerência dos Filósofos*, rejeita-o. De modo mais surpreendente, quando Averróis sai em defesa da filosofia, em sua *Incoerência da Incoerência*, ele "defende" esse argumento, mas com sérias restrições. De fato, sua versão modificada, embora soando verbalmente similar, apenas devolve o argumento metafísico de Avicena à forma do argumento físico aristotélico do qual este último tentava escapar.

Algazel critica a inferência de Avicena, que vai de "cada termo na série de causas é contingente em si mesmo" a "a série completa de causas é contingente em si mesma". A crítica de Algazel é particularmente interessante, pois dispõe uma investigação crítica da noção aviceniana de contingência. Diz Algazel:

> As expressões "contingente" e "necessário" são expressões obscuras, a menos que "necessário" refira-se àquilo que não tem causa para sua existência e "contingente" refira-se ao que tem uma causa para sua existência. Se esse é o significado, voltemos a essa expressão e digamos "cada [causa na série] é contingente, no sentido em que tem uma causa além de si mesma, mas a [série] completa não é contingente, no sentido em que não tem uma causa além e fora de si mesma". Se "contingente" refere-se a algo diferente do significado que lhe atribuímos, nós não o compreendemos (*Incoerência dos Filósofos* [148] 82, trad. modificada; Averróis, Tahafut al-Tahafut [165] I 164).

Avicena responderá que é impossível que um todo necessário seja composto de partes contingentes, e isso parece plausível se entes contingentes e necessários pertencerem a dois tipos lógicos ou ontológicos distintos. Mas Algazel diz que se há esses conceitos ontológicos, Avicena não os tornou claros para ele; Algazel suspeita que "contingente" e "necessário" são apenas expressões extravagantes para "causado" e "incausado" (os quais são conceitos relacionais e extrínsecos, e não algo intrínseco ao modo de ser de uma coisa), e que nesse caso sua paráfrase expõe a falácia do argumento. Algazel conclui que a tentativa aviceniana de tentar evitar argumentos de regresso infinito falha, e que a única maneira de estabelecer a existência de Deus é assumir que nenhum regresso causal infinito é possível; o que, pensa ele, só será possível se abandonarmos a tese aristotélica da eternidade do mundo (e das espécies em seu interior), e sustentarmos, juntamente com os *mutakallimun* (os praticantes da *Kalam*, ou teologia islâmica), que o mundo foi criado no tempo.[3]

Averróis, em sua resposta a Algazel, tenta reconstruir uma versão defensável do argumento de Avicena e, desse modo, argumentar a favor

---

[3] A respeito de *Kalam* (teologia islâmica) e *falsafa* (filosofia), ver p. 126 neste volume.

da existência de Deus sem desistir de sustentar a eternidade do mundo. Sua maneira de fazê-lo dispõe uma nítida resposta ao desafio de Algazel sobre o significado de "contingente" e "necessário". A versão de Averróis diz:

> Entes contingentes devem ter causas que os precedam, e se estas causas forem novamente contingentes, segue-se que elas têm causas e que há um regresso infinito, e se há um regresso infinito não há causa, e o contingente existirá sem causa, o que é impossível. Logo, a série deve terminar em uma causa necessária, e essa causa necessária deve ser necessária graças a uma causa, ou sem uma causa; se o for graças a uma causa, essa causa deve ter uma causa, e assim ao infinito [*ad infinitum*]; e se tivermos aqui um regresso infinito, segue-se que o que foi assumido como tendo uma causa não tem causa, o que é impossível. Logo, a série deve terminar em uma causa necessária, a qual é necessária sem uma causa, isto é, necessária por si mesma, e este deve ser o ente necessário (*Tahafut al-Tahafut* [165] I 165, trad. modificada).

Este é, portanto, um argumento composto de dois estágios; primeiro, indo dos entes contingentes a um ente necessário e, em seguida, de um ente necessário a um ente necessário *incausado*, ou um ente "necessário por si mesmo". Averróis, como Algazel, pensa que Avicena utiliza a palavra "contingente" de modo muito amplo, significando "o que tem uma causa" (*Tahafut al-Tahafut* [165] I 164): Averróis pensa que, para que o argumento seja demonstrativo, devemos começar pelo que é contingente em um sentido mais estrito ou, como ele diz, "verdadeiramente contingente".

O que significa "verdadeiramente contingente" para Averróis torna-se claro a partir da "terceira via" de Tomás de Aquino, que se equipara bastante ao argumento de Averróis:

> Vemos que certas coisas são capazes [*possibilia*] de existir e não existir [*esse*], uma vez que são encontradas geradas e corrompidas, e, portanto, são capazes de existir e não existir. É impossível que todas as coisas desse tipo existam sempre, pois o que é capaz de não existir, em algum tempo não existe. Se, portanto, todas as coisas são capazes de não existir, em algum tempo

nenhuma existia. Mas se isso fosse verdade, ainda agora nada existiria, pois o que não existe não começa a existir, exceto através de uma outra coisa já existente; de maneira que se nenhum ente existisse, seria impossível que algum começasse a existir e, portanto, nada existiria, o que é evidentemente falso. Logo, nem todos os entes são contingentes [*possibilia*]; deve existir algo que é necessário. Mas tudo o que é necessário ou tem de fora a causa de sua necessidade, ou não a tem. Mas não é possível proceder ao infinito [*ad infinitum*] nos [entes] necessários, os quais têm a causa de sua necessidade, assim como não o é nas causas eficientes, como já foi provado [na segunda via de Tomás]. Portanto, deve-se admitir [*ponere*] algo que é necessário por si mesmo [*per se*], não tendo de fora a causa de sua necessidade, mas sendo antes a causa da necessidade dos outros; o qual é o que todos chamam de Deus (*ST* I, q. 2, a. 3).[4]

O ponto-chave é que, para Averróis e Tomás, se X é contingente, então em algum tempo X não existiu, enquanto Avicena pensa que tudo o que não é Deus é intrinsecamente contingente, até mesmo os corpos celestes e seus motores, os quais, como um bom aristotelista, ele considera eternos. Para Averróis, as únicas coisas "verdadeiramente contingentes" são aquelas que não existiram sempre,

---

[4] A principal fonte imediata de Tomás para sua "terceira via" encontra-se em Moisés Maimônides, *Guia para os Perplexos* II 1 [178] 247-248. Mas em alguns pontos Tomás está mais próximo do argumento de Averróis, e também parece ser diretamente influenciado pelo texto de Averróis (não a *Tahafut*, que não havia sido ainda traduzida para o latim, mas por discussões relacionadas, nos comentários à *Física* e à *Metafísica*). Ou Mainmônides está seguindo Averróis, ou estão ambos oferecendo a mesma reconstrução radical do argumento de Avicena e trazendo-o de volta às proximidades do argumento físico de Aristóteles. Tanto Maimônides quanto Averróis interpretam "necessário" como "eterno", e "contingente" como "gerável e corruptível", enquanto que para Avicena tudo o que de fato existe é necessário, embora tudo, exceto Deus, seja contingente *em si mesmo*. Para uma discussão extensa da prova de Avicena e das reações de Algazel à mesma, ver H. A. Davidson [483] (Maimônides, e a terceira via de Tomás, em 378-385). Sobre as provas de Tomás da existência de Deus e o contexto delas em seu pensamento, ver J. F. Wippel [262] (controvérsias sobre as fontes e interpretação da terceira via em 462-469). Obviamente, o passo "se todas as coisas são capazes de não existir, em algum tempo nenhuma existia" é problemático.

isto é, as coisas sublunares: ele responde ao desafio de Algazel – o desafio de explicar detalhadamente um sentido intrínseco do termo "contingente" – dizendo que algo é contingente se é material e, portanto, capaz de geração e corrupção. De modo semelhante, um ente "necessário" é algo que existe sempre, pois não tem matéria e, portanto, não é capaz de geração e corrupção (os céus, para Averróis, não são compostos de matéria e forma, embora sua substância possa ser, de modo geral, chamada de "matéria", capaz de mudar de lugar, mas incapaz de geração e corrupção). Assim, embora o argumento de Averróis soe bastante como o de Avicena, significa algo bem diferente. Quando Averróis argumenta a partir de algo contingente, passando ao necessário, ele está argumentando a partir das coisas materiais geráveis e corruptíveis, passando a algo eterno, o qual poderia perfeitamente ser os corpos celestes. Para fazer disso uma prova da existência de Deus, Averróis adiciona um segundo estágio, argumentando a partir de um ente "necessário" – isto é, eterno – e passando a um ente necessário *incausado*; e uma vez que os céus são movidos e precisam, portanto, de uma causa para movê-los, isso nos conduz à causa que se encontra além dos céus. O ponto crucial aqui é que, ao tentar salvar das críticas de Algazel uma versão do argumento partido da contingência, de Avicena, Averróis essencialmente devolve-o à forma de um argumento físico aristotélico. Como resultado, todas as razões que poderiam haver para se insatisfazer com o argumento original de Aristóteles se aplicam igualmente a Averróis. Pode então ser salva a alternativa ontológica de Avicena?[5]

---

[5] O argumento de Averróis requer que ele faça uma distinção entre regressos causais permissíveis e impermissíveis. Ele afirma que não pode haver uma infinidade de coisas existindo simultaneamente, mas apenas de coisas existindo sucessivamente. Uma vez que todos os entes necessários existem eternamente, isso significa que não pode haver infinitamente muitos entes necessários; e uma vez que toda causa de um ente necessário é necessária, nenhum ente necessário pode ter uma série infinita de causas. Por outro lado, um ente contingente, por exemplo, um animal, pode ter, e tem, uma série infinita de causas contingentes, ou seja, seus ancestrais, os quais não existem todos simultaneamente. Então, por que ele também precisa ter uma causa necessária? Averróis diz que seu pai não é a causa por si mesma *(per se)* de você, isto é, não é a causa de seu ser, porque se fosse, teria de estar continuamente presente para suprir você de existência (ser): isso significa que a cada momento em que você está vivo, seu pai teria de estar vivo, e também seu avô, e assim por diante, e haveria uma infinidade simultânea impermissível.

Essência e existência

A contingência é supostamente uma propriedade intrínseca que explica *por que* as coisas contingentes necessitam de causas a fim de existir; se, como suspeita Algazel, ela é meramente um sinônimo de "causado", então uma série infinita de causas contingentes não precisa ser contingente, e a prova de Avicena para a existência de Deus entra em colapso. De fato, Avicena tem uma resposta a esse desafio. Ele expõe a distinção entre uma coisa X e seu ser ou existência *(wujud)*, isto é, aquilo graças ao qual X é existente *(mawjud)*.

Uma das maneiras como essa distinção emerge é através da análise da criação como distinta de outros tipos de mudança. Aristóteles reconhece quatro tipos básicos de mudança: alteração (mudança de qualidade), aumento e diminuição (mudança de quantidade), locomoção (mudança de lugar), e geração e corrupção. Nos primeiros três tipos de mudança, há uma substância persistente que perde um acidente e adquire outro. Na geração e corrupção, não há propriamente uma substância que persiste, mas apenas a matéria, que perde uma forma substancial e adquire outra; nesse caso, Aristóteles diz que a substância (o composto de matéria e forma) "vem-a-ser absolutamente" (em vez de X meramente vindo-a-ser Y), mas

> Então, um regresso infinito só é possível em causas por acidente *(per accidens)*, não em causas por si mesmas *(per se)*; e Averróis acha que a série inteira de animais na espécie, sendo contingente e perecível, deve também ser sustentada na existência (no ser) por uma causa por si mesma *(per se)* – imediatamente pelo sol, cujos movimentos periódicos regulam os ciclos vitais das espécies sublunares, e em última análise pelos motores imóveis responsáveis pelo movimento constante do sol.
>
> A resposta de Averróis a Avicena e Algazel conduziu a argumentos interessantes sobre quais tipos de regresso infinito são permissíveis e sobre causas por si mesmas *(per se)* e por acidente *(per accidens)*. É desconcertante ouvir dizer que o sol é uma causa por si mesma *(per se)* de você e seus pais não; Averróis diz que seus pais são instrumentos que o sol utiliza para fazer você, como um carpinteiro poderia utilizar um machado para fazer outro machado, jogando fora em seguida o primeiro ou reciclando suas partes para uso posterior; o sol seria como um carpinteiro imortal que tem reciclado suas ferramentas sublunares por toda a eternidade. João Duns Escoto, em seu *De primo principio*, a mais completa discussão medieval dos diferentes tipos de séries causais, fornece uma reconstrução do argumento de Averróis que evita essas implicações. Sobre o argumento de Averróis e seu confronto com Avicena e Algazel, ver *Tahafut al-Tahafut* [165] I 156-170. Sobre Duns Escoto, ver a edição de A. B. Wolter e a tradução do *De primo principio* [287].

não vem-a-ser *a partir do nada*, e Aristóteles não acredita que o vir-a-ser a partir do nada seja possível. No entanto, os escritores medievais acham que Deus *criou* o mundo, de alguma outra maneira, diferente da geração, a partir de uma matéria preexistente. Os *mutakallimun* (praticantes de *Kalam* ou teologia islâmica) no Islã, e a maior parte dos autores cristãos, acham que Deus criou as coisas a partir do nada no começo do tempo, quando antes daquele momento somente Deus existia. Mesmo os *falasifa* (filósofos nas terras islâmicas) que não acreditavam em um começo do tempo achavam que o mundo fosse causalmente dependente de Deus, de uma maneira mais profunda do que simplesmente tendo sido gerado por ele a partir de alguma matéria preexistente no passado: em vez disso, o mundo está *sempre* sendo criado por Deus. O linguajar da essência e existência provê uma maneira de explicar o que é a criação. Quando Deus *cria* algo, nenhuma parte desse algo existe previamente: Deus não está tomando uma matéria preexistente e dando-lhe uma forma, mas dando existência a algo que não existia previamente. Como diz o Alcorão, "quando Deus deseja criar uma coisa, ele diz 'seja!' e ela é" (Alcorão XVI 42). Mas qual o estado dessas coisas antes de sua existência? Uma vez que os resultados são diferentes quando Deus diz a um cavalo "seja!" e quando ele diz a um avestruz "seja!", deve haver alguma diferença entre um cavalo e um avestruz mesmo antes de existirem. Antes que um cavalo individual exista, a *essência* do cavalo – o que um cavalo é ou o que é ser um cavalo – já fundamenta proposições como "um cavalo é um quadrúpede". Para Avicena, Deus acrescenta existência a essa essência.

Essa análise da criação não depende do acontecimento da criação no tempo. Mesmo que Deus crie uma estrela ou um anjo desde a eternidade, ele está ainda dando existência a uma essência. Mesmo que a essência nunca careça de existência, ela não contém a existência devido a si mesma, mas necessita que esta seja suprida, por Deus ou por alguma causa próxima. Uma maneira de pensar sobre a essência e a existência é dada pela semântica realista medieval. De acordo com os realistas medievais, na sentença "Sócrates é branco", o termo do sujeito significa Sócrates e o termo do predicado significa a brancura, e a sentença é verdadeira quando a brancura está *em* Sócrates: a brancura é a causa (formal) de Sócrates ser branco. Logo, pelo menos em casos normais, uma sentença é verdadeira se há, no mundo, uma estrutura de inerência correspondente à estrutura de predicação da sentença. (Há casos anormais: em "Sócrates é Sócrates", o sujeito e o predicado significam a mesma coisa; em "[o] branco é Sócrates", o significativo do sujeito é inerente ao significativo do predicado, ao invés de vice-versa; em "[o] branco é musical" os significativos do sujeito e do predicado são ambos inerentes a uma terceira coisa.) De modo semelhante, "Sócrates é humano" é uma sentença verdadeira quando a humanidade é inerente a Sócrates, e "Sócrates existe" ou "Sócrates é existente [*mawjud/ ens*]" são sentenças verdadeiras quando o ser ou a existência *(wujud/esse)* é inerente a Sócrates. Dizer que X é contingentemente existente por si mesmo é o mesmo que dizer que a essência de X não inclui a existência: o que faz de X X, ou o que faz X ser X, não inclui o que faz de X existente, ou o que é, para X, existir. Se um tal X de fato existe, é porque alguma outra causa, externa a X, dá existência a X. Por contraste, dizer que X é necessariamente existente por si mesmo é dizer que a essência de X inclui de fato a existência: para X, ser X já é existir, e não é preciso nenhuma causa adicional para sua existência.

A distinção entre essência e existência permite a Avicena discernir uma diferença intrínseca, de fato uma diferença de tipo lógico, entre coisas que precisam de causas para sua existência e coisas que não precisam. Essa distinção também lhe permite responder ao desafio de Algazel, de que uma série infinita de causas contingentes possa ser coletivamente necessária: um número infinito de essências, nenhuma delas possuindo intrinsecamente existência, ainda não possui existência, a não menos que algo exterior lhes forneça esta última. A razão suficiente definitiva para a existência das coisas que de fato existem só pode ser algum ente (ou alguns entes) cuja essência inclui a existência. Assim, se Avicena puder sustentar sua metafísica de essência e existência, ele poderá defender sua prova de algo necessariamente existente por si mesmo – independente de se estivermos ou não dispostos a chamá-la de uma prova da existência de Deus.

Note que essa prova aviceniana não é um argumento ontológico do tipo: o conceito ou essência de Deus envolve existência, logo Deus existe. O argumento de Avicena é causal, partindo de efeitos, ou seja, entes contingentes, para chegar à conclusão de que eles possuem uma causa cuja essência envolve existência. Como diz Tomás de Aquino:

A proposição "Deus existe" é, por si mesma, evidente, pois o predicado é idêntico ao sujeito, uma vez que Deus *é* sua própria existência... mas porque *nós* não sabemos o que Deus é, ela não é evidente *para nós*, mas precisa ser demonstrada através de coisas que sejam mais evidentes para nós, mas menos evidentes por natureza, ou seja, pelos efeitos [de Deus] (*ST* I, q. 2, a. 1).

A negação de Tomás de que tenhamos conhecimento da essência de Deus foi controversa (Duns Escoto, por exemplo, achava que tivéssemos esse conhecimento), mas ele está correto ao alertar que o conceito "essência que envolve existência" não é por si mesmo um conceito de alguma essência determinada X, tal que X envolva existência: é meramente o conceito de uma propriedade que pode mostrar-se satisfeita por várias essências ou por nenhuma.

Apenas um ente necessário?

Tanto Avicena quanto Tomás de Aquino argumentam que não só deve existir apenas um ente que é necessariamente existente por si mesmo, mas também que pode haver somente um ente desse tipo. Seus argumentos partem de um argumento de Alfarabi. Alfarabi começa seus *Princípios das Opiniões do Povo da Cidade Perfeita (Principles of the Opinions of the People of the Perfect City)* proclamando: "o ente primeiro [*mawjud/ens*] é a causa primeira do ser [*wujud/esse*] de todos os outros entes [*mawjudat/entia*]" ([95] 56). Alfarabi toma como certo o fato de não ter que se preocupar com regressos causais infinitos, e assim não precisa perder tempo provando que há um ente primeiro. Em vez disso, ele preocupa-se com os atributos desse ente. Seu argumento é geralmente da forma, "o ente primeiro deve ser F, porque se fosse não F, haveria um outro ente causalmente anterior a ele". Em particular, Alfarabi argumenta que o ente primeiro deve ser inteiramente simples, isto é, desprovido de qualquer tipo de composição, porque se fosse composto, seus componentes (e a causa responsável pelo agrupamento destes) seriam causalmente anteriores a ele. Alfarabi em seguida infere, da *simplicidade* da causa primeira (a qual é internamente una), sua *unicidade* (há somente uma): a razão é que dois entes simples não podem ter nada que os diferencie. Se houvesse duas coisas "primeiras", elas teriam de ter algo em comum, e cada qual teria também que ter alguma diferença distintiva, de modo que poderíamos analisar A como X + Y e B como X + Z. Ou talvez B contivesse alguma diferença, além do elemento compartilhado, sendo esta capaz de distingui-lo de A, de modo que poderíamos analisar B como X + Z, enquanto A seria distinguido de B somente por carecer de Z, e não por qualquer diferença positiva. De qualquer modo, pelo menos um dos entes "primeiros" assumidos seria composto, e assim não poderia ser primeiro: deveria haver algo causalmente anterior a ele.

Alfarabi constrói esse argumento sem possuir a noção de composição de essência e existência, ou a distinção aviceniana entre entes contingentes e necessários. Avicena, utilizando essas noções, desenvolve um argumento mais elaborado a favor da unicidade do ente primeiro (*Kitab al-Shifa', Metafísica* I 7). Esboçarei aqui o tratamento menos complicado de Tomás (há também boas discussões de Algazel e Averróis em *Tahafut al-Tahafut* [165] I 170-181). Imediatamente após a *quaestio* (questão) sobre a existência de Deus, Tomás provê uma longa questão sobre a simplicidade de Deus (*ST* I, q. 3), argumentando que Deus não é composto em qualquer sentido: ele não é composto de partes quantitativas (como um corpo o é), nem de matéria e forma, substância e acidente, gênero e diferença, essência e *suppositum*, nem essência e existência. Tomás defende essas conclusões argumentando que qualquer composto tem algo anterior a si mesmo (pelas mesmas razões de Alfarabi; ver especialmente a q. 3, a. 7) e argumentando também que qualquer desses tipos de composição envolve potência, enquanto o ente primeiro deve ser puro ato (seguindo o princípio aristotélico da prioridade do ato sobre a potência, *Metafísica* IX 8, citado em *ST* I, q. 3, a. 1). No caso da composição de essência e existência, se Deus não fosse sua própria existência *(esse)*, então sua essência estaria por si mesma em potência em relação à existência, e assim Deus não poderia ser o ente primeiro (q. 3, a. 4). Deus é, portanto, um "ser [*esse*] sem adição" (q. 3, a. 4, ad 1) ou "ser [*esse*] subsistente", e não uma existência [*esse*] inerente a alguma essência outra que não a própria existência [*esse*]. Tomás em seguida argumenta que não poderia haver dois seres desse tipo, porque, sendo simples e "sem adição", eles não poderiam ter algo para individuá-los. "Não pode haver senão um ser [*esse*] subsistente, assim como, se [uma] brancura fosse subsistente [em vez de inerente a um substrato], não poderia haver senão uma [brancura], uma vez que as brancuras são multiplicadas de acordo com seus recipientes" (q. 44, a. 1). Essa modificação do argumento de Alfarabi a favor da unicidade do ente primeiro permite a Tomás evitar uma objeção colocada ao primeiro, ou seja, que dois supostos entes "primeiros" não precisam ter um elemento comum e um elemento distintivo, uma vez que podem não ter nada em comum a não ser o fato de serem "primeiros" e "simples" (isto é, incausados e não compostos), características que são meras negações. Tomás pode, em contrapartida, especificar uma natureza comum que os dois entes teriam de compartilhar – a própria existência [*esse*].

Desafios à composição de essência e existência

O argumento de Tomás entra em colapso, no entanto, se negarmos a teoria aviceniana da composição de essência e existência. Avicena e Tomás pensam que, se X é intrinsecamente contingente, dizer que "X existe" ou que "X é existente [*mawjud/ens*]" equivale a dizer algo sobre X que não está contido na expressão "X é X", e concluem que a existência *(wujud/esse)* de X é algo presente em X, além da essência de X. Mas alguns pensadores medievais rejeitam essa análise. Eles negam que "existente [*mawjud/ens*]" seja *parônimo* (ou *denominativo*) de "existência", como "branco" é parônimo de "brancura":[6] aqui algo é paronimicamente nomeado a partir de Z se não é chamado de "Z", mas é chamado por algum nome gramaticalmente derivado de "Z" (Aristóteles, *Categorias*, cap. 1). Parece duvidoso dizer que "branco" é gramaticalmente derivado de "brancura" ao invés de vice-versa (isso é mais plausível em grego e árabe do que em latim ou inglês), mas a questão mais profunda é lógica ou causal: algo é chamado de "branco" *porque* há brancura nele. Ockham, apesar de seu ataque à semântica realista, admite a validade desse ponto no caso de "branco". Como ele coloca, "branco" é um termo *conotativo, conotando* a brancura: "branco" não significa sempre as mesmas

---

[6] Já o fazia Alfarabi, *Kitab al-Huruf* (O Livro das Letras de Alfarabi), ed. M. Mahdi (Beirut, 1990) 110-117, tomado por Averróis contra Avicena, *Tahafut al-Tahafut* [165] I 235-241.

coisas, mas significa algo apenas sob a condição de que há nesse algo a brancura. Mas (diz Ockham) "ente" ou "animal" significam sempre as mesmas coisas, e não há razão para pensar que a existência ou a essência do animal Bucéfalo seja outra coisa que não Bucéfalo.

Ockham admite que "Bucéfalo existe" (ou "a essência de Bucéfalo existe") não é uma verdade necessária. Mas, ele diz, "Bucéfalo é Bucéfalo" (ou "a essência de Bucéfalo é a essência de Bucéfalo") também não é uma verdade necessária: qualquer dessas sentenças só é verdadeira quando Bucéfalo existe. Então "não há mais razão para imaginar que a essência é mais indiferente ao ser [*esse*] ou não ser do que é indiferente ao ser uma essência ou não ser uma essência": às vezes Bucéfalo existe e às vezes não, mas isso não é assim por haver uma essência flutuando por aí desde a eternidade, aguardando para receber existência. Ockham admite que, porque "Bucéfalo existe" é contingente, há algo além de Bucéfalo, através do qual este existe, mas esse algo compreende apenas as causas externas de Bucéfalo, e não uma existência (*esse*) inerente ao mesmo. E "Deus existe" é uma proposição necessária, não porque a essência de Deus é ou inclui a existência (*esse*), mas porque Deus existe sem uma causa.[7]

Mas se essa análise estiver correta, toda a maneira alfarabiana-aviceniana de provar a unicidade de Deus entra em colapso. Se houvesse dois deuses, não haveria razão para que estes tivessem de ser pura existência *(esse)* ou existência *(esse)* mais uma diferença distintiva. Cada qual pode ser uma única natureza simples, sem nenhum componente comum de todo. Poderíamos ainda fornecer um argumento físico *a posteriori* para dizer que há um único Deus (o mundo é muito ordenado e integrado para ser obra de diversas causas primeiras separadas; este é o primeiro de três argumentos fornecidos por Tomás na *ST* I, q. 11, a. 3). Mas esse argumento é no máximo plausível, não demonstrativo, e Ockham conclui que não podemos demonstrar a unicidade de Deus. Talvez isso signifique também que não possamos demonstrar

---

[7] A discussão de Ockham da essência e existência, na *Summa logicae* III, tract. 2, cap. 27, é fornecida com tradução em Ockham [311] 92-95; a passagem citada encontra-se na p. 94 (tradução modificada). Para sua teoria da conotação em geral, ver Ockham [316], especialmente os caps. 5-10 e os capítulos sobre categorias individuais; Ockham [315], cap. 11; e, neste volume, as páginas 112 e 246.

a existência de Deus. Podemos demonstrar que há uma causa primeira (isto é, incausada), mas não que há somente uma causa desse tipo, portanto, não podemos demonstrar que há uma causa única de todas as coisas. Dependendo de quão forte é o sentido que se associa à palavra *Deus*, isso pode significar que não podemos demonstrar que há um Deus. Ockham deixa a decisão linguística em aberto.[8]

Poucos pensadores cristãos admitiram acreditar em essências que aguardam para receber existência. Se essas essências não forem elas próprias criadas, estamos negando que tudo – exceto Deus – é criado por Deus. Se Deus criou tais essências, será que o fez dando existência a alguma essência anterior e assim por diante ao infinito? Mas se uma essência pode ser criada sem uma essência anterior, por que não supor que Bucéfalo seja criado sem uma essência anterior? Poderíamos sustentar (como faz Tomás) que Deus cria a essência de X somente quando dá a ela existência (isto é, quando cria X), e que não há essências *anteriores*. Isso evita as dificuldades mencionadas, mas elimina também boa parte da razão original de fazer uma distinção entre essência e existência. E leva muitos pensadores cristãos a concluir que essência e existência não podem ser realmente distintas, assim como uma coisa *(res)* é distinta de outra, uma vez que sempre que há duas coisas outras que não Deus, Deus deve ser capaz de criar qualquer uma delas sem a outra.[9]

Desafios sobre Deus e o ser *(esse)*

A distinção entre essência e existência deve confrontar ainda outro desafio de regresso infinito. Quando X é um ente contingente, X existe através da existência de X, a qual é algo distinto de X. Mas a existência de X também

---

[8] A respeito da questão de se a existência de Deus pode ser provada, em Ockham, ver os textos reunidos em [311] 115-126; para a afirmação de Ockham de que a unicidade de Deus não pode ser provada, e a questão de se isso implica que a existência de Deus também não pode ser provada, ver especialmente as páginas 125-126.

[9] Uma boa e acessível discussão é a trigésima primeira das *Disputas Metafísicas* de Suárez [trad. para o inglês em 618]. Suárez desfaz-se da ideia de essências *anteriores* à existência na seção 2. Para uma abordagem escolástica de oposição à essência e existência, ver D. Banez [238].

existe. Então, será que ela existe através de uma outra existência, e assim ao infinito (como pergunta Averróis em *Tahafut al-Tahafut* [165] I 180-181)?[10] Se ela existe por si mesma – isto é, se sua essência inclui existência – então, na análise aviceniana, ela é um ente intrinsecamente necessário, e Avicena afirma ter provado que há um único ente desse tipo, que é Deus.

Tomás tenta defender-se desse ataque negando que a própria existência exista.[11] Mas alguns pensadores medievais pegam o touro pelos chifres e aceitam que, para qualquer X, a existência *(esse)* de X é Deus, de modo que assim como "correndo [*currens*]" ou "corre" em "Sócrates está correndo" ou "Sócrates corre" significam "correr [*currere*]", também "existindo [*ens*]" ou "existe" em "Sócrates está existindo" ou "Sócrates existe" significam Deus. Essa posição é adotada por muitos escritores muçulmanos que combinam a filosofia aviceniana com o sufismo. Na cristandade, ela é adotada mais famosamente por Eckhart em seus *Prólogos ao Opus tripartitum (Prologues to the Opus tripartitum)*, cuja fórmula-chave é *"esse est Deus"*. Mas anteriormente, independente de Avicena, essa era frequentemente considerada como a posição de Boécio, e parece ter sido também a posição de Anselmo. Por trás de todas essas figuras encontra-se Proclo, que identifica (seu segundo) Deus com uma Forma platônica de ser, da qual todas as coisas devem participar a fim de ser.[12]

---

[10] O mesmo ponto (juntamente com outras dificuldades sobre a distinção de essência e existência) é notado por Suhrawardi [388] 45-47.

[11] Em seu comentário ao *Quomodo substantiae* de Boécio, em [229] II 396, citado e discutido por J. F. Wippel [263] 122.

[12] Quanto a Eckhart, ver seu *Questões parisienses e prólogos* [363]. Note, contudo, que as *Questões parisienses* assumem uma abordagem bastante diferente da questão de Deus e o ser do que os *Prólogos ao Opus tripartitum* (ver a discussão de A. Mauer em sua introdução); note também que não temos nenhum *Opus tripartitum* além de seus *Prólogos*, embora tenhamos várias outras obras de Eckhart que foram sem dúvida pensadas como incorporadas àquele. Entre os escritores muçulmanos, é frequentemente creditada a Ibn al-'Arabi a elaboração da teoria segundo a qual "existe" sempre significa Deus; essa explicação é elaborada mais completamente por escritores posteriores, mais famosamente Mulla Sadra (Sadr al-din Shirazi). A apresentação mais acessível em inglês é um curto tratado de Al-Jami [370]. Para Boécio, ver "How substances are Good in Virtue of their Existence without being Substantial Goods" ("Como as substâncias são Boas em Virtude de sua Existência sem ser Bens Substanciais") em [86]. Para Anselmo, ver seu *Monologion* 1-3. Para Proclo, ver seus *Elementos de Teologia* (*Elements of Theology*) [381]. A distinção de Proclo entre a Forma de ser e o mais alto Deus (a Forma

Tomás era bem cônscio dessa visão platonizante, e frequentemente se aproximava de sua terminologia. Ele dizia que, uma vez que Deus é o único ser *(esse)* subsistente, "todas as coisas outras que não Deus não *são* sua existência [*esse*], mas *participam* da existência [*esse*]", e ele infere "que todas as coisas que são diversificadas de acordo com sua participação diversa na existência [*esse*], de modo que *são* mais perfeitamente ou menos perfeitamente, são causadas pelo único ente primeiro que *é* de maneira maximamente perfeita. Por isso, Platão disse que é necessário postular uma unidade anterior a toda multiplicidade" (*ST* I, q. 44, a. 1). Qualquer coisa que *é* por participação necessita de alguma causa para ser, e essa causa deve ser um ente que não é por participação, o qual deve ser, portanto, Deus. Tomás *quase* sempre evita dizer que as criaturas participam de Deus; mas Deus é "apenas ser [*esse tantum*]" ou "ser [*esse*] sem adição" (q. 3, a. 4, ad 1), e Deus é a causa da participação das outras coisas na existência *(esse)*, "como o fogo, maximamente quente, é causa de todas as coisas quentes" (q. 2, a. 3; "quarta via", citada acima).

Não obstante, Tomás nega ardorosamente que o ser *(esse)* das criaturas seja Deus. Deus não é ser-em-geral *(esse comune)*: ele é "apenas ser [*esse tantum*]", mas nem todo ser *(esse)* é Deus. Tanto Deus quanto o ser-em-geral são "ser [*esse*] sem adição", mas diferentemente (q. 3, a. 4, ad 1): o ser-em geral é *neutro* no que diz respeito a diferentes adições, como animal-em-geral, o qual é neutro no que diz respeito à racionalidade, enquanto Deus é um ser *(esse)* que *exclui* qualquer adição, como "animal irracional". A semidiferença de Deus, correspondente ao "irracional", é *não* ser a existência *(esse)* de nenhuma essência.[13]

Na *Summa contra Gentiles* I 26, Tomás provê uma extensa polêmica contra a opinião de que Deus é a "existência [*esse*] formal das coisas", isto é,

---

        da unidade ou bondade) é destruída por seus seguidores cristãos e muçulmanos, como o (muçulmano) *Liber de Causis* (Livro das Causas) [373] e o (cristão) Pseudo-Dionísio, o Areopagita. Tomás de Aquino, em *ScG* I 26, diz que algumas pessoas justificam essa visão de Deus e o ser *(esse)* citando a *Hierarquia Celestial* 4 de Pseudo-Dionísio, "o ser [*esse*] de todas as coisas é a divindade supersubstancial".

[13] A expressão "apenas ser" *(esse tantum)* de Tomás corresponde à expressão *wujud mutlaq* de Avicena, cuja interpretação é debatida pelos filósofos muçulmanos da mesma maneira. Mas Tomás de fato fala ocasionalmente da participação das criaturas em Deus: os textos estão reunidos e discutidos em J. F. Wippel [263] 142-148. Enquanto para Avicena é aparentemente suficiente que Deus seja a causa *última* da existência de qualquer ente contingente, Tomás insiste que Deus é sempre uma causa *imediata* da existência; ver *ST* I, q. 45, a. 5. Tomás segue aqui o *Liber de causis* contra Avicena.

"aquilo através do qual, formalmente, elas *são*", como Sócrates é branco formalmente através de sua brancura. (Certamente as coisas *são* através de Deus, mas este deve ser considerado somente causa eficiente delas, não causa formal, isto é, não como o que é significado pelo predicado "são".) Os argumentos de Tomás frequentemente parecem assumir que seus oponentes pensam que Deus é *inerente* às coisas, e é portanto dependente delas, como um acidente em uma substância ou uma forma na matéria. Isso faz seus oponentes parecerem panteístas excêntricos, quando de fato eles constituíam uma tendência principal. Eles pensavam, não que Deus fosse uma forma inerente às coisas, mas que ele fosse uma causa formal *extrínseca* do fato de que elas *são*, como uma Forma platônica. (Então, quando X perece, o ser [*esse*] de X não perece – apenas deixa de ser o ser [*esse*] de X.) Ou, formulando em um contexto aristotélico, as coisas outras que não Deus são denominadas entes *(entia)* por *denominação extrínseca*, isto é, por denominação/paronímia a partir de uma forma exterior a elas, não a partir de uma forma inerente a elas. (Um animal é dito "saudável" por uma denominação intrínseca, mas uma dieta ou a urina é dita "saudável" por uma denominação extrínseca, como sendo uma causa ou um sinal de saúde em um animal; Sócrates é dito "conhecido" por uma denominação extrínseca, não a partir de um conhecimento presente nele, mas a partir de um conhecimento presente em alguém que o conhece.)

Tomás, e provavelmente a maioria dos escolásticos de sua época, consideram absurdo que algo *seja* por denominação extrínseca. O que poderia ser mais intrínseco a uma coisa do que seu próprio ser? Dizer que algo existe somente por denominação extrínseca parece próximo de dizer que algo não existe genuinamente.[14] E, de fato, Eckhart infere que "somente Deus, propriamente falando, existe".[15] Pode ser útil aqui

---

[14] E também, explicitamente, Suárez, *Disputaciones metapysicae*, Disp. 28, § 3, par. 15, e Disp. 32, § 2, par. 14.

[15] Mestre Eckhart, *Questões Parisienses e Prólogos* [363] 79. Os *Prólogos* e o apêndice fornecido no volume dão uma boa apresentação de todo esse modo de pensar e mostram o quão profundamente enraizado, tanto em Avicena quanto nas tradições ocidentais metafísica, lógica e gramática pré-século XII, foi Eckhart. No entanto, note que o volume traduz com persistência erradamente a expressão (e. g.) *esse album* como "existência branca" (*"white existence"*), quando o correto seria "ser-branco" (*"being white"*).

considerar a expressão *wahdat al-wujud*, "unidade de existência", usada nas discussões árabes. Essa expressão pode ser tomada como correspondendo à afirmação de que "há somente uma existência [*wujud*]" ou, então, à afirmação de que "há somente um existente [*mawjud*]". Se a existência de cada X existente é Deus – como o regresso infinito do argumento parece mostrar –, isso implica então uma *wahdat al-wujud* no primeiro sentido. Mas pode também ser difícil evitar a expressão *wahdat al-wujud* no segundo sentido. Certamente, se dizemos que Sócrates existe, devemos significá-lo em um sentido diferente do que quando dizemos que Deus existe. Dizer que Sócrates existe é apenas dizer que ele tem certa relação para com Deus, o qual é o único existente no sentido completo.

Univocidade, equivocidade, analogia

Eckhart é talvez o único escolástico importante, após o tempo de Tomás, a sustentar que o ser *(esse)* das criaturas é Deus. Mas uma visão aparentada pode ser encontrada em Henrique de Gand. Como acabamos de ver, se o ser *(esse)* das criaturas é Deus, então dizer que Sócrates existe é o mesmo que dizer que ele tem certa relação para com Deus. Isso sugere que deveríamos dizer, não que o ser *(esse)* de Sócrates é Deus, mas que o ser de Sócrates é alguma relação que este tem para com Deus; essa relação seria intrínseca a Sócrates e assim evitaríamos as objeções contra tornar o ser de uma coisa extrínseco a ela. A relação óbvia seria a "criação passiva", isto é, o ser-criado-por-Deus de Sócrates. Mas a visão de Henrique acrescenta uma complicação. Ao invés de distinguir entre a essência de Sócrates e sua existência como duas *coisas (res)*, Henrique distingue entre "ser de essência" *(esse essentiae)* e "ser de existência" *(esse existentiae)* como dois modos de ser gozados por Sócrates. O "ser de existência" *(esse essentiae)* de Sócrates é sua real existência, a qual é seu ser-criado-por-Deus, ou sua relação para com Deus enquanto causa eficiente. O "ser de essência" *(esse essentiae)* de Sócrates é aquilo graças ao qual ele é eternamente dito ser um humano, um animal, e assim por diante, quer ele de fato exista ou não. Isso, diz Henrique, é a relação de Sócrates para com Deus enquanto causa formal ou exemplar, a qual é sua maneira distintiva de imitar as perfeições divinas.[16]

Na visão de Henrique, como na de Eckhart, a existência significa algo bem diferente quando dita das criaturas do que quando dita de Deus, assim como significa algo diferente em relação aos acidentes e às substâncias (o ser [*esse*] da brancura é o fato de ela ser de alguma maneira relacionada a uma substância, ou seja, sua *inerência* à substância, isto é, o fato de a substância ser branca). Mas a posição de Henrique envolve a dificuldade de que não podemos explicar "criando Sócrates" como "causando a existência [*esse*] de Sócrates" sem uma circularidade, uma vez que "existência [*esse*]", quando dita de Sócrates, significa apenas "ser criado". Talvez devêssemos apenas aceitar "criando" como um primitivo indefinido; mas há uma dificuldade mais profunda. A existência (*esse*) diminuída e parasítica das criaturas consiste nelas serem de alguma maneira relacionadas a Deus; mas, de modo semelhante, a existência diminuída e parasítica de um ente fictício, digamos, um veado-bode, consiste em ser este de alguma maneira relacionado às criaturas (a um bode e um veado ou à mente que o imagina). O que é notável sobre Deus, contudo, é que ele pode dar *existência (esse) real* aos objetos que cria, enquanto uma mente humana dá apenas *existência (esse) fictícia* aos objetos que imagina. Na explicação de Henrique, ou na de Eckhart, não parece haver nenhuma maneira de explicar a diferença, e assim novamente é difícil evitar a consequência de que nada, exceto Deus, existe realmente.

Essa é uma razão para a insistência de Duns Escoto, contra Henrique, de que o ser deve ser dito univocamente de Deus e das criaturas (e também das substâncias e acidentes, uma vez que os acidentes também existem realmente). É dito às vezes que Duns Escoto reagiu exageradamente contra a posição extrema de Henrique, na qual o ser é dito *equivocamente* de Deus e das criaturas, e que se tivesse conhecido a posição moderada de Tomás, na qual o ser é dito *analogicamente* de Deus e das

---

[16] A respeito dessa visão, ver Henrique de Gand, *Quodlibet* I 9 [219], especialmente XIV 151-175. Em algumas passagens, Henrique soa próximo de Eckhart. Talvez surpreendentemente, Ockham cita com aprovação uma visão similar da existência das criaturas (embora uma com menos compromissos metafísicos) de Roberto Grosseteste. (Ockham [311] 94).

criaturas, ele não teria tido de aderir ao extremo oposto, a univocidade. Mas também Henrique diz que o ser é dito analogicamente de Deus e das criaturas, e a mera palavra *analogicamente* não resolve o problema. O ser também é dito analogicamente de criaturas e ficções, e queremos explicar por que as criaturas, de maneira diferente das ficções, existem propriamente e não apenas metaforicamente.[17] O que é preciso é o que os escolásticos posteriores chamaram de um único "conceito objetivo" ou razão *(ratio)* de ser, de modo que Deus primeiro possua ele próprio essa razão *(ratio)* e depois comunique-a às outras coisas. (O "conceito formal" de cavalo é o ato mental ou hábito de pensar em "cavalo". O "conceito objetivo" é aquilo do qual o conceito formal é um conceito, a razão [*ratio*] ou natureza da "cavalidade" partilhada por diferentes cavalos individuais.) Enquanto muitos escolásticos posteriores defendiam contra Duns Escoto a visão tradicional, na qual o ser é dito analogicamente de Deus e das criaturas (e das substâncias e acidentes), eles estavam preocupados em mostrar por que as criaturas existiam propriamente e frequentemente defendiam a unidade do conceito objetivo de ser.

Os escritores medievais frequentemente diziam que o nome *ente* aplica-se primariamente a Deus e secundariamente às criaturas. Uma leitura minimalista dessa afirmação é aquela em que Deus existe previamente às outras coisas, é um ente perfeito ou infinito, e é a causa de ser dos entes finitos. Mas a prioridade, a dependência causal e os diferentes graus de perfeição são todos compatíveis com a univocidade. Assim, embora os triângulos sejam prévios (isto é, tenham prioridade) a outros polígonos, os quais não podem existir sem eles e comprovadamente têm muitas de suas propriedades geométricas *por causa* de seus triângulos constituintes, não obstante, são chamados de "polígonos" univocamente, porque "são iguais

---

[17] Em relação a Duns Escoto, sobre o ser como unívoco, ver [286] 4-8 e 19-22. Em relação a Tomás, sobre o ser como analógico, ver, e. g., *Verdade*, q. 2, a. 11; *ST* I, q. 13, a. 5; *ScG* I 32-34. Sobre o ser dito analogicamente de Deus e das criaturas, das substâncias e acidentes, e dos entes reais e fictícios, ver Henrique de Gand, *Quodlibet* VII 1-2 [219] XI 26-30. Até mesmo o sumário de Duns Escoto da posição de Henrique, em [286] 17-19, admite que Henrique pensa que o ser (e assim por diante) é predicado analogicamente, não puramente equivocamente, de Deus e das criaturas.

em relação à razão [*ratio*] desse nome, embora um possa ser anterior ou posterior ao outro na existência real" (Tomás de Aquino, *Verdade*, q. 2, a. 11).[18] Para que o "ser" seja dito analogicamente, precisamos que "o próprio ser, não importa o quão abstrata e confusamente seja concebido, por sua própria força [= significado] requeira essa ordem, de modo que deve pertencer primariamente e por si [*per se*] e por assim dizer completamente a Deus, e que através deste deve descer às outras coisas, nas quais não está presente, exceto como uma relação [*habitudo*] e dependência de Deus", enquanto "um unívoco é por si mesmo indiferente, de uma maneira tal que desce a seus inferiores [as espécies e indivíduos que caem sob ele] igualmente e sem qualquer ordem ou relação de um para com o outro" (Suárez [619] Disp. 28, § 3, par. 17). Para que haja um único conceito objetivo de ser, o sentido de "ser" aplicado às criaturas deve também se aplicar a Deus, e logo não pode significar apenas "dependente de Deus". Mas, diz Suárez, a dependência para com Deus não é apenas um fato a mais sobre as criaturas, em adição ao fato de que elas existem. A *maneira* como o conceito comum de ser aplica-se às criaturas envolve uma relação de dependência essencial em relação à maneira anterior, segundo a qual o conceito aplica-se a Deus. Será que essa posição média pode ser explicada e defendida?

Diferentes escritores, frequentemente seguindo diferentes sugestões de Tomás de Aquino, tentam explicar a inferioridade do ser *(esse)* das criaturas de diferentes maneiras. Caetano e alguns outros tomistas dizem que o ser é dito de diferentes coisas por uma *analogia de proporcionalidade*. X existe através do ser *(esse)* de X, Y existe através do ser *(esse)* de Y, e ambos são ditos existentes analogicamente, pois o ser *(esse)* de X está para a essência de X assim como o ser *(esse)* de Y está para a essência de Y. Cada ser *(esse)* é o ato de sua essência, e haverá diferentes graus de ser *(esse)*, assim como há diferentes potências a serem atualizadas; o mais alto ser *(esse)*, será Deus, um ato não limitado por nenhuma potência a recebê-lo. Suárez, no entanto, ao mesmo tempo que concorda que há essa proporcionalidade, diz que

---

[18] O exemplo de Tomás é de fato "número", o qual eu considero menos claro. Tanto "número" quanto "polígono" são exemplos aristotélicos de coisas que são ditas, não equívoca ou analogicamente, mas de algumas coisas primeiro e de outras depois.

ela não implica que o ser seja dito analogicamente. De fato, ele sustenta que a proporcionalidade é consistente com a univocidade (certamente o ser é dito univocamente de cães e gatos, apesar dessa proporcionalidade). As condições de Suárez para os diferentes tipos de analogia podem ser dispostas esquematicamente como se segue. Se S e T têm ambos o predicado P, e S é P através de uma forma F existindo em S, e T é P através de uma forma G existindo em T, de tal maneira que G não denomina T como P através daquilo que G é em si mesma, mas apenas porque G está para T como F está para S, então T é chamado de P através de uma *analogia de proporcionalidade* para com S. (Se G ainda denominasse T como P, desconsiderando qualquer relação com S e F, haveria então uma proporcionalidade, mas não uma analogia, pois S e T poderiam ser ambos chamados de P univocamente.) Se S é P através de uma forma F existindo em S, e T é P através da forma F existindo em S (T não é, portanto, denominado P intrinsecamente, mas extrinsecamente, através de uma forma presente em outra coisa, com a qual T é de algum modo relacionado), então T é chamado de P através de uma *analogia de atribuição extrínseca* para com S: essa é a maneira segundo a qual a dieta ou a urina são ditas saudáveis por atribuição ao animal. Enquanto P é dito por analogia de atribuição extrínseca, não há um único conceito objetivo de P que se aplique tanto a S quanto a T, e, diz Suárez, isso é o que levou Duns Escoto a negar que o ser seja dito por analogia de atribuição. Mas Suárez tenta mostrar como o ser pode ser dito por analogia de atribuição, enquanto preserva um único conceito objetivo, distinguindo entre atribuição intrínseca e atribuição extrínseca. Se S é P através de uma forma F existindo em S, e T é P através de uma forma G existindo em T, de uma maneira tal que G envolve uma relação de dependência essencial para com a existência da forma F em S, então T é chamado de P através de uma *analogia de atribuição intrínseca* para com S. Talvez o exemplo mais convincente seja a maneira como a saúde é dita de um órgão do corpo. O coração, diferentemente da urina, é saudável através de uma forma intrínseca, ou seja, seu funcionamento apropriado, assim como um animal é saudável através de seu funcionamento apropriado. Mas a saúde do órgão envolve uma dependência essencial para com a saúde do animal inteiro: para o coração, funcionar apropriadamente é o mesmo que contribuir da maneira apropriada para o funcionamento apropriado do animal inteiro. Suárez acha que, se o ser fosse dito das criaturas por uma analogia de proporcionalidade ou de atribuição extrínseca para com Deus, então as criaturas não existiriam real e intrinsecamente. Ele oferece a atribuição intrínseca como uma maneira de salvar tanto a realidade das criaturas quanto sua dependência essencial para com Deus em relação a sua existência. A dificuldade para ele será explicar por que não é apenas um fato posterior que as criaturas existam porque Deus as cria, mas sim um fato constitutivo do ser *(esse)* das criaturas. Talvez o exemplo da saúde do coração ofereça um modelo.[19]

Somos levados novamente às proximidades das questões levantadas no princípio, decorrentes da quarta via de Tomás para a prova da existência de Deus. Tomás diz que Deus é ente máximo, como o fogo é maximamente quente, e que Deus é uma causa dos graus menores de ser das outras coisas, como o fogo é a causa, para as outras coisas, de seus graus menores de calor. Tomás não torna claro o suficiente (certamente não neste texto) como os graus de ser, ou a causação do ser, devem ser compreendidos. A distinção aviceniana de essência e existência e a análise da criação como doação de existência a uma essência fornecem uma esperança de esclarecimento desses conceitos, mas envolvem outras dificuldades. Assim também as concepções de Deus como uma Forma platônica; ou como a única coisa que *é* no sentido completo, de maneira que,

---

[19] Em relação a Suárez, sobre a analogia do ser, ver [619] Disp. 28, § 3, e Disp. 32, § 2 (e também, sobre os conceitos formal e objetivo de ser, ver Disp. 2, §§ 1-3). Para uma visão escolástica oposta e posterior, ver Tommaso de Vio Caetano [596] e João de S. Tomás [608]. A terminologia escolástica sobre os tipos de analogia é bastante confusa. Às vezes, os escolásticos contam termos análogos como um tipo especial de equívocos, às vezes como um termo médio entre equívocos e unívocos; às vezes são itens linguísticos e às vezes são seus significados que são equívocos ou unívocos ou análogos; às vezes somente coisas que são análogas por proporcionalidade, em vez de coisas que são análogas por atribuição, são chamadas de análogas. Pior, os tipos de analogia que contrastei (seguindo Suárez) como analogia de atribuição *versus* analogia de proporcionalidade, são às vezes contrastados como analogia de proporção *versus* analogia de proporcionalidade, e às vezes como analogia de atribuição *versus* analogia de proporção (e assim a expressão "analogia de proporção" pode significar em diferentes autores *ambos* os lados do contraste; eu evitei o termo completamente). O exemplo do coração é meu, mas acho que Suárez o aceitaria.

para as outras coisas, "ser" é apenas ser de alguma maneira relacionada a Deus; ou como um ser *(esse)* não limitado por ser a existência (*esse*) de alguma essência. As discussões escolásticas posteriores da analogia do ser, assim como as posições prévias e às vezes mais ousadas sobre Deus e o ser *(esse)*, são uma luta contínua contra os problemas colocados pela conexão entre teologia e ontologia, conforme Avicena e Tomás haviam proposto. Cada posição oferece suas dificuldades e leva a discussões adicionais. Não tentei aqui resolver as dificuldades, mas sim expô-las da forma como se apresentavam aos pensadores medievais.

7 Criação e natureza

EDITH DUDLEY SYLLA

A filosofia natural era "a disciplina mais amplamente ensinada na universidade medieval".[1] Podemos ter uma ideia do alcance desse tópico naquele que foi chamado de seu século clássico, 1277-1377,[2] através de uma olhada no conteúdo da *Summa Logicae et Philosophiae Naturalis* (*Suma de Lógica e Filosofia Natural*) de John Dumbleton, da metade do século XIV. Após uma primeira parte voltada à lógica, os principais cabeçalhos são:[3]

II. Primeiros princípios, matéria e forma; opiniões sobre as formas substanciais; como as qualidades são intensadas e remitidas.

III. Sobre o movimento nas categorias de lugar, qualidade e quantidade. Sobre as causas do movimento. Como a velocidade é produzida e causada. Como a alteração e o aumento são medidos. As definições de movimento e tempo.

IV. Sobre a natureza dos elementos e suas qualidades. Se cada elemento possui duas qualidades no mais alto grau. A ação e reação dos elementos entre si. As relações das formas elementais e qualitativas. Densidade e rarefação e sua variação. Como os poderes dos corpos naturais dependem de suas magnitudes. Os pesos relativos de corpos puros e mistos.

V. Sobre a ação espiritual e a luz. Se a luz pertence particularmente a algum elemento ou composto. Sobre a natureza do meio que recebe alguma ação espiritual, tal como a luz. Sobre a variação da ação espiritual em um meio. Se os agentes espirituais agem instantaneamente ou no tempo.

---

[1] E. Grant [514] 148.
[2] A. Maier [521] V 382.
[3] Ver E. Sylla [378] 133-134 a respeito das Partes II e III.

VI. Sobre os limites dos poderes ativos e passivos. Sobre a dificuldade de ação. Sobre os limites dos poderes dos corpos naturais impostos por seus lugares naturais. Será que os poderes das formas elementais buscam o repouso bem como o movimento? Sobre o movimento dos céus e seus motores. Sobre os limites de tamanho dos corpos naturais. Como alguns corpos são movidos por um motor intrínseco [*ex se*] e alguns não.

VII. Sobre a causa de indivíduos e espécies de coisas geráveis e corruptíveis com respeito a seus números e potências de matéria e agente. Se o Primeiro Motor tem poder infinito e se foi provado por um argumento físico que o mundo e o movimento não tiveram começo.

VIII. Sobre a geração de substâncias por substâncias semelhantes e de animais por animais completos e por putrefação. Sobre a unidade numérica da alma com respeito ao sensível e ao inteligível e sobre as operações da alma nutritiva.

IX. Sobre o material relacionado ao *De anima*, Livro II, a respeito dos cinco sentidos.

X. Sobre os universais que são chamados de "Ideias" pelos platonistas e sobre o intelecto passivo. Sobre as operações simples e complexas do intelecto humano. [Essa parte pode nunca ter sido completada.]

Assim, o currículo da filosofia natural na *Summa* de Dumbleton vai da física a um estudo dos elementos e suas interações, à ótica, biologia e psicologia. As partes VIII e IX, sobre biologia e psicologia, perfazem quase 40 por cento da obra inteira. O referencial básico é aristotélico, mas na ênfase sobre a luz e na parte X (ausente) há elementos platônicos. A esse referencial básico, Dumbleton acrescenta instruções sobre as ferramentas básicas da filosofia natural, as quais John Murdoch chamou de "linguagens analíticas" – investigações sobre a intenção e remissão de formas, máximos e mínimos, proporções de velocidades em movimento e assim por diante.[4] Os elementos da abordagem lógica fundamental da filosofia natural medieval são explicados na Parte I da *Summa*.

Mesmo uma explicação superficial de todos os tópicos de Dumbleton está fora de questão em um capítulo curto. No que segue, após um breve olhar sobre o que aconteceu antes do século XIII, considerarei as relações entre filosofia

---

[4] J. Murdoch [524], 280-287.

natural e astronomia e, em seguida, os desenvolvimentos na filosofia natural medieval posterior, tanto aqueles originados principalmente nas faculdades de artes quanto os que parecem ter emergido das interações destas com a teologia. Mas, primeiro, algo deve ser dito sobre uma pressuposição essencial de toda a filosofia natural medieval, ou seja, que o mundo é criação de Deus.

Criação

Uma importante assunção de fundo para o assunto deste capítulo é a crença de que o mundo natural e nós mesmos somos criaturas – não coisas autocriadas e autossubsistentes, mas produtos de uma mente ou razão transcendente. Assim escreveu Boécio em sua *Consolação da Filosofia* (III 9):

> Ó tu, que o mundo em ordem eterna guias,
> Pai do céu e da terra, que fizeste o tempo correr veloz,
> E, imóvel, traças ainda toda a lei movente,
> Que ao Teu trabalho não foste movido por nenhuma causa externa:
> Mas por um doce desejo, onde a inveja não tem nenhum lugar,
> Tua bondade, movendo-te para dar a cada coisa sua graça,
> Tu que de padrões celestes tomas as formas de todas as criaturas,
> De tua bela mente o mundo belo como ti fazes,
> Assim Tu perfeito o todo, perfeita cada parte traças.

A metafísica da criação proveu os pensadores medievais com muitos tópicos para reflexão, alguns dos quais são discutidos em outras partes deste volume.[5] Para os presentes propósitos, é importante ter em mente que não apenas os céus e a terra, os elementos físicos, as espécies animais, as almas e os anjos, mas também o tempo e o espaço, eram tipicamente

---

[5] Neste volume, sobre a relação da eternidade de Deus com o tempo, ver capítulo 1; sobre a criação como um tópico principal na filosofia judaica, ver capítulo 5; sobre a dependência ontológica das criaturas para com Deus (se o mundo é ou não pensado como tendo um passado finito), ver capítulo 6.

considerados como criados. Assim, não havia nenhum tempo "antes" da criação. O tratamento dado por Agostinho a esse tema nas *Confissões* XI é um texto clássico para o início da Idade Média. Mais tarde, aristotelistas medievais, seguindo a definição aristotélica de tempo como o número do movimento com respeito ao antes e o depois (*Física*, IV, 10-14), argumentaram que o tempo começara com a criação do cosmos – sem o cosmos não há corpos em movimento e não há mentes capazes de numerar seus moviementos em dias ou anos e assim por diante, e, portanto, antes que o cosmos existisse não havia nenhum tempo. Analogamente, em uma visão medieval típica, não há nenhum espaço fora da última esfera do cosmos finito, porque não há corpos ali cujas extensões possam ser medidas. Mas assim como Deus existe eternamente "antes" da criação do cosmos, também Deus é ubíquo "fora" do cosmos, existindo completamente em todos os pontos. Foi mostrado que as discussões do século XIV sobre a ubiquidade de Deus, por parte de pensadores como Tomás Bradwardine e Nicolau de Oresme, têm conexões com o conceito de espaço absoluto de Isaac Newton.[6]

O relato da criação contido no Gênesis era autoridade para judeus e cristãos medievais, mas isso não os levou a rejeitar a compreensão do mundo possível de ser obtida a partir da observação e da análise lógica ou racional. Em sua *Carta à Grã-Duquesa Cristina*, no início do século XVII, Galileu defendeu famosamente sua própria abordagem à reconciliação da Bíblia com a ciência, citando *O Significado Literal do Gênesis* de Agostinho. Ao fazê-lo, Galileu não estava representando falsamente a posição de Agostinho. Quase todas as sentenças da história da criação no Gênesis são difíceis de interpretar, e os exegetas sugeriram um vasto alcance de interpretações que pudesse lançar luz sobre o texto sagrado sem conflitar com o conhecimento já estabelecido sobre a natureza. Agostinho, em particular, retorna repetidamente à questão de como se deveria utilizar a ciência ou a filosofia natural na hermenêutica bíblica. Desde o início de seu comentário, ele sugere muitas interpretações alternativas, e alerta contra a adoção dogmática de leituras que possam ser contraditas pela experiência e pela razão:

---

[6] Ver E. Grant [516] 173-175.

Seria lutar não pelo ensinamento da Sagrada Escritura, mas por nosso próprio, desejar que seu ensinamento se conforme ao nosso, enquanto devíamos desejar que o nosso se conformasse ao da Sagrada Escritura... Usualmente, mesmo um não cristão sabe algo sobre a terra, os céus e os outros elementos deste mundo, sobre o movimento e a órbita das estrelas e mesmo o tamanho e posições relativas destas, sobre os eclipses previsíveis do sol e da lua, os ciclos dos anos e as estações, sobre os tipos de animais, arbustos, pedras e assim por diante, e este conhecimento ele sustenta como certo a partir da razão e da experiência. Agora, é uma coisa desgraçada e perigosa que um infiel ouça um cristão, presumivelmente transmitindo o significado da Sagrada Escritura, dizendo disparates nestes tópicos; e devíamos tomar todos os meios para prevenir uma tão embaraçante situação, na qual as pessoas apontam uma vasta ignorância em um cristão e riem-se com desprezo... Se encontram um cristão enganado em um campo o qual eles próprios conhecem bem, e ouvem-no sustentar suas tolas opiniões sobre nossos livros, como acreditarão eles nestes livros, em questões relacionadas à ressurreição dos mortos, à esperança da vida eterna e ao reino do céu, quando acham que suas páginas estão cheias de falsidades sobre fatos que eles mesmos aprenderam da experiência e da luz da razão? (I 18-19 [61] I 41-43).[7]

A NATUREZA COMO EPIFANIA: A FILOSOFIA NATURAL AO LONGO DO SÉCULO XII

Para o conhecimento do mundo natural, o Ocidente medieval primevo era largamente dependente de textos, como a *História Natural* de Plínio, o Velho, e as *Questões Naturais* de Sêneca. Derivadas destes e de outros escritos romanos, eram as obras medievais enciclopédicas, como o *Sobre a Natureza das Coisas* e as *Etimologias*, de Isidoro de Sevilha, e o *Sobre a Natureza das Coisas* do Venerável Bede. Trabalhos neoplatônicos, como o *Comentário ao*

---

[7] Ver W. P. Carvin [506] 44-45 para o ponto de vista bastante similar de Tomás de Aquino.

Sonho de Scipio de Cícero, de Macróbio, e o *Casamento de Filologia e Mercúrio*, de Marcião Capella, devem também ser mencionados. Trabalhos como esses forneciam fatos empíricos sobre a natureza, que podiam ser investigados filosoficamente, mas não eram sempre, eles próprios, acurados ou racionalmente estruturados. Com o desaparecimento de vista das obras de Aristóteles, o texto mais significativo de filosofia natural disponível em latim antes do século XII foi, sem dúvida, a tradução e o comentário de Calcídio ao *Timeu* de Platão, seções 17A-53B.[8] Igualmente influente, embora não completamente natural, foi *A Consolação da Filosofia* de Boécio. Em matemática, havia alguns textos traduzidos do grego por Boécio e trabalhos calendáricos posteriores *(computus)*. No *Periphyseon* de Escoto Erígena, Deus está tão intimamente presente na natureza, a ponto de a obra receber uma acusação de panteísmo, embora, dada sua ênfase nas teofanias, Erígena apresente pouco no âmbito dos detalhes físicos.[9]

Nas escolas-catedrais do século XII, a filosofia natural, na forma de ideias tiradas do *Timeu* de Platão, teve uma eflorescência na interpretação do Gênesis, a respeito dos seis dias da criação *(hexaëmeron)*. Foi dito que tais obras do século XII envolviam "a descoberta da natureza".[10] Assimilando o que diz o Gênesis sobre o primeiro dia da criação ao enunciado de Platão no *Timeu*, de que no princípio havia o caos ou a matéria sem forma, Thierry de Chartres, em seu *Tratado sobre as Obras dos Seis Dias*, supõe que a alma do mundo do *Timeu* é o mesmo que o Espírito Santo e refere-se ao Gênesis, em que este diz, "e o espírito de Deus pairou sobre as águas [*Spiritus Dei superferebatur aquas*]".[11] A unidade do cosmos precede-o e vem de Deus, que está em todo lugar. A partir do número um, Thierry procede ao exame de outros aspectos matemáticos, em vez de físicos, do cosmos.

Outros autores do século XII, como Guilherme de Conches, Bernardo Silvestre, Adelardo de Bath e Hermano de Carintia, são também dignos de atenção, do ponto de vista da filosofia natural.[12] Eles têm mui-

---

[8] Ver T. Gregory em *CH12* 54.
[9] Escoto Erígena [90]; J. Marenbon [3].
[10] M.-D. Chenu [507], cap. 1; T. Gregory em *CH12* 63-64; B. Stock [533].
[11] [89] 564-565.
[12] Ver *CH12*.

to mais a dizer sobre detalhes do mundo natural do que pode ser encontrado no *Periphyseon* de Erígena. As *Questões sobre Ciência Natural* de Adelardo de Bath, por exemplo, começam com os tópicos, "A razão pela qual as plantas crescem sem que uma semente seja semeada de antemão" e "De que maneira algumas plantas devem ser ditas quentes, quando são todas mais terrosas que fogosas" ([355] 85). Como Thierry, Adelardo pensa que os corpos celestes são animados ([355] 219). De fato, em sua opinião, "Qualquer um que pense que eles são inanimados, é ele próprio sem alma". Ele argumenta energicamente a favor de sua própria visão das estrelas e planetas, "parcialmente de sua posição, parcialmente de sua composição e parcialmente, também, de sua ação". Seria o auge da tolice, pensava ele, supor que o brilhante e límpido reino celestial não participa do movimento da alma e da excelência da mente. Novamente, "Se sua ação é a causa da morte e da vida dos animais inferiores, o que deve ser pensado sobre estas estrelas?... Crer que o que prové a outros o efeito da vida seja ele próprio sem vida, só pode ser a crença de um frívolo bufão".

Em comparação com a filosofia natural medieval posterior, a filosofia natural do século XII é mais literária ou descritiva e menos analítica. Os trabalhos cosmológicos têm uma grande infusão do *Timeu*, do livro do Gênesis, do *Sobre a Natureza dos Deuses* de Cícero e assim por diante. Há, nesses trabalhos cosmológicos, muito material que poderia ser assimilado às Ideias platônicas (embora interpretado como Palavra de Deus) e muito mais atenção devotada às criaturas espirituais ou intelectuais do que seria o caso posteriormente. É importante notar que todos esses trabalhos do século XII assumem que a natureza exibe regularidade, começando com Deus e em seguida os céus, que são maximamente regulares, e, através da influência dos céus, à diversidade do reino sublunar. Assim Hermano de Carintia refere-se à "lei de certa condição universal", como envolvida na própria definição de natureza, e às "naturezas das coisas", como bases para as propriedades específicas das mesmas:

> Todos os movimentos de geração secundária são administrados por certa relação de natureza (por decisão, é claro, do Autor de todas as coisas)... e uma vez que toda ordem de coisas que são viventes é perpetuada por uma lei de certa

condição universal que, em linguagem comum, é chamada de "natureza", é da própria natureza que parece mais apropriado partir... É costumeiro que o termo "natureza" seja usado para dois conceitos... (i) [como] diz Sêneca: "O que é a natureza, se não Deus e a razão divina inserida no universo inteiro e suas partes?"... (ii) Mas o outro é aquele pelo qual Platão compõe a alma do universo... Tomando essa "natureza", os cientistas naturais tentam mesmo descrever individualmente as naturezas de todos os corpos – tanto dos céus quanto do mundo inferior... Aquela que, então, parece-me ser a descrição mais acurada possível é esta: a natureza é certa propriedade perpétua das coisas geradas [*genitura*] universais, de propagar e conservar a si mesmas, tanto quanto isso é inerente [*quantum in ipsum est*]... Isso aproxima-se das últimas definições suportadas por Boécio, isto é, as naturezas das coisas são, elas mesmas, as próprias espécies das coisas, uma vez que a propriedade de toda coisa gerada [*genitura*] depende de sua espécie (*De essentiis* [365] 151-155).

Astronomia e astrologia

A maioria dos pensadores medievais assume que os movimentos dos corpos celestes afetam o curso da natureza no reino sublunar. Até o século XII, o conhecimento latino dos céus vinha principalmente das obras romanas tardias mencionadas anteriormente, todas as quais eram não apenas não matemáticas, mas também frequentemente inconsistentes, ou pelo menos altamente extravagantes.[13] Quando, no entanto, a astronomia árabe passou a ser conhecida na Europa, trazendo consigo um conhecimento da astronomia matemática grega, a situação mudou dramaticamente. Em muitas cosmologias medievais, Deus utiliza o reino celestial como instrumento ou causa intermediária de todos os efeitos terrestres (O *De essentiis* de Hermano de Carintia é estruturado a partir dessa assunção). A diversidade do dia e da noite, as estações, o clima, o crescimento de plantas e animais e assim por diante são explicados primeiro pela obliquidade da eclíptica ou o caminho aparente do sol, da lua e dos planetas relativamente à rotação aparente da esfera das estrelas fixas; e depois pelos movimentos individuais do sol, da lua e dos planetas, ao longo do zodíaco. Até

---

[13] Ver B. Eastwood [511].

onde essas circunstâncias causais supostamente importantes podiam ser seguramente conhecidas, os médicos tentavam levá-las em conta na explicação das enfermidades humanas e na determinação da escolha dos momentos apropriados para os procedimentos médicos. A alquimia também assumia o efeito das emanações celestes sobre o desenvolvimento dos metais. Essas teorias foram menos evidentes em trabalhos universitários posteriores, talvez por terem sido consideradas como colocando o livre-arbítrio perigosamente em questão, mas até mesmo um pensador eminente como Alberto Magno encarava seriamente o princípio da causação celestial.[14]

O que se deve pensar da ciência construída a partir dessa visão dos céus? No Islã, Avicena havia iniciado um tendência a categorizar a astrologia como filosofia natural e a astronomia como matemática,[15] um movimento que levantava questões significativas sobre as relações entre as duas disciplinas. A astrologia tornou-se a disciplina que se dedicava à física dos céus, bem como à aplicação dessa física de influências celestiais na terra. Foi através de uma tradução de Abu Mashar do *Introductorium maius in astronomiam*, um trabalho astrológico, que o Ocidente latino foi pela primeira vez introduzido à física aristotélica.[16] Por outro lado, a astronomia construía modelos matemáticos para rastrear as posições dos planetas (daí fornecendo previsões das posições lunares, solares, planetárias e estelares necessárias à astrologia aplicada), mas ela frequentemente construía esses modelos desembaraçada de considerações de plausibilidade física.

Desde a época de Platão, a maioria dos filósofos naturais concordava que um céu esférico (com cascas concêntricas análogas às de uma cebola) circundava uma terra esférica, embora diferissem nos detalhes. Aristóteles havia postulado um conjunto dessas esferas, cada qual com seu próprio movimento uniforme, mas cada qual também carregada com o movimento das esferas que a circundavam, com o objetivo de explicar as posições observadas dos planetas ao longo do ano. Desde a época de Hiparco e Apolônio, no

---

[14] Ver J. Hackett [204] 114-115; P. Zambelli [202].
[15] J. Ragep [531] 52. A mesma assunção aparece no *De essentiis* de Hermano de Carintia; ver C. Burnett [365] 6-10.
[16] R. Lemay [519]; C. Burnett [365] 8-9.

entanto, muitos astrônomos matemáticos perderam a esperança de acuradamente "salvar o fenômeno" dos movimentos planetários utilizando modelos contendo apenas esferas concêntricas uniformemente rotatórias. Esses astrônomos propuseram então modelos nos quais as esferas giravam em torno de centros que não eram o centro do cosmos (epiciclos, círculos excêntricos) ou mesmo alteravam suas taxas de rotação (equantes). Isso levou a uma divisão de trabalho ao longo dos séculos entre os filósofos naturais, que buscavam teorias fisicamente realistas dos céus, e os astrônomos matemáticos, que propunham teorias capazes de predizer acuradamente as posições planetárias.

Essa ruptura entre a astronomia matemática e a filosofia natural levou a muitas discussões metodológicas ou epistemológicas, bem como a muitos esforços, ao longo dos anos, para reintegrar a ciência dos céus. Será que a astronomia matemática toma suas premissas da filosofia natural, pelo menos ao assumir que todos os movimentos celestes são circulares porque são movimentos de esferas feitas de éter, para as quais esse movimento é natural? Ou pode a astronomia matemática ser uma ciência autônoma, que não precisa recorrer à filosofia natural, podendo simplesmente construir teorias matemáticas para preencher as observações? J. Ragep argumentou que no Islã a astronomia era às vezes tratada como puramente matemática, a fim de assegurar que ela não desafiasse a doutrina teológica.[17] Nasir al-Din al-Tusi (1201-1274) "tornou claro no *Tadhkira* que um astrônomo deve provar a maioria das questões cosmológicas usando 'provas do fato' (que simplesmente estabelecem sua existência usando observações e matemática) em vez de 'provas do fato raciocinado' (que 'comunicam a necessidade daquela existência' utilizando princípios físicos e/ou metafísicos)".[18]

A dificuldade na proposta de Al-Tusi, no entanto, era que os astrônomos haviam sabido desde a época de Hiparco que os mesmos movimentos planetários podiam ser explicados igualmente bem, de diferentes maneiras: um modelo com um círculo excêntrico pode fornecer as mesmas predições que um modelo com um círculo deferente e epiciclo. Na matemática propriamente dita, assim como a aritmética e a geometria, os fundamentos são

---

[17] J. Ragep [531] 50, 53-63.
[18] Ibid. 59.

axiomas que são mais bem conhecidos pelo matemático do que os teoremas provados com base nesses fundamentos. Mas na astronomia esse não é necessariamente o caso. Ali al-Qushji (século XV), que escreveu um comentário sobre a "Epítome da Crença" de Al-Tusi, "admitia que, no que diz respeito a salvar os fenômenos da astronomia, não há nenhuma maneira de distinguir entre um modelo no qual a terra gira e um no qual tudo mais gira em torno de uma terra imóvel".[19] Contudo, a astronomia não era dependente da filosofia natural, afirmava Al-Tusi, porque suas premissas seriam apenas suposições razoáveis, não afirmadas como sendo absolutamente verdadeiras.[20]

Vale a pena ponderar que toda a filosofia natural aristotélica fora construída sobre a observação ou "fato empírico" de que os céus realizam uma rotação por dia, carregando consigo as estrelas e os planetas. Foi através da inferência a partir desse "fato" universalmente observado que Aristóteles e os aristotélicos, seguindo um razoável e empírico método científico, concluíram que os céus devem ser compostos de um quinto elemento, o éter, movido em rotação eterna por motores imóveis imateriais. A duradoura existência de sistemas de astronomia matemática nos quais era aparente que o processo de raciocínio a partir de observações, conduzindo a níveis superiores de teoria geral, não podia garantir que o nível teórico superior fosse unicamente verdadeiro, mesmo que suas predições fossem acuradas, sem dúvida serviu como injeção de certo grau de cautela duradoura nas afirmações epistemológicas da filosofia natural. Ao mesmo tempo, isso significa que a filosofia natural medieval nunca veio a tornar-se uma ciência verdadeiramente matemática, como seria a física depois de Newton.

Filosofia natural escolástica

A filosofia natural medieval passou por mudanças consideráveis quando as obras científicas de Aristóteles foram traduzidas para o latim e eventualmente se tornaram os livros-texto padrões das faculdades de artes das universidades. Sem

---

[19] Ibid. 62.
[20] Ibid. 62, 70.

abandonar a pressuposição da criação divina do universo, a filosofia natural agora concentrava-se mais nas naturezas que as coisas tinham em si mesmas – nos específicos "princípios internos de movimento ou repouso" da *Física* II 1 – do que nas criaturas como signos de seu criador. De acordo com Aristóteles, o objetivo da filosofia natural é desenvolver uma ciência dedutiva (modelada conforme o formato axiomático da geometria grega), que explique fenômenos físicos observados, através de suas causas essenciais, próximas e remotas. Partindo da observação de que todas as coisas se movem, esperava-se que os físicos trabalhassem analiticamente (ou *quia* ["o que"], por provas do fato) para descobrir os princípios da natureza (análogos às definições, axiomas e postulados da geometria). Eles explicariam então os processos naturais utilizando-se desses princípios como base para demonstrações *propter quid* ("por que") ou do fato raciocinado ou causado.

Então a ciência aristotélica é empírica, ela parte da experiência, mas – e isso é essencial – o método para passar da experiência à teoria não é coletar mais dados, mas em vez disso pensar analiticamente sobre algum pequeno corpo de experiências a fim de obter conhecimento sobre ele. Assim, por exemplo, pode-se raciocinar que onde quer que haja movimento deve haver um motor, e então investigar o que poderia ser esse motor. As ferramentas preeminentes da filosofia natural escolástica não são experimentais, nem matemáticas, mas lógicas. Como comentadores das obras de Aristóteles, os filósofos naturais medievais assumiram às vezes que Aristóteles havia produzido um sistema científico acabado, mas não puderam deixar de notar que, nas obras que estavam comentando, Aristóteles não havia disposto um sistema dedutivo sintético, mas trabalhava, em vez disso, analiticamente para descobrir os princípios desse sistema. Então, em suas próprias contribuições à filosofia natural, os filósofos naturais escolásticos não foram os dogmáticos retratados no estereótipo posterior; mas foram, ao contrário, frequentemente bastante abertos a novas ideias e argumentos e podiam caracterizar suas próprias soluções para os problemas como "prováveis" ao invés de certas.

Em suas conferências nas faculdades de artes, os filósofos naturais expunham e explicavam os textos de Aristóteles capítulo por capítulo e linha por linha, sugerindo melhorias a Aristóteles quando parecia necessário.[21] Com-

---

[21] Ver C. Leijenhorst *et al*. [42] para oito razões por que os filósofos naturais aristotélicos escolásticos foram além da mera interpretação dos textos de Aristóteles.

plementando a atividade principal das conferências sobre os textos, havia as disputas, das quais podiam tomar parte mestres e estudantes. Em comentários escritos a Aristóteles, os quais incluem *quaestiones* (questões seguidas de argumentos de lados opostos e determinações ou soluções), algumas das questões incluídas são exatamente aquelas que um mestre, ensinando a alunos sobre o texto de Aristóteles, poderia querer levantar. Por exemplo, poderia ser perguntado se é verdadeiro, como argumentou Aristóteles, que lugar é o mais interno limite imóvel do corpo circundante (*Física* IV 1-5, definição em 212a20-21). Outras questões que apareciam em comentários aristotélicos voltavam-se para tópicos sobre os quais havia uma significativa diferença contemporânea de opinião. Essas questões de filosofia natural podiam também ser parte não de disputas ligadas a uma ou outra obra de Aristóteles, mas de disputas sobre sofismas, problemas ou o que quer que fosse (disputas *quod libetales*).[22]

Os trabalhos escritos por filósofos naturais do século XIII – por exemplo, as obras de Rogério Bacon, Alberto Magno e Tomás de Aquino – eram mais frequentemente expositivos ou sintéticos (uma parte considerável da obra de Tomás foi simplesmente exposição de textos aristotélicos), enquanto a abordagem do século XIV era mais frequentemente analítica e em forma de questões *(quaestiones)* – por exemplo, as obras de Ockham, dos calculadores de Oxford, de João Buridano e Nicolau de Oresme. Um fator que diferenciava os escolásticos que visavam uma (única) ciência sintética cristã-aristotélica daqueles que adotavam uma abordagem mais analítica era a visão sobre o estatuto dos princípios de uma ciência, digamos a física, relativamente aos princípios e conclusões de outra, digamos a metafísica. Para aqueles que adotavam uma visão sintética, os princípios da filosofia natural ou da física poderiam ser idealmente provados por dedução a partir da ciência superior da metafísica (ou a ciência inferior simplesmente adicionaria alguns novos princípios aos princípios da ciência superior). Em última instância, nessa visão, toda ciência poderia ser deduzida a partir de princípios autoevidentes,

---

[22] Ver E. Grant [517] 199-210 para listas de questões sobre as obras naturais de Aristóteles, e E. Grant [516] 681-741 para questões sobre cosmologia de um alcance maior de obras, incluindo comentários às *Sentenças*.

e as ciências inferiores seriam integradas às superiores. Por outro lado, havia aqueles que, como Boécio de Dácia, clamavam autonomia para a filosofia natural ou a física, argumentando que os princípios da física não eram nem auto-evidentes, nem provados pela metafísica, mas estabelecidos *a posteriori*, a partir da análise da experiência[23] – e que a física e seus princípios não precisavam ser sintetizados juntamente com crenças cristãs, como a criação do mundo no tempo.[24]

Os filósofos naturais escolásticos seguiram Aristóteles na assunção de que os efeitos naturais têm não apenas uma causa eficiente, mas também causas de tipo material, formal e final (Aristóteles, *Física* II 3; *Metafísica* I 3-10). De acordo com essa concepção, a filosofia natural explica somente os efeitos que têm todas as quatro dessas causas. Além dos efeitos que se seguem às causas regularmente e por um propósito, há efeitos que ocorrem raramente ou acidentalmente através da convergência de causas, mas os filósofos naturais não esperavam ser capazes de explicar esses eventos irregulares e fortuitos, que não têm nenhuma causa final. Alguns filósofos naturais escolásticos, por exemplo Nicolau de Oresme, tentaram alargar o alcance de fenômenos dos quais a filosofia natural podia descobrir a causa, para incluir o que seria considerado maravilhoso ou mágico.[25] Outros, por exemplo João Buridano, concluíram que, exceto os milagres e o livre-arbítrio humano, tudo no universo é sujeito a leis naturais.[26]

A assunção de que o mundo tem uma causa final ou propósito intencionado por Deus levou alguns filósofos naturais a assumir que pudessem ser capazes de deduzir como o mundo deve ser, porque é certo ou bom que o seja. A imagem de Boécio, do mundo como um "todo perfeito" em algum sentido, persistiu de fato ao longo da Idade Média. Mas havia também uma preocupação em respeitar a liberdade de Deus. Os "voluntaristas" do século

---

[23] E. Sylla [534].

[24] Sobre Boécio de Dácia, ver o capítulo 11 deste volume e E. Grant [516] 53-55. Sobre o "averroísmo latino" de Boécio e outros como implicando uma "dupla verdade", ver A. Maier [521] IV, parte 1.

[25] Ver B. Hansen [350].

[26] Ver A. Maier [521] IV, parte V. Sobre a metafísica da liberdade, ver o capítulo 9 deste volume; sobre a liberdade moral, ver capítulo 10.

XIV foram especialmente insistentes quanto ao fato de que Deus não era compelido a criar o mundo da maneira como os humanos considerariam a melhor ou mesmo uma boa maneira. Ele poderia fazer ou ter feito qualquer coisa que não envolvesse uma contradição lógica. De acordo com H. Oberman, essa visão reforçou os argumentos a favor do empirismo: uma vez que Deus é livre para criar o mundo de diferentes maneiras, devemos usar a observação para determinar qual foi de fato a escolha divina.[27]

Assim a concepção do mundo que se encontrava por trás de boa parte da filosofia natural medieval admitia que o mundo contivesse mais contingência – embora esse talvez não fosse um aspecto da natureza que pudesse se tornar parte da ciência – do que é às vezes suposto em discussões das teorias medievais da ciência.[28] E se há contingência no cosmos, então as coisas poderiam ser diferentes do que de fato são. Pierre Duhem, um dos grandes pioneiros historiadores da filosofia natural medieval, no início do século XX, famosamente argumentou que a Condenação, em Paris, de 219 proposições heréticas em 1277, levou os filósofos naturais medievais a considerar alternativas à filosofia natural aristotélica, ao requerer que aceitassem a proposição de que Deus pode fazer qualquer coisa que não envolva contradição lógica. Ao estimular a filosofia natural a dirigir-se a novas e frutíferas direções, escreveu Duhem, a Condenação de 1277 levou ao nascimento da ciência moderna.[29]

Se Duhem estava certo, então a teologia impactou a filosofia natural (talvez para melhor) através da Condenação de 1277, mas pode-se argumentar que antes de 1277 os filósofos naturais já vinham movendo-se na direção da conclusão de que o cosmos é contingente, e que muitos estados de coisas são possíveis, sem serem de fato o caso. Ademais, um movimento filosófico escolástico comum que teve impacto similar sobre o raciocínio filosófico-natural – um movimento não necessariamente ligado à Condenação de 1277 – foi o hábito de raciocinar *secundum imaginationem*, isto é, de

---

[27] Ver H. Oberman [530] 408-411.
[28] E. Serene *CHLMP* 496-517; C. Schabel [307] sobre a precognição divina.
[29] Ver J. Murdoch [527, 528 e 523] para sumários do argumento exposto primeiro por P. Duhem no volume II (1909) de [509] 412 e vol. III, viii. Para um enunciado curto, ver E. Grant *CHLMP* 537-539.

propor situações contrafactuais e perguntar o que aconteceria em tal caso. Nas disputas *de obligationibus* e *de sophismatibus* que desempenhavam um papel bastante proeminente na educação medieval de artes, o estudante era treinado para, sobretudo, raciocinar logicamente a partir de uma hipótese arbitrária, chegando até qualquer conclusão que se seguisse consistentemente à hipótese. Essa era uma preparação perfeita para o raciocínio *secundum imaginationem*.

Para concretizar seu programa de minimalismo ontológico, Guilherme de Ockham perguntou frequentemente se seria possível que uma coisa existisse sem outra. Se, por exemplo, a quantidade é pensada como algo real e distinto da substância e qualidade, o que aconteceria se fosse suposto que Deus removeu a quantidade de uma substância sem movê-la – não iria ela preencher ainda o mesmo volume? Desse modo Ockham argumentou que as substâncias e qualidades sozinhas, sem nada independente correspondendo às palavras que caem sob as categorias de quantidade ou movimento (ação e paixão), poderiam explicar o que quer que precisasse ser explicado.[30] Argumentando assim *secundum imaginationem*, Ockham adotou uma ontologia minimalista. Mas esses argumentos podiam funcionar de mais de uma maneira. João Buridano, por exemplo, argumentou, *contra* Ockham, que o movimento local deveria ser algum tipo de qualidade inerente. O que aconteceria, dizia Buridano, se Deus girasse o cosmos inteiro e todos os corpos presentes nele? Seria essa situação de algum modo diferente do que é agora pensado como sendo o caso? Devia ser diferente, acreditava ele (sua intuição sendo assim o oposto da intuição posterior de Ernst Mach). Seguia-se que o movimento local deveria corresponder a uma qualidade inerente, mesmo que não houvesse nenhum ponto de referência fixo através do qual julgá-lo. Assim os filósofos naturais medievais posteriores frequentemente raciocinaram *secundum imaginationem* ou supuseram que Deus pudesse fazer algo não encontrado no curso normal da natureza, mas, mesmo depois disso, havia margem considerável para chegar-se a diferentes conclusões.

Historiadores da ciência estiveram particularmente interessados em ver como os filósofos naturais do século XIII e XIV introduziram a matemática

---

[30] Ver capítulo 8 deste volume.

na filosofia natural.[31] A influência de Roberto Grosseteste foi particularmente importante.[32] Mais penetrante, no entanto, foi a introdução de um arsenal de ferramentas analíticas, parcialmente oriundo da matemática, mas principalmente da lógica, para o esclarecimento de qualquer problema dado. Em particular, Ockham e seus seguidores definiram ciência como conhecimento proposicional sobre o mundo e utilizaram então a teoria da suposição para analisar as maneiras como as proposições da ciência mapeavam as coisas do mundo.[33] Em disputas sobre sofismas, estudantes universitários, particularmente em Oxford, eram treinados no pensamento crítico, com sentenças sofísticas e casos relacionados frequentemente oriundos da filosofia natural. Como isso ocorreu pode ser visto no *Sophismata* e nas *Regras para a resolução de sofismas* de Guilherme Heytesbury, no *Livro dos Cálculos* de Ricardo Swineshead, e em muitos trabalhos sobre a intensão e remissão de formas, sobre máximos e mínimos, sobre primeiros e últimos instantes, sobre continuidade e infinitude e assim por diante.[34] J. Murdoch argumentou, de fato, que essas linguagens analíticas criaram uma unidade metodológica entre a filosofia medieval posterior e a teologia, por meio da qual a teologia tornou-se muito mais filosófica do que havia sido em outras épocas.[35]

Deveria talvez ser notado aqui, à luz da comunhão de métodos, que no fim da Idade Média o limite entre filosofia natural e teologia (ou metafísica) não era tão nítido quanto se poderia esperar, dada a concepção aristotélica das ciências como sistemas dedutivos autocontidos, porque os teólogos haviam desenvolvido uma teoria da teologia natural segundo a qual a teologia natural, como a filosofia natural, partiria da experiência.[36] Nessa teoria, o

---

[31] J. Murdoch [525].
[32] Ver A. C. Crombie [197].
[33] Ver capítulo 3 deste volume.
[34] E. Sylla *CHLMP* 540-563 e [377]. Ver A. Maier [521] II; E. Sylla [536]; R. Sorabji [532] para intensão e remissão de formas; J. Longeway [348] e C. Wilson [349] sobre máximos e mínimos; N. Kretzmann [518] e J. Murdoch [529] para primeiros e últimos instantes; J. Murdoch em *CHLMP* 564-591 e E. Sylla [340] sobre infinitude e continuidade.
[35] J. Murdoch [524].
[36] S. Marrone [522], cap. 15.

conhecimento que os seres humanos derivam da experiência sensorial das coisas naturais é a base para o conhecimento humano do ser de Deus – por demonstrações *a posteriori* e *quia* ("o que"), e não demonstrações *a priori* e *propter quid* ("por que").

A possibilidade do vácuo

De acordo com João Buridano, a questão da possibilidade de um vácuo no interior do cosmos é uma questão claramente relevante tanto para a filosofia natural quanto para a teologia.[37] Os filósofos naturais medievais geralmente concordavam que o universo inteiro, ou cosmos, fosse um *plenum* ("pleno", em oposição a "vácuo" [*vacuum*]) esférico, com nada no exterior, nem mesmo espaço vazio, e nenhum espaço vazio no interior. Aristóteles trabalhou duro para mostrar que a antiga concepção de um espaço vazio tridimensional, dos atomistas, era incoerente; em vez desta, como vimos, ele havia definido "lugar" como a mais interna superfície imóvel do corpo circundante. Pela definição aristotélica, um vácuo, se existisse, seria uma extensão capaz de receber um corpo, mas na qual nenhum corpo estava presente. Aristóteles argumentou, em contraste, que a extensão é sempre algo a ser medido em ou por um corpo no qual, por assim dizer, diferentes pontos de referência podem ser estabelecidos. Se houvesse o espaço vazio, não poderia haver pontos de referência em seu interior, a partir dos quais uma extensão maior ou menor pudesse ser medida.

Na maneira de pensar o poder absoluto de Deus sustentada pela Condenação de 1277, não se devia negar que Deus pudesse criar um vácuo, a menos que fazê-lo envolvesse uma contradição lógica. Há, então, alguma contradição lógica em supor que Deus possa *de potentia Dei absoluta* ("[a partir] da potência aboluta de Deus") aniquilar tudo o que houver no interior da esfera da lua? A maioria das pessoas pensava que não, mas elas tinham diferentes maneiras de construir a situação que resultaria disso. Para alguns, o resultado seria efetivamente recortar uma esfera do cosmos, de modo que nenhum corpo poderia ocupar um lugar no interior da esfera esvaziada da

---

[37] Ver E. Grant [517] 50-51.

lua, uma vez que não haveria espaço ali, e de modo semelhante nenhum corpo poderia ocupar um lugar fora do cosmos como um todo. De acordo com Buridano, se Deus aniquilasse tudo o que havia no interior da esfera da lua, não haveria então nenhuma dimensão determinada ali – um corpo colocado no interior da esfera poderia mover-se a alta velocidade em uma linha reta e nunca se aproximar ou se afastar um tanto sequer de qualquer parte particular da esfera da lua.[38] Por outro lado, de acordo com Buridano, Deus poderia, *de potentia Dei absoluta* ("[a partir] da potência abolute de Deus"), criar uma extensão mensurável em três dimensões e separada de qualquer corpo (o que chamaríamos de Espaço euclidiano) no interior da esfera da lua. Para Aristóteles, a extensão sem um corpo extenso era impossível. Aqui, no entanto, o desenvolvimento da teologia escolástica havia posto essa impossibilidade em questão. Tomás de Aquino havia sustentado, por exemplo, que após a transubstanciação o que a extensão anterior do pão (hóstia) passava a preencher o papel de substância como sujeito das qualidades anteriormente inerentes ao pão ou hóstia (isso será discutida mais adiante).

Para Buridano, então, se Deus aniquilasse *de potentia Dei absoluta* ("[a partir] da potência abolute de Deus"), tudo o que havia no interior da esfera da lua, não haveria nada de logicamente contraditório em supor que Deus também criasse no interior da esfera uma extensão quantitativa não inerente a qualquer corpo: isso era algo concebido como possível – embora milagrosamente – porque ocorreria na Eucaristia transubstanciada. Então, se um corpo fosse colocado dentro das dimensões incorpóreas no interior da esfera da lua, poderia mover-se para longe de uma parte da esfera, em direção a outra parte da mesma. Em uma situação, a cinemática não seria de modo algum diferente da cinemática do movimento natural ordinário. Seria necessário, no entanto, reconceituar a dinâmica. Na dinâmica aristotélica, supunha-se que a velocidade dependesse das forças causadoras do movimento e das resistências por elas encontradas. Nessa visão, um peso maior caindo em um mesmo meio cairia mais rápido que um peso menor, enquanto o mesmo peso caindo em um meio menos resistivo cairia mais rápido do que em um meio mais resistivo.

---

[38] E. Sylla [343].

Se um corpo estivesse movendo-se em um vácuo, antes de tudo seria necessário determinar se o movimento era natural (como a queda de um corpo pesado) ou violento (como o movimento de um projétil). Poder-se-ia supor que em um vácuo não haveria "acima" ou "abaixo", de modo que os corpos em um vácuo não se moveriam em direção a seus lugares naturais, ou se poderia assumir que de algum modo as posições no vácuo continuariam a ser identificadas pelos lugares naturais do fogo, água, ar ou terra anteriormente presentes. Em qualquer caso, não haveria nenhum meio resistindo contra o movimento. Seguir-se-ia então, de acordo com a dinâmica aristotélica normal, que a velocidade de um corpo movido por uma força qualquer excederia todas as velocidades finitas. Mas, de acordo com a linha de raciocínio usual, uma velocidade infinita em ato seria uma contradição lógica, uma vez que o corpo chegaria ao fim de seu movimento imediatamente e não alcançaria o ponto médio de um dado caminho antes de alcançar o fim. Aristóteles havia de fato usado a contradição lógica de uma velocidade infinita em ato como um de seus argumentos a favor da não existência de qualquer vácuo no cosmos. Mas se a preocupação apropriada em relação à onipotência de Deus requeria que Deus pudesse, *de potentia Dei absoluta* ("[a partir] da potência aboluta de Deus"), criar um vácuo, e se Deus pudesse colocar um corpo em movimento naquele vácuo, seguir-se-ia então que não poderia resultar uma velocidade infinita e autocontraditória da ausência de resistência externa. Deveria resultar uma velocidade finita. Como isso pode ser compreendido? Pode-se argumentar que a distância apenas, sem resistência, é suficiente para explicar por que o movimento leva tempo. A dinâmica pode ser alterada para argumentar que qualquer força dada causará apenas alguma velocidade máxima finita, a qual é diminuída pela resistência de qualquer meio. Matematicamente, pode-se supor que as velocidades são proporcionais a $F - R$ ou a $(F - R)/R$, em que F é a força e R é a resistência. Ou, então, pode-se supor que uma bola arremessada em um vácuo desse tipo seja movida por seu "ímpeto" (*impetus*, normalmente pensado como sendo proporcional à massa e à velocidade do corpo, ou MV), de modo que o ímpeto não é uma força no sentido comum. Raciocinando dessa maneira, filósofos naturais medievais como João Buridano concluíram que os projéteis em geral, e não apenas aqueles em situações não naturais supostamente resultantes do poder absoluto de Deus, seriam movidos por ímpeto, considerado como uma qualidade inerente ao projétil.[39]

Os filósofos naturais medievais tinham pouca motivação filosófica natural para investigar a possibilidade do vácuo no interior do universo, a não ser o fato de que Aristóteles argumentara contra essa possibilidade, tornando-a um tópico que todo mestre, ensinando o Livro IV da *Física,* recitaria em questões expositivas. Eles também tinham pouca razão para se preocupar com o movimento de projéteis, exceto pelo fato de que a teoria aristotélica da causa do movimento projetado era forçada e inconvincente. A teologia escolástica também tinha pouca razão para preocupar-se com a possibilidade de vácuos ou com a causa do movimento de projéteis. Esse foi um caso, então, em que a técnica do raciocínio *secundum imaginationem* ou de evocar o poder absoluto de Deus, a fim de distinguir entre impossibilidades naturais ou lógicas, serviu para movimentar o pensamento filosófico-natural. Até onde o resultado tenha sido o movimento de distanciamento das ideias de Aristóteles, em direção às de Galileu ou Newton, foi considerado um progresso. Enquanto outros poderiam culpar os filósofos naturais medievais por terem sido excessivamente racionais (tecendo teias como aranhas) e por terem devotado pouco tempo à execução de novas observações, nós deveríamos, ao invés disso, louvá-los pela construção racional da filosofia natural aristotélica como uma ciência natural empírica e demonstrativa.

Interações entre filosofia natural e teologia

Em suas investigações da filosofia natural medieval tardia, Anneliese Maier estudou obras teológicas, bem como filosófico-naturais, mas ao utilizar esses textos ela usualmente deixou de lado o contexto teológico de uma discussão a fim de se concentrar em tópicos de interesse em relação à história posterior da ciência. Para compreender a dinâmica da mudança intelectual na filosofia natural medieval tardia, é essencial, no entanto, não apenas recuperar essas discussões, mas também voltar o olhar para os problemas

---

[39] Ver A. Maier [521] III, caps. 4-5.

teológicos que deram ensejo a elas. É às vezes debatido se a filosofia natural medieval foi inerentemente teológica (por ser essencialmente voltada para Deus) ou se foi, ao contrário, completamente dissociada de preocupações teológicas.[40] Parece, no entanto, que a situação real foi mais complicada do que permitiria qualquer dessas posições em sua forma pura. A teologia teve de fato uma influência significativa sobre a filosofia natural, mas isso não impediu a filosofia natural de ser científica ou de ser boa filosofia. Em alguns casos, a influência foi cientificamente benéfica. E às vezes a influência correu na direção contrária. Mestres que lecionavam em faculdades de teologia frequentemente evocavam a filosofia natural como auxílio na resolução de questões teológicas. Houve então "filósofos-naturais-teólogos"[41] que sabiam tanto quanto qualquer outro sobre filosofia natural, bem como sobre teologia. Problemas com a datação relativa do trabalho filosófico e teológico de pensadores como Tomás de Aquino, João Duns Escoto e Guilherme de Ockham tornam difícil provar qual contexto detinha o controle. Todavia, parece que a motivação para a inovação vinha frequentemente de algum problema teológico particular, assim como o de fornecer o que poderia ser chamado uma explicação fisicamente acurada da transubstanciação do pão e do vinho no corpo e sangue de Cristo, a qual se acreditava ocorrer, por ação de Deus, na Eucaristia.[42]

Transubstanciação e ontologia

Depois de Deus ter miraculosamente transubstanciado o pão da Eucaristia no corpo de Cristo, sustentou-se que as aparências *(species)* do pão continuaram presentes, embora sem serem inerentes a qualquer corpo. As descrições conflitantes dessa situação, fornecidas por vários filósofos-naturais-teólogos, trouxeram consigo diferenças de ontologia que tinham implicações para a própria filosofia natural. Para Tomás de Aquino, na Euca-

---

[40] Ver A. Cunningham [508] e E. Grant [513] para uma rodada recente deste debate.
[41] E. Grant [512] 174-175.
[42] A doutrina da transubstanciação foi promulgada no primeiro cânone do IV Concílio de Latrão, em 1215. Ver H. Denzinger [24] 260, n. 802.

ristia a quantidade ou extensão do pão anterior assumia agora o lugar de sua substância, com as qualidades que haviam anteriormente pertencido ao pão sendo agora inerentes a essa extensão. Para Guilherme de Ockham, por outro lado, as qualidades do pão anterior ocupavam por si mesmas um lugar extenso, no interior do qual se encontra o corpo de Cristo, com o qual essas qualidades não estão de nenhuma forma relacionadas.[43] Para explicar como Cristo podia estar "realmente" na Eucaristia, os teólogos usavam conceitos aristotélicos tanto quanto possível. Mas quando a doutrina teológica parecia requerer uma modificação das conclusões aristotélicas – para permitir, por exemplo, que na Eucaristia uma quantidade ou qualidade pudesse existir sem ser inerente a uma substância – eles sugeriam e frequentemente adotavam modificações quanto à visão aristotélica. Alguns, como Tomás, desenvolveram uma filosofia natural especial "sublimada" para explicar a existência dos "acidentes" quantitativos e qualitativos do pão e do vinho na Eucaristia sem qualquer pão ou vinho. Por outro lado, a tendência de um filósofo como Guilherme de Ockham era evitar tal física sublimada e dizer que, ao invés disso, a situação era totalmente milagrosa ou, alternativamente, modificar a própria filosofia natural ordinária à luz do caso teológico especial. Assim Ockham não tentou fornecer uma explicação natural de como a Eucaristia transubstanciada podia mover-se e agir e sofrer ação (uma vez que, por exemplo, não possuía nenhuma forma substancial, pareceria também não possuir nenhum lugar natural e assim também nenhuma resistência natural ao movimento violento), mas em vez disso sugeriu que Deus pode causar um milagre a cada instante do movimento da Eucaristia. Por outro lado, quando Ockham negou a existência separada da quantidade em conexão com o modo da presença de Cristo na Eucaristia, ele consequentemente negou a existência separada da quantidade em toda a filosofia natural.

Pareceria que, em casos como esse, a filosofia natural aristotélica tivera um impacto maior sobre a teologia do que o inverso. Mas depois de os filósofos-naturais-teólogos terem terminado suas tentativas de descrever a transubstanciação utilizando as ferramentas da filosofia natural, seus resultados também tiveram um impacto sobre a própria filosofia natural. Assim

---

[43] E. Sylla [535].

muitos filósofos naturais do século XIV aceitaram a conclusão de que uma quantidade ou qualidade pode existir sem ser inerente a uma substância (isso acontece na Eucaristia) e que a quantidade não é algo separado da substância e da qualidade (ela não é separada em Cristo enquanto ele existe na Eucaristia). Essas foram teorias que a teologia filosófica devolveu à filosofia natural. Tais teorias eram frequentemente razoáveis e consistentes em si mesmas. De fato, os historiadores louvaram às vezes as novas teorias como representando progresso no interior da filosofia natural, não prestando nenhuma atenção à evidência de elas terem sido desenvolvidas para resolver problemas teológicos.[44]

A física dos anjos

As interações de discussões teológicas do lugar e movimento dos anjos em comentários às *Sentenças* com discussões dos movimentos naturais dos elementos em comentários à *Física* proveem outro notável exemplo de como houve uma fertilização cruzada entre a teologia e a filosofia natural no século XIV. Assim como os filósofos naturais do século XII haviam identificado o Espírito Santo com a alma do mundo de Platão, os filósofos naturais posteriores à recuperação das obras científicas de Aristóteles assumiram que os primeiros motores de Aristóteles deveriam ser identificados com anjos, ambos sendo supostamente substâncias imateriais. Essa identificação pode explicar por que na Idade Média tardia os anjos foram pensados como sendo intrinsecamente imateriais e sem corpos, enquanto nas teorias neoplatônicas mais anteriores era frequentemente assumido que tivessem corpos ou veículos aéreos ou etéreos, sem mencionar um ou mais conjuntos de asas.[45]

Na concepção medieval tardia típica, os anjos são uma parte da criação, talvez referida como "céus" no enunciado do Gênesis, segundo o qual no primeiro dia Deus criou "os céus e a terra". Os filósofos naturais desejavam compreender como os primeiros motores ou anjos moveriam as

---

[44] Ver A. Maier [521] IV, Parte III, e E. Sylla [535] 364.
[45] Cf. http://www.newadvent.org/cathen/01485a.htm

esferas celestes (obviamente parte da filosofia natural), mas eles também desejavam explicar como os mesmos tipos ou tipos similares de entidades (substâncias imateriais) poderiam ser enviadas por Deus à terra como mensageiros. A respeito do "lugar" dos anjos, Tomás de Aquino argumentou que os anjos têm um lugar somente por suas ações, e que podem ocupar um volume finito maior ou menor dependendo da ação exercida por eles. Curiosamente, uma das proposições condenadas em 1277 foi a proposição "que sem uma operação uma substância não tem um lugar". Mencionando essa condenação (*Ordinatio* II, d. 2, qq. 1-2, par. 200 [281] VII 244), Duns Escoto argumentava que os anjos têm um lugar por sua substância e não somente por sua ação. As diferenças entre Tomás de Aquino e Duns Escoto quanto ao tópico tiveram consequências para uma questão comumente posta em comentários às *Sentenças*: pode um anjo mover-se do ponto A ao ponto B sem atravessar a distância intermediária entre os dois pontos? Era assumido que os anjos se encontrassem normalmente no céu empíreo fora do cosmos. Quando são enviados à terra, então, precisam atravessar todas as esferas etéreas até chegar aqui? Não necessariamente, de acordo com a teoria de Tomás. Se um anjo não agisse ao longo do caminho do céu à terra, então ele poderia deixar o ponto A e aparecer no ponto B sem nunca estar na extensão entre os dois pontos. De fato, se os anjos só pudessem estar presentes onde tencionassem agir e se fossem, em si mesmos, indivisíveis, então pareceria seguir-se que seu movimento seria necessariamente descontínuo – alguns teólogos, incluindo Henrique de Gand, argumentaram portanto que os anjos encontram-se em um tipo de tempo atômico ou quântico (ver João Duns Escoto, *Ordinatio* II, d. 2, parte 2, q. 7, par. 497).

Na visão de Duns Escoto, se os anjos são enviados como mensageiros ao interior do mundo natural, eles provavelmente agem naturalmente enquanto estão aqui:

> É razoável supor que um anjo, enquanto participa da condição corpórea (isto é, enquanto há algo da mesma natureza [*ratione*] nele e em um corpo), também participa, de alguma maneira, da medida corpórea. Mas enquanto é movido localmente, ele participa do lugar [*ubi*], o qual é de alguma maneira uma paixão corpórea, da mesma natureza nele e em um

corpo. Portanto, ele também pode ser medido pela medida do movimento do primeiro corpo [isto é, o movimento dos céus, que é a medida primária do tempo] (*Ordinatio* II, dist. 2, parte 2, q. 7. *Utrum angelus possit moveri in instanti*, par. 501 [281] VII 380).

À próxima questão, se um anjo pode mover-se de um extremo a outro sem atravessar o que há entre os dois extremos, Escoto responde:

> Parece provável que o anjo não pode, porque a ordem preestabelecida pelo agente superior parece ser necessária a qualquer agente inferior que aja com respeito a essas coisas ordenadas [*ordinata*]. Por exemplo: a ordem das formas naturais que sucedem umas às outras na geração natural é determinada pelo instituidor da natureza [*instituente naturam*]. E, portanto, com respeito a qualquer agente natural ela é necessária, assim como nenhum agente natural pode produzir vinagre imediatamente a não ser a partir do vinho. Portanto, uma vez que a ordem das partes principais do universo vem de Deus, para qualquer agente criado e poder criado, essa ordem parece ser necessária quando supostamente age sobre aquelas coisas que têm essa ordem. Portanto, um anjo, quando se move através de corpos que têm essa ordem, não pode, sem qualquer ordem, fazer-se estar imediatamente em um dado lugar a partir de qualquer outro lugar dado, pois então nenhuma distância pareceria impedir sua ação (*Ordinatio* II, dist. 2, parte 2, q. 8, par. 515 [281] VII 386-387).

Assim Escoto supõe que os anjos enviados à terra, embora possam ser indivisíveis, tornam-se parte da ordem natural.

Na *Física*, Aristóteles havia argumentado que indivisíveis não podem mover-se. Esse fora um passo em seu argumento de que o único movimento eterno no cosmos seria a rotação das esferas celestes, sendo todos os outros movimentos interrompidos por momentos ou períodos de repouso. O argumento contra o movimento de um corpo indivisível era parte de sua cadeia de argumentos. Mas, como qualquer filósofo-natural-teólogo medieval diria, sabemos a partir da Bíblia que os anjos se movem. Pense na anunciação de Gabriel a Maria.

Segue-se que Aristóteles deve estar errado em argumentar que um indivisível não pode ser movido. O que deveria fazer um comentador dessa seção da *Física* de Aristóteles? Por volta do início do século XIV, os filósofos naturais cristãos tinham diversas coisas para pensar ao comentar Aristóteles, e diversas motivações possivelmente inconsistentes. Primeiro, depois de Tomás de Aquino e outros terem usado a prova aristotélica da existência de um primeiro motor como quase o último passo de um argumento cosmológico a favor da existência de Deus, um comentador presumivelmente não gostaria de minar a prova aristotélica de um primeiro motor. Por outro lado, a prova do primeiro motor de Aristóteles estava intimamente ligada à suposta prova aristotélica de que o mundo é eterno. Então um comentador cristão de Aristóteles desejaria preservar a prova da existência de um primeiro motor, sem levantar a questão da prova de um mundo eterno. O argumento de que indivisíveis não poderiam se mover era um passo no argumento maior de Aristóteles.

Aprofundando-se mais nos argumentos de Aristóteles dos Livros VII e VIII da *Física*, então, o comentador chegaria ao argumento aristotélico de que tudo o que se move deve ser movido por outro algo (e todo o movimento é rastreável, em última instância, a um ou mais primeiros motores imóveis). Na tentativa de demonstrar isso caso a caso, Aristóteles nega que mesmo os animais e seres humanos movam a si mesmos. Um cristão desejoso de proteger o livre-arbítrio humano seria inclinado a se esquivar do argumento de que os humanos não são responsáveis por suas próprias ações e movimentos. Desenvolvendo o caso dos animais e humanos, ademais, Aristóteles argumenta que mesmo os elementos em movimento natural não movem a si mesmos. Isso aparentemente contradiz sua explicação anterior do movimento "natural" como partindo de uma fonte interna à coisa em movimento (em oposição ao movimento "violento", no qual a fonte de mudança é externa), mas é necessário ao argumento.

Confrontado com esses problemas, Tomás de Aquino engenhosamente salvou o argumento de Aristóteles, presente no Livro VIII da *Física*, dizendo que o que causa o movimento natural dos corpos elementais é o gerador do corpo e o removedor do impedimento ao movimento. Assim os elementos têm apenas uma potencialidade passiva a serem movidos no movimento natural, não uma potencialidade ativa. De Duns Escoto em diante, esse argumento foi rejeitado nas bases bastantes plausíveis de que sempre que um efeito é produzido deve haver uma causa que está presente e agindo. Enquanto um corpo pesado cai, seu gerador e o removedor dos impedimentos a seu movimento podem ter cessado de existir. Então Duns Escoto e, seguindo-o,

João de Jandun, João Buridano e muitos outros concluíram que, no movimento natural dos elementos, a causa é uma forma inerente ao corpo, seja ela sua forma substancial ou seu peso agindo como instrumento da forma substancial.

O que motivou a conclusão de Duns Escoto, de que um elemento pode mover a si mesmo no movimento natural? Há, de fato, fortes argumentos a favor dessa conclusão, mas não se pode negar que ela subverte a cadeia principal do argumento dos Livros VII e VIII da *Física*. Mais provavelmente, Duns Escoto elaborou primeiro o padrão de raciocínio que leva a essa conclusão a fim de explicar o movimento dos anjos. Embora a cronologia das obras de Escoto não seja conhecida com certeza, os editores de seu comentário à *Metafísica* argumentam que os livros nos quais ele lida com o movimento dos anjos foram escritos após seus comentários às *Sentenças* de Pedro Lombardo. E na *Ordinatio* na edição de Balić, entre a introdução da questão do movimento dos anjos e a conclusão, há uma grande seção (vinte e duas páginas) dedicada ao movimento natural dos elementos. Assim, a nova teoria do movimento dos elementos provavelmente veio à existência como auxílio à explicação do movimento dos anjos.

Em suma, é provável que as discussões medievais tardias sobre anjos tenham tido um significativo impacto sobre a filosofia natural. Mas se a teorização sobre os anjos afetou a filosofia natural medieval, deve ser também reconhecido que a maioria dos princípios básicos utilizados nessa teorização vieram originalmente da filosofia natural – como vimos, Duns Escoto assume que anjos enviados como mensageiros são sujeitos às leis normais da natureza. Na discussão dos anjos, então, podemos ver em detalhes os efeitos da decisão, advinda no interior das universidades medievais, de que os filósofos-naturais-teólogos deveriam desenvolver uma filosofia natural cristã-aristotélica não menos rigorosa e detalhada, à sua maneira, do que seria a ciência matemática no princípio da era moderna.

8 Naturezas: O problema dos universais

GYULA KLIMA

A ciência aristotélica busca definir a natureza essencial de uma coisa e então demonstrar as características que a coisa deve possuir devido àquela natureza. Uma questão filosoficamente inevitável emerge assim para os aristotélicos: o que *é* uma natureza? Será ela uma realidade superior e acima (ou talvez "dentro") das coisas cuja natureza ela é? Será uma construção mental, existente apenas em nosso entendimento das coisas? E se o for, em que base é construída? Esse é o problema medieval dos universais, ou pelo menos uma maneira de pensá-lo. Em uma formulação clássica, Boécio enuncia o problema em termos da realidade de gêneros e espécies, dois tipos principais de universais envolvidos em uma definição aristotélica da natureza essencial (como em "um ser humano é um animal racional/falante", o que coloca a nós, humanos, no gênero dos animais e assinala nossa espécie através de uma referência a nossa "diferença" em relação aos outros animais, que é nossa capacidade de raciocinar ou utilizar a linguagem): "Platão pensa que gêneros, espécies e o resto são não apenas entendidos como universais, mas também existem e subsistem à parte dos corpos. Aristóteles, no entanto, pensa que eles são entendidos como incorpóreos e universais, mas subsistem em entes sensíveis".[1] Uma rigorosa tradição de discussão primariamente aristotélica originou-se da exploração experimental de Boécio do problema assim enunciado. Mas

---

[1] *Comentário à Isagoge de Porfírio* (a qual é uma introdução às *Categorias* de Aristóteles) [em inglês] em P. V. Spade [6] 383.

uma solução mais platônica havia sido posta em jogo por Agostinho, mais ou menos um século antes de Boécio, e esta também viria a ter um rico desenvolvimento.

Realismo exemplarista: universais como razões divinas

Agostinho não considera as naturezas universais como entidades independentes da mente – da maneira como Platão concebe as Formas –, mas como existentes na mente *divina*. Desse modo, essas naturezas ainda servem como modelos para seus singulares, sendo elas os exemplares universais da criação. Em uma passagem frequentemente mencionada por autores medievais, Agostinho introduz sua posição da seguinte maneira:

> Em latim, podemos chamar às Ideias de "formas" ou "espécies", a fim de parecer traduzir palavra por palavra. Mas se lhes chamamos de "razões", afastamo-nos certamente de uma tradução apropriada – pois razões são chamadas *logoi* em grego, não Ideias – mas, contudo, quem quiser usar esta palavra não estará em conflito com o fato. Pois Ideias são certas formas ou razões principais, estáveis e imutáveis das coisas. Elas não são, elas próprias, formadas e, portanto, são eternas e sempre se mantêm nas mesmas relações, e estão contidas no entendimento divino.[2]

Agostinho podia de fato afirmar estar reconciliando Platão e Aristóteles, pois, em termos da formulação de Boécio, ele sustenta que a universalidade reside em um entendimento, o entendimento divino. Essa concepção pode ainda fazer justiça à intuição platônica de que o que dá razão às características necessárias e inteligíveis dos efêmeros particulares do mundo visível é a presença de exemplares universais na fonte do ser desses particulares; pois, existindo na mente *divina*, as ideias servem como arquétipos da criação, através dos quais Deus preconcebe sua criação na eternidade. De fato, isso também nos aponta o caminho para um conhecimento de tipo mais certo que qualquer

---

[2] *De Oitenta e Três Diferentes Questões*, q. 46, 2 [em inglês] em P. V. Spade [6] 383.

conhecimento possível de ser obtido a partir da experiência sensorial. Como continua Agostinho:

> E embora [as Ideias] não nasçam nem pereçam, não obstante tudo o que é capaz de nascer e perecer, e tudo o que nasce e perece, é dito formado em concordância com elas. É negado que a alma possa enxergá-las, a menos que seja uma alma racional... não toda e qualquer alma racional (...) mas [somente] uma que seja santa e pura. (...) Que homem devoto, imbuído da verdadeira religião, mesmo que não seja capaz de enxergar tais coisas, não obstante ousa negar, ou ainda falha em professar, que todas as coisas que existem, isto é, quaisquer coisas contidas em seu próprio gênero com certa natureza própria, de modo que possam existir, são geradas por Deus, autor delas, e que por esse mesmo autor tudo o que vive é vivo, e que toda a preservação segura e a própria ordem das coisas, pela qual as coisas mutáveis repetem seus cursos temporais de acordo com um regime fixado, são sustentadas e governadas pelas leis de um Deus supremo? (...) Todas as coisas são estabelecidas por uma razão, e um homem não o é pela mesma razão que um cavalo – pois isto é absurdo supor. Portanto, as coisas singulares são criadas com suas próprias razões. Mas onde devemos pensar que essas razões existem, senão na mente do Criador? (...) O que quer que exista, vem a existir, como quer que exista, por participação nelas. Mas, entre as coisas estabelecidas por Deus, a alma racional sobrepuja todas [as outras], e está mais próxima de Deus quando é pura. E na medida em que adere a Deus na caridade, naquela medida, encharcada de certo modo e iluminada por aquela luz inteligível, ela discerne essas razões. (...) Por esta visão, ela torna-se maximamente abençoada. Essas razões, como foi dito, quer seja certo chamar-lhes de Ideias, ou formas, ou espécies, ou razões, muitos são permitidos de chamar-lhes como queiram, mas [somente] a poucos é permitido enxergar o que é verdadeiro.[3]

---

[3] Ibid. Ver também *Da Livre Escolha da Vontade* II, em que Agostinho argumenta que podemos reconhecer as imperfeições dos objetos de certo tipo em nossa experiência (por exemplo, objetos que não são perfeitamente iguais, ou objetos que não são absolutamente um, uma vez que são muitos em suas partes), somente se já sabemos como seria se esses objetos fossem perfeitamente iguais ou perfeitamente um. Mas desde que estes exemplares perfeitos não são dados na experiência, parece seguir-se que só podemos obter estes conceitos a partir de uma fonte outra que não a experiência, de uma Verdade interior, mas acima da mente.

Um dos principais problemas metafísicos gerados pela posição de Agostinho foi o de reconciliar a multiplicidade das ideias divinas ("todas as coisas são estabelecidas por uma razão, e um homem não o é pela mesma razão que um cavalo") com a simplicidade da natureza de Deus.[4] Outra questão, mais pertinente a nossa presente discussão, é a acessibilidade e o papel das ideias divinas na cognição humana. Como podemos ver na passagem recém-citada, Agostinho faz com que o reconhecimento da verdade seja dependente da iluminação divina, um tipo de irradiação da luz inteligível das ideias divinas, a qual é acessível somente aos poucos que são "santos e puros". Mas isso parece ir contra a experiência de que há instruídos descrentes ou pagãos, e também contra a tese aristotélica de que podemos adquirir os primeiros princípios necessários às demonstrações científicas realizadas a partir da experiência, por um processo puramente natural. Agostinianos posteriores argumentaram, portanto, a favor de uma visão da iluminação menos moralmente carregada, e de uma explicação menos exclusivamente iluminacionista do conhecimento. Por exemplo, Mateus de Aquasparta (c. 1238-1302), recapitulando Boaventura, escreve que é um erro sustentar que "a essência inteira da cognição sai a partir do mundo arquetípico ou inteligível e das razões ideais", pois "se esta luz fosse a razão *completa* e *única* para a cognição, então a cognição das coisas no Verbo [divino] não diferiria da cognição destas em seu tipo próprio, nem a cognição da razão diferiria da cognição da revelação". Por outro lado, a visão de que "a essência inteira da cognição é causada e vem de baixo, através dos sentidos, memória e experiência, [trabalhando junto] com a luz natural de nosso intelecto ativo", é também defeituosa, pois "destrói o caminho da sabedoria".[5]

Qual a contribuição dos exemplares ou razões ideais nesse tipo de visão? Henrique de Gand provê uma interessante resposta a essa questão. Ele primeiro distingue entre a cognição de uma coisa verdadeira e a cognição da verdade da

---

[4] Discuto brevemente a solução de Tomás de Aquino para o problema, em "O Problema Medieval dos Universais" [em inglês] em [543]. Cf. Tomás de Aquino, *ST* I, q. 15, a. 2; I *Sent.*, d. 36, q. 2, aa. 1-3; Henrique de Gand, *Summa quaestionum ordinariarum*, 2, a. 65, q. 5 [222]; João Duns Escoto, *Ordinatio* I, d. 35, q. un. [281]; e Tomás de Sutton, *Quodlibeta*, IV, q. 5 [389]. Para uma discussão moderna, menos sofisticada que a precedente, ver C. Hughes [242].

[5] Boaventura *et al.* [215] 94-96.

coisa. Uma vez que qualquer coisa realmente existente é verdadeiramente o que ela é (mesmo que possa ocasionalmente *parecer* outra coisa), qualquer cognição de qualquer coisa realmente existente é a cognição de uma coisa verdadeira. Mas a cognição de uma coisa verdadeira pode ocorrer sem a cognição de sua verdade, uma vez que esta última (a cognição da verdade da coisa) é a cognição de que a coisa corresponde adequadamente a seu exemplar na mente humana ou divina. Por exemplar na mente humana, Henrique entende o conceito de uma coisa que podemos adquirir por nós mesmos através da experiência. "Mas", insiste ele, "por esse tipo de exemplar adquirido em nós, não temos a cognição inteiramente certa e infalível da verdade". Isso é impossível por três razões, derivadas, respectivamente, da coisa a partir da qual esse exemplar é abstraído; da alma, na qual esse exemplar é recebido; e do próprio exemplar da coisa, que é recebido na alma:

> A primeira razão é que esse exemplar, uma vez que é abstraído a partir de coisas mutáveis, tem de partilhar da natureza da mutabilidade. (...) E é por isso que Agostinho (...) diz que dos sentidos corpóreos não se deve esperar a verdade pura [*syncera veritas*]. (...) A segunda razão é que a alma humana, uma vez que é mutável e suscetível ao erro, não pode ser retificada, para ser salva de desviar-se para o erro, por qualquer coisa que seja tão mutável quanto ela própria ou mais; qualquer exemplar que ela [a alma] recebe das coisas naturais é necessariamente tão mutável quanto ela própria ou mais, uma vez que é de uma natureza inferior, donde não pode ele [esse exemplar] retificar a alma de modo que esta persista na verdade infalível. (...) A terceira razão é que esse tipo de exemplar, uma vez que é a intenção e espécie da coisa sensível, abstraída do fantasma, é similar à [coisa] falsa bem como à verdadeira, de modo que por conta [desse exemplar] essas coisas não podem ser distinguidas. Pois é por meio das mesmas imagens de coisas sensíveis que nos sonhos e na loucura julgamos essas imagens como sendo coisas, e em sã consciência julgamos as próprias coisas. Mas a verdade pura só pode ser percebida quando discernida da falsidade. Logo, por meio de um exemplar é impossível ter conhecimento certo e cognição certa da verdade. E então, se for para termos conhecimento certo da verdade, temos de afastar nossa mente dos sentidos e das coisas sensíveis, e de toda intenção, não importa quão universal e abstraída das coisas sensíveis, [voltando-a] para a verdade imutável que existe acima da mente.[6]

---

[6] Henrique de Gand, *Summa quaestionum ordinariarum*, a. 1, q. 2 [222] fol. 5 F.

Henrique sustenta que a intuição direta das ideias divinas é tida somente pelos anjos e pelas almas dos abençoados em visão beatífica; é concedida nesta vida somente em casos raros e miraculosos, em êxtase ou visão profética. Em casos mais típicos de conhecimento genuíno, é necessário apenas que "a verdade imutável imprima-se em nosso conceito e que transforme nosso conceito em seu próprio caráter, e que dessa maneira informe nossa mente com a verdade expressa da coisa, pela mesma semelhança que a própria coisa tem com a primeira verdade" (*Summa quaestionum ordinarium*, a. 1, q. 2 [222] fol. 7 I).

A posição de Henrique pode ser disposta da seguinte maneira. Uma vez que a própria coisa externa é apenas uma cópia (mais ou menos defeituosa) do exemplar divino, a cópia ainda mais defeituosa dessa cópia, que obtemos da experiência (o exemplar humano), só pode ser melhorada por meio do exemplar original, assim como a cópia de uma reprodução pobre de alguma pintura original só pode ser melhorada retocando-se a cópia não com base na reprodução pobre, da qual ela é cópia, mas com base na pintura original. Uma vez que a coisa externa é modelada a partir de sua ideia divina, o "retoque" de nosso conceito empírico, por meio da impressão de tal ideia (divina), nele rende uma representação melhor da verdade da coisa – tão melhor, de fato, que o conceito "retocado" nos permite julgar quão bem a coisa realiza seu tipo. Por exemplo, a ideia bruta de um círculo, que adquiro da experiência ao aprender a usar o termo *círculo*, pode servir para distinguir formas circulares de formas não circulares, mas quando eu vier a entender que um círculo é uma linha cujos pontos são todos eqüidistantes de um ponto dado (o centro do círculo), verei claramente aquilo que eu concebia originalmente de uma maneira vaga e confusa em meu conceito original. O "lampejo" de entendimento, quando percebo que é *necessário*, para *qualquer coisa* que esteja *verdadeiramente* à altura do conceito de um círculo, ser tal como a definição descreve, seria um exemplo de recepção de iluminação sem qualquer revelação miraculosa particular.

No entanto, mesmo admitindo que os conceitos inicialmente adquiridos de objetos sensíveis precisem ser posteriormente trabalhados a fim de fornecer um entendimento claro das naturezas das coisas, podemos imaginar que esse trabalho posterior possa talvez ser feito pelas faculdades naturais de nossa mente, assumindo apenas a influência geral de Deus na sustentação das operações naturais da mente, sem que Deus realize qualquer "retoque" direto e específico de nossos conceitos "a partir de cima". Usando nossa analogia prévia, do conceito adquirido comparado à cópia defeituosa da reprodução pobre de um original, podemos dizer que, se tivéssemos diversas reproduções pobres e vagas que fossem defeituosas de diversas maneiras diferentes, então através de um longo e complexo processo de cotejo entre elas, poderíamos ainda ser capazes de discernir o padrão subjacente do original e, assim, produzir uma cópia que fosse realmente mais próxima do original que qualquer uma das reproduções diretas, sem nunca termos tido um vislumbre do próprio original.

Essa foi a abordagem aristotélica que dominou de modo crescente as discussões medievais dos universais desde a época de Abelardo, no início do século XII.[7] Nessa abordagem, a iluminação divina consistiria na criação de uma mente humana capaz de iluminar por si mesma a experiência. Como enunciado por Tomás de Aquino, Deus nos criou com "certa semelhança de luz incriada, obtida através da participação", ou seja, o intelecto agente (*ST* I, q. 84, a. 5), um poder capaz de abstrair da experiência universais que seriam bastante adequados para uma ciência das naturezas e de suas propriedades.

Naturezas comuns, existentes singulares, mentes ativas

O projeto aristotélico de explicar a universalidade presente na cognição humana sem a iluminação de uma fonte transcendente gerou questões por si mesmo. Nessa abordagem, é natural perguntar exatamente o que os universais abstraídos na mente são, o que é para eles o existir na mente, como eles estão relacionados com seus particulares, qual é seu real fundamento nesses particulares, qual é seu papel na constituição de nosso conhecimento universal e como eles contribuem para a codificação e comunicação desse conhecimento nas diversas linguagens humanas. Essas questões dão um novo aspecto ao problema dos universais, ou seja, um aspecto *semântico*.

---

[7] Mas o realismo exemplarista realizou um impressivo retorno no *Tratactus de Universalibus* (*Dos Universais*) de João Wyclif, cap. 2, presente [traduzido para o inglês] em [352], especialmente p. 14-15.

A influência mais importante nas discussões latinas nos séculos XIII e seguintes foi a distinção aviceniana entre a consideração absoluta de uma natureza universal e aquilo que se aplica à mesma natureza nos sujeitos nos quais ela existe. A distinção é elegantemente resumida na seguinte passagem:

> A cavalidade, por certo, tem uma definição que não demanda universalidade. Mais exatamente, ela é aquilo ao qual a universalidade ocorre. Daí que a própria cavalidade não é nada além de cavalidade apenas. Pois em si mesma ela não é nem uma nem muitas, nem é existente nestes sensíveis, nem na alma, nem é qualquer destas coisas em potência ou em ato, de modo tal que isso esteja contido na definição de cavalidade. Mais exatamente, em si mesma ela consiste no que é a cavalidade apenas.[8]

Em seu pequeno tratado *O Ente e a Essência*, Tomás de Aquino explica a distinção em maiores detalhes:

> A natureza ou a essência (...) pode ser considerada de dois modos. De um modo, de acordo com sua noção própria, e esta é sua consideração absoluta; deste modo, nada é verdadeiro dela, senão o que lhe cabe enquanto tal; daí, o que quer que seja de distinto que lhe for atribuído, a atribuição será falsa. (...) De outro modo, [a essência] é considerada de acordo com a existência [*esse*] que tem neste ou naquele [indivíduo]. E, desse modo, algo se predica dela por acidente [*per accidens*] em razão daquilo em que ela existe [*est*], como quando se diz que um homem é branco porque Sócrates é branco, embora isso não caiba ao homem por ser homem.
>
> Uma natureza assim considerada tem, porém, uma dupla existência [*duplex esse*]: uma nos singulares, outra na alma, e de acordo com ambas seguem-se acidentes à citada natureza. Nos singulares, [a essência] tem também uma existência múltipla [*multiplex esse*], [isto é, múltiplos atos de existência] de acordo com a diversidade dos singulares; no entanto, nenhuma dessas existências é devida à própria natureza, de acordo com sua primeira consideração, isto é, a absoluta. De fato, é falso dizer que a essência do homem, enquanto tal, tenha a existência nesse singular; pois, se existir nesse singular coubesse ao homem, na medida em que é homem, ele nunca existiria fora desse singular; semelhan-

---

[8] Avicena, *Metaphysica* V 1 [116] II 228; traduzido [para o inglês] em [6] 461.

temente também, se coubesse ao homem, na medida em que é homem, o não existir nesse singular, o homem nunca existiria nele. Mas, é verdadeiro dizer que o homem, não na medida em que é homem, obtém a existência nesse singular ou naquele, ou na alma. Portanto, é claro que a natureza do homem, absolutamente considerada, abstrai de qualquer existência, de tal modo, porém, que não haja exclusão de nenhum deles. E é essa natureza, assim considerada, que se predica de todos os indivíduos.[9]

O que é mais notável nessa passagem é a maneira como Tomás fala sobre *a mesma* natureza existindo em coisas diferentes, bem como sendo "considerável" à parte de existir em qualquer coisa. É claro que a *mesmice* em questão não pode ser a unidade numérica de um único existente, uma vez que é precisamente a existência que é abstraída na consideração absoluta de uma natureza.[10] Os escolásticos frequentemente se referiam à *mesmice* da mesma natureza nessa passagem como uma "unidade menos que numérica". Podemos dizer que é a unidade de algo que não é *estritamente o mesmo*, mas *reconhecivelmente o mesmo* em múltiplas instâncias, como a *mesmice* de um livro existente em múltiplas cópias ou, de modo geral, a *mesmice* de algum conteúdo de informação comum carregado por diferentes cópias, possivelmente em várias mídias. É essa a noção de *mesmice* que opera na contagem de itens como distintos apenas quando são distintos em tipo (o que, é claro, equivale a dizer que ela é a *mesmice* de um universal – mas um universal que "subsiste", na linguagem de Boécio, em coisas existentes particulares, e é um universal somente da forma como é "entendido"). Por exemplo, o número de publicações de um autor é o número de escritos diferentes que ele tem publicados, e não o número das diferentes cópias de uma mesma obra. A mesma obra é apenas uma obra na lista, mas essa obra única pode existir em múltiplas cópias, de fato, em diferentes edições, codificada em diferentes mídias (digamos, em papel, CD-Rom e-texto ou sítio da Internet), e pode ter atributos acidentais radicalmente diferentes, nessas diferentes "encarnações". Ainda assim, isso não significa que exista um "livro universal" superior e acima de suas realizações singulares nessas diferen-

---

9   *O Ente e a Essência* 3.
10 Para mais sobre a concepção de Tomás da relação entre as noções de unidade e ser, ver. G. Klima [244].

tes mídias. Ao contrário, podemos falar *deste livro*, como uma e a mesma obra, somente por abstração de suas diferentes realizações, em diferentes formas de existência, nestas várias mídias.

Essa explicação dá margem a uma questão adicional, no entanto. Tomás de Aquino havia dito que a consideração absoluta de uma natureza abstrai esta última tanto de seu ser em singulares extramentais, quanto de seu ser na mente. Mas, aparentemente, precisamente de acordo com essa consideração, ela tem de estar na mente, pois pode ser reconhecida como comum *apenas* quando a mente a considera em abstração de suas condições de individuação nos singulares. Então como podemos dizer que ela pode ser abstraída de ser na mente, quando pode ser abstrata e, portanto, universal, apenas quando está na mente?

O que se requer aqui é um cuidado na distinção entre o que podemos dizer a respeito *da mesma natureza enquanto tal* e o que podemos dizer a respeito *da mesma natureza em relação a suas condições*, enquanto existe neste ou naquele sujeito. Esse cuidado é obviamente requerido no reconhecimento de que o mesmo livro pode ter características acidentais bastante diferentes em sua edição impressa (em que pode ter 200 páginas, por exemplo) e em sua edição eletrônica (em que pode não ter nenhuma paginação de todo). Um cuidado similar é requerido no reconhecimento de que a mesma natureza é um universal, na medida em que está nesta ou naquela mente, e que *é somente* enquanto presente em uma mente que ela é apropriadamente chamada de universal. Como observa Tomás:

> Quando se diz *universal abstrato*, há dois inteligidos, a saber: a própria natureza da coisa e a abstração ou universalidade. A própria natureza da coisa, à qual ocorre ser inteligida ou ser abstraída, ou que se aplique a ela a intenção da universalidade, existe somente nos singulares, mas seu ser inteligida, abstraída, ou a intenção da universalidade, está no intelecto. Podemos ver isso por um símile na percepção. Pois a vista vê a cor da fruta sem o odor. Se, portanto, se perguntar onde está a cor que é vista sem odor, é óbvio que não está em nenhum lugar a não ser na fruta; mas que esta seja percebida sem o odor, isto lhe acontece [*accidit ei*] da parte da vista, na medida em que a semelhança da cor está na vista e não no odor. Igualmente, a humanidade que é inteligida não está senão neste ou naquele ente humano, mas que a humanidade seja apreendida sem suas condições individuais (o que é abstraí-la, o que lhe confere o atributo da universalidade), acontece à humanidade [*accidit humanitati*] na medida em

que é percebida pelo intelecto, no qual está a semelhança da natureza da espécie, e não dos princípios individuais.[11]

Assim, embora *a natureza universal*, a saber, *aquilo que é predicável de diversos singulares*, não seja nada além da natureza comum enquanto tal, considerada absolutamente, ainda, *que é predicável de diversos singulares* diz respeito à mesma natureza, não de acordo com sua consideração absoluta, mas apenas por ser concebida pelo intelecto abstrativo, isto é, na medida em que é um conceito da mente.

Mesmo que essa resposta seja defensável, ela mostra que tipo de problemas esse referencial conceitual está fadado a gerar. Falar sobre a mesma natureza como possivelmente recebendo atributos contrários em suas diversas instâncias e diferentes modos de ser é arriscar constantemente a inconsistência, a menos que mantenhamos o registro do que pode ser dito de quê, e de acordo com qual critério atual de identidade e distinção. Assim, não é de surpreender que os autores que trabalharam nesse referencial, o qual veio a ser conhecido como *via antiqua* ("via antiga"), tenham elaborado distinções posteriores a respeito das propriedades anexadas às naturezas pelo fato de existirem nas mentes[12] e das propriedades anexadas a elas pelo fato de existirem no mundo.[13]

---

[11] *ST* I, q. 85, a. 2, ad 2.

[12] Por exemplo, as distinções entre espécies imprimidas e exprimidas e entre conceitos formais e objetivos. A espécie imprimida é o conteúdo inteligível abstraído pelo intelecto agente das representações sensoriais dos singulares, chamadas de fantasmas. Essa espécie inteligível, imprimida no intelecto potencial pelo intelecto agente, serve como o princípio do ato de formação de conceitos do primeiro, o ato chamado *formatio*. O resultado desse ato é a espécie exprimida, que não é nada além do próprio conceito formal, o conceito universal como existente nesta mente singular. Ver Caetano [594] 163 e J. Poinsot [380] 170, 255-268. O conceito objetivo é o conteúdo representacional do conceito formal, a natureza comum dos singulares à medida que existem na mente como seu objeto imediato, abstrato e universal. Ver Suárez [619] 360-361 e Caetano [594] 67-71, 121-124.

[13] Os problemas metafísicos mais proximamente ligados às discussões dos universais eram (1) o problema da individuação e (2) a distinção entre (ou "composição de") essência e existência. O primeiro pedia uma resposta à questão: o que há nessa ou naquela vaca que a torna "essa" ou "aquela" vaca em vez de um amontoado de universais? Sobre isso, ver J. Gracia [541-542]. Sobre essência e existência, ver capítulo 6 neste volume. Explicações divergentes dos universais também estavam envolvidas, mais ou menos proximamente, nos debates sobre a unidade ou pluralidade das formas substanciais e o estatuto ontológico das categorias aristotélicas que não a substância. Sobre a forma substancial, ver capítulo 9 deste volume. Sobre as outras categorias, ver capítulo 3 deste volume.

Termos comuns, naturezas singulares

Qualquer um que quisesse escapar das complexidades metafísicas da *via antiqua* tinha de ir até as raízes desta, presentes no referencial semântico, do interior do qual emergiam essas complexidades. Esse foi o novo programa de ação adotado por Guilherme de Ockham, o pioneiro de um referencial conceitual radicalmente novo, a *via moderna*. De acordo com Ockham, a concepção da *via antiqua* acarretaria que

> "uma coluna fica à direita graças à direititade [*dextera dexteritate*]", "Deus é criante graças à criação [*creans creatione*], bom graças à bondade [*bonus bonitate*], justo graças à justiça [*iustus iustitia*], poderoso graças ao poder [*potens potentia*]", "o acidente inere graças à inerência [*inhaeret inhaerentia*]", "o sujeito é sujeitado graças à sujeição [*subicitur subiectione*]", "o apto é apto graças à aptidão [*aptum aptitudine*]", "uma quimera é nada graças à nulidade [*nihil nihilitate*]", "o cego é cego graças à cegueira [*caeucus caecitate*]", "o corpo é móvel graças à mobilidade [*mobile mobilitate*]" e assim por diante, em inumeráveis casos. [14]

Mas isso brota precisamente da raiz de todos os erros, a saber, "multiplicar os entes de acordo com a multiplicidade de termos... a qual, no entanto, é errônea e leva para longe da verdade".[15]

Intencionalmente ou não, Ockham sem dúvida exagera a extravagância ontológica logicamente conduzida da *via antiqua*. Seu objetivo, no entanto, não é apenas se livrar dos compromissos metafísicos indesejados – reais ou talvez meramente aparentes – de seus oponentes. Em vez disso, ele busca simplificar o aparato conceitual inteiro, juntamente com as maneiras – disponíveis, embora um tanto complicadas – que esse aparato usa para se desembaraçar desses compromissos. Dessa maneira, Ockham baseia seu programa em uma reinterpretação radical das relações semânticas fundamentais.

Como na *via antiqua*, os universais de Ockham existem apenas na mente (ou em expressões vocais ou escritas), e os existentes extramentais são todos singulares. Mas, para Ockham, isso é tudo. Não há naturezas comuns ou

---

[14] Ockham, *Summa logicae* I 51 [308] *OPh* I 169.
[15] Ibid. 171.

essências "no interior", seja da mente ou do mundo. De um só golpe, então, como que por mágica, todas as questões da forma "*Como* esta ou aquela essência subsiste neste ou naquele particular?" desaparecem. Não há nenhuma essência capaz de ser considerada de modo "absoluto", anexando diferentes acidentes em sua existência na mente ou fora dela.[16]

Ademais, o número de tipos fundamentalmente diferentes de coisas reais é reduzido por Ockham para apenas dois: substâncias e qualidades. Se fornecemos a análise apropriada dos conceitos complexos das outras categorias em termos dos conceitos simples das categorias de substância e qualidade, tudo o que desejarmos dizer sobre o mundo em termos de quantidades, relações e outras categorias aristotélicas poderá ser dito sem que pressuponhamos nas próprias coisas quaisquer realidades adicionais distintas.[17]

Boa parte do peso do programa de Ockham apoia-se, portanto, no processo pelo qual formamos nossos conceitos universais simples, pois estes são os conceitos que ancoram todo o nosso edifício conceitual na realidade. Esse processo produz os termos-chave em uma linguagem mental que é, de alguma maneira, a mesma para todos os seres humanos e à qual os termos falados ou escritos são convencionalmente subordinados. Os universais na linguagem mental de Ockham são naturais, ademais, no significado. O termo mental *humano* significa, natural, direta e "indiferentemente", todos os seres humanos, e apenas seres humanos, tanto passados, presentes e futuros, quanto meramente possíveis – e isso apesar dos fatos: (1) de que o termo é formado a partir da experiência de uma minúscula amostra dos indivíduos que significa, e (2) de que não há uma natureza humana única que todas essas coisas têm em comum, a qual poderia ser significada pelo termo. Não surpreendentemente, a afirmação de Ockham, segundo a qual este possuiria uma linguagem adequada para propósitos científicos, quando ele se havia, com efeito, desviado da questão do que há nas coisas que causa (isto é, de alguma maneira *justifica*)

---

[16] Ver P. V. Spade [20] 114-231 e *A Teoria dos Termos de Ockham* (*Ockham's Theory of Terms*) [316] 77-88. Para uma exposição simpática, mas finalmente inconclusiva, ver M. M. Adams [318] 3-141. Ver também meu artigo e os de Spade e Karger em *CCOck*.

[17] *A Teoria dos Termos de Ockham* (*Ockham's Theory of Terms*) [316] 126-188; M. M. Adams [318] 143-313.

nosso agrupamento delas da maneira que o fazemos, não encontrou aceitação universal. A *via antiqua*, em suas formas tomistas e escotistas, continuou a atrair aderentes na Idade Média tardia, e mesmo os seguidores da *via moderna* às vezes tinham dificuldades em se manter no caminho reto e estreito de Ockham. João Buridano, por exemplo, ao argumentar contra seus contemporâneos céticos à respeito de nossa habilidade de adquirir conceitos simples de substâncias, recorre em sua epistemologia a alguns velhos modos de pensar sobre abstração, os quais ele não era capaz de fornecer muito consistentemente em sua semântica.[18] As inovações semânticas dos nominalistas, ao mesmo tempo que evitavam os problemas ontológicos dos realistas, levavam diretamente a vários novos problemas epistemológicos. A *via moderna* ajudou assim a empurrar os interesses dos filósofos em uma direção que se tornaria a principal preocupação destes no período moderno.[19]

---

[18] Ver J. M. M. H. Thijssen [544] e G. Klima [342].
[19] Para um tratamento mais completo de alguns dos assuntos aqui discutidos, ver G. Klima [543].

9 Natureza humana

ROBERT PASNAU

Não há nada que tenha sido mais ferozmente contestado na filosofia medieval que o tópico da natureza humana. Entre as muitas questões discutidas estavam a natureza da alma, a relação entre a alma e a mente, o funcionamento dos sentidos e do intelecto, o papel das paixões, os limites da liberdade humana e a extensão de nossa dependência para com a graça e iluminação divinas. Ainda assim, estas disputas, embora possuindo alcance amplo, desenrolavam-se em um contexto de concordância geral em relação a vários temas básicos. Havia concordância geral quanto à afirmação de que os seres humanos têm uma alma, mas não são meramente almas – são compostos de corpo e alma. Havia também concordância quanto à afirmação de que a alma humana é imaterial e criada por Deus; ela não vêm à existência naturalmente, como o fazem as almas de outros animais. De maneira semelhante, quase todos concordavam que a alma não preexiste ao corpo,[1] que Deus traz a alma à existência quando o feto se desenvolveu o suficiente e que, uma vez criada, a alma existirá para sempre – ela é incorruptível. A história do pensamento medieval sobre a natureza humana diz respeito à maneira como esse referencial básico foi desenvolvido de várias maneiras conflitantes, e como essas várias teses podiam ser provadas filosoficamente – se é que podiam ser provadas de todo.

---

[1] Alguns cristãos primitivos, como Orígenes, sustentavam que as almas foram criadas antes da criação de seus corpos. Agostinho deixou aberta essa questão (ver, por exemplo, *Confissões* I 6). À época de Tomás de Aquino, no entanto, a preexistência não era mais tratada como uma opção séria e havia um consenso quase universal de que a alma é infundida bem depois do ponto da concepção. Para um levantamento de visões do século XIII, ver R. Dales [545].

Mente, corpo e alma

É difícil imaginar um início mais impressivo para o pensamento medieval sobre a natureza humana do que os escritos de Agostinho. "Recuse-se a ir para fora", aconselhava ele, "Retorne para si mesmo. A verdade reside no interior" (*Da Verdadeira Religião* 39.72). Observações como essas anunciaram uma mudança importantíssima no pensamento filosófico. Em vez de olhar para o mundo físico em busca de verdades fundamentais ou para um abstrato reino de Formas, Agostinho propunha um método de primeira pessoa. Olhe para o interior.

A verdade que Agostinho buscava não era apenas a verdade sobre nós mesmos. Olhando para o interior, ele pensava, poderíamos obter algum entendimento da natureza de Deus, como professada na doutrina cristã da Trindade. A distinção entre memória, entendimento e vontade, combinada com a inclusão mútua desses elementos uns nos outros, tornava a mente uma imagem, embora distante, das três Pessoas que são Deus (*Trindade* X-XV). Ao esforçar-se para firmar essa posição, no entanto, Agostinho estabeleceu conclusões fundamentais sobre nossa própria natureza. O que é um corpo? Algo que ocupa espaço de maneira tal que uma parte dele ocupa menos espaço que o todo (X 7.9).[2] O que é a mente? Aqueles que são fixados nos sentidos e imagens do mundo físico supõem que a mente é algum tipo de corpo ou talvez um estado harmonioso do corpo. Se essa suposição é feita pela mente, isso significa que esta última confunde imagens sensoriais com seu próprio eu, adicionando algo físico àquilo que ela sabe ser. "Deixe-a pôr de lado o que *pensa* ser e discernir o que *sabe*" (X 10.13). O que a mente sabe – o que toda mente sabe – é que ela é uma coisa que pensa:

> Quem duvidaria de que vive, lembra-se, entende, quer, pensa, sabe e julga? Pois se duvida, esse alguém vive; se duvida, ele se lembra por que duvida; se duvida, entende que duvida; se duvida, quer estar certo; se duvida, pensa; se duvida, sabe que não sabe; se duvida, julga que não deva imprudentemente anuir (X 10.14).[3]

---

[2] Essa cuidadosa definição permite a Agostinho dizer que a mente, embora não seja um corpo, é extendida através do corpo de um modo especial: "é um todo no corpo todo, e um todo em cada parte do corpo" (*Trindade* VI 6.8).

[3] Ver também *Trindade* XV 12.21, *Da Livre Escolha da Vontade* II 3, e *Cidade de Deus* XI 26. Para discussão adicional do método de primeira pessoa de Agostinho, ver G. Matthews [73], caps. 3-4, e capítulo 12 neste volume.

Conhecendo tudo isso sobre si mesma, a mente conhece seu próprio eu. Enquanto outros supõem que querer e entender sejam qualidades inerentes a alguma substância posterior, Agostinho insiste que a mente compreende sua própria natureza com certeza: "uma coisa não é dita como sendo conhecida de maneira alguma quando sua substância é desconhecida" (X 10.16). Daí sabemos o que a mente é, simplesmente por olharmos em nosso próprio interior: nossa mente é apenas nosso próprio pensar, querer e entender. Esse método interiormente direcionado dominou o pensamento ocidental por séculos. Em 1077, Anselmo começava sua famosa prova da existência de Deus com a injunção "entra na câmara da tua mente; expulsa tudo exceto Deus e aquilo que o ajuda a procurar por Ele, e então procura por Ele, com a porta fechada" (*Proslogion* I). Para Boaventura, em 1259, o itinerário da mente para Deus começa com o mundo externo e então leva-nos a "reentrar em nós mesmos – isto é, em nossa mente, na qual brilha a imagem divina" (*Itinerarium mentis in Deum* 3.1). Apesar dos melhores esforços de Boaventura, no entanto, a filosofia mudou de curso dramaticamente no século XIII, enquanto absorvia a influência de Aristóteles e do pensamento islâmico. Embora autores como Tomás de Aquino e João Duns Escoto trabalhassem vigorosamente para combinar Agostinho e Aristóteles, essas duas abordagens da natureza dificilmente podiam ter sido mais diferentes. No lugar do método introspectivo de Agostinho, que tendia a deixar para trás o corpo ao concentrar-se na *mente*, os aristotélicos faziam uso de uma noção essencialmente biológica de *alma* como modelo para sua compreensão de nossa natureza, bem como da de outros animais. Em vez de tratar o pensamento como essência da mente, eles tratavam-no como meramente sua atividade e tomavam a mente por uma faculdade da alma humana. Quanto à própria alma, a natureza desta era dita desconhecida, ou pelo menos inalcançável pela introspecção. Como coloca Tomás de Aquino, "O intelecto humano não é nem seu entendimento, nem tem sua própria essência como o primeiro objeto de seu entendimento. Em vez disso, algo externo, a natureza de uma coisa material, é seu primeiro objeto" (*ST*, q. 87, a. 3).

Isso não significa dizer que os aristotélicos escolásticos consideravam a alma um completo mistério. Era axiomático para eles que a alma é o *primeiro princípio da vida* – isto é, a explicação interna mais básica de porque plantas e animais estão vivos (ver Aristóteles, *De anima* II 1). Estar vivo, segundo essa explicação, é apenas engajar-se nas operações que caracterizam todas ou algumas das coisas vivas: nutrir-se, crescer, reproduzir-se, mover-se, perceber, desejar e pensar. A alma era então concebida como possuindo poderes ajustados para a produção dessas várias funções e era dividida em partes funcionais: cinco, de acordo com Aristóteles, ou três, na explicação mais comum de Avicena: vegetativa (= nutritiva), sensória, e racional (Aristóteles acrescentava apetitiva e locomotiva).[4] A alma atualiza o corpo, o que significa dizer que a alma e o corpo relacionam-se como a forma em relação à matéria. Encorajados pela observação de Aristóteles de que "Não é necessário perguntar se a alma e seu corpo são um, assim como não perguntamos isso da cera e seu formato" (*De anima* II 1, 412b6-7), os autores escolásticos supunham que esse tipo de referencial hilomórfico (isto é, de matéria e forma) pudesse resolver o problema perene de unificar alma e corpo. A diversidade de planos para fazê-lo sugere que a solução não era autoevidente.

As explicações escolásticas da relação entre alma e corpo enquadram-se em duas classes amplas. Primeiro, havia aquelas que tratavam os seres humanos como compostos de matéria e uma série de formas, de maneira que a matéria informe inicial (matéria-prima, ou mais literalmente, "matéria-primeira") é moldada por uma forma corpórea, e esse composto de matéria e forma é ao mesmo tempo moldado por uma forma ulterior e assim por diante, até a forma última, a alma racional. Entre os primeiros autores escolásticos, era comum seguir o filósofo judeu do século XI Avicebron (Ibn Gebirol) na suposição de que os seres humanos são compostos de muitas dessas formas essenciais ou substanciais: corpórea, nutritiva, sensória, racional e talvez ainda outras (*Fons vitae* IV 3). Para autores posteriores, como Henrique de Gand e Duns Escoto, um ser humano é composto de apenas duas formas substanciais: uma forma corpórea mais a alma racional.[5] Uma

---

[4] Ver Avicena, *Liber de anima* I 5 [115] I 79-180; Aristóteles, *De anima* II 3, 414a31-32. Para uma descrição escolástica primeva dos poderes da alma, ver *CT* III 9-34, um trabalho anônimo datado de meados de 1255.

[5] Para o início do século XIII, ver, por exemplo, Filipe, o Chanceler, *Summa de bono* IV 8 [379] 284. Os mais notáveis pluralistas posteriores são Henrique de Gand (*Quodlibet* IV 13), João Duns Escoto (*Ordinatio* IV, d. 11, q. 3 [282] VIII 604-656), e Guilherme de Ockham (*Quodlibet* II 10-11), os quais discordam entre si de várias maneiras (ver M. M. Adams [318] 647-669). Para um levantamento detalhado das opiniões nessa área, ver R. Zavalloni, *Richar de Mediavilla et la Controverse sur la Pluralité des Formes* (Louvain, 1951).

segunda classe de teorias sustenta que a alma racional é a única forma substancial de um ser humano, e que ela tanto molda o corpo como dá ensejo a todas as capacidades associadas à vida. Essa explicação unitária foi primeiramente articulada por Tomás de Aquino. Ela foi, talvez, sua mais original e marcante contribuição à filosofia. Um crítico, Pedro João de Olivi, referiu-se a ela como um "erro brutal", e ela foi condenada por sucessivos arcebispos da Cantuária.[6]

Havia diversas razões pelas quais o tema era tão controverso. Primeiro, a forma substancial era pensada como fixadora das condições de identidade daquilo que ela informa. Isto é, um corpo permanece como o mesmo corpo, somente enquanto retém a mesma forma. Mas se um ser humano tem somente uma forma substancial, então o corpo sai de existência no momento da morte, quando alma e corpo se separam. Tomás de Aquino endossava inteiramente esse resultado, observando que "Assim como alguém não fala de um animal e de um ser humano uma vez que a alma tenha saído – a não ser equivocamente, da maneira como falamos de um animal pintado ou esculpido –, assim também para a mão e o olho, ou a carne e os ossos" (*ST* I, q. 76, a. 8; cf. Aristóteles, *De anima* II 1, 412b19-22). Além de levantar vários problemas teológicos,[7] esse resultado pareceu a muitos absurdo. Ockham, por exemplo (*Quodlibet* II II), imaginava o que poderia possivelmente explicar por que algo novo (um cadáver) entra em existência na morte, com todas (ou virtualmente todas) as qualidades físicas possuídas pelo corpo vivo. É certamente muito mais fácil supor que o mesmo corpo subsiste através da morte. Mas isso só pode ser assim se o corpo possui sua própria forma substancial, separada da alma.

Subjacente a esse debate, havia uma preocupação adicional e mais geral quanto ao poder de convencimento da explicação de Tomás. Como notado anteriormente, todos os lados concordavam que a alma racional é imaterial.

---

[6] Tomás de Aquino articula sua posição em vários lugares: para um enunciado conciso, ver *ST* I, q. 76, arts. 34. Para Olivi, ver II *Sent.*, q. 71 [271] II 637. Sobre as condenações de Oxford, promulgadas primeiramente por Roberto Kilwardby em 1277 e então por João Pecham em 1284, ver D. A. Callus [239] e J.-P. Torrell [260] 304-305.

[7] Discussão concentrada na presença real de Cristo na Eucaristia e no permanecimento do corpo de Cristo na tumba.

Mas como poder ela ser imaterial e ser ao mesmo tempo a forma do corpo? Essa era uma questão que todos os escolásticos precisavam confrontar, especialmente depois de 1312, quando o Concílio de Viena declarou que seria heresia sustentar que "a alma racional ou intelectiva não é por si [*per se*] e essencialmente a forma do corpo humano".[8] Mas o problema era especialmente premente para Tomás de Aquino e seus seguidores, pois eles precisavam de que a alma racional desse forma ao corpo, desse origem às operações nutritivas do corpo, fosse o princípio interior por trás da sensação *e ao mesmo tempo* fosse imaterial. Como poderia a alma fazer todas essas coisas e ainda assim ser imaterial? A solução de Tomás (*ST* I, q. 77) repousa sobre uma distinção entre a essência da alma e seus poderes. Por si mesma, a alma é uma forma substancial, cuja essência é desconhecida ou pelo menos escondida. O que podemos saber sobre a alma é o que podemos observar de suas operações, o que nos leva a inferir que a alma possui certos poderes. Estes poderes "fluem" da essência da alma, mas não são aquela essência. Daí, a alma humana dá origem a nossa habilidade de digerir a comida, que é um processo tão físico quanto qualquer coisa na natureza. Mas a alma humana também dá origem a nossa capacidade de pensar, a qual todos concordavam que não seria um processo físico. Desde que Tomás distinguia a alma e seus poderes, ele não via dificuldade em reconciliar estes papéis. Seus oponentes, aderindo mais de perto à concepção agostiniana de mente, recusavam-se a distinguir entre a essência da alma e seus poderes, uma postura facilitada pelo pluralismo deles quanto à forma substancial.

Identificando a alma racional com a única forma substancial do ser humano, Tomás gerou um considerável problema para si mesmo e para seus seguidores. Mas ele clamava uma notável vantagem para sua explicação: sua contribuição para a solução do problema da relação entre alma e corpo. O que era exatamente esse problema? Em contraste com os primeiros pensado-

---

[8] Ver H. Denzinger [24] n. 902. O alvo dessa condenação foi o já mencionado Pedro João de Olivi, que considerava a alma racional como informando certa *matéria espiritual* que seria distinta da matéria corpórea que chamamos de corpo (ver II *Sent.*, q. 51, e R. Pasnau [274]). Esse decreto seria reafirmado pelo Concílio de Latrão de 1513, gerando problemas para toda uma nova geração de filósofos católicos na juventude da era moderna.

res modernos, os filósofos medievais não consideravam esse um problema de causalidade. A noção de um ente imaterial agindo sobre a matéria era considerada não problemática, e embora a causação na direção contrária fosse geralmente proibida, a causalidade em uma só direção era suficiente para explicar a interação. Para que o corpo possa agir sobre os poderes imateriais da alma – intelecto e vontade –, a informação corpórea é simplesmente transformada em um estado imaterial pelo intelecto.[9] A versão medieval do problema da relação entre corpo e alma era, em vez disso, o problema de como responder ao dualismo platônico. Embora quase nenhum dos escritos de Platão fosse conhecidos de primeira mão, autores como Nemésio de Emesa (século IV) haviam descrito como Platão "não sustentava que um animal fosse feito de alma e corpo, mas que ele fosse a alma usando o corpo e (como que) vestindo o corpo". Como observara Nemésio, "Essa afirmação levanta um problema: Como pode a alma ser una com aquilo que veste? Pois uma camisa não é una com a pessoa que se encontra vestindo-a" (*De natura hominis* 3 [375] 51-52). Agostinho havia insistido que um ser humano é alma *e* corpo (*Cidade de Deus* XIX 3), mas ele teve pouco a dizer sobre como as duas partes do par alma-e-corpo encontram-se ligadas. O hilomorfismo aristotélico enxergava a alma como atualizando um corpo potencialmente vivo, mas isso por si só não resolvia o problema da unidade do ser humano individual. Duns Escoto, que perseguiu questões metafísicas mais longe e mais profundamente que qualquer outro na Idade Média, simplesmente concedeu que "não há nenhuma causa pela qual esse ato e aquela potência perfazem uma coisa por si mesma [*per se*]... exceto que este é potência em relação àquele, e aquele é ato" (*Ordinatio* IV.II.3.53 [282] VIII 652-53). Nada mais podia ser dito.

Mas Tomás de Aquino pôde dizer algo mais. Como notado anteriormente, a forma substancial supre as condições de identidade para um corpo e cada uma de suas partes. Cada parte existe somente enquanto é atualizada

---

[9] Para os autores escolásticos, esse papel transformador era comumente desempenhado pelo intelecto agente (ver, por exemplo, Tomás de Aquino, *ST* I, q. 79, a. 3; q. 84, a. 6). Agostinho parece ter pensado que até mesmo a sensação requeria esse tipo de transformação espiritual (*O Significado Literal do Gênese* XII 16). Ockham, no outro extremo, era indiossincrático ao acreditar que o material podia agir sobre o imaterial. Ver, por exemplo, *Reportatio* II 12-13 [308] *OTh* V 275.

pela forma do todo da qual ela é parte. Ademais, a forma substancial foi entendida como desempenhando um papel causal na sustentação de todas as propriedades intrínsecas de uma substância. As substâncias têm as características duradouras que têm graças às formas distintivas subjacentes a elas.[10] Essa concepção de forma rende uma explicação excepcionalmente clara da unidade substancial: uma vez que a forma é o que individua e causalmente sustenta todas as partes de uma substância, nenhuma substância pode existir ou durar separada da forma. Portanto, se a alma humana é a forma substancial do ser humano, o corpo revela-se inseparável da alma no sentido mais forte. Não surpreendentemente, dado seu poder explicatório (e a maneira como ainda deixa espaço para a alma existir separada do corpo), a explicação unitária de Tomás viria a se tornar a visão dominante no fim do período.[11]

COGNIÇÃO

Dentre as várias escolas de filosofia, nenhuma apresentou mais sérios desafios à cristandade que o ceticismo. Alguém podia ser cristão e platônico, como Agostinho, ou cristão e aristotélico, como Tomás de Aquino, ou mesmo, concebivelmente, cristão e estoico. Mas é difícil enxergar como as crenças de um cristão podiam ser reconciliadas com a suspensão cética de toda a crença.[12] Agostinho descreveu nas *Confissões* como caíra sob o domínio do ceticismo por algum tempo, tornando-se alguém que havia "perdido toda a esperança de descobrir a verdade" (VI 1) e "acreditado ser impossível encontrar o caminho da vida" (VI 2). Ele rapidamente viria a rejeitar essa postura, diagnosticando o cético como alguém que erroneamente se agarra ao padrão errado de certeza: "Eu quis tornar-me tão certo das coisas que não podia ver quanto estava certo de que sete e três são dez... desejei que as outras coisas fossem também assim"

---

[10] Ver, por exemplo, Tomás de Aquino: "Todo corpo natural tem alguma forma substancial determinada. Logo, uma vez que os acidentes seguem-se da forma substancial, é necessário que acidentes determinados sigam-se de uma forma determinada" (*ST* I, q. 7, a. 3).

[11] Ver a discussão em D. Des Chene [546] cap. 4. Para uma exceção escolástica tardia a esse consenso, ver Jacó Zabarella, um filósofo paduano do século XVI.

[12] Para informações sobre ceticismo antigo, ver M. Burnyeat [38].

(VI 4). Aqueles que limitam suas crenças àquilo que supera esse teste estão fadados a recusar a asserção em quase todos os casos. Mas por que deveria ser esse o padrão para a justificação adequada? Por que esse tipo de certeza é o único aceitável? Já vimos Agostinho apelar para o autoconhecimento, na obtenção de um tipo de certeza. Em outros casos, ele defende um padrão mais frouxo de justificação, um padrão que reserva um lugar proeminente para a evidência dos sentidos e, crucialmente, para a autoridade de outros:

> Eu refletia sobre as inúmeras coisas em que acreditava sem tê-las visto; eventos que ocorreram quando eu não estava presente, (...) muitos fatos sobre lugares e cidades que eu nunca havia visto, muitas coisas aceitas com base na palavra de amigos, de médicos e de outras pessoas. Se não acreditássemos em coisas que nos são ditas, não faríamos nada nesta vida (VI 5).

Se isso se mantém verdadeiro na vida cotidiana, mantém-se também naquilo que envolve a crença religiosa. Dessa maneira, Agostinho vira o desafio do ceticismo a favor do cristianismo, argumentando que a falta de certeza que ameaça a crença teísta ameaça de fato todas as nossas crenças. Se temos boas razões para rejeitar o ceticismo global, deveríamos então considerar se estas não poderiam ser também boas razões para rejeitar o ceticismo religioso.[13]

Os pensadores posteriores parecem ter considerado o tratamento dado por Agostinho a essas questões como decisivo. O ceticismo simplesmente deixou de ser um tópico proeminente de discussão até o fim da Idade Média. Em vez disso, a atenção fora concentrada em como o conhecimento é adquirido. A questão aqui não era como definir o conhecimento – a questão que Platão originalmente levantara, e que dominaria a epistemologia do posterior século XX –, mas como entender as operações cognitivas que o geram. As complexas e sofisticadas teorias da cognição desenvolvidas nos séculos XIII e XIV tiveram várias raízes. Mais obviamente, houve as breves observações de Aristóteles sobre o intelecto e sua discussão mais detalhada da sensação. Igualmente importantes foram as amplas observações de Agostinho sobre a mente e a percepção, em

---

[13] Para uma discussão adicional da metodologia de Agostinho, ver N. Kretzmann [71]. Agostinho retorna a esses temas em muitos lugares, inclusive *Contra os Acadêmicos*, *A vantagem de crer*, *Trindade* XV, e *Cidade de Deus* XI.

A Trindade e outras obras. Uma terceira fonte principal foi a tradição islâmica, particularmente o influente tratado de Alhazen sobre ótica, e o desenvolvimento brilhante e original do pensamento de Aristóteles realizado por Avicena.

Todo o trabalho medieval sobre a cognição toma como base uma distinção fundamental entre sentido e intelecto. Os poderes sensórios eram de fato considerados como poderes da alma, mas tomados como poderes que requerem órgãos físicos, e que temos em comum com os animais não racionais. Escrevendo meio século antes da representação cartesiana dos animais inferiores como máquinas inconscientes, Francisco Suárez nota uma tendência similar em alguns de seus contemporâneos. "Essa visão é intolerável e enormemente paradoxal", escreve ele (*De anima* I 5), dado que temos os mesmos órgãos sensoriais dentro e fora, os mesmos tipos de comportamento em resposta a estímulos e a mesma habilidade de armazenar memórias de impressões particulares. De todo, argumentava Suárez, temos tanta evidência a favor da sensação nos animais quanto temos em relação às crianças pequenas e aos severamente retardos.

Para os pensadores medievais, os seres humanos são especiais entre os animais porque possuem uma mente, um poder cognitivo que não é parte do cérebro, nem de qualquer maneira físico. Considerava-se que essa imaterialidade explicava como a mente podia engajar-se no pensamento abstrato e conceitual. Enquanto os sentidos físicos eram limitados à apreensão de imagens e objetos particulares, o intelecto era considerado como ilimitado em seu escopo representacional, capaz de captar não apenas uma qualidade particular, mas a própria natureza da qualidade, uma natureza que é a mesma em todos os indivíduos possuidores da qualidade.[14] Portanto, a marca do mental não era a intencionalidade, mas a conceitualização, e a divisão entre o físico e o não físico estava localizada não na fronteira da consciência, mas na fronteira do pensamento abstrato.

Os filósofos medievais dedicaram sua atenção primária à mente, mas os sentidos não foram ignorados. Avicena propôs uma distinção – que se tornaria fundamental – entre dois tipos de objetos sensoriais, formas e intenções (*Liber de anima* I 5 [115] 86). Em geral, uma forma é o tipo de objeto senso-

---

[14] Ver, por exemplo, Tomás de Aquino, *ST* I, q. 14, a. 1; q. 84, a. 2.

rial que os cinco sentidos externos são adequados para captar: cor, tamanho, forma, som e assim por diante. Uma *intenção* é uma característica do objeto, que é comunicada pela forma do objeto, mas não pode ser detectada pelos cinco sentidos. Essa terminologia permite a Avicena distinguir dois níveis de processamento sensorial, os quais ele descreve como nível externo e interno. Os sentidos externos são os familiares cinco sentidos, os quais têm como seus objetos qualidades sensoriais particulares. Há, de modo semelhante, cinco sentidos internos (*Liber de anima* I 5, II 2 e IV 1 [115] I 87-90 e 117-19, II I-II; *Najat* II 6 § 3 [119] 30-31):

– o senso comum (também chamado de fantasia), que coleta impressões de todos os cinco sentidos externos;

– a imaginação (também chamada de poder formativo), que retém as imagens coletadas no senso comum;

– o poder imaginativo (nos seres humanos: "poder cogitativo"), que compõe e divide as imagens sensoriais;

– o poder estimativo, que faz julgamentos que vão além das aparências externas (a ovelha reconhece que deve fugir do lobo);

– o poder de memória (nos seres humanos: recordação), que retém impressões formadas pelo poder estimativo.

Essa terminologia é tomada amplamente de Aristóteles, incrementada por uma complexa tradição islâmica anterior.[15] Mas Avicena vai bem além das incertas sugestões de Aristóteles, reunindo estas faculdades díspares sob o título de sentidos internos e atribuindo-lhes localizações específicas no cérebro e funções definidas. Autores medievais posteriores – notavelmente Averróis (*Liber de medicina* II 20), Alberto Magno (*De homine*, qq. 35-41) e Tomás de Aquino (*ST* I, q. 78, a. 4) – desenvolveriam suas próprias explicações dos sentidos internos, baseando-se nas sugestões de Avicena e modificando a terminologia de maneiras complexas.

Uma teoria da sensação requer alguma explicação da representação sensorial. No interior dos sentidos internos, as propriedades perceptíveis

---

[15] Ver H. A. Wolfson [553]; D. L. Black [479].

dos corpos eram ditas representadas por *fantasmas*. De modo mais geral, a informação advinda do mundo exterior era dita passada para os sentidos e para o interior do intelecto através de uma série de formas ou *"espécies"*. Agostinho havia falado sobre quatro dessas espécies: no objeto, no sentido, na memória e na mente (*Trindade* XI 9.16). O trabalho medieval mais importante nessa área veio de um autor islâmico do século XI, Alhazen (Ibn al-Haytham), cuja *Ótica* deve ser contada como a mais impressiva explicação pré-moderna da percepção. Alhazen estudou em cuidadosos detalhes os fundamentos físicos e psicológicos da visão, traçando a propagação de formas visuais através do meio e no interior do olho e explorando as maneiras pelas quais assim adquirimos informações sobre as diversas propriedades sensíveis do objeto, como sua cor, distância, formato, tamanho, movimento e assim por diante. Os autores latinos, liderados por Rogério Bacon, estudaram essa obra no século XIII, e tornou-se rapidamente um padrão conceber a cognição como produto de uma multiplicação de formas ou espécies através do ar, passando para o interior dos órgãos sensoriais e, finalmente, do intelecto.[16]

Havia a concordância geral de que essas espécies, mesmo as abstratas espécies "inteligíveis", representariam objetos em virtude de serem, de algum modo, semelhanças desses. Além disso, no entanto, havia considerável discordância sobre como as espécies desempenhariam seu papel representacional. Entre os autores do século XIII, por exemplo, Roberto Kilwardby seguiria algumas observações de Agostinho ao sustentar que as qualidades sensíveis realizam uma impressão física nos órgãos sensoriais, produzindo ali uma espécie, e que a sensação ocorre quando a alma sensória imaterial percebe então aquelas impressões (*Da Imaginação*, cap. 3).[17] Tomás de Aquino, em contraste, assume uma linha mais aristotélica, sustentando que a recepção de uma espécie pelo órgão sensorial apenas

---

[16] Sobre o papel de Bacon no desenvolvimento de teorias islâmicas anteriores, ver K. Tachau [552] cap. 1.

[17] Agostinho sugere essa explicação em diversos lugares, e. g., *Da Música* VI 5, traduzido [para o inglês] por R. C. Taliaferro (*On Music*, New York, 1947) 23-24; *A Magnitude da Alma*, traduzido [para o inglês] por J. J. McMahon (*The Magnitude of the Soul*, New York, 1947); *O Significado Literal do Gênese* XII. Para uma discussão, ver G. O'Daly [75].

é a sensação.[18] Nesse tipo de posição, a sensação é um evento físico, uma informação passiva do órgão sensorial a partir do exterior. Mais tarde, no século XIII, Olivi atacou as posições desse segundo tipo por causa de sua passividade e atacou as posições do primeiro tipo por fazerem da impressão interna o objeto da percepção. Na visão de Olivi, a percepção ocorre graças à "atenção virtual" da mente, voltada para o exterior, para os próprios objetos.[19] Os mecanismos desta explicação são obscuros, mas é claro que Olivi desejava eliminar tanto as espécies sensíveis quanto as inteligíveis, em favor de uma captação direta do próprio objeto. Embora Tomás insistisse que a espécie não é a coisa percebida, mas aquilo *pelo qual* as coisas externas são percebidas (ver, e. g., *ST* I, q. 85, a. 2), Olivi afirmava que uma espécie deve inevitavelmente "velar a coisa externa e impedir que receba a atenção por si mesma como se estivesse presente" (II *Sent.*, q. 58, ad 14 [271] II 469). Esse debate continuou ao longo da Idade Média e recomeçou com Locke e seus críticos, dessa vez voltado para o papel das *ideias*.

Algumas questões a respeito dos sentidos tinham paralelos em relação ao intelecto. Aqueles que rejeitavam as espécies sensíveis, como Olivi, e posteriormente Ockham, rejeitavam também as espécies inteligíveis.[20] A explicação tomista da passividade sensorial era válida também no nível intelectual: "A operação de nosso intelecto consiste em sofrer ação de certo modo" (*ST* I, q. 79, a. 2) – consiste, em outras palavras, na recepção de espécies inteligíveis. Havia grandes diferenças entre os níveis sensório e intelectual. De modo mais significativo, os filósofos na tradição aristotélica

---

[18] Ver, por exemplo, *ST* I, q. 85, a. 2, ad 3: "Há duas operações na parte sensória. *Uma ocorre unicamente em virtude de uma impressão; dessa maneira a operação de um sentido é completada por sua recepção de uma impressão de algo sensível. A outra operação é a formação em virtude da qual o poder imaginário forma por si mesmo uma imagem de uma coisa ausente, ou mesmo de algo nunca visto*". Cf. Aristóteles, *De anima* II II, 423b32: "Sentir é ser afetado de certa maneira".

[19] Ver II *Sent.*, q. 23; q. 58, ad 14; q. 72, q. 74, e R. Pasnau [551] caps. 4-5.

[20] Essas afirmações estendiam-se também à palavra mental (ver capítulo 3 deste volume), a qual Olivi identificava como o ato do pensamento (ver *CT* III 136-151). Para Ockham, ver E. Stump em *CCOck* 168-203, bem como o texto traduzido [para o inglês] em A. Hyman e J. J. Walsh [17] 670-679.

distinguiam entre dois poderes inetelectuais, o intelecto agente e o intelecto possível (ou, mais adequadamente, os intelectos ativo e receptivo). O intelecto possível começa como uma *tábula rasa*, construindo o conhecimento conceitual a partir da entrada sensorial. O intelecto agente é responsável pela transformação daqueles dados sensoriais em algo inteligível. Isso é dizer que o intelecto agente, através do processo de abstração, toma a informação que é material e particular e transforma-a em algo imaterial e abstrato. Dessa maneira, a percepção de um gato preto engendra o conceito *gato* ou o conceito *preto*.

Tudo sobre o intelecto agente era obscuro e controverso. Ele supostamente realizava sua operação transformativa por abstração, mas parece ter havido pouco entendimento de como isso funcionaria.[21] Uma possível razão para o negligenciamento dessa questão é que as energias medievais estavam concentradas em uma questão mais básica: seria o intelecto agente ao menos uma parte da alma humana? As observações de Aristóteles sobre esse tópico (*De anima* III 5) foram enigmáticas, e os autores medievais posteriores eram confrontados com uma miscelânea confusa de autoridades filosóficas. Avicena, cujas opiniões eram particularmente influentes, concebia o intelecto agente como uma substância separada, relacionada à alma humana como o sol é relacionado a nossos olhos (*Liber de anima* V 5 [115] II 127). Essa visão era endossada por cristãos proeminentes, inclusive Rogério Bacon (*Opus tertium*, cap. 23; *Opera... inedita*, ed. J. S. Brewer [Londres, 1859]) e Henrique de Gand (*Quodlibet* IX 15). Tão influente, e muito mais controverso, foi Averróis, que parece às vezes ter pensado que tanto o intelecto agente quanto o intelecto possível fossem substâncias separadas (e. g., *Commentarium magnum de anima* III 5). Essa peculiar doutrina de *monopsiquismo*, de acordo com a qual um intelecto é compartilhado por todos os seres humanos, foi adotada por alguns mestres de artes no século XIII – em particular, Siger de Brabante (ver suas *Questões sobre o De anima* III) –, mas ferozmente rejeitada por teólogos como Boaventura e Tomás de Aquino. Boaventura, escrevendo no início dos anos 1250, sustentara que "como quer que se disfarce [*coloret*] essa visão, ela é

---

[21] Ver P. King [549] para uma discussão desse ponto.

má e herética: pois vai contra a religião cristã... contra a razão correta... e contra a experiência sensorial" (II *Sent.* 18.2.1).²²

Como alguém pode acreditar que todos os seres humanos compartilham um único intelecto? A teoria soa menos estranha quando considerada em seu contexto mais amplo.

Primeiro, as breves observações de Aristóteles sobre o intelecto atingiram a muitos como conduzindo a essa conclusão.²³ Para os cristãos, ademais, esse intelecto separado podia ser identificado com Deus, uma linha de pensamento que pode parecer mesclar-se à concepção agostiniana de iluminação divina. Agostinho havia famosamente argumentado que pelo menos parte do conhecimento humano só é alcançável se formos iluminados por Deus:

> Quando lidamos com coisas que percebemos pela mente, ou seja, pelo intelecto e pela razão, estamos falando de coisas para as quais olhamos imediatamente na luz interior da Verdade, em virtude da qual o assim chamado homem interior é iluminado e regozija-se... Quando enuncio verdades, eu não ensino à pessoa que está a olhar para essas verdades. Ele é ensinado não por minhas palavras, mas pelas próprias coisas, tornadas manifestas interiormente quando reveladas por Deus (*De Magistro* 12.40).

Embora Agostinho não tenha nunca suposto que os seres humanos carecessem de seus próprios intelectos, ele tanto salientou nossa dependência em relação a uma luz da verdade acima da mente que fez a própria mente parecer incompleta.

A iluminação divina detém um lugar central na epistemologia medieval até o século XIII, quando passou a ser gradualmente desbancada pelo empirismo aristotélico. Boaventura firmemente observara que "a luz do intelecto criado não é suficiente para a compreensão certa de coisa alguma sem a luz

---

[22] Para outra resposta feroz à teoria, ver o pequeno tratado de Tomás, *De unitate intellectus*. Para uma defesa anônima do monopsiquismo por um mestre de artes da Universidade de Paris, ver *CT* III 35-78.

[23] A mais famosa é *De anima* III 5, falando do intelecto agente: "Esse intelecto é separado, não afetado, não misturado, sendo em essência atividade... Não é o caso que ele algumas vezes pense e outras não. Em separado ele é somente o que é, e sozinho é imortal e eterno" (430a17-23).

do Verbo eterno" (*Christ our one teacher* [*Cristo nosso único mestre*], n. 10, *CT* III 84). Ele estava bem cônscio, no entanto, de que a influência de Aristóteles devia ser reconhecida, e buscou assim um acordo:

> Embora a alma seja, de acordo com Agostinho, ligada às leis eternas, porque ela de algum modo alcança aquela luz através do foco superior do intelecto agente e através da parte superior da razão, apesar disso, é indubitavelmente verdadeiro, acompanhando o que diz o Filósofo, que a cognição é gerada em nós através dos sentidos, da memória e da experiência, a partir dos quais o universal é produzido em nós, o qual é a fonte da arte e do conhecimento (*Christ our one teacher* [*Cristo nosso único mestre*], n. 18, *CT* III 88).

Isso é surpreendente, não apenas porque Boaventura deixa espaço para o empirismo dos *Analíticos Posteriores* II 19, mas também porque até mesmo a linguagem agostiniana das primeiras linhas foi infectada com o intelecto agente aristotélico. Por volta do final do século XIII, o próximo grande mestre franciscano, João Duns Escoto, havia dispensado inteiramente a iluminação. No que dizia respeito ao conhecimento da "verdade infalível, sem dúvida ou engano", Escoto insistia que os seres humanos "podem alcançá-la, por meios puramente naturais" (*Ordinatio* I, d. 3.1, q. 4, n. 258). Deus de fato ilumina a mente em certo sentido, mas ele o faz tornando o mundo inteligível, dando-lhe uma estrutura e coerência de modo que nossas mentes possam, por si mesmas, captar verdades na ciência, na matemática e na filosofia.[24]

O ocaso da epistemologia iluminacionista coincidiu com um renovado interesse pelo ceticismo. Henrique de Gand, ainda defendendo a teoria da iluminação nos anos 1270, começava sua influente *Summa* teológica com uma série de artigos sobre ceticismo e iluminação. O primeiro artigo considerava detalhadamente o ceticismo antigo, argumentando, ao contrário deste, que os seres humanos podem apreender uma coisa "como ela é, sem qualquer erro ou engano" (*Summa quaestionum ordinariarum*, art. 1, q. 1, *CT* III 97). Se é isso o que significa conhecer uma coisa, então Henrique conclui que os seres humanos podem ter o conhecimento. Mas ele continua,

---

[24] Para o texto e a tradução [para o inglês] da questão-chave, ver João Duns Escoto [286] 96-132. Para discussão adicional da iluminação divina, ver R. Pasnau [550].

na questão seguinte, para abrandar dramaticamente essa afirmação, observando que, se nos limitarmos aos meios naturais, então "é completamente impossível termos uma cognição completamente certa e infalível da verdade" (q. 2, *CT* III 119). Desse modo, Henrique continua a encontrar um lugar para a iluminação divina.

Por volta do século XIV, a iluminação não era mais um tópico para a investigação séria. Disputas sobre o ceticismo e os limites do conhecimento humano ocorriam agora mais frequentemente no contexto de uma distinção entre dois tipos de cognição: abstrativa e intuitiva. Duns Escoto introduzira essa terminologia como uma distinção entre a cognição que "abstrai de toda existência" e a cognição que "pode ser de uma coisa conquanto esta está presente em sua existência" (*Lectura* II, d. 3.2, q. 2, n. 285). A imaginação, então, conta como abstrativa, enquanto a percepção é comumente intuitiva. Inócua como possa parecer essa distinção, ainda assim tornou-se enormemente influente e controversa. Houve, em particular, disputas sobre como definir os dois tipos de cognição e disputas sobre se poderia haver a cognição intuitiva de objetos inexistentes. Isso por sua vez levou os filósofos e teólogos a encarar mais seriamente as possibilidades de ilusão sensorial e erro intelectual, temas que não haviam sido seriamente perseguidos desde a era de Agostinho.[25]

A marca maior do ceticismo medieval veio com Nicolau de Autrecourt. Escrevendo ao franciscano Bernardo de Arezzo, nos anos 1330, Nicolau começa com a definição de Bernardo de uma cognição intuitiva como aquilo "através do qual julgamos que uma coisa existe, quer ela exista ou não". Nicolau argumenta que se segue dessa definição que alguém nunca pode estar certo de que uma percepção é verídica. Consequentemente, contrário à afirmação de Aristóteles de que "sensações são sempre verdadeiras" (*De anima* III 3, 428a11), ele conclui que "você não está certo da existência dos

---

[25] Particularmente importantes foram as visões de Pedro Aureolo e Guilherme de Ockham. Para Aureolo, ver *CT* III 178-218. A visão de Ockham tem sido assunto de discussão extensiva e desacordo nos tempos modernos. Ver, mais recentemente, E. Karger em *CCOck* 204-26. Para um exemplo admirável da influência do ceticismo no início dos anos 1330, a seleção de William Crathorn em *CT* III 245-301. Para Escoto, sobre cognição intuitiva e abstrativa, ver R. Pasnau em *CCScot* 285-311.

objetos dos cinco sentidos" (primeira carta, n. 11). Ademais, "você não está certo se qualquer coisa lhe aparece de todo" (n. 12), e de fato "você não sabe se seu próprio intelecto existe" (n. 15). Em uma segunda carta, Nicolau vai ainda mais longe, argumentando que o princípio de não contradição é a única base firme para o conhecimento certo. Mas, uma vez que virtualmente nada do que se passa por conhecimento filosófico pode ser derivado daquele princípio, "Aristóteles, em toda sua filosofia natural e teórica, possuía essa certeza de, dificilmente, duas conclusões, e talvez nem mesmo de uma" (segunda carta, n. 23).

Vontade, paixão e ação

É dito às vezes que a vontade é uma descoberta medieval e que as teorias antigas da natureza humana foram desenvolvidas na completa ausência de uma essa faculdade. Isso é controverso,[26] mas o que parece claro é que Agostinho foi o primeiro dos grandes filósofos a fornecer uma explicação detalhada da vontade em sentido semelhante ao moderno. Convenientemente, dada a metodologia de Agostinho, ele o faria primeiro através da reflexão sobre seu próprio caso, nas *Confissões*, analisando seu torturado caminho em direção à conversão religiosa. Os capítulos de abertura dessa sua autobiografia traçam a jornada intelectual de Agostinho, da adolescência incauta passando pelo maniqueísmo, ceticismo e neoplatonismo, e finalmente pela completa aceitação do cristianismo. Mas o drama real começa apenas no ponto em que "toda a dúvida me deixou" (VII 10). Esse, ele havia suposto, seria o fim da história. Mas Agostinho viria a descobrir que – de modo contrário a Sócrates no *Protágoras* – saber o que é certo não é suficiente para fazer o que é certo. Qual era o problema?

> Eu era impedido, não por grilhões alheios, mas por minha própria vontade férrea. O inimigo dominava minha vontade e forjava uma cadeia para mim, e me prendia. Da vontade pervertida nasce a paixão; servir à paixão

[26] A. Dihle [547] enfatiza a importância de Agostinho. T. Irwin [548] argumenta pela vontade em Aristóteles; C. H. Kahn [69] apresenta uma boa visão da complexidade do tema como um todo.

torna-se hábito; quando não há resistência ao hábito, cria-se a necessidade. Por estes elos entrelaçados (daí eu falar em uma cadeia), mantinha-me ligado à dura servidão (VIII 5).

Embora Agostinho estivesse intelectualmente pronto para mudar sua vida, sua vontade não estava disposta. Como isso poderia ocorrer? Tudo o que era necessário neste ponto era um ato de vontade: "Ir ou chegar lá, não é senão um ato de querer ir" (VIII 8). O que poderia impedi-lo de tencionar fazer aquilo que queria? O problema era que sua vontade estava dividida em duas. O que era necessário era "intencionar forte e inteiramente, não de modo retorcido e vacilante como uma vontade semiferida, lutando com uma parte que se ergue enquanto a outra parte cai" (VIII 19).

Autores medievais posteriores debateram em profundidade as relações entre a vontade e o intelecto e entre a vontade e as paixões. O que é talvez mais significativo nessas discussões é a concepção da vontade como uma faculdade sujeita a disposições complexas. Assim como nós comumente pensamos na mente como adquirindo memórias e crenças ao longo do tempo, Agostinho concebia a vontade como moldada por decisões habituais. Na *Ética a Nicômaco*, Aristóteles havia descrito como o fato de adquirir o tipo certo de hábito desde uma tenra idade "é muito importante, de fato absolutamente importante" (II 1, 1103b25). Agostinho não foi um estudioso de Aristóteles, mas desenvolveu o mesmo ponto e situou-o no interior de sua teoria da vontade. Isso seria crucial para a ética medieval posterior, segundo a qual as virtudes absolutamente importantes de caridade e justiça são disposições da vontade.[27] Ademais, foi essa concepção de vontade que moldou a teoria da graça de Agostinho. Assim como um entendimento genuíno requer que o intelecto seja iluminado por Deus, a bondade moral requer que a vontade seja infundida de virtude. Uma vontade que tenha sido mal-habituada desde uma tenra idade – como a do próprio Agostinho – pode encontrar-se presa no aperto de ferro da necessidade. Esta necessidade tornava literalmente impossível a Agostinho converter-se por si mesmo. "A obra está além de mim, a menos que me abras o caminho" (*Confissões* XI 22). Enquanto envelhecia, Agostinho veio a pôr

---

[27] Ver B. Kent [558] e capítulo 10 neste volume.

cada vez mais ênfase no papel da graça, argumentando que até mesmo a livre aceitação da graça requer graça. No final, ele foi bem-sucedido em ter a visão contrária de seu contemporâneo Pelágio considerada heresia. Essas questões estariam destinadas a permanecer na vanguarda do pensamento medieval. No século XIV, Tomás Bradwardine viu-se tão perturbado pelas visões modernas que compôs um extenso tratado *Da causa de Deus contra Pelágio* (*De causa Dei contra Pelagium et de virtute causarum*), argumentando que "nenhuma virtude filosófica ou moral é uma verdadeira virtude, absolutamente correta ou justa, sem ser aperfeiçoada pela caridade e pela graça". Sem estas, "toda ação tal é de certa forma um pecado" ([339] 327C).

Ofuscado por esses notórios debates sobre a graça, havia certo trabalho medieval bastante sutil no campo da teoria da ação. A teoria da ação de Tomás de Aquino – para tomarmos o exemplo mais estudado – é comumente dita como envolvendo doze passos discretos no caminho para um ato voluntário.[28] Entre as questões mais prementes nessa área, encontrava-se a relação entre razão e paixões. São Paulo havia famosamente descrito como "Os anseios da carne se opõem aos do espírito, e estes aos da carne. Eles são contrários uns aos outros, e por isso não fazeis o que quereis" (Gálatas 5,17). Agostinho enxergava seus próprios primeiros anos como uma ilustração dessas observações (cf. *Confissões* VIII 5). Ele viria a analisar o fenômeno como uma falha da vontade – não tanto uma fraqueza da vontade, como nós agora o chamamos, mas uma disposição defeituosa da vontade, tornando impossível intencionar "forte e inteiramente" de um modo eficaz.

Embora o texto paulino sugira que espírito e carne sejam equivalentes em uma luta equilibrada, os autores medievais tendiam a enxergar a relação entre a vontade e as paixões como assimétrica, porquanto apenas a vontade (*voluntas*) poderia dar ensejo a ações voluntárias.[29] Se as paixões viessem literalmente a conquistar a vontade da maneira que Paulo sugere, a ação resultante seria uma ação involuntária, pela qual o agente não seria diretamente responsável. (Esses casos seriam extremamente raros. Ainda

---

[28] Ver A. Donaghan em *CHLMP* 642-654.
[29] Ver, por exemplo, Anselmo, *Da Liberdade de Escolha*, caps. 5-7; Tomás de Aquino, *ST* IaIIae, q. 77, a. 1.

assim, a pessoa pode ser indiretamente responsável por estar inclinada a ter tais paixões esmagadoras.) Além disso, a maioria dos autores medievais posteriores identifica a vontade como "apetite racional", significando que ela escolhe aquilo que o intelecto tenha julgado como sendo bom. Isso torna o conflito entre vontade e paixão ainda mais confuso, uma vez que as paixões agora não mais parecem elegíveis para influenciar a vontade. Ainda assim, contudo, todos sofremos tentações. De fato, o pecado original de Adão e Eva foi pensado como tendo tornado essa tentação uma parte inevitável desta vida. Assim, nem mesmo São Paulo podia evitar que sua carne ansiasse contra seu espírito. Para fazer sentido dessa influência, a carne era vista como fazendo seu trabalho indiretamente, moldando a maneira como a mente concebe uma situação.[30]

A descrição da vontade como apetite racional não deixou de ser desafiada. Uma das críticas mais interessantes foi a de Duns Escoto, que propunha dois tipos de inclinação no interior da vontade. Desenvolvendo uma sugestão de Anselmo (*Da Queda do Diabo*, cap. 14; *A Harmonia do Préconhecimento, da Predestinação, e da Graça de Deus com a Livre Escolha*, cap. 19), Escoto distinguiu entre uma inclinação de alguém para a vantagem própria *(affectio commodi)* e uma inclinação para a justiça *(affectio justitiae)*. A primeira explica nossa inclinação para o que é bom para nós; esse é o aspecto de nossa vontade que Escoto pensa ser captado pela expressão *apetite racional*, em virtude do qual buscamos aquilo que mais contribui para nossa própria felicidade. Também somos inclinados, no entanto, a fazer o que é bom independentemente de que isso tenha qualquer conexão para conosco. Essa inclinação para a justiça explica nossa liberdade de resistir ao puro interesse próprio. Na visão de Escoto, essa inclinação fundamenta nossa capacidade crucial de amar a Deus por Ele mesmo, em vez de amá-lo tendo em vista alguma recompensa.[31]

---

[30] Para a posição de Tomás de Aquino nessa área, ver P. King [243] e N. Kretzmann [247].

[31] Ver Escoto [288] 179-181 e 469-473; para uma discussão, ver A. Wolter [301]. Como são pesadas essas duas inclinações? Que é *racional* para nós amarmos a Deus mais que a nós mesmos, foi uma posição defendida por Tomás de Aquino (III *Sent.*, d. 29, q. un., a. 3), Godofredo de Fontaines (*CT* II 271-284, 301-306), e, ao que parece, Guilherme de Ockham (*CCOck* 273-301).

Liberdade e imortalidade

As diferentes concepções de natureza humana levaram diretamente a desacordos na ética e na teoria política, focos dos próximos três capítulos deste volume. Duas convicções eram de fundamental importância para os autores medievais a esse respeito: que os seres humanos são livres e, portanto, sujeitos dignos de louvor ou culpa; e que os seres humanos são imortais e, portanto, sujeitos à felicidade ou sofrimento eternos. Embora os filósofos diferissem quanto à maneira de analisar e argumentar a favor dessas proposições, havia uma crença quase universal na verdade das mesmas. Até mesmo Bradwardine, com todo o seu antipelagianismo, reconhecia que "Todos os teólogos, todos os lógicos, todos os filósofos morais e quase todos os filósofos naturais unanimemente testemunham que o livre-arbítrio[32] deve ser postulado" (*Da causa de Deus* [339] 443D). Havia controvérsias, apesar disso, sobre como a liberdade da vontade poderia ser reconciliada com a providência divina, com a graça e com o pré-conhecimento, de um lado, e com a influência determinante do intelecto, de outro. Quanto a esta última conexão, é comum falar de uma teoria como sendo mais ou menos intelectualista ou voluntarista, dependendo de se ela atribui um papel maior ou menor ao intelecto ou à vontade. Essa não é, contudo, uma maneira muito útil de compreender o debate, pois todos concordavam que a vontade é crucial para o livre-arbítrio. A questão central é *como* a vontade desempenha sua tarefa crucial. Especificamente, como e até que ponto ela é determinada pelo intelecto e por outras forças? Os filósofos de hoje distinguem-se em *compatibilistas*, que crêem que a vontade pode ser livre mesmo se determinada por fatores externos, e *libertários*, que argumentam que a vontade pode mover-se espontaneamente. Os mesmos tópicos estavam em jogo na Idade Média, quando o tipo de de-

---

[32] "Livre-arbítrio" (em inglês: "*free decision*") traduz *liberum arbitrium*, que foi a expressão medieval padrão, de Agostinho a Anselmo e os escolásticos, para o que chamamos de livre vontade. Não era costume entre os autores medievais falar da *vontade* como sendo livre, embora muitos autores concluíssem no fim que o livre-arbítrio (ou a "livre decisão") é uma capacidade pertencente à vontade. Ainda, a terminologia medieval é útil porque deixa em aberto a questão de se nossa capacidade de livre-arbítrio é realmente produto de nossa faculdade de vontade.

terminismo em questão era tipicamente a graça e providência de Deus ou o julgamento do intelecto a respeito do que é melhor. Agostinho foi mais uma vez influente, mas embora suas observações sobre a livre vontade tenham sido amplas (ver, e. g., *Da Livre Escolha da Vontade* III e *Cidade de Deus* V 10), suas opiniões sobre os tópicos cruciais são frequentemente difíceis de determinar.[33] As opiniões de Anselmo são do mesmo modo difíceis de interpretar, mas ele parece estar mais próximo de algo semelhante ao compatibilismo. Ele explicitamente nega que a livre vontade requer a dupla habilidade, em um único momento, de escolher ou não escolher uma coisa, argumentando que alguém tão íntegro a ponto de ser incapaz de pecar é mais livre do que alguém que é capaz de ou pecar ou não pecar (*Da Liberdade de Escolha*, cap. 1). Em outra parte, ele considera o caso de um anjo criado em estágios, tendo sido criado ao ponto de estar "pronto para intencionar, mas não intencionando nada ainda" (*Da Queda do Diabo*, cap. 12). Esse anjo não poderia mover-se àquele primeiro ato de vontade, afirma Anselmo, porque "o que quer que se mova para a vontade, primeiro intenciona mover-se". Uma vez que o anjo, *ex hypothesi*, não intenciona coisa alguma, ele não pode mover-se para a vontade, e assim precisa de algo para movê-lo. Anselmo parece então negar que a vontade tenha o poder de mover-se espontaneamente.[34]

Os filósofos escolásticos debateram esse tópico vigorosamente. Tomás de Aquino não defendeu claramente nenhum dos lados (de qualquer maneira, os estudiosos discordam sobre esse ponto),[35] mas a geração seguinte de filósofos assumiu posições claras. Henrique de Gand, Pedro João de Olivi e João Duns Escoto defenderam uma explicação de estilo libertário. Godofredo de Fontaines e mais tarde João Buridano foram efetivamente compatibilistas.[36] Godofredo, escrevendo em 1289, propôs que, ao discutir a livre vontade, "Não devemos negar o que é primeiro e mais certo por causa da ignorância

---

[33] Ver C. Kirwan [70] e E. Stump em *CCAug* 35-78.
[34] Ver S. Visser e T. Williams [147], que lêem Anselmo como um tipo de libertário.
[35] Para três explicações muito diferentes, ver E. Stump [259], S. MacDonald [249] e R. Pasnau [255].
[36] Ver as seleções de Henrique de Gand [221] e a discussão de Olivi em R. Pasnau [273]. Para Buridano, ver J. Zupko [345] e João Buridano em *CT* II 498-586. Em [21] I, O. Lottin apresenta muitos textos interessantes, em latim, do período ao longo do século XIII.

e dúvida sobre o que é secundário". Um princípio certo é que nada pode mover a si mesmo.

> Portanto, se parece a alguém que, sob a suposição de que a vontade não move a si mesma, é difícil preservar a liberdade que em sua opinião ele deseja atribuir à vontade da maneira como quer, ele não deve, com base nessa afirmação secundária, proceder à negação de afirmações anteriores e mais certas. Em vez disso, por conta da certeza das afirmações anteriores que tem de supor, esse alguém deve estudar como torná-las compatíveis com as afirmações secundárias (*Quodlibet* VI 7 [275] 170).

Em outras palavras, em vez de abandonar um princípio básico da metafísica – que nada pode mover a si mesmo –, devemos reconsiderar nossas assunções sobre o que a liberdade requer.

Outros questionariam esse alegado princípio da metafísica. Duns Escoto, o mais influente defensor da espontaneidade da vontade, distinguiu entre duas maneiras segundo as quais uma coisa pode ser indeterminada: ou porque é insuficientemente atualizada, ou porque tem uma "suficiência superabundante", que permite que ela mova a si mesma de qualquer uma dentre várias maneiras (*Quaestiones super libros Metaphysicorum* IX 15.31-32 [285] 152-155; [284] 610). A vontade é especial porque é indeterminada dessa segunda maneira. Assim, dada sua natureza excepcional, "parece verdadeiramente estúpido aplicar proposições universais sobre princípios ativos à vontade" (*Quaestiones* IX 15.44 [285] 158-159; [284] 614). Quanto ao porquê de a vontade ter essa capacidade, Duns Escoto observou – de modo semelhante ao que havia usado a respeito da unidade do corpo e da alma (ver acima) – que não há nenhuma explicação adicional a ser dada. "Não há nenhuma outra causa a ser dada para o porquê de ela escolher dessa maneira, exceto que ela é tal causa... Não há nenhuma outra causa, exceto que ela é a vontade" (*Quaestiones* IX 15.24, 29 [285] 150-153; [284] 608, 610).[37]

Ainda assim, apesar desses desacordos, os autores medievais estavam de amplo acordo sobre a importância da vontade e a realidade da liberdade humana. A razão por que podiam concordar sobre esse ponto era que con-

---

[37] Para uma discussão, ver P. King [296] e T. Williams [299].

cordavam a respeito da conexão entre liberdade e responsabilidade moral. Tomás de Aquino estava meramente enunciando um truísmo ao observar que "Sem livre-arbítrio não poderia haver nenhum mérito ou demérito e nenhuma punição ou recompensa justa" (*Verdade*, q. 24, a. 1). As opiniões medievais sobre punições e recompensas justas eram, no entanto, tipicamente projetadas para além da vida presente. Em um sermão sobre o Credo dos Apóstolos, Tomás observara que sem a esperança de uma vida melhor por vir, "a morte seria sem dúvida temida intensamente, e um ser humano faria qualquer mal antes de sofrer a morte" (*In symbolum apostolorum* 11.1001). Assim, enquanto a livre vontade tornava possível a responsabilidade moral, a imortalidade pessoal concedia sua força a essa responsabilidade, abrindo o prospecto da salvação ou danação eterna.

Havia pouco desacordo sobre o fato da imortalidade humana, mas amplo debate sobre se ela podia ser provada. Tomás de Aquino acreditava que sim. Seu argumento central dependia de mostrar que a alma humana tem uma função – o pensamento –, que é exercida sem qualquer órgão corpóreo. Ele então raciocinava que se a alma possui essa função, pode existir sem um corpo, e que a corrupção do corpo não traria, portanto, a corrupção da alma (ver, por exemplo, *ST* I, q. 75, a. 6). Isso não gera a conclusão de que os *seres humanos* são imortais.

A imortalidade humana completa requereria a ressurreição do corpo, algo que não era geralmente considerado provável.

Mesmo a demonstrabilidade da imortalidade da alma foi rejeitada por muitos autores posteriores, inclusive Duns Escoto (*Opus Oxoniense* IV 43.2 [286] 149), Ockham (*Quodlibet* I 10), e até mesmo Caetano, o grande comentador de Tomás de Aquino no Renascimento (*In de anima* III 2).[38] Duns Escoto argumenta como se segue. Mesmo que o intelecto funcione sem nenhum órgão corpóreo, isso não mostra que a função do intelecto possa perdurar sem um corpo, pois pode haver outras maneiras segundo as quais o intelecto depende do corpo. De fato, Tomás de Aquino e Duns Escoto concordam que o intelecto precisa do corpo para seu funcionamento normal. Ambos sustentam que o intelecto deve constantemente voltar-se para as

---

[38] Ver capítulo 13 deste volume, para uma discussão da disputa entre os escolásticos do Renascimento.

imagens sensoriais (fantasmas) no decurso do pensar abstratamente. Então, mesmo para uma imortalidade significativa da alma, Tomás precisa estabelecer algo mais. Ele precisa estabelecer que a alma assume um novo modo de cognição, uma vez estando separada do corpo.[39] Ele está de fato preparado para argumentar exatamente isso. Ele pensava que nossa alma, uma vez separada do corpo, pensaria como os anjos, embora de uma maneira inferior (*Quaestiones disputatae de anima*, qq. 15-21; *ST* I, q. 89). Não surpreendentemente, havia dúvida sobre se isso podia ser provado. À medida que a filosofia escolástica tornava-se mais rigorosa em seus métodos, esses debates sobre a *provabilidade* tornavam-se mais comuns.

---

[39] Sobre o voltar-se para fantasmas, em Tomás de Aquino, ver *ST* I, q. 84, art. 7, e R. Pasnau [255], cap. 9. Para Escoto, ver *Lectura* II, d. 3.2, q. 1, n. 255; *Lectura* I, d. 3.3, q. 1, n. 300; *Ordinatio* I, d. 3.3, q. 1, n. 392; *Ordinatio* I, d. 3.1, q. 3, n. 187. Sobre as dificuldades de Tomás no estabelecimento da imortalidade da alma, ver J. Owens [254].

10 A vida moral

Bonnie Kent

Do alvorecer da Idade Média ao fim desta, os teóricos morais lutaram para explicar o que torna uma pessoa boa pelos padrões humanos, o que é necessário para merecer a felicidade na pós-vida e o que as duas coisas têm a ver uma com a outra, se é que têm. Alguns investiram contra a ética mundana dos filósofos antigos; outros louvaram os antigos por seus importantes *insights* morais. Ainda, todo pensador medieval importante trabalhava para desenvolver uma explicação muito mais compreensiva da vida moral do que os professores de ética filosófica ou teologia moral tentariam hoje. A ideia de que um teólogo sério pudesse dispensar a ética clássica como indigna de estudo e debate não era mais aceitável que a ideia de que um filósofo sério pudesse dispensar questões sobre a imortalidade da alma e a natureza de Deus como irrelevantes para a vida moral na sociedade humana.

Devo começar esboçando o trabalho pioneiro de Agostinho em ética, juntamente com alguns dos quebra-cabeças que ele cria. Após uma olhada sobre as respeitosas mas significativas revisões de Agostinho feitas por Anselmo de Cantuária, volto-me para o admirável mundo novo das universidades, onde o pagão Aristóteles logo emergira como autoridade a ser considerada. Começando no meio do século XIII, os esforços para urdir seu pensamento ao de Agostinho tornaram-se, ao mesmo tempo, altamente complexos e ocasiões de disputas acadêmicas apaixonadas. Com menos de um século de idade, as universidades estavam já envolvidas em seu primeiro experimento tempestuoso com o "multiculturalismo".

Que tipo de liberdade é requerida pela agência moral? Será que sempre agimos em busca de felicidade, sempre enxergando nossas próprias ações como boas de algum modo? É possível escolher um ato que bem sabemos ser errado? O que significa amar a Deus acima de todas as coisas, e quem é capaz de fazê-lo? Refletindo e debatendo essas questões, Tomás de Aquino, João Duns Escoto, Guilherme de Ockham e outros uniram-se na produção de uma análise fina das motivações humanas, a qual pode ainda hoje encontrar-se inigualada. Trabalhando para resolver o que significa amar a Deus, os teóricos morais medievais pensaram longa e profundamente sobre o que significa amar qualquer um.

Agostinho e a ética clássica

Agostinho compartilha com os filósofos antigos a concepção de ética como uma investigação sobre o bem supremo: aquilo que buscamos por si mesmo, nunca devido a um fim posterior, e que nos torna felizes.[1] Ele também compartilha a convicção de que todos os seres humanos querem por natureza ser felizes, concordando que a felicidade é uma condição de bem-estar objetivo, não meramente o prazer que uma pessoa pode obter da satisfação de quaisquer desejos que possa ter, não importa quão delusivos e autodestrutivos sejam. Iniciado neste referencial compartilhado, o pensamento de Agostinho leva-o para bem longe da ética clássica. Ele argumenta que a felicidade só é possível na pós-vida, na companhia de Deus e dos santos. Não podemos tornar a nós mesmos felizes; podemos no máximo esperar merecer a recompensa da felicidade na pós-vida. Como a felicidade é uma dádiva da graça de Deus, assim também a virtude é uma dádiva gratuita, não uma que possamos obter por nossos próprios recursos naturais ou méritos independentes. Finalmente, Agostinho sustenta que todas as verdadeiras virtudes estão enraizadas na caridade doada por Deus, o tipo de amor louvado por São Paulo em Coríntios 1,13 (em latim: *caritas*; em grego: *agape*). Como os pagãos carecem de caridade, todas as suas virtudes aparentes são vícios e todas as suas ações são pecados.[2]

---

[1] Ver capítulo 11 neste volume.
[2] *Cidade de Deus* V 19-20, XV 22, XIX 1-4, 25; *Resposta a Juliano* IV 19-23 [em inglês] em [57]. Meu sumário concentra-se principalmente nos escritos posteriores de Agostinho. A biografia de P. Brown [66] permanece como o melhor relato de como o pensamento de Agostinho desenvolveu-se ao longo de sua longa e tumultuosa vida.

Obviamente, os pagãos podem promover o bem de outros indivíduos, e mesmo o bem de sua comunidade, adquirindo desse modo o que Agostinho chama de virtudes "cívicas". Mas longe de aceitar essas virtudes como genuínas, mas de segunda ordem, ele anuncia-as como vícios. Essa visão depreciativa requer claramente alguma explicação.

Suponhamos que uma cristã caridosa, acordada às quatro horas da manhã pelo choro de seu filho pequeno, escolhe confortá-lo, ao invés de ignorar a criança e voltar a dormir. Suponhamos que uma mãe pagã aja precisamente da mesma maneira. Agostinho louvaria a cristã porque ela reconhece Deus como o maior bem, e o único bem a ser amado estritamente por si mesmo e acima de tudo mais. Ela sabe que o valor que as pessoas têm apenas por serem elas humanas não deve nunca ser considerado independente de Deus como criador da natureza humana. Ela sabe também que qualquer virtude que ela própria tenha é uma dádiva de Deus, e daí a ser exercida com a humildade apropriada. Quando conforta seu filho, ela age a bem da felicidade eterna, a partir de um amor pela criança como pertencente a Deus, e com gratidão pela graça de Deus.

Agostinho culparia a mãe pagã por visar apenas algum fim mundano e agir a partir de más motivações. Se ela age por amor à criança apenas porque esta pertence a ela, estima-a como algo semelhante à propriedade privada. (Por que considerar isso virtuoso quando até mesmo os animais demonstram afetuosa preocupação com sua própria cria?) Se ela simplesmente gosta de tomar conta de bebês, age a partir de um desejo por seu próprio prazer ou satisfação. A mãe pagã passará melhor no julgamento de Agostinho se for uma sábia estoica; então vamos supor que ela o seja. Como Agostinho, ela crê que as virtudes jazem inteiramente na mente, mas que qualquer um que tenha uma mente virtuosa realizará, ou pelo menos tentará realizar, um amplo leque de ações físicas. Digamos que ela creia, também, que uma pessoa virtuosa se levantaria às quatro da manhã para confortar uma criança chorona mesmo que esta pertencesse a um total estranho. Como uma estoica, no entanto, ela também crê que a felicidade vem exclusivamente de uma mente virtuosa, de modo que a virtude e a felicidade jazem ambas inteiramente sob o controle do indivíduo. Agostinho retruca:

> Uma mente virtuosa é algo muito digno de louvor... Uma grande coisa, e uma coisa admirável; admire-a, estoico, tanto quando podes. Mas diga-me: De onde ela vem? Não é precisamente tua mente virtuosa que te torna feliz, mas aquele que te deu a virtude, que te inspirou a desejá-la e te garantiu a capacidade para ela... É uma boa coisa que ela te agrade. Sei que estás sedento por ela; mas não podes verter para ti mesmo um gole de virtude (Sermão 150, § 9).[3]

Não importa o quanto suas ações possam beneficiar a outros, e mesmo à sociedade como um todo, os estoicos superestimam grosseiramente o quanto jaz sob o controle humano – e não, na visão de Agostinho, devido a um simples erro factual. Eles exageram o poder e a autossuficiência humana porque querem crédito por fazer a si mesmos tanto virtuosos como felizes.

Essa análise de motivações reflete a visão agostiniana da condição presente da natureza humana, danificada pelo pecado original. Após a queda de Adão, todos os seres humanos nascem com o desmedido amor de si que Agostinho chama de "orgulho". Somente através da dádiva da caridade proveniente de Deus podemos amar a Deus, aos outros e mesmo a nós mesmos como devemos: de acordo com o valor intrínseco, nem mais nem menos do que o merecido. Sem a graça liberadora de Deus, nossas motivações e julgamentos de valor permanecem incuravelmente autocentrados (*Cidade de Deus* XII 8, XIV 28, XV 22).

A teoria moral teocêntrica de Agostinho leva adiante o ataque de São Paulo ao elitismo e intelectualismo da ética clássica. Na visão de Paulo e Agostinho, as virtudes não são mais disposições morais alcançadas por uns poucos seletos, através de muitos anos de aprendizado e prática começando na infância. Não importa o quão ruim a criação e educação de alguém tenham sido, não importa o quão indistinta seja a inteligência nativa de alguém, ninguém se encontra além da esperança do progresso moral transformador de vida. Com a graça de Deus, o maior pecador pode ser convertido à virtude. Como ninguém nesta vida está alguma vez além da esperança, também ninguém está além do perigo da degenera-

---

[3] *PL* 38, 808-814. Todas as traduções neste capítulo são minhas. Para esse sermão, cf. Agostinho, traduzido [para o inglês] por E. Hill (Nova Rochelle, 1992), 30-39.

ção. Mesmo os santos entre nós devem continuar lutando para resistir à tentação.

Enfatizando sempre nossa humanidade defeituosa e compartilhada, a doutrina moral de Agostinho prefigura o que é adequadamente descrito como "um processo de convalescença vitalício".[4] O processo não pode nem mesmo começar, até admitirmos que somos impotentes para controlar nossas próprias vidas, e colocamos nossa fé em um poder maior que nós. Imagino, então, que Agostinho concederia altos pontos aos Alcoólatras Anônimos e programas do tipo, apenas expressando pesar pelo fato de os viciados em recuperação estarem entre os poucos membros de nossa sociedade humildes o suficiente para reconhecer aquilo que ele acreditava ser verdades aplicáveis a todos e ao todo da vida moral.

Ao colocar a caridade, ou amor, no lugar da sabedoria como virtude original, Agostinho desvia a ética ocidental do foco clássico padrão, voltado para a razão ou o intelecto. A virtude passa a requerer, acima de tudo, uma boa vontade. Notemos também que não somos mais assegurados de que o caráter virtuoso nos protegerá da miséria, ou nos fará felizes, em meio aos tão disseminados males e injustiças da sociedade humana. Dispensando como grandiosas mentiras os tratamentos clássicos da virtude como constitutiva da vida feliz, Agostinho reenuncia a virtude como aquilo pelo qual alguém merece a felicidade após a morte: "Por meio dessas virtudes divinamente concedidas, vivemos agora uma vida boa e recebemos depois a recompensa, a vida feliz, que deve ser eterna. Aqui essas mesmas virtudes estão em ação, lá em efeito; aqui estão trabalhando, lá são pagas; aqui têm sua função, lá seu fim" (Carta 155, § 16).

Questões abertas

As obras de Agostinho levantaram muitas questões nas mentes dos filósofos e teólogos posteriores, questões sobre até que ponto a explicação agostiniana havia ido aos detalhes, se necessitava ou não de revisões para ser coerente, ou se estava simplesmente errada em certos pontos.[5] Consideremos, por exemplo, a tese

---

4   R. Markus [418] 54.
5   B. Kent, em *CCAug* 205-233, provê um tratamento mais detalhado do pensamento moral de Agostinho. Ver J. Rist [76] para um bom levantamento das visões de Agostinho sobre temas além daqueles diretamente relacionados à moral.

de que todos os seres humanos naturalmente querem ser felizes. Em si mesma ela não apresenta problemas para o pensamento moral cristão. Mas o faz, no entanto, quando combinada com aquilo que devo batizar de "princípio eudaimonista": que tudo o que intencionamos, intencionamos por bem da felicidade. Se todas as nossas ações são motivadas pelo desejo de felicidade, pareceria impossível que alguém escolhesse um ato principalmente, e quanto menos exclusivamente, por acreditar que seja a coisa certa a fazer. Será mesmo o princípio eudaimonista compatível com o amor? Quando agimos para promover o bem-estar dos amigos ou da família, até mesmo ao alto custo de nosso próprio bem-estar individual, estamos ainda perseguindo nossa própria felicidade, embora de maneira expandida e iluminada? Ou podemos às vezes pôr de lado a preocupação com nossa própria felicidade e agir principalmente por amor ao outro?[6]

Quebra-cabeças adicionais emergem da noção de virtude como aquilo pelo qual merecemos a felicidade. Será Deus de algum modo obrigado a recompensar a virtude com a felicidade? Como o esquema de mérito e recompensa conforma-se à concepção da felicidade e da virtude como dádivas da graça? Próximo ao fim de sua vida, à medida que Agostinho emaranhava-se em disputas com os pelagianos, as referências ao mérito humano virtualmente desapareceram de seus escritos. Os méritos que ele enfatizava eram os méritos de Cristo. Nesse estágio, ele buscou principalmente estabelecer que a própria virtude é um "livre dom" da graça, o qual Deus não é obrigado a recompensar com a felicidade. Se Deus nos devesse de algum modo a felicidade, a graça não seria graça. De fato, se a felicidade fosse dada de acordo com o mérito humano, a graça não seria graça (*Resposta a Juliano* IV 15; *Resposta às Duas Cartas dos Pelagianos* II 3; IV 19).

Felicidade e moralidade

Anselmo de Cantuária concorda que a humanidade decaída, sem a graça, não pode abster-se de pecar. Ele diverge de Agostinho principalmente em

---

[6] W. O'Connor [74] oferece uma inspirada análise da perspectiva agostiniana dessas questões.

sua análise da natureza racional, como criada por Deus. Em sua visão, uma criatura capaz, por natureza, de intencionar somente a felicidade, não será nem moralmente boa nem má, nem justa nem injusta. Ao atacar o princípio eudaimonista, Anselmo inicia uma controvérsia na ética ocidental, que continua sob várias formas ainda hoje. Mesmo no interior dos círculos anglo-americanos, os filósofos estão divididos: alguns crêem no princípio eudaimonista como além da dúvida razoável, enquanto outros crêem-no falso e consideram-no uma ameaça à moralidade. Mas, como veremos, o debate medieval tem pouco a ver com as ações físicas que os seres humanos são capazes de realizar. Ele centra-se, em vez disso, nos tipos de motivações que temos ao fazermos o que quer façamos.

A justiça por si mesma

Anselmo inicia uma nova empresa ao distinguir nitidamente entre duas inclinações *(affectiones)* básicas da vontade: uma para a justiça ou retidão, outra para a felicidade e o que é vantajoso. (A inclinação aqui é entre dois tipos de bens, não entre a boa inclinação para a justiça e alguma propensão perversa ao egoísmo ou injustiça.) Qualquer um que intencione a justiça, argumenta Anselmo, deve intencionar a justiça por si mesma (pelo bem da própria justiça). Alguém que intenciona um ato a bem da felicidade, tal como dar dinheiro ao Exército da Salvação pelo bem de uma redução de impostos, não intenciona outra coisa senão a felicidade. Então se a felicidade é, devido à natureza divinamente concedida de uma criatura, o único fim que esta tem a capacidade de intencionar, a criatura permanece no nível amoral de um animal – capaz de preocupar-se com outros, como um cão preocupa-se com seus filhotes ou com o dono, mas somente por uma inclinação natural a incluir o bem-estar de outros em sua própria busca de felicidade e autorrealização. Por outro lado, uma criatura cuja natureza careça da inclinação para a felicidade, mas inclua a inclinação para a justiça, de modo que a criatura não possa intencionar nada além da justiça humana, permanecerá também no nível amoral. Dado que os seres humanos e anjos são por natureza capazes de pecar, como evidenciado pela punição divina de Adão e de Satã, Anselmo conclui que Deus criou a natureza racional com ambas as inclinações da vontade. A vontade para a justiça tendo o propósito de moderar a vontade para a felicidade, de modo que o indivíduo seja capaz de mantê-la nos limites, mas também capaz de transgredir (*A Queda do Diabo*, caps. 13-14).

No presente, no entanto, a natureza humana sofre por causa do dano decorrente da queda de Adão. Enquanto retemos a capacidade de livre escolha *(liberum arbitrium)*, que nos torna agentes morais, perdemos a inclinação para a justiça, necessária ao uso dessa capacidade, e só podemos recuperá-la através da graça de Deus.[7] Sem a inclinação para a justiça, uma pessoa torna-se psicologicamente semelhante a um viciado. Profundamente infeliz, e todavia escravizada por seu próprio desejo de felicidade, ela não pode intencionar outra coisa: "Tendo abandonado a justiça, [a vontade] permanece, quanto a seu próprio poder, como servente da injustiça, e injusta por necessidade, pois é incapaz de retornar por si mesma à justiça. Sem justiça, a vontade nunca é livre, porque sem justiça, a liberdade natural de escolha é inútil" (*A Harmonia do Pré-conhecimento, da Predestinação e da Graça de Deus com a Livre Escolha* III 13).

O intencionar sob o aspecto do bem

Da metade do século XIII em diante, as obras de Aristóteles fizeram muito para moldar o debate escolástico sobre a vontade, a felicidade e a moralidade. Alguns autores vieram a considerar a vontade como um "apetite intelectual" determinado a agir, tendo em vista felicidade e derivando sua liberdade da liberdade que o intelecto possui para interpretar e julgar a felicidade de uma maneira ou de outra.[8] Não importando o quão estranha ao pensamento de Agostinho essa nova concepção tenha sido, ela ao

---

[7] O argumento de Anselmo de que a capacidade para pecar ou não pecar requer, essencialmente, a liberdade para escolher ou a felicidade ou a justiça não deve ser mal lido como afirmando que a liberdade para escolher ou a felicidade ou a justiça requer – e pior ainda, que ela seja – a capacidadade para pecar ou não pecar. Acreditando que Deus seja ao mesmo tempo livre e incapaz de pecar, Anselmo rejeita firmemente a segunda tese. Independentemente de quanto Escoto e Kant difiram de Anselmo (e um do outro), ambos seguem-no na defesa da primeira tese enquanto rejeitam a segunda.

[8] Ver capítulo 9 neste volume.

menos concordava com seu aparente endossamento do princípio eudaimonista. Um segundo princípio controverso, frequentemente atribuído a Aristóteles, declarava que o que quer que intencionemos, intencionamos "sob o aspecto do bem" *(sub ratione boni)*. Não é preciso ir mais longe do que aos escritos de Tomás de Aquino para encontrar ambos os princípios firmemente defendidos.[9]

Tomás abre a segunda parte de sua *Summa theologiae* argumentando que todas as ações humanas são por causa de um fim último, e há um único fim tal, que buscamos sob o aspecto do bem. Esse único fim último é a felicidade (*ST* IaIIae, q. I, aa. 6-8, q. 8, a. 1). Mesmo quando agimos de maneira autodestrutiva, estamos buscando o preenchimento – enxergando nosso comportamento como algo bom para nós, mesmo que estejamos apenas satisfazendo algum apetite distorcido pelo prazer. Ao afirmar que necessariamente intencionamos a felicidade, e que tudo o que intencionamos, intencionamos a bem da felicidade, Tomás não pretende negar que as pessoas têm concepções muito diferentes da felicidade. Nem pretende sugerir, como Aristóteles acreditava ser possível, que alguém possa alcançar um ponto sem retorno no desenvolvimento moral, de modo que seja, dali em diante, determinado a perseguir a mesma concepção de felicidade que teve no passado.

Somente ao ser-nos oferecida a felicidade perfeita da visão beatífica, diz Tomás, somos movidos por necessidade a intencioná-la. Se qualquer outra coisa nos for oferecida, podemos considerar seus bons aspectos e intencioná-la, mas podemos igualmente considerar modos em que ela carece de bondade perfeita e recusá-la (q. 10, a. 2).

Em contraste com Agostinho, Tomás reconhece dois tipos de felicidade: a felicidade imperfeita da vida terrena, alcançável através de nossos próprios recursos naturais, e a felicidade perfeita e sobrenatural da pós-vida, alcançável somente com a graça de Deus. O desacordo com Agostinho não deve ser dispensado como puramente verbal. Nem deve, no entanto, ser superestimado. O que Tomás chama de felicidade imperfeita difere em tipo, e não meramente em grau, da felicidade perfeita possível com Deus. A teoria moral tomista não deixa dúvida de que o único fim último, a única felicidade que

---

[9] Ver S. MacDonald [250].

nos pode satisfazer inteiramente, encontra-se na pós-vida (*ST* IaIIae, q. 1, a.7; q. 5, a. 5).

Como Tomás reconcilia o princípio eudaimonista com o comando de amar a Deus mais do que a si mesmo, seus vizinhos ou qualquer outra coisa no universo? Duas distinções são dignas de nota: Primeiro, entre a "coisa" que desejamos alcançar, isto é, o que nos torna felizes – Deus, o bem absolutamente perfeito –, e a felicidade, isto é, nosso "uso, alcance ou possessão" dessa coisa (*ST* IaIIae, q. 2, a.7). Segundo, entre buscar o próprio bem estritamente como indivíduo e buscar o bem compartilhado, o bem "comum", que por natureza é maior que o bem de qualquer indivíduo. "Pela caridade", escreve Tomás, "uma pessoa deve amar a Deus, que é o bem comum de todos, mais do que a si mesmo, porque a felicidade está em Deus como a fonte comum para todos que são capazes de compartilhar essa felicidade" (*ST* III, q. 26, a. 3).

Tendo escolhido Tomás de Aquino como meu "intelectualista" representativo, devo acrescentar que ele foi de fato bastante moderado, pelos padrões contemporâneos, em sua adoção da ideia de escolha como sempre determinada pela apreensão de algum bem. Outros pensadores em Paris trabalharam muito mais duro para apresentar e defender aquele que consideravam o inexpurgado Aristóteles. Mesmo os teólogos do final do século XIII, notavelmente Godofredo de Fontaines, às vezes culparam Tomás por desviar-se dos ensinamentos de Aristóteles, ao conceder um papel muito grande para a vontade em nossas vidas morais. Ao mesmo tempo, outros teólogos preocupavam-se com a possibilidade de que a devoção acrítica aos ensinamentos de Aristóteles representasse um sério perigo para a moral. Se tudo o que intencionamos é intencionado a bem da felicidade, e somos determinados a escolher de acordo com o que julgamos, em qualquer situação dada, como promovendo nossa felicidade, toda má ação parece resultar de algum erro intelectual no julgamento do curso de ação que promoveria de fato nossa felicidade.

O princípio de que tudo o que intencionamos, intencionamos sob o aspecto do bem, disparou uma áspera controvérsia. Se tudo o que isso significa é que não podemos escolher um ato a menos que o julguemos desejável de alguma maneira, o princípio pode ser tomado como verdadeiro, mas dificilmente digno de menção. Até mesmo Pedro João de Olivi, talvez o mais antiaristotélico pensador do final do século XIII, estava preparado para aceitar o princípio assim construído. Mas que diferença poderia esse enunciado concebivelmente fazer no caso da moral? O mesmo ato, raciocina Olivi – tal como fornicar agora mesmo, nessas circunstâncias particulares –, pode ser considerado como desejável em um sentido e indesejável em outro. Considerando – corretamente – o ato como imoral *(inhonestus)*, o agente seria incapaz de escolhê-lo; considerando-o – também corretamente – como aprazível aos sentidos, ele certamente poderia escolhê-lo. Ele poderia até mesmo enxergar o ato de ambas as maneiras ao mesmo tempo, pois não há nada de contraditório em considerar um ato como ao mesmo tempo aprazível e imoral. O indivíduo enxerga-o de uma maneira ou de outra porque intenciona fazê-lo, não porque seja ignorante ou porque sua mente tenha de algum modo perdido de vista os salientes fatos morais (II *Sent.*, q. 57, ad 15).

Liberdade inalienável

Tão preocupado com as tendências intelectualistas quanto Olivi, Duns Escoto achou adequado reviver a teoria das inclinações duplas da vontade de Anselmo, embora com uma diferença crucial. Enquanto a inclinação para a justiça em Anselmo é perdida através do pecado original e recuperável somente pela graça de Deus, ela torna-se, na ética de Escoto, a raiz da liberdade inata e inalienável da vontade. Todo ser humano, apenas por possuir vontade, possui ambas as inclinações: a inclinação natural para desejar sua realização própria e buscar o que é bom para si mesmo, e também a inclinação para amar os bens por seu valor intrínseco e por eles mesmos. Não há nada repreensível quanto à inclinação para a busca da felicidade ou autorrealização. Não apenas ela é parte de nossa natureza divinamente concedida, como forma também a base psicológica da virtude da esperança. Por outro lado, a inclinação para a justiça forma a base psicológica da caridade, uma virtude maior que a esperança (*Ordinatio* III, suplemento d. 26; tradução [para o inglês] em [288] 178-180). Através dessa inclinação, somos liberados de nosso impulso natural de buscar a autorrealização acima de tudo. Somos capazes de amar a Deus e aos outros seres humanos por eles mesmos, ao invés de principalmente por eles corresponderem a nosso amor, fazerem-nos felizes, ou de alguma outra maneira provarem-se vantajosos.

Atacando a noção da vontade como apetite intelectual, Escoto argumenta que uma criatura pode ser altamente inteligente em seu julgamento daquilo que promove sua felicidade, escolhendo e agindo de acordo; mas se for construída de tal modo que a busca da felicidade seja sua única motivação, ela não possui a liberdade necessária para a responsabilidade moral. Ela carece do que é propriamente chamado de vontade, pois um ente com uma vontade pode agir contra o desejo natural de seu próprio bem-estar (*Ordinatio* III, d. 17; II, d. 6, q. 2; [288] 180-182, 464-470). Escoto acredita que sabemos introspectivamente, a partir da experiência, que não somos nunca, de fato, determinados a escolher o curso de ação que consideramos como o melhor promotor de nossa felicidade. O agir sempre a bem da felicidade sugere ainda que, ao escolher um ato, devemos estar sempre pesando as consequências esperadas para nossa própria felicidade (*Quaestiones in Metaphysicam* IX, q. 15; *Ordinatio* IV, suplemento d. 4, qq. 9-10; [228] 152, 194). Se isso é verdadeiro, a assunção comum de que, precisamente, as ações mais reveladoras do caráter de um indivíduo são frequentemente os atos espontâneos de gentileza – ou, de maneira oposta, os atos espontâneos de mesquinhez – pareceria um engano.

Em última análise, contudo, Escoto não rejeita o princípio eudaimonista por acreditar que este seja refutado pela psicologia puramente descritiva e empírica. Rejeita-o por considerá-lo ruinoso à moral e, portanto, intolerável como um princípio da psicologia moral.[10] Um agente moral deve ter forçosamente uma inclinação para a justiça, a fim de controlar o apetite natural por aquilo que acredita ser mais vantajoso para si mesmo:

> Essa inclinação para a justiça, a qual é o moderador primário da inclinação para o vantajoso – à medida que não é necessário que a vontade realmente busque aquilo para o qual tende a inclinação para o vantajoso e à medida que não é necessário que a vontade busque isso acima de tudo (a saber, até o ponto em que a inclinação para o vantajoso a dispõe) –, essa inclinação para a justiça, eu digo, é a liberdade inata à vontade, pois é o moderador primário da inclinação para o vantajoso (*Ordinatio* II, d. 6, q. 2; [288] 468).

---

[10] Ver J. Boler [290].

Convencido de que, se somos alguma vez determinados por nosso desejo natural de felicidade a escolher o ato que escolhemos, então nosso estatuto como agentes morais apoia-se em bases vacilantes, Escoto argumenta que nos pode ser apresentada a felicidade perfeita e eterna da visão beatífica, e nós ainda assim não a intencionarmos. Dada a hipótese anterior, seríamos de tal modo determinados a intencionar a felicidade que seríamos incapazes de recusar *(nolle)*; no entanto – de modo contrário a Tomás de Aquino e aos seguidores deste –, poderíamos simplesmente não intencionar *(non velle)* a felicidade oferecida (*Ordinatio* IV, suplemento d. 49, qq. 9-10; [288] 192-194).

Então Escoto bane da vida moral o desejo natural de felicidade, como se houvesse algo moralmente repreensível na tentativa de ser feliz? Não de todo. Ele sempre descreve a inclinação para a justiça como restringindo, moderando ou mantendo dentro de limites apropriados a inclinação para a felicidade, e não como a erradicando.[11] Isso torna-se especialmente claro na explicação de Escoto de como os anjos bons diferem de Satã. Os anjos bons não são nem capazes de recusar a felicidade, nem querem fazê-lo, mais intencionam o bem-estar de Deus ainda mais que o seu próprio. Satã peca, não ao intencionar sua própria felicidade, mas ao intencioná-la imoderadamente. Por possuir uma inclinação para a justiça, ele é capaz de (e obrigado a) manter seu desejo de felicidade dentro dos limites, ao invés de buscar a felicidade acima de tudo mais, ou de ter a intenção de tê-la somente para si mesmo, ou a intenção de tê-la cedo demais, ou a intenção de tê-la sem trabalhar para merecê-la (*Ordinatio* II, d. 6, q. 2; [288] 468-474).

Amor e prazer

Ockham vai ainda mais longe que Escoto na rejeição do princípio eudaimonista. Não importa o quão grande seja a felicidade oferecida, argumenta ele, a vontade pode recusá-la completamente. Nossa liberdade de recusar a felicidade estende-se até mesmo à felicidade perfeita da visão beatífica. Que razão, alguém imagina, poderia uma pessoa concebivelmente possuir para recusar? Ockham sugere que alguém pode considerar Deus como desvantajoso

---

[11] Ver M. Ingham [295].

e recusar nessa base. É claro, a pessoa estaria enganada nesse julgamento; mas à medida que esse julgamento é possível, a vontade pode agir de acordo com ele. O sofrimento físico experimentado por Cristo é oferecido como uma evidência de que Deus possa ser visto e rejeitado sob o aspecto da desvantagem, mesmo por alguém com uma visão clara de sua essência (*Ordinatio*, d. 1, q. 6 [308] *OTh* I 503-506).

Examinando a tese de que o que quer que intencionemos, intencionamos sob os aspecto do bem, Ockham enxerga a necessidade de um esclarecimento. Se tudo o que alguém entende por "bem" é aquilo que é desejado ou desejável, é claro que nós sempre intencionamos sob o aspecto do bem. Assim interpretada, a posição tomista torna-se verdadeira, mas trivial. Por outro lado, se alguém entende por "bem" o que é moral *(honestum)*, útil ou aprazível, a tese deve ser rejeitada como falsa. Uma pessoa pode intencionar um ato que não considera bom de nenhuma dessas maneiras, até mesmo um que ela própria julgue corretamente como mau, como idolatrar falsos deuses (*Quaestiones variae* 8 [308] *OTh* VIII 442-444).

Muitos filósofos admitiriam que alguém pudesse intencionar um ato que não considerasse moralmente bom, útil ou aprazível aos sentidos, e ainda assim insistiriam que esse alguém deveria considerá-lo aprazível de alguma outra maneira, senão não teria nenhum motivo para agir. Ockham assume uma visão bem diferente: que o prazer que experimentamos ao intencionar X é um efeito, e não uma causa, de intencionarmos X. Experimentamos prazer ao amar alguém, precisamente porque amamos. Embora amor e prazer usualmente venham combinados, são, na realidade, separáveis (*Ordinatio*, d. 1, qq. 3 e 6; *Quodlibet* II, q. 17; [308] *OTh* I 403-428, 486-507; IX 186-188).[12] Longe de precisarmos da motivação do prazer para amar alguém, podemos amar e continuar amando sem sentir prazer. Mais uma vez Satã serve como exemplo útil. Esse anjo caído peca por amar a si mesmo em excesso, e continua a amar a si mesmo. O inferno no qual ele vive é para sempre um lugar onde o amor de si não produz nenhum prazer (*Ordinatio*, d. 1, q. 3; [308] *OTh* I 411).

Ockham argumenta que a tese "o que quer que intencionemos, intencionamos sob o aspecto do bem" também deve ser rejeitada porque mina uma distinção endossada por todos os teólogos, a distinção entre pecados por ignorância e peca-

---

[12] Cf. A. S. McGrade [319].

dos por maldade *(malitia)*. Alguns podem descrever um pecado ignorante como um pecado feito por ignorância de um princípio moral; outros podem descrevê-lo como um pecado feito por ignorância de como o princípio se aplica à situação particular na qual o agente se encontra. Mas se não podemos pecar tendo conhecimento tanto do princípio relevante quanto de sua presente aplicação, como é possível pecar por maldade (*Quaestiones variae*, q. 7, a. 3 [308] *OTh* VIII 365-366)?[13]

Em sua própria explicação dos pecados por maldade, Ockham move-se em território bastante controverso. Por volta de 1285, a faculdade teológica de Paris havia oficialmente aprovado a proposição: "Não há nenhuma maldade [*malitia*] na vontade a não ser que haja erro ou alguma falta de conhecimento na razão".[14] Apesar da aprovação oficial, a proposição continuava a disparar debates acalorados mesmo em Paris. Talvez algumas observações sobre o vocabulário moral escolástico possam lançar alguma luz sobre esse conflito.

MAL, MALDADE, VÍCIO E PECADO

Ao traduzir a *Ética a Nicômaco*, Roberto Grosseteste havia feito seu melhor para preservar o alcance de significado do grego de Aristóteles. As palavras *harmatia* e *harmatema* são um exemplo. Elas significam "errar o alvo", não alcançar um objetivo ou não se conformar a alguma norma. O desvio da norma pode ser deliberado e merecedor de censura moral. Ou ainda, pode ser um erro técnico, como a falha de um arqueiro ao atingir o alvo – evidência de que o indivíduo fica aquém da excelência como arqueiro, mas de modo algum uma evidência de que fique aquém como ser humano. A escolha de Grosseteste de *peccatum* como tradução era razoável, porque a palavra latina pode também significar um desvio não moral da norma. Usando o termo dessa maneira, Tomás de Aquino chamava de *peccatum* até mesmo o erro de um músico durante uma *performance*. Tomás tratava como atos moralmente maus somente o subconjunto dos *peccata*, através do qual o

---

[13] Ver também Ockham [317] 124-127, 242-243.
[14] Tomada das obras de Giles de Roma, a proposição era considerada como uma que também Tomás de Aquino havia defendido. Ver Giles de Roma [269] 110-117 e 179-224 para um relatório das controvérsias relacionadas em Paris.

agente incorre em *culpa*.[15] Outros teólogos, como Ockham, que utilizavam o termo *peccatum* em um sentido mais restrito e especificamente moral, ainda assim aplicavam-no a um amplo conjunto de ações. Todos concordariam (digamos) que alguém que levasse canetas esferográficas do escritório para uso privado em casa, sincera mas erroneamente acreditando não estar roubando, cometeria um *peccatum*, mesmo que somente por ignorância. Alguém dotado de apetites desordenados, que sucumbisse à tentação de comer mais do que julgasse apropriado, seria também visto como cometendo um *peccatum*, mesmo que apenas por fraqueza ou paixão.

A maioria dos falantes do inglês de hoje evitam inteiramente a palavra "pecado" (*sin*), ou reservam-na para designar ofensas morais hediondas e deliberadas, tipicamente envolvendo injúria a outros. A tradução convencional de *peccatum* como "pecado" (*sin*) tende, portanto, a desorientar, mesmo em seu significado estritamente religioso. Reconhecendo que Cícero havia escrito muito sobre o que é ou não um *peccatum* – mesmo antes que o Aristóteles de Grosseteste entrasse em cena –, os autores medievais viam a si mesmos como continuando e estendendo um diálogo moral iniciado na Antiguidade, e não como mudando o tópico para um que somente cristãos, judeus e muçulmanos pudessem entender e considerar digno de debate.

Os escolásticos classificavam os pecados de muitas maneiras diferentes. Eles distinguiam entre o pecado original, que todos os humanos herdaram de Adão, e os pecados atuais, que alguém comete estritamente como indivíduo. Eles dividiam os pecados de acordo com a seriedade e a punição relacionada, distinguindo os pecados veniais ("perdoáveis") dos pecados mortais, que representariam um afastamento decisivo de Deus, quebrariam a relação com Ele e resultariam em danação, a menos que Deus escolhesse renovar a relação. Eles distinguiam entre ignorância, paixão e *malitia* – em ordem crescente de gravidade – como fontes internas e psicológicas do pecado. Finalmente, eles distinguiam entre pecados e vícios, tratando os primeiros como ações, e os segundos como disposições fixas que inclinam uma pessoa a essas ações.

Ao traduzir o termo grego *kakia*, um substantivo abstrato derivado do adjetivo *mau* (*kakos*), Grosseteste buscara mais uma vez preservar o sentido

---

[15] *ST* IaIIae, q. 21, a. 1; *De malo* q. 2, a. 2. D. Gallagher [241] fornece uma explicação clara da terminologia de Tomás de Aquino e das distinções conceituais relevantes.

não moral da palavra. Ele optara pelo latim *malitia*, um substantivo abstrato derivado do adjetivo *mau (malus)*, provavelmente com intenção de que o termo fosse lido como "maldade", ou talvez "mal", no sentido mais amplo da palavra.[16] Seus leitores não tiveram problemas reconhecendo a maldade natural (ou o mal, como nos males da doença ou desastres naturais), bem como a maldade de caráter moral. Eles se dividiram nitidamente, no entanto, em relação à explicação de Aristóteles do "pecado por *malitia*". Alguns sustentaram a tese de que todos os que pecam por *malitia* são de algum modo ignorantes daquilo que deveriam fazer. Outros acreditavam que isso fosse um neopaganismo intelectualizante. A negação de que possamos fazer o mal conscientemente era julgada equivalente à negação de que possamos pecar por mal. Intencionar o mal sem o impulso da paixão, ou qualquer erro que seja por parte da mente, seria, nas palavras de Duns Escoto, "o significado mais completo do pecado" (*Opus Oxoniense* II, d. 43, q. 2; [288] 478).

Os sete pecados mortais

Na forma mais conhecida hoje, a lista dos sete pecados mortais é: "orgulho, ganância, luxúria, ira, gula, inveja, e preguiça". Presumida como um rol de pecados que conduzem à danação, pode parecer provar que as pessoas da Idade Média tinham valores estranhos. Por que estão incluídas a gula e a preguiça, quando candidatos muito melhores, como a traição e a injustiça, estão de fora? Por que esta ordem particular, em que a luxúria encontra-se atrás somente do orgulho e da cobiça, em nível de gravidade?[17]

---

[16] As traduções da *Ética a Nicômaco* para o inglês são mais enganosas a esse respeito. Mesmo quando apresentam o grego *arete* como "excelência" *(excellence)* ao invés de "virtude" *(virtue)*, elas rotineiramente apresentam *kakia* e palavras relacionadas como "vício" *(vice)*. Esse gosto misterioso pela palavra "vício" tende a obscurecer a continuidade entre os ensinamentos de Aristóteles sobre a natureza e seus ensinamentos sobre a ética, uma continuidade evidente aos leitores escolásticos da tradução de Grosseteste.

[17] A literatura erudita sobre os sete pecados mortais cresceu ultimamente a um tamanho bastante extenso. Entre os estudos "clássicos", incluem-se os de M. Bloomfield [554] e S. Wenzel [563-564]. O trabalho de Wenzel é especialmente útil para traçar o desenvolvimento do que veio a ser chamado, no inglês da Bíblia do Rei Jaime, de "falha da preguiça" *(the failing of "sloth")*.

Até mesmo os professores do século XIII achavam a lista desconcertante, embora tivessem tido a boa fortuna de receber uma versão mais antiga e coerente. A versão mais familiar a eles, desenvolvida por Gregório o Grande e incluída nas *Sentenças* de Pedro Lombardo, nomeia os vícios capitais ou principais, e não pecados mortais, e vai dos vícios "espirituais", considerados os mais sérios, aos vícios de algum modo relacionados à carne.[18] Orgulho, inveja e ira vêm primeiro, cobiça, gula e luxúria no fim, com o vício da acídia (latim: *acedia*, do grego: *akedia*) no meio. O *Purgatório* de Dante segue exatamente a mesma ordem.

A expressão "pecados mortais" aparece mais frequentemente na literatura popular medieval, em sermões e guias para confessores. Após 1215, quando a Igreja determinara que os leigos fizessem uma confissão anual, eles precisaram de instruções para identificar e lembrar seus pecados. O esquema de sete, originalmente desenvolvido para a educação monástica, foi adaptado para esse propósito prático mais amplo e gozou de uma longa e bem-sucedida carreira – exceto nas universidades, onde foi considerado tão difícil de racionalizar que por volta do século XIV o esforço fora quase totalmente abandonado.

Objeções que já haviam sido sugeridas pelo comentário de Boaventura às *Sentenças* (1250-1252) tornaram-se bastante comuns ao final do século XIII. Os sete vícios capitais não podem ser modelados à maneira dos crimes "capitais", pois se estes fossem os vícios mais merecedores de punição, a descrença estaria entre eles. A lista de sete, no entanto, não inclui nenhum vício oposto à virtude da fé, assim como não inclui nenhum oposto à virtude da esperança. Considerando os vícios como extremos de excesso e deficiência, pares opostos a algum virtuoso "meio", a lista de sete vícios capitais ainda não faz sentido. Por que ela inclui a ganância (ou avareza: *avaritia*) mas não a prodigalidade? Por que sete vícios ao invés de catorze (II *Sent.*, q. 42, *dubium* 3)?

Tentando racionalizar o esquema de sete, Boaventura sugere que um vício é chamado de "capital", pois psicologicamente produz muito mais pecados, como um prolífero chefe de família. Ele então procede a uma explicação de como cada um dos sete vícios deforma a resposta da alma a algum bem

---

[18] Ver Gregório, *Moralia in Iob*, XXXI, cap. 45, *PL 76*, 620-623; e Pedro Lombardo, II *Sent.*, d. 42, cap. 6.

que é percebido. Tomás de Aquino também apela para a fecundidade psicológica, oferecendo seu próprio relato das distorções (*ST* IaIIae, q. 84, a. 4). Ora, nenhuma dessas ou outras bases racionais propostas puderam resolver o maior de todos os problemas do esquema de sete. Em uma época em que a teorização moral era centrada na virtude, a lista de sete vícios simplesmente não correspondia com qualquer lista de sete virtudes que fosse considerada especialmente importante. A lista refletia uma abordagem mais antiga: a identificação de vícios problemáticos, seguida da apresentação de virtudes como remédios para esses. Apesar de sua contínua popularidade entre os pregadores, a ideia das virtudes como corretivos para os vícios havia perdido a importância nos círculos teológicos. Pairando livres do referencial centrado na virtude, e ligados apenas a duvidosas afirmações sobre a causalidade psicológica, os sete vícios capitais não sobreviveram por muito mais tempo como tópico de interesse acadêmico, nem mesmo perfunctório.

Virtudes teológicas e outras

A visão agostiniana de todas as verdadeiras virtudes como dádivas da graça caiu ela própria em desgraça no século XII. Pedro Abelardo foi aparentemente o primeiro a desafiá-la. Influenciado pelos escritos de Cícero e pelo comentário de Boécio às *Categorias* de Aristóteles, Abelardo reviveu o palavreado clássico das virtudes como disposições *(habitus)*: qualidades que os seres humanos desenvolvem gradualmente, a partir da prática no exercício de nossos poderes naturais, de modo a se tornarem "segunda natureza" e muito difíceis de serem alteradas (Abelardo, *Ética* II). Digo "palavreado" clássico, porque tanto Abelardo quanto os teólogos posteriores do século XII estenderam o conceito de disposição para incluir as virtudes concedidas por Deus, até mesmo aquelas concedidas às crianças pequenas através da graça sacramental do batismo.[19] Por volta do final do século XIII, quando a tradução de Aristóteles feita por Grosseteste já era leitura obrigatória nas universidades, os professores rotineiramente classificavam todas as virtudes como disposições – não apenas as virtudes que até mesmo os pagãos podiam adquirir através de muitos

---

[19] Ver O. Lottin [21] III, Seção 2, parte 1; C. Nederman [560]; e M. Colish [555].

anos de prática, mas também virtudes como a caridade, divinamente "infundida" nos cristãos como dádivas da graça.[20] Esse conceito peculiar de disposição, estranho à filosofia clássica, tornou-se arraigado na teoria moral escolástica.

Embora a lista de virtudes adquiridas viesse a incluir virtualmente todas aquelas discutidas por Aristóteles, os teólogos frequentemente seguiam os estoicos e os padres da Igreja ao atribuir um estatuto especial às virtudes "cardeais", a saber: prudência, justiça, temperança e coragem. Aceitando a divisão aristotélica das virtudes em "intelectuais" e "morais", os escolásticos tratavam a prudência como a única virtude intelectual entre as cardeais. As três virtudes infundidas mais discutidas eram a fé, a esperança e a caridade, chamadas de virtudes "teológicas" por serem direcionadas para Deus e para a felicidade da pós-vida.[21] Tomás de Aquino e seus seguidores postularam uma prudência e virtudes morais infundidas em adição às virtudes teológicas infundidas. E enquanto Escoto, Ockham e outros culpavam os tomistas por postularem virtudes além do necessário, aventuravam-se eles próprios a postular a fé e a caridade naturalmente adquiridas.

Por que tantos tipos de virtudes? Os teólogos medievais posteriores buscavam explicar o que torna alguém moralmente bom na vida presente, bem como o que é preciso para "merecer" a felicidade completa, possível somente com Deus na pós-vida. Todos concordavam que ninguém merece a felicidade eterna da maneira que um bom trabalhador que dá duro mereceria seu salário. Todos concordavam que a graça de Deus, de uma forma ou de outra, constitui o alicerce indispensável do mérito. Permanecia, contudo, um amplo espaço aberto para o debate sobre as diferentes formas de graça e as formas relacionadas de mérito. As bases para o debate eram ainda mais amplas, porque mesmo aqueles com sérias reservas quanto aos ensinamentos de Aristóteles incorporavam usualmente alguns *insights* aristotélicos em seus próprios trabalhos.[22] Tentativas de desenvolver uma síntese do pensamento moral antigo com o cristão tornaram-se a norma, com muitas controvérsias sobre como devia a teoria ser, mas relativamente poucos sobre se o esforço era válido.

---

[20] A principal base escritural para as virtudes infundidas é Romanos 5,5. Ao discutir como somos "justificados" pela fé, Paulo diz que "O amor de Deus foi derramado [*diffusus*] em nossos corações através do Espírito Santo que nos foi dado". Embora os escolásticos adotassem *infusus* como o adjetivo padrão, a imagem aquosa era a mesma. Daí a descrição de Deus feita por Tomás como "fonte comum" da felicidade, citada acima.

[21] Ver a comovente descrição de Paulo em I Coríntios 13, que termina: "Então subsistem a fé, a esperança e o amor [*caritas*], as três; porém, a maior delas é o amor".

Longe de tentar acabar com o projeto sintético, a condenação episcopal, ocorrida em Paris, em 1277, deixava livres os teóricos acadêmicos para continuarem trabalhando nele. A ira do bispo era dirigida principalmente aos jovens professores de filosofia, que realçavam os conflitos entre a ética antiga e a cristã, dando a impressão de que os ensinamentos cristãos fossem errôneos ou para serem aceitos puramente com base na fé. Desse modo, encontramos estas entre as 219 proposições condenadas: "Que a felicidade é tida nesta vida e não na outra"; e "Que a felicidade pode não ser causada diretamente por Deus". A primeira deixa aberta a possibilidade de que a felicidade seja tida tanto nessa vida quanto na outra, e a segunda deixa aberta a possibilidade de que a felicidade seja diretamente causada por Deus e pelo agente humano.[23]

Se estivesse vivo, Agostinho ter-se-ia preocupado de as condenações serem fracas demais, deixando a universidade aberta ao canto de sereia da ética pagã. Ele teria tido bases para se preocupar. A Igreja medieval nunca adotara indiscriminadamente as doutrinas morais dos escritos antipelagianos de Agostinho. Somente no século XVI Roma viria a esclarecer sua posição oficial quanto às virtudes pagãs. Por essa época, a afiada dicotomia entre os cristãos sob a graça e as outras pessoas havia se tornado fortemente associada aos reformadores protestantes, Martinho Lutero e João Calvino, e suas crescentes fileiras de discípulos. A tradição medieval, moldada por Tomás de Aquino e João Duns Escoto, distinguia entre a bondade moral, que mesmo os pagãos podem ter, e a bondade meritória, estritamente dependente da graça de Deus. Assim o papa Pio V condenaria um professor católico de teologia por ensinar que "Todos os feitos dos descrentes são pecados, e todas as virtudes dos filósofos são vícios".[24]

---

[22] Para uma explicação dos debates medievais posteriores sobre mérito e bondade moral, recomendo o trabalho de D. Janz [556] e A. McGrath [559] I 12-16, 40-50, 100-119. McGrath é excepcionalmente bom na explicação das mudanças e tensões conceituais, especialmente entre a noção aristotélica de justiça e as explicações teológicas cristãs da "justificação".

[23] Ver B. Kent [558] 68-79 para referências de fontes primárias e uma discussão posterior de proposições condenadas relacionadas à ética, inclusive as relacionadas à liberdade da vontade.

[24] A condenação de Miguel du Bay, relatada em H. Denzinger [24] 427-437 (ver especialmente n. 1925), é uma leitura interessante. Boa parte de seus erros podem ser encontrados não apenas nas obras de Agostinho, mas também nas Epístolas de Paulo. Miguel dificilmente poderia ter escolhido uma conjuntura menos auspiciosa para desdenhar dos escolásticos e clamar pelo retorno dos ensinamentos de Paulo e dos Padres.

Mesmo quando concordavam que pudéssemos desenvolver virtudes verdadeiras sem a graça salvadora de Deus, os escolásticos frequentemente discordavam sobre o lugar que essas virtudes naturalmente adquiridas deviam ocupar na explicação completa da vida moral. Um breve esboço das diferentes posições assumidas por Tomás de Aquino e Duns Escoto pode servir como introdução a alguns dos tópicos que emergiram do esforço de explicar o que o bom caráter moral tem a ver, se é que tem, com a obtenção da felicidade na companhia de Deus.

Tomás de Aquino: virtudes morais concedidas por Deus

Assim como virtualmente todos os professores do período, Tomás de Aquino considerava o pecado original menos moralmente debilitante do que havia feito Agostinho. Tomás nunca duvidava de que os seres humanos pudessem desenvolver virtudes verdadeiras sem a dádiva de caridade de Deus. Por outro lado, uma leitura atenta da *Summa theologiae* revela que essas virtudes naturalmente adquiridas desempenhavam um papel bem mais modesto do que se poderia esperar. Considere-se, por exemplo, o tratamento dedicado por Tomás a uma definição padrão de virtude encontrada em livros didáticos: "A virtude é uma boa qualidade da mente, pela qual vivemos corretamente, da qual ninguém faz mau uso, a qual Deus realiza em nós, sem nós".[25] Tomás apoia a definição, com duas sugestões de revisão: que no lugar de "qualidade" se ponha "disposição", e que a última frase seja omitida, para fazer com que a definição inclua todas as virtudes, tanto as adquiridas quanto as infundidas (*ST* IaIIae, q. 55, a. 4). Ambas as revisões, especialmente vindo depois de um tratado sobre disposições que se encontrava altamente em débito com a obra de Aristóteles, podem levar os leitores a assumir que as virtudes figurem de modo proeminente na teoria moral do próprio Tomás. Somente mais tarde na *Prima secundae* é que aprendemos que Tomás considera a virtude infundida da caridade como a "forma" de todas as virtudes, e que ele postula um conjunto inteiro de virtudes morais infundidas por Deus, juntamente com a caridade. Virtudes morais concedidas por Deus

---

[25] Essa definição, incluída nas *Sentenças* (II, d. 27, c. 5) de Pedro Lombardo, é construída a partir de várias observações de Agostinho.

são virtudes incondicionadas. Virtudes morais naturalmente adquiridas são inerentemente imperfeitas (ou incompletas: *imperfectus*), isto é, são virtudes em sentido meramente relativo e análogo. Elas diferem em tipo das virtudes morais concedidas por Deus (q. 63, aa. 3-4; q. 65, aa. 2-3).

Seria difícil exagerar a diferença entre esses dois tipos de virtudes morais. Virtudes morais adquiridas são direcionadas à felicidade imperfeita da sociedade terrena e tornam alguém moralmente bom em termos humanos. Virtudes morais infundidas são direcionadas, e tornam possível merecer, à felicidade perfeita da pós-vida. Virtudes morais adquiridas medem desejos e ações de acordo com a regra da razão humana, observando um meio determinado pela prudência. Virtudes morais infundidas medem de acordo com a regra divina, observando um "meio" apontado por Deus. (Por exemplo, enquanto a razão humana dita que comamos de modo a evitar danificarmos nossos corpos ou prejudicarmos nossa habilidade de raciocinar, Deus decreta que mortifiquemos a carne pela abstinência.) Virtudes morais adquiridas tornam mais fáceis as ações relacionadas; virtudes morais infundidas não. Virtudes morais adquiridas são perdidas apenas depois de uma série de más ações; virtudes morais infundidas podem ser destruídas por um único ato. Como as virtudes morais adquiridas são desenvolvidas naturalmente, podem também ser aumentadas naturalmente por nossos próprios esforços. As virtudes morais infundidas, causadas sobrenaturalmente por Deus, só podem ser aumentadas por Deus. Ninguém pode adquirir uma única virtude moral sem a prudência, nem pode adquirir a prudência, sem todas as virtudes morais. As únicas virtudes morais incondicionadas, no entanto, são dádivas da graça, enraizadas na caridade, e não na prudência. Um cristão pode ter todas essas virtudes infundidas, sem adquirir quaisquer virtudes morais através de seus próprios recursos naturais (*ST* IaIIae, q. 63, a. 4; q. 65, aa. 2-3; IIaIIae, q. 23, aa. 7-8; *De virtutibus in communi*, q. 10, ad 14).

Tomás de Aquino considera, em bases teleológicas, a caridade como essencial para a virtude moral incondicionada. Uma pessoa que careça de caridade nunca pode alcançar o fim último da felicidade perfeita. Ao mesmo tempo, Tomás segue Agostinho ao relacionar a necessidade de caridade ao autocentramento da humanidade caída. O pecado original corrompeu tanto a natureza humana que, sem a graça, nós inevitavelmente favorecemos nossos bens privados. Mesmo quando desempenhamos atos virtuosos, desempenhamo-los a partir de motivos inferiores, não a partir do tipo de amor possível para a natureza humana em sua condição original. Sem a caridade, então, ninguém pode obedecer ao mandamento de amar a Deus sobre todas as coisas (*ST* IaIIae, q. 109, aa. 3-4).

Acreditando que precisamos da caridade para transformar nossos caracteres morais, Tomás argumenta que essa virtude deve ser uma disposição concedida por Deus, e não simplesmente o Espírito Santo trabalhando em nós. Se não houvesse mudança na disposição do agente, raciocina ele, os atos humanos de caridade seriam involuntários, com Deus como única causa eficiente e o ente humano como um mero instrumento da vontade de Deus. Os atos de caridade seriam então atos de Deus, e de nenhum modo atos próprios do indivíduo. Pela mesma razão, seria impossível para alguém realizar atos caridosos com conforto e prazer. Um indivíduo só pode experimentar conforto e prazer quando age conforme sua disposição interna para agir, quando as ações fazem parte de uma "segunda natureza", mesmo que essa segunda natureza tenha sido ela própria causada sobrenaturalmente (*ST* IIaIIae, q. 23, a. 2).[26]

Duns Escoto: pagãos perfeitamente morais

Como vimos, Escoto acredita que a habilidade de amar os outros de acordo com seu valor intrínseco pertence à liberdade inalienável da vontade humana. E ele acredita também que "deve" implica "pode". Dado que, sem a graça, nós, entes humanos caídos, somos ainda obrigados a amar o próximo como a nós mesmos e a amar a Deus acima de tudo, devemos então ser capazes de fazê-lo, mesmo que não tão perfeitamente quanto poderíamos na pós-vida. Escoto oferece, como evidência sustentadora de sua posição, a disposição que os pagãos têm para morrer em batalha pelo bem de seus países. Alguém, agin-

---

[26] A literatura secundária sobre o pensamento moral de Tomás de Aquino frequentemente deixa muito a desejar, tanto em exatidão quanto em interesse. O livro de R. McInerny [252] e os ensaios de S. MacDonald e E. Stump [251] me parecem estar entre as mais filosoficamente atraentes das contribuições recentes. S. Pope [257] fornece uma orientação útil na leitura da *Summa theologiae* II. Essa antologia inclui uma explicação de estrutura e método, bem como uma série de ensaios expositivos sobre esse texto longo e difícil.

do de acordo com a razão natural, pode corretamente julgar o bem público como um bem maior que sua própria vida e pode simplesmente amá-lo mais e intencionar preservá-lo mais que a própria vida. Da mesma maneira, essa pessoa pode julgar que Deus é o bem maior de todos e amá-lo acima de tudo (*Ordinatio* III, suplemento d. 27; [288] 434-440).[27]

É verdade, as virtudes morais adquiridas são moralmente imperfeitas na ausência da caridade infundida, no sentido em que não conduzem ao fim que é a felicidade perfeita. Por outro lado, argumenta Escoto, elas ainda podem ser perfeitas como virtudes morais. Uma pessoa não necessita da virtude da caridade divinamente concedida para tornar-se um ente humano perfeitamente moral, mas somente para tornar-se um ente humano perfeitamente feliz. Apesar de todo o bem que nós mesmos fazemos, a felicidade eterna permanece sendo, como ensina Agostinho, uma livre dádiva de Deus (*Ordinatio* III, suplemento d. 36; [288] 414-416).

Por que a teoria moral precisa alguma vez postular disposições virtuosas infundidas por Deus? Como Escoto não vê nenhuma razão pela qual alguém precisaria de uma disposição para realizar um ato caridoso, ele não vê nenhuma razão pela qual alguém não possa realizar tal ato com diligência, conforto e prazer. Não há nada em nossa experiência que prove a existência de alguma caridade divinamente concedida, pois as mesmas ações e motivos podem ser explicados pela virtude naturalmente adquirida da amizade. Se o objetivo é explicar por que Deus concede a felicidade eterna a algumas pessoas ao invés de outras, a resposta correta, na mente de Escoto, é simplesmente que Deus escolheu fazê-lo. As virtudes infundidas não podem explicar por que Deus escolheu essas pessoas, pois as próprias virtudes são livres dádivas da graça. Se Deus de fato dispôs que as virtudes infundidas são necessárias para se merecer a salvação, Ele poderia também tê-las dispensado, por meio de seu poder absoluto. Não há nada nessas virtudes que as tornem intrinsecamente necessárias à salvação. Elas têm o estatuto de causas secundárias através das quais Deus

---

[27] As disputas medievais posteriores sobre a habilidade natural de amar a Deus frequentemente incluem fascinantes discussões sobre amor de si, autossacrifício e outros tópicos emaranhados da psicologia moral. Para um bom exemplo, ver o intercâmbio entre Godofredo de Fontaines e Jaime de Viterbo em *CT* II 271-306.

escolheu operar, de modo que seu papel causal emerge estritamente do pacto que Ele livremente escolheu fazer com a humanidade.[28]

Se alguém protestasse que Deus escolheu, segundo essa explicação, um esquema de salvação mais elaborado do que poderia ter escolhido, Escoto alegremente concordaria: Deus frequentemente age mais generosamente que frugalmente. Ockham repetiu e expandiu os argumentos de Escoto contra a necessidade teórica de postular disposições virtuosas infundidas por Deus. Também ele declarou possível amar a Deus acima de tudo através dos próprios recursos naturais. Também ele trabalhou para mostrar que nenhuma disposição virtuosa infundida é intrinsecamente ou ontologicamente necessária. A caridade divinamente concedida só é necessária por causa do pacto que Deus escolheu fazer, mas que poderia ter, por seu poder absoluto, deixado de fazer (III *Sent.*, q. 9 [308] *OTh* VI 279-282). Novamente, o objetivo é enfatizar a generosidade de Deus ao fazer um pacto que devemos confiar que Ele manterá – não porque Ele seria injusto violando-o, como se "devesse" algo a nós, mas porque Deus é consistentemente generoso, de modo que "deve a si mesmo" manter as promessas que fez.[29]

Martinho Lutero, educado na tradição teológica associada a Ockham, concluiria mais tarde que as virtudes infundidas não são nem mesmo necessárias de fato à salvação. Ele dispensaria todo o aparato teórico das disposições divinamente concedidas, como evidência da desastrosa influência de Aristóteles, aquela cria de Satã, sobre o todo da teologia escolástica. Escoto e Ockham vieram a ser consequentemente postos como preparando o caminho para o luteranismo, não obstante as diferenças óbvias em relação a Lutero, como o fato de que ambos os escolásticos desenvolveram teorias profundamente moldadas pela crença deles na inalienável liberdade humana de tornar a nós mesmos moralmente bons (embora não felizes), crença que Lutero foi tão longe em negar, que até mesmo Tomás de Aquino acaba parecendo, em comparação, um quase-pelagiano defensor do "pagão virtuoso".

---

[28] *Ordinatio* I, d. 17, parte I, qq. 1-2 [281] I, especialmente 200-203, 215; *Quaestiones Quodlibetales* 17.30-34 [283] 397-398.

[29] Há hoje uma riqueza de literatura erudita sobre o pano de fundo medieval tardio da teologia de Lutero. Os trabalhos de P. Vignaux [562] e H. Oberman [561] são clássicos na área. A. McGrath [559] figura entre as contribuições substanciais mais recentes.

11 Bens últimos: felicidade, amizade e bem-aventurança

JAMES MCEVOY

A reflexão sobre a felicidade humana foi buscada por alguns dos maiores pensadores da Idade Média, trabalhando às vezes como teólogos – ao menos primariamente – e às vezes como filósofos, embora em mais de um sentido da palavra. As mais notáveis teorias do que é a felicidade e de como os seres humanos podem obtê-la foram formuladas por três mentes grandiosas: Agostinho de Hipona, Boécio e Tomás de Aquino. Explorarei as ideias de cada um deles e examinarei também um pequeno tratado de Boécio de Dácia (*fl.* 1270) sobre a felicidade e a vida filosófica, que entra em contraste com seus mais notáveis predecessores. Outros escritores e desenvolvimentos temáticos significativos serão também superficialmente abordados.

A amizade é algo intimamente relacionado à felicidade. Todas as antigas escolas de filosofia teriam sustentado essa afirmação, mesmo embora cada qual colocasse sua ênfase como parecia apropriado, tendo em vista sua própria abordagem característica da filosofia. Os pensadores do período medieval, por sua vez, não teriam discordado da íntima conexão entre amizade e felicidade. Essa relação foi às vezes tornada explícita (particularmente por Agostinho e Aelred de Rievaulx), mas permaneceu outras vezes destematizada. A explicação dada aqui será conduzida pelos textos. Discutirei a felicidade e a amizade juntas, ao examinar o pensamento de Agostinho, o qual interliga os dois temas em mais de uma ocasião notável. Ao considerar Boécio e Tomás de Aquino, tratarei os dois tópicos separadamente, em sua maior parte.

Ambos os temas chegaram aos pensadores medievais a partir de duas fontes diferentes, a filosofia antiga e o cristianismo, e não havia nenhum segredo sobre isso. Tomemos um exemplo: Agostinho era totalmente cônscio da diferença entre as noções bíblicas de felicidade, desenvolvidas nos Salmos ou nas Bem-aventuranças (Mateus 5), de um lado, e os tratados sobre o maior bem ou felicidade e o maior mal, escritos por Varro ou Cícero, de outro. Para seus propósitos (e. g., a autobiografia pastoral nas *Confissões* ou a apologia cristã em *A Cidade de Deus*), ele sentia-se livre para desenvolver seu pensamento confiando em ambos os tipos de fonte. Se Agostinho sentiu assim a influência de cada uma delas – a antiga busca pré-cristã de sabedoria e a fé bíblica, especialmente do Novo Testamento –, não se deve assumir que ele tenha tido intenção de produzir um híbrido sincrético de suas fontes de leitura, ou que o tenha acabado fazendo. A noção de um discernimento crítico é mais adequada em relação ao resultado de sua reflexão.

AGOSTINHO E O DESEJO UNIVERSAL DE FELICIDADE

A felicidade é um dos temas da vida inteira de Agostinho. O tópico é recorrente na maioria de seus escritos, em diferentes gêneros literários, com novos aspectos e perspectivas ou com retoques feitos em relação a pensamentos já familiares. Suas duas ideias mais insistentemente recorrentes são que todos os seres humanos, sem exceção, desejam ser felizes, quaisquer que sejam suas circunstâncias, escolhas e compromissos, e tudo que alguém faz é incitado por este mais profundo dos desejos, e expressa-o de alguma maneira. E sua segunda convicção avassaladora é que nenhuma coisa e nenhuma pessoa podem suprir o desejo de felicidade que alguém sente; nenhuma experiência, nenhum objeto de desejo, mesmo quando alcançado, pode tornar alguém completa e confiadamente feliz – nem mesmo os maiores ideais abertos à humanidade, como a busca pela sabedoria e o amor por esta. Suas primeiras reflexões sobre a *beatitudo* ("felicidade") encontram-se em um diálogo escrito no ano 386, *Da Vida Feliz (De beata vita)*. O tema reaparece em três das grandes obras de sua maturidade: *Confissões, Comentário sobre os Salmos* e *Cidade de Deus*. Concentrar-me-ei em suas discussões da felicidade e da amizade nas *Confissões* e na *Cidade de Deus*.

Felicidade e verdade como ideias a priori

O Livro X das *Confissões* é uma busca por Deus, o qual se encontra tanto além quanto no interior da criação. A ação que conecta as transições feitas por Agostinho é expressada repetidamente pelo verbo *transibo*: "Irei além" – a fim de procurar Deus, a meta absoluta do amor. O mundo criado, em sua beleza, grita: "Ele nos fez!" (X 6). A alma, no entanto, é superior ao mundo, em sua natureza, uma vez que é a fonte da vida para o corpo (X 7). *Transibo*: acima do poder vivificante da alma, e além da capacidade de perceber, que ela confere ao corpo (uma capacidade que é partilhada com as almas dos animais), há a mente ou o eu (X 7). Na memória estão armazenadas imagens de todos os tipos que foram trazidas pela percepção sensorial. Ali encontro meu eu "e recordo o que sou, o que fiz e como fui afetado quando o fiz" (X 8). A memória é um poder que contém mais que imagens da percepção sensorial. Ideias, objetos matemáticos, experiências afetivas, e mesmo esquecimento, estão de algum modo presentes nela (X 16). "Grande é o poder da memória... um poder de profunda e infinita multiplicidade. E isso é minha mente, isso é meu eu!" (X 17).

Mas *transibo*! "Enquanto elevo-me acima da memória, onde hei de encontrar-te?" O que é que jaz no próprio fundo da vida mental e afetiva, no mais profundo nível pré-consciente? Que formas ou ideias *a priori* moldam tudo o que alguém faz? Agostinho acredita que duas quase-ideias, felicidade e verdade, dão coerência a toda a nossa vida mental e afetiva, de maneiras que não são inteiramente conscientes e que não temos o poder de alterar. Tudo o que pensamos, desejamos ou fazemos é estruturado por esses dois instintos primais e é expressão deles. Quando eles se juntam, quando encontramos a "alegria da verdade" (*gaudium de veritate*), a presença do Deus ausente e transcendente torna-se tangível. Esse é o lugar não locativo *(locus non locus!)* que Deus ocupa no interior de toda mente, Ele que está "imutavelmente acima de todas as coisas" (X 25). Uma vez que Deus seja revelado por seu próprio poder como "a Beleza sempre antiga e sempre nova", Ele é reconhecido pela memória como a presença transcendente que vem para preencher o espaço criado no interior da mente e da memória pela "alegria que provém da verdade" (X 27).

A meditação de Agostinho sobre a memória é um exercício espiritual através do qual ele busca elevar-se no interior do conteúdo da consciência, de nível em nível, a fim de identificar a presença de Deus dentro da alma por meio do autoconhecimento. Quanto melhor conhece a si mesmo, mais ele reconhece a transcendência de Deus em relação a sua criatura. No entanto, Deus deixou no ponto mais profundo da autoconsciência humana um sinal distintivo de presença, correspondendo a sua transcendência, a saber: aquela alegria da verdade, que é completamente inerradicável (assim crê Agostinho) da mente humana e da memória.[1]

Amizade e felicidade

Os temas da amizade e da felicidade são conjugados por Agostinho em dois escritos, as *Confissões* e *A Cidade de Deus*. A amizade é retratada como uma fonte de intensa felicidade e, ao mesmo tempo, espaço de miséria e aflição quando um amigo morre, ou de ansiedade pelos vivos, que são vulneráveis a todo tipo de inseguranças e são presas de muitos males e sofrimentos. Agostinho apresenta o valor positivo do ideal e prática clássicos da amizade (ele chega mesmo a usar a definição de *amicitia* de Cícero, dada como "concordância em todas as coisas, divinas e humanas, juntamente com a boa vontade e a afeição"), mas ele acredita que os valores cristãos de confiança em Deus, crença na providência, aceitação da inevitabilidade da morte, preocupação com o bem das pessoas que não são particularmente virtuosas ou fortes, prontidão para perdoar, e firme esperança em relação à verdadeira felicidade na visão celestial de Deus, revelam um caminho superior. Ele propõe, assim, uma prática de amizade que seria livre de ilusões quanto à vulnerabilidade moral e a morte física, isenta de qualquer idolatria em relação às pessoas que amamos, realista quanto à tragédia e pronta para mostrar benevolência

---

[1] Agostinho argumenta a favor da conexão entre a felicidade, a alegria da verdade, e Deus, em *Da Livre Escolha da Vontade* II. Ver especialmente II 13: "O Gozo da Verdade por parte do Homem". Ver também os artigos sobre Liberdade, Felicidade e Verdade, bem como aqueles dedicados a escritos individuais de Agostinho, em A. Fitzgerald [67].

de alguma maneira para com todos, a partir de um senso de humildade e vulnerabilidade comum. Dessas maneiras, ele reconhece de uma vez o ideal clássico de amizade, o qual vivera em seus primeiros anos, e ao mesmo tempo desenvolve uma teoria cristã da amizade e do amor, na qual a fé, a esperança e a caridade recebem seu valor pleno.

Amizade, felicidade e morte são entretecidas na narrativa da vida e perda de Agostinho, por volta dos vinte anos idade, quando experimentara a morte de um amigo próximo e da mesma idade. Olhando para trás, como autobiógrafo, mais ou menos vinte cinco anos depois, ele conclui que a terrível miséria da aflição que sentira, sua depressão e seu senso niilista de que a morte destrói todo o valor humano deviam-se a ele "ter amado um mortal como se este nunca fosse morrer" (*Confissões* IV 6). A felicidade devia estar, pensava ele, em amar os amigos com um senso de mortalidade que, sozinho, permite que o valor precioso de cada momento presente seja saboreado. Essa felicidade, considerava ele, não pode ser tida sem a fé no amor providencial de Deus e na vida eterna. Agostinho compôs uma bem-aventurança pessoal, a partir de frases das Escrituras. "Bem-aventurado aquele que te ama, e a seu amigo em ti, e a seu inimigo por causa de ti" (IV 9). Amizade, felicidade, miséria e mortalidade aparecem novamente inter-relacionadas nas *Confissões* VI 16.

O Livro XIX da *Cidade de Deus* considera as diferentes e contrastantes maneiras segundo as quais o fim último da vida humana fora delineado pelos filósofos antigos (cujas visões do assunto Agostinho conhecera através de Varro e Cícero) e pelo cristianismo. Será o mais alto objetivo da realização e esforço humanos algo a ser encontrado no prazer, na virtude ou em uma combinação dos dois; em uma vida ativa ou uma de contemplação, ou, novamente, em uma mistura de ambas? Varro especificara, ao todo, 298 variações dessas noções de felicidade. Agostinho, por outro lado, insistia na natureza vulnerável e contingente da vida e da felicidade. Quantos males e infortúnios existem, como a injustiça, a guerra, as misérias e os erros pessoais, a doença e a insanidade, que infiltram a insegurança no centro da experiência humana! A "não fingida lealdade e o amor mútuo dos verdadeiros amigos" (XIX 8) é a melhor fonte de felicidade que essa vida oferece, e, contudo, mesmo aqui a felicidade e a angústia mesclam-se e misturam-se da maneira mais ambígua.

Nenhuma utopia de paz e contentamento encontra-se disponível, neste lado de autodecepção e ilusão. Quanto mais amigos temos, mais preocupação experimentamos a respeito dos males que possam afligi-los, ou que possam causar-nos dor e sofrimento através deles. Na morte de cada um deles, o conforto e o deleite transformam-se em tristeza e aflição. A lição que Agostinho deseja ensinar é esta: não se tornar insensível para com os amigos, vivendo em uma fortaleza de autoproteção, mas afirmar, ao invés disso, toda a realidade, tanto na alegria quanto na dor, como expressão de uma ordem providencial apenas parcialmente visível, no interior da qual a cidade de Deus, que no presente viaja pela terra, está sendo preparada para a paz eterna. Se aceitamos que somos peregrinos em um caminho de fé e esperança, podemos então ser razoavelmente felizes, apesar de tudo que nos possa acontecer. Isso ocorre parcialmente porque a vida tem tantas coisas boas a oferecer, mas principalmente porque temos a esperança de uma bem-aventurança incondicional e inabalável, a qual aguardarmos em antecipação (XIX 20).

Os leitores de *A Cidade de Deus*, ao longo da Idade Média e início do Renascimento (Erasmo, Thomas Morus), absorveriam sua mensagem sobre a felicidade, a amizade e a vida dos abençoados. A felicidade do céu poderia ser pensada como a completude da amizade, como sugerido (em *Amizade Espiritual* III 79) pelo monge cisterciense Aelred de Rievaulx (falecido em 1167), enquanto a amizade na vida presente, apesar de suas limitações, oferece um antegosto das alegrias celestiais. Ele desenvolve aqui uma ideia autenticamente agostiniana. Um contemporâneo seu, Anselmo de Cantuária, pensava segundo a mesma linha (*Proslogion* 25). Aelred se referia às alegrias celestiais utilizando os termos *felicitas* e *beatitudo* como sinônimos. Na Idade Média posterior, o primeiro termo tenderia a ser empregado mais frequentemente em discussões filosóficas como o termo geral para "felicidade", sob a influência da versão latina da *Ética a Nicômaco* de Aristóteles, enquanto *beatitudo* tenderia a ser usado mais especificamente para significar a beatitude absoluta da vida eterna.

A força do pensamento de Agostinho jazia em sua capacidade de abarcar a experiência, especialmente em seus altos e baixos afetivos. Ele tentara remover todos os parênteses que haviam sido colocados em torno de porções da experiência (de sua própria, em particular) e reconhecer a ambivalência da escolha quanto ao bem e ao mal. Enquanto escrevia sobre a amizade e o amor, ele também pensava sobre a miséria, a obsessão e a ilusão. Sua leitura da condição humana tem a visão clara quanto ao estado ferido e fragmentado do coração, mas a esperança é sustentada pela convicção de que a criação é boa e que o sofrimento pode ter um significado redentor.

Boécio: a filosofia tem suas consolações

"Agostinho foi um africano, um psicólogo e um santo; Boécio foi um romano e um erudito."[2] Mânlio Severino Boécio (falecido em 524) foi aprisionado durante o último ano de sua vida pelo governate germânico da Itália, sob uma falsa acusação de alta traição. Sua *Consolação da Filosofia* é um dos maiores exemplos da literatura prisional. Boécio viveu seu aprisionamento sob ameaça de morte, e foi ao final brutalmente executado. Ele buscou obter, através da escrita, a "consolação" (a *consolatio* era um gênero que tradicionalmente oferecia conforto aos *amigos* dos mortos). Nessa conexão, apelou à memória de Sócrates e de certos estoicos romanos, os quais considerava como vítimas inocentes da tirania, assim como ele próprio. Thomas Morus recordaria, por sua vez, a *Consolação*, ao sofrer uma tribulação semelhante.

A obra é uma meditação ininterrupta sobre o sofrimento injusto dos inocentes. Como é possível, se de fato é possível, ser feliz enquanto se está aprisionado e aguardando a morte? Boécio buscou conforto na filosofia, "cuja casa eu frequentara desde a juventude" (I 3). Ele realizou um vasto e bastante artístico sumário de tudo que houvera de melhor e mais nobre na filosofia antiga: artístico, pois concebido em passagens alternantes de prosa e verso. A obra toma a forma de um diálogo entre a Filosofia, que lhe aparece na forma majestosa de uma mulher e a mente do próprio Boécio. A Filosofia é a princípio obrigada a refamiliarizar o prisioneiro, que reclama e sofre, com as mensagens que ele esqueceu – através do es-

---

[2] D. Knowles [8] 55.

quecimento de seu verdadeiro eu (I 2). A verdadeira liberdade não pode ser abolida por grilhões, pois é interna. As verdadeiras bênçãos da vida (a família e os amigos) não devem ser esquecidas na adversidade, mas são fontes de memórias felizes. A felicidade não se encontra fora da pessoa, nos bens da fortuna, mas no interior de uma mente livre, que está no comando de si mesma e que não pode, por sua vez, ser sobrepujada por qualquer força externa.

No Livro II, é centralmente abordada a questão da verdadeira felicidade *(felicitas)*. A Filosofia argumenta que a felicidade é "o bem que, uma vez obtido por um homem, não deixa espaço para nenhum desejo posterior" (III 2), visto que todos os bens são reunidos nele. O bem é frequentemente pensado como presente na riqueza, honra, poder, glória ou prazer (ou em alguma mistura destas cinco fontes de satisfação). A Filosofia desafia cada uma dessas. A posse da riqueza não exclui a ansiedade. Honras e promoções não instilam a virtude (mas como pode haver felicidade sem virtude?). O poder, como o próprio Boécio não necessita recordar (III 5), e até mesmo o poder dos reis, é inseguro e atrai somente amigos momentâneos. A glória é enganadora: ela não conduz à sabedoria nem ao autoconhecimento. O prazer é algo que o homem compartilha com as bestas. Não há nenhuma felicidade nestas promessas vãs. Por outro lado, a felicidade completa combinará todos esses cinco bens imperfeitos, incluindo-os (III 9, prosa). Mas onde deve ser buscada tal felicidade? Não neste mundo ou neste universo. Boécio reza pelo auxílio de Deus na busca, como Platão frequentemente fazia em seus diálogos. No poema que conclui o trecho III 9, a mais bela passagem dos escritos de Boécio, é disposta a mensagem do *Timeu*. O cosmos e a alma são ambos expressões do Bem divino e transcendente. A felicidade consistirá em participar do Bem, que é Deus:

> Concede, ó Pai, que minha mente se eleve a teu majestoso assento,
> Concede-me vagar pela fonte do bem, concede-me luz para ver,
> Para fixar a clara visão de minha mente em ti.
> Dispersa o peso obscurecedor desta massa terrena,
> Cintila adiante em teu brilho. Pois, para os abençoados, tu
> És clara serenidade e tranquilo repouso: ver-te é deles o objetivo,
> Tu que és, de uma só vez, princípio, condutor, líder, caminho e fim.

O restante do livro é ocupado por um longo argumento para mostrar que o unviverso é governado por Deus, e que Deus não pode fazer nenhum mal. O Livro IV examina o aparente triunfo do vício sobre a virtude e do poder sobre a bondade, mas mostra que esta não pode ser a verdade final. Boécio assume o argumento do *Górgias* (507C) de Platão. Através do uso da razão em diálogo com a Filosofia, ele se reconcilia com a conclusão de que a providência governa todo o universo e se estende ao indivíduo. O Livro V é dedicado à discussão das maiores questões sobre a providência e a liberdade humana.

Podemos ver aqui um movimento que vai dos temas e dialética estoicos aos platônicos. O Livro III forma a junção entre ambos. Há um movimento paralelo que vai da virtude à contemplação ("visão") como elemento central da felicidade. Boécio conhecia de primeira mão os textos de Platão e Aristóteles, e era bem versado no neoplatonismo grego posterior. Sua *Consolação* bebe de todas essas fontes e busca produzir um pensamento unificado, que incluiria todos os maiores desenvolvimentos éticos e metafísicos da Antiguidade.

Mas por que esse fiel cristão, ao examinar o problema da paciência, providência e realização, colocado pelo sofrimento inocente, não considerou em primeiro lugar Jó ou Jesus Cristo? Por que não há nenhum elemento explicitamente cristão na *Consolação*? Várias considerações sugerem que Boécio estava trabalhando de acordo com um programa e seguindo seu próprio treinamento inicial em filosofia, obtido em Atenas. Algumas palavras utilizadas na *Consolação* parecem de fato ressoar com as versões latinas da Bíblia, mesmo embora nenhuma citação seja feita dessa fonte. A obra equivale a uma apologia da providência e do governo divino do universo e dos assuntos humanos, mas que tem lugar inteiramente no âmbito da filosofia antiga.

As épocas em que a *Consolação* foi mais profunda e constantemente apreciada foram as épocas de fé. A recepção favorável dessa obra de pura filosofia, ao longo do período medieval, teve o efeito de sugerir que há uma única explicação verdadeira do homem e do universo, sob um Deus providente, cuja validade repousa essencialmente nos princípios da razão desenvolvidos pelos filósofos antigos. A esse respeito, Boécio produziu um gigantesco impacto sobre a problemática de fé e razão das escolas medievais.

Tomás de Aquino

Tomás discutiu a felicidade, juntamente com outras grandes questões da filosofia e da teologia, em diversos trabalhos diferentes, incluindo seu comentário às *Sentenças* e sua *Summa contra Gentiles*. Suas ideias sobre o assunto foram dispostas em sua forma mais madura na *Summa theologiae* IaIIae, qq. 1-5, escrita em seus últimos anos. Esse conjunto de cinco questões diz respeito à natureza geral do propósito último da vida (q. 1) e à concepção particular da felicidade completa (*beatitudo*, beatitude, bem-aventurança) que Tomás propõe como preenchendo os requisistos de tal propósito (qq. 2-5). Temos aqui um tratado relativamente autossuficiente, que é provavelmente a explicação mais coerente do assunto produzida nos tempos medievais ou possivelmente em qualquer era passada. Nele Tomás faz uso rigoroso do método filosófico, em continuidade com as melhores tradições dos antigos filósofos gregos e latinos. O cenário do tratado é, obviamente, teológico. A *beatitudo*, ou o fim último, é sustentada como sendo a visão beatífica de Deus. Assim como Agostinho, ao escrever *A Cidade de Deus*, Tomás produziu então uma notável peça de apologia cristã, utilizando ferramentas moldadas pela filosofia antiga.

Está sendo cada vez mais reconhecido que a ética da virtude é central no pensamento moral de Tomás de Aquino, e em sua consideração das capacidades e realizações características da natureza humana. Seu estudo e apreciação das virtudes liga-o firmemente a Aristóteles. Tomás empenha-se em relacionar a felicidade às virtudes morais e especulativas, argumentando que a beatitude *(beatitudo)* não se encontra em bens corpóreos ou materiais, como o prazer ou a riqueza, mas que, em vez disso, a maior felicidade alcançável pelos entes humanos encontra-se na contemplação da verdade.

Cada uma das questões presentes em *ST* IaIIae 1-5 contém oito artigos, de modo que, na realidade, quarenta questões são ao todo colocadas e respondidas, juntamente com as usuais objeções e respostas que perfazem o caráter dialético do pensamento de Tomás. Ele buscava tornar mais clara a razoabilidade das posições que adotava e enriquecer sua própria compreensão da verdade, pela inclusão deliberada de qualquer verdade presente nas objeções que lhe eram colocadas ou que eram escolhidas por ele mesmo.

A questão de número um lida com a pressuposição de tudo o que se segue, a assunção de que deve haver de fato um fim (objetivo, ponto) último da existência humana. Tomás discute aqui a atividade intencional e proposital, distintivamente humana, na qual se desdobram nossas tentativas livres de identificar e obter o bem. Ele argumenta que o tudo que os humanos intencionam é intencionado tendo em vista o bem. Nada pode ser desejado ou intencionado por ser mau, mas somente por ser um bem aparente (ou subjetivamente registrado). No nível mais geral, então, nós necessariamente buscamos um bem último. Nas questões seguintes, ele adota a antiga investigação platônica e aristotélica da verdadeira natureza desse bem.

Nos oito artigos da questão dois, ele pergunta: será que a felicidade se encontra (1) nas riquezas, (2) nas honras, (3) na fama e na glória, (4) no poder, (5) nos dotes corporais, (6) no prazer, (7) em qualquer dote da alma, ou (8) em qualquer bem criado? Nos artigos 1, 3, 4 e 6, a posição de autoridade *(sed contra)* é tomada de Boécio. A felicidade não pode consistir em riquezas, pois o dinheiro é feito para nós, e não nós para o dinheiro, argumenta Tomás. Ela não pode encontrar-se nas honras, pois (com Aristóteles) a honra é algo externo à pessoa que a recebe. A felicidade também não pode ser identificada com a glória, que é algo extrínseco ao valor real da pessoa. O poder também não a define, pois é moralmente ambivalente e depende da virtude para seu bom uso. O corpo humano existe para o bem da alma e de suas atividades especificamente humanas, e assim não pode ser ele próprio o foco da felicidade, não mais que pode sê-lo o prazer sensorial. A felicidade não pode ser realizada em qualquer bem criado, visto que, por definição, estes últimos não podem incluir tudo o que o ente humano pode desejar. Como não é de surpreender, é a Agostinho que Tomás recorre a fim de expressar a convicção de que somente Deus, o bem completo, pode satisfazer o desejo inato de felicidade ou beatitude *(beatitudo)*.

Para Tomás, no entanto, o respeito essencial em que Deus constitui nossa beatitude é, em uma visão direta da natureza divina, uma atividade *cognitiva* suprema, e aqui ele deve lidar com uma objeção do ponto de vista do platonismo cristão tradicional. A objeção é que a beatitude *(beatitudo)* deve consistir não em um ato do intelecto, mas em um ato da vontade, isto é, em amor. No artigo quarto, Tomás apresenta cinco argumentos a favor dessa posição, dois deles nomeando Agostinho, e um destes citando sua afirmação de que "Feliz é aquele que tem tudo o que deseja, e não deseja nada incorretamente". Como base para a resposta a esses argumentos, Tomás desenvolve sua própria posição como se segue (com uma característica de reapropriação de Agostinho para sua própria visão, ao final):

> Como foi dito acima, duas coisas são requeridas para a beatitude: uma, que é a essência da beatitude; a outra, que é, por assim dizer, seu acidente próprio, isto é, o deleite acrescido a ela. Digo então que, quanto ao que é essencialmente a beatitude, é impossível que consista em um ato da vontade. Pois é evidente, a partir do que foi dito, que a beatitude é a obtenção do fim último. Mas a obtenção do fim não consiste no próprio ato da vontade. Pois a vontade é direcionada para o fim, que é ausente, quando ela o deseja, e presente, quando ela se deleita em repousar nele. É evidente que o próprio desejo do fim não é a obtenção do fim, mas um movimento na direção do fim. O deleite vem até a vontade a partir da presença do fim, e não o contrário – que algo se torna presente pelo fato de que a vontade nele se deleita. É preciso, pois, que exista algo outro que não o ato da vontade, pelo qual o fim esteja presente para aquele que o quer.
>
> Isto é evidente, no que diz respeito aos fins sensíveis. Pois se a aquisição do dinheiro fosse através de um ato da vontade, aquele que o quer a princípio o teria, desde o mesmo instante em que o quisesse. Mas no princípio, [o dinheiro] encontra-se-lhe ausente; e ele o obtém quando a mão o apreende, ou de alguma maneira semelhante; e então deleita-se com o dinheiro obtido. Portanto, assim é com o fim inteligível. Pois a princípio tencionamos obter um fim inteligível; obtemo-lo, mediante um ato do intelecto que o torna presente para nós; e então a vontade deleitada descansa no fim quando obtido.
>
> Assim, portanto, a essência da beatitude consiste em um ato do intelecto: mas o deleite que resulta da beatitude pertence à vontade. Neste sentido, Agostinho diz que a beatitude é *alegria da verdade* [*gaudium de veritate*], porque a mesma alegria é a consumação da beatitude (*ST* IaIIae, q. 3, a. 4).

O valor da amizade entra na discussão ao final da questão quatro. "A beatitude necessita da companhia de amigos?" (a. 8). Tomás respeita o senso comum nessas questões. Ele sustenta que, para o tipo condicional de beatitude que alguém pode esperar durante a vida terrena (em que a saúde do corpo e da alma e certo grau de posses são condições relevantes), os amigos são de fato necessários, uma vez que precisamos amar. Se estamos, por outro lado, pensando na beatitude *(beatitudo)* perfeita e celestial, naquele estado o amor do bem divino e infinito não requer nenhum suplemento. A amizade não será, em nenhum sentido, uma condição da beatitude perfeita, mas seu acompanhamento.

Foi de Guilherme de Auxerre que Tomás de Aquino e outros herdaram a distinção entre "a beatitude perfeita, que os santos terão no estado futuro, e a beatitude imperfeita da vida presente".[3] Tomás de Aquino poderia ter enfatizado a miséria e a infelicidade da vida terrena, como muitos haviam feito antes dele, mas escolheu valorizar e recomendar aquelas experiências e realizações presentes nela que são relacionadas de uma maneira positiva à beatitude perfeita. Ele sabiamente considerava a beatitude alcançável nesta vida como sendo imperfeita, quando muito, mas claramente sustentava que ela é beatitude em um sentido analógico, e não meramente equívoco.

A felicidade é intelectual ou vem da vontade?

A explicação intelectualista da beatitude apresentada por Tomás de Aquino encontrou a crítica da parte de João Duns Escoto, e os respectivos seguidores de ambos permaneceram divididos durante a Idade Média posterior, em uma controvérsia conhecida como intelectualista-voluntarista. Escoto localizava a dignidade humana, em seu ápice, não tanto na formulação de conceitos ou no ato de visão intelectual, mas no livre movimento da vontade, naquele ato de amor que acolhe com fruição *(fruitio)* algum objeto verdadeiramente digno de amor por si mesmo, amado não simplesmente como um meio a ser utilizado *(uti)*. Embora esta fosse uma controvérsia teológica sobre como a beatitude *(beatitudo)* perfeita, a felicidade ilimitada do céu, é gozada (será através da apreensão de Deus pelo intelecto e, consequentemente, da abertura de algum acesso à realidade divina para a vontade? Ou será pela livre doação de amor da vontade, sendo o conhecimento apenas uma condição *sine qua non* da fruição?), essa controvérsia envolvia diferenças filosóficas de certa magnitude.

---

[3] G. Wieland, *CHLMP* 679n.

Tomás de Aquino havia adotado e refinado a epistemologia moral de Aristóteles. A vontade, sustentava ele, é determinada pelo bem e somente pelo bem, mas é cega quanto ao que é bom. É tarefa exclusiva do intelecto identificar os objetos de afeição e possível ação e informar a vontade a respeito deles. A partir do que lhe é oferecido, a vontade delibera e faz sua escolha. Mesmo uma escolha objetivamente má revela ainda a determinação básica da vontade, que só pode escolher algo como bom (mas pode, é claro, avaliar as proporções erroneamente, ao preferir um bem menor a um maior ou um bem meramente aparente a um bem real).

Escoto, por outro lado, admirava a ênfase agostiniana na vontade como autocausada (*"voluntas est voluntas"*, observava ele a respeito de Deus). Ele movia-se na direção do indeterminismo ético, em sua visão de que o que Deus ordena ou proíbe é certo ou errado simplesmente porque Deus o ordena ou proíbe. Escoto concorda com Tomás que o desejo ou o deleite não possam formar o centro da felicidade, visto que o desejo revela a ausência desta última, enquanto o deleite supõe-na como já presente. Ele atribui importância prévia, não à respectiva ordem segundo a qual ocorrem os atos – pois o ato do intelecto é certamente anterior ao ato da vontade – mas à ordem de valor intrínseco, em que o livre ato da vontade, ao desencadear o amor, tem valor inigualado e não desafiado, trazendo em si, como ele o faz, a essência inteira do livre acordo.[4]

A FELICIDADE NA VIDA INTELECTUAL

Havia intelectuais na Idade Média? Se por este termo entendemos alguém cuja maior recompensa e mais profunda satisfação jaz, além do prazer, no reino do pensamento puro, podemos então encontrar muitos pensadores

---

[4] Duns Escoto discute a posição de Tomás, sem nomeá-lo, e opõe-se a ela em *Ordinatio* IV d. 49, q. 4. Também Ockham argumentava que a fruição *(fruitio)* não é um ato cognitivo, mas volicional. Ele sustentava que a própria vontade é causa imediata do prazer envolvido e que o amor de Deus, ao invés do amor da visão de Deus, é a essência da fruição. Ver Ockham *CT* II 349-417.

medievais que foram indubitavelmente intelectuais. Mais que isso, podemos encontrar autores que deram vigorosa expressão a essa dimensão de suas experiências e aspirações. Serão dados aqui dois exemplos contrastantes de intelectuais.

Erígena

João Escoto Erígena, em sua obra-prima, *Periphyseon*, utiliza apenas uma vez a primeira pessoa na presença do leitor:

> A recompensa daqueles que labutam na Sagrada Escritura é a pura e perfeita compreensão. Ó Senhor Jesus, nenhuma outra recompensa, nenhuma outra felicidade, nenhuma outra alegria peço de ti, exceto compreender Tuas palavras, que foram inspiradas pelo Espírito Santo, puramente, e sem erro devido à falsa especulação. Pois esta é minha suprema felicidade. Este é o objetivo da contemplação perfeita, pois mesmo a alma mais pura não descobrirá nada além disso – pois nada há além disso (*Periphyseon* V 38).

Erígena afirmava que "Ninguém pode adentrar o céu, exceto pela filosofia", e que "a filosofia ou busca da sabedoria não é algo distinto da religião", uma vez que "a verdadeira filosofia é a verdadeira religião e, inversamente, a verdadeira religião é a verdadeira filosofia". Ele entendia a busca da sabedoria como a adoração racional de Deus e o único caminho para a felicidade, que jaz na busca da verdade e na compreensão desta, e também como uma antecipação dos deleites do céu. Ele não fazia diferenciação entre filosofia e teologia, considerando a busca do intelectual e a satisfação derivada desta como sendo baseadas em todas as fontes de verdade disponíveis a ele, inclusive a Bíblia e a literatura cristã primitiva.

Boécio da Dinamarca

Nosso segundo exemplo de intelectual medieval é um dinamarquês do século XIII que compôs, como jovem Mestre de Artes, um ensaio intitulado *Do Maior Bem ou a Vida do Filósofo*. As visões de Boécio de

Dácia ocasionariam alguma perturbação entre certos teólogos de Paris, os quais as consideravam como desafios controversos à doutrina cristã da felicidade. O nome de Boécio é ligado ao de Siger de Brabante, no movimento radical dos mestres de artes que levou à Condenação de 1277. Seu louvor sem reservas da vida filosófica levou alguns intérpretes a considerá-lo um proponente do naturalismo ou racionalismo. No entanto, Boécio não se opunha ao cristianismo ou à Igreja: há razões para crer que ele se juntou à Ordem Dominicana, presumivelmente anos após a composição de seu livreto sobre a vida filosófica (em torno de 1270).

Boécio citava um filósofo antigo (o qual ele erradamente tomava como sendo Aristóteles, "o Filósofo"), dizendo "Desgraçados de vós, homens que são contados entre as feras e que não atentam para aquilo que é divino em vós!". Argumenta ele que, se há algo divino no homem, esse algo é o intelecto. Segue-se que o bem supremo deve encontrar-se no uso da mente, tanto na ordem especulativa quanto prática (isto é, no conhecimento da verdade e no gozo desta, e em fazer o que é certo e bom). A maior felicidade de todas pertence a Deus, segundo Aristóteles (*Metafísica* XII 7, 1072b24), uma vez que a mais alta capacidade intelectual e a suprema inteligibilidade são igualadas e unidas no autoconhecimento divino. O bem do intelecto humano é a verdade, universalmente, a qual proporciona o deleite, enquanto o bem do intelecto prático jaz na virtude moral. Em suma, "conhecer o verdadeiro, fazer o bem e deleitar-se em ambos" é o maior bem aberto a nós. Em outras palavras, o cultivo das virtudes morais e intelectuais é a mais verdadeira felicidade que podemos ter nesta vida. Neste ponto, Boécio refere-se a outro estado de felicidade: a partir da autoridade da fé, cremos na felicidade da vida futura. O que gozamos nesta vida nos prepara para aquela bem-aventurança superior, ao aproximar-nos dela. Ele procede então ao desvelamento da norma moral que serve para julgar universalmente a intenção e a ação. Assim como era de se esperar, esta mostra-se uma norma intelectualista, do tipo que Plotino ou Erígena poderiam ter proposto. Todo pensamento e toda ação que conduz ao bem supremo são corretos e apropriados, e estão de acordo com a natureza – a natureza racional que é preenchida, precisamente, pelas virtudes morais e intelectuais. Em outras palavras,

O homem feliz nunca faz nada a não ser obras de felicidade ou obras por meio das quais ele se torna mais forte e apto às obras de felicidade. Logo, esteja o homem feliz dormindo ou acordado, ou comendo, ele vive na felicidade, à medida que faz estas coisas a fim de tornar-se mais forte para as obras de felicidade. Portanto, todos os atos do homem que não são voltados para este bem supremo do homem, que foi descrito, sejam eles opostos ao mesmo, ou sejam eles indiferentes, todos atos tais constituem pecados no homem, em maior ou menor grau ([265] 30).

Boécio aceita que a ética intelectualista por ele proposta é elitista, dado que poucos se dedicam à busca da sabedoria, enquanto muitos são preguiçosos ou perseguem as riquezas ou o prazer, e perdem assim o supremo bem humano. Mas o filósofo provou do deleite intelectual e não pode ter muito deste (não havendo nenhum excesso na ordem dos bens supremos, lembra Boécio encorajadoramente a seu leitor). Seu desejo de conhecer nunca será satisfeito aquém do absoluto. Boécio evoca "o Comentador" (Averróis), que argumenta que o conhecimento e a verdade dão ensejo ao deleite, mas o movimento de assombro e amor que eles inspiram em nós não pode ser satisfeito com nada menos que a compreensão filosófica da causa primeira, que é o princípio, meio e fim de todas as coisas finitas.

O ensaio de Boécio pode ser descrito como uma apresentação sistemática e condensada do ensinamento a respeito da felicidade, virtude e contemplação desenvolvido por Aristóteles na *Ética* I e X e na *Metafísica* XII. O tratado termina com um reconhecimento de que o primeiro princípio postulado pelo filósofo e o glorioso e altíssimo Deus "abençoado para sempre, Amém", são um e o mesmo.

Siger de Brabante, colega de Boécio na faculdade de artes, também escreveu um livro sobre a felicidade, o *Liber de felicitate*. O livro foi perdido, mas algo de seu conteúdo é conhecido através de um relato dele feito por Agostino Nifo (1472-1538).[5] Siger rejeitava a distinção entre as concepções filosóficas e teológicas de felicidade. Como Boécio, ele não enfatizava o aspecto prático da felicidade. A felicidade *(felicitas)* consiste, pensava ele, na

---

[5] G. Wieland, *CHLMP* 682.

contemplação da essência de Deus. Uma das proposições condenadas em 1277 parece ter sido voltada contra este livro: "Que podemos compreender Deus em sua essência nesta vida mortal" (Proposição 38).

Mas será que um cristão podia converter-se, intelectualmente falando, ao aristotelismo e à vivência do ideal filosófico de vida feliz, sem desafiar a Igreja e sem colocar sua própria fé em risco? Essa foi a questão bastante nova com a qual o grupo radical da faculdade de artes parisiense confrontou os teólogos da mesma universidade por aproximadamente dez anos, até o ano fatídico de 1277. As décadas precedentes haviam testemunhado a redescoberta e latinização da *Física*, da *Metafísica*, da *Ética* e da *Política* de Aristóteles. O ambiente da universidade via-se confrontado por esses livros, que apresentavam respostas a todas as grandes questões da ética e da política, da filosofia natural, e até mesmo, de certa forma, da religião (já vimos Boécio referir-se à *Metafísica* ao considerar a natureza divina). A pretensão de totalidade de perspectiva e completude de explicação atraía alguns, mas desafiava muitos teólogos, devido aos termos radicais nos quais era disposta e devido aos convertidos que fizera naqueles dois hábeis jovens professores de filosofia, Siger e Boécio. O desafio foi aguçado pelo escolha que ambos fizeram de Averróis como o melhor intérprete de Aristóteles; a influência deste sobre Siger e Boécio levou eminentes historiadores do período a descrevê-los como averroístas latinos.[6] No entanto, o ideal de ambos, ou mesmo seu ídolo, era Aristóteles; os dois apegavam-se a ele, ao todo, como estando fora de comparação e acima de todos os outros. Seu aristotelismo radical concedia-lhes força intelectual e um senso de autonomia de sua própria faculdade, mesmo enquanto minava sua independência, ao torná-los, de muitas maneiras, sujeitos de seu próprio assunto.

Um senso da autonomia da filosofia em relação à fé e à teologia pode ser obtido a partir da leitura do ensaio de Boécio sobre o bem supremo. Seu argumento de que a vida filosófica, tanto na ação, quanto na contemplação, é o mais alto ideal que podemos ter e que a felicidade que este oferece não tem rival, no que diz respeito a esta vida, não é mitigado por nenhuma referência a alguma preocupação ou vocação religiosa, ou às Bem-aventuranças

---

[6] Por exemplo, E. Gilson [9] 387-402.

do Sermão da Montanha (Mateus 5,5-12). Há um espírito laico em ação aqui? Boécio parece ter sido mais motivado pela metodologia que pela ideologia. Talvez ele tivesse respondido que estava falando apenas como filósofo, e apenas como um humilde intérprete do Filósofo, o qual havia dito tudo (nem Boécio nem Siger faziam qualquer reivindicação de originalidade, e de fato repudiavam qualquer noção desse tipo, mesmo como um ideal); que a comparação com a fé não era sua tarefa como professor de artes liberais e filosofia; que ele próprio sinceramente acreditava na pós-vida e no céu; que as verdades da filosofia têm um caráter racional, enquanto a fé é baseada em autoridade, milagres e confiança. Mas essas considerações não podiam neutralizar as ondas de choque enviadas a partir da faculdade mais jovem, em direção à mais velha. A comissão teológica que fora disposta a fim de investigar os novos e estranhos ensinamentos foi particularmente atingida pelo ensaio de Boécio, e objetou a sua alegação de que a maior felicidade na terra é a do filósofo, e que o filósofo constrói seu caráter moral e sua vida especulativa puramente a partir de seus próprios recursos.

Entre as 219 proposições identificadas pela comissão como ensinamentos inaceitáveis em um contexto cristão, as quais o bispo de Paris condenara sob recomendação da mesma comissão (em 7 de março de 1277), encontram-se as seguintes, que refletem o ensinamento do ensaio de Boécio de Dácia: "Que não há estado mais excelente que estudar filosofia" (Proposição 40), e "Que os únicos homens sábios do mundo são os filósofos" (Proposição 154). O preâmbulo às condenações apontava para as atitudes confusas que haviam surgido através das afirmações dos radicais, que se comportavam "como se houvesse duas verdades contrárias". Mesmo que ninguém fosse oficialmente citado no documento, e nem Boécio nem Siger sustentassem uma teoria de uma dupla verdade, a questão metodológica que eles levantavam era de importância fundamental: a filosofia e a teologia diferem quanto à origem, à razão no caso da primeira, à fé e à tradição no caso da segunda. Mas a dificuldade intelectual experimentada por Siger e Boécio era composta de uma dupla maneira: por serem eles proibidos de ensinar qualquer teologia na faculdade de artes ("deixem isso para os teólogos", eles eram instruídos); e por sua evidente convicção de que ninguém poderia sobrepujar Aristóteles como filósofo, mas o que se devia fazer era contentar-se em descobrir o que ele queria dizer, e ensinar exatamente aquilo, sem colocá-lo em questão ou ir além. Boécio e Siger já foram aclamados como os primeiros filósofos modernos por historiadores que, por várias razões (e. g., marxistas ou liberais), consideram a autonomia mental (ou a liberdade em relação à autoridade ou convicção religiosa) como a primeira condição do pensamento. Na realidade, seu cenário institucional e sua posição intelectual impediam esses aristotélicos radicais de pensar a relação entre fé e razão de um modo adequado. O ensaio que examinamos aqui carrega em si uma inocência que faz com que pareça uma regressão ao século IV a. C. Seu autor simplesmente salta para trás por sobre os séculos, colocando o cristianismo entre parênteses, desviando-se das ricas explorações agostinianas da experiência e dispondo a mensagem de Aristóteles em contornos silogísticos e palavras latinas. Parte do choque e consternação ocasionados pelo aristotelismo radical foram sem dúvida devidos à revivência ingênua, não histórica e atemporal, que foi sua peça central e sua intenção.

Teorias da amizade

As ideias medievais sobre a amizade exibem todas algum grau de continuidade com o pensamento dos antigos. As escolas de Pitágoras, Platão, Aristóteles, dos Estoicos e Epicuro contribuíram todas com algo para uma rica herança de ideias, na qual os autores cristãos dos tempos medievais e do Renascimento baseavam-se com liberalidade.[7] A mais difundida dessas ideias derivava de Pitágoras: "Os amigos têm todas as coisas em comum". Pode ser dito com segurança que nenhum autor medieval, seja monge, erudito ou mestre, escreveu sobre a amizade sem evocar esta noção de comunidade. Agostinho, por exemplo, recordava que um grupo de amigos, um dos quais era ele, "esperava criar um lar comum para todos nós, de modo que, na clara confiança da amizade, as coisas não devessem pertencer a este ou àquele indivíduo, mas uma só coisa fosse feita de todas as nossas posses, pertencendo inteiramente a cada um de nós, e todos possuíssemos tudo" (*Confissões* VI 14). O projeto falhara, mas Agostinho resgatou-o mais tarde, fundando um mo-

---

[7] J. McEvoy [565].

nastério e escrevendo em uma veia comunitária. Ele também apresentava a comunidade cristã primitiva de Jerusalém (Atos 2,42-47; 4,32-35) sob uma luz comunalista. De modo similar, Aelred de Rievaulx desenvolveu a visão de que na comunidade monástica "o que pertence a cada um pessoalmente pertence a todos, e todas as coisas pertencem a cada um", acrescentando que no céu, onde o bem supremo será mantido em comum, a felicidade de cada um pertencerá a todos, e o todo da felicidade pertencerá a cada indivíduo.[8]

Cícero e Sêneca comunicaram a seus leitores muitas ideias estoicas. O segundo pensava a amizade pessoal largamente em termos da direção espiritual dada por um filósofo maduro a um aprendiz, como suas *Cartas Morais a Lucílio* amplamente ilustram. A teoria e prática da amizade espiritual na era cristã tinha uma origem similar. Ambas eram formas de amor educativo e tinham, portanto, um caráter socrático, sendo baseadas no desenvolvimento do autoconhecimento. Cícero não foi de maneira alguma um estoico tão verdadeiro quanto Sêneca, mas suas obras foram a principal fonte de ideias estoicas na Idade Média. Ele insistia que a origem da amizade deve ser buscada não na necessidade ou no desejo, mas na própria natureza; a amizade deriva da virtude e da sociabilidade natural da humanidade, ou do "viver de acordo com a natureza". Tomás de Aquino sustentaria, em uma veia similar, que "Todo homem é por natureza um amigo de todo outro homem, em virtude de um tipo de amor universal", que deve ser exercido como amizade, mesmo em relação ao estranho (*ST* IIaIIae, q. 114, a. 1). O cristianismo, é claro, trouxe consigo seu próprio tipo específico de universalidade, através de sua doutrina do amor, mesmo o amor pelo inimigo, e do perdão; contudo, os sentimentos citados parecem receder aos antigos estoicos.

Aristóteles formulou a mais completa doutrina antiga da amizade e de temas relacionados (como a confiança cívica e a afeição familiar). Ele argumentava que o eu é uma entidade equívoca. Ter o amor-de-si como base exclui a pessoa da amizade, que é generosa. Mas se amamos a melhor parte de nós mesmos, somos então capazes de amar a outro no mesmo grau em que amamos a nós mesmos, e o amigo escolhido torna-se um "outro eu". Precisamos de amigos se tencionamos progredir em autoconhecimento e em generosidade, e esta necessidade não é uma fraqueza em nós – embora o seja

---

[8] Aelred de Rievaulx, *Da Amizade Espiritual* III 79-80 [356] 111.

em um deus. A amizade pela sabedoria *(philosophia)* cria a mais alta comunhão intelectual que os humanos podem experimentar.

A mensagem de Aristóteles começou a produzir impacto após a tradução do texto completo da *Ética a Nicômaco* para o latim, por Roberto Grosseteste. Tomás de Aquino parece ter sido forçosamente atingido pelo paralelo verbal entre a frase "o amigo é outro eu" de Aristóteles e a injunção do Evangelho, "ama a teu próximo como a ti mesmo" (Marcos 12,31). Ele percebera, na noção de amizade desinteressada (amor caracterizado por benevolência; amor a outra pessoa a bem dela própria, isto é, como um fim, não como um meio), o indício vital para a atitude moral de respeito, não pelos amigos apenas, mas por todo "outro eu" (*ST* IaIIae q. 26, a. 4; q. 28, a. 3). Henrique de Gand, também influenciado por Aristóteles, ensinava que o devido e apropriado amor-*de-si* é necessário se tencionarmos amar alguém tanto quanto amamos a nós mesmos.[9]

Como poderia ser caracterizada a dimensão especificamente cristã da teoria medieval da amizade? Algumas poucas indicações podem ser aqui oferecidas com base na pesquisa recente.[10] Os escritores das eras patrística e medieval refletiram conscientemente sobre as referências bíblicas à amizade, notavelmente a história de Davi e Jônatas, versos do livro dos Provérbios, e passagens relevantes do Novo Testamento, como João 15,15. A base da amizade espiritual era identificada na pessoa de Jesus Cristo.[11] A oração pelos amigos, a prontidão ao perdoar e aceitar o perdão pelas ofensas cometidas, carregar os fardos uns dos outros[12] e a extensão do perdão ao inimigo, quando tomadas juntas, reduziam claramente a ênfase clássica na igualdade dos amigos e o requerimento em relação à similaridade de virtude. Dois escritores eruditos, Ricardo de São Vítor e Henrique de Gand, buscaram até mesmo dispor um fundamento trinitário para a amizade: a amizade das três pessoas divinas é o exemplar de toda a *ami-*

---

[9] Para as ideias de Henrique sobre a amizade, ver J. McEvoy [223]. As maneiras em que as quais o pensamento ético de Aristóteles foi recebido pelos professores universitários entre cerca de 1300 e 1450 não foram, em sua maior parte, estudadas consistentemente ou em detalhes, dado que a maior parte de seus comentários encontra-se ainda em forma de manuscrito, e vários deles cessam no fechamento do Livro V.

[10] J. McEvoy [565] 34-36.

[11] Cf. Mateus 18,20.

[12] Cf. Gálatas 6,2.

citia não possessiva e de autoentrega, pelo que a amizade é a virtude natural que mais se aproxima da caridade sobrenatural.[13]

A última dessas inovações (em relação às teorias antigas) foi talvez a mais definitiva. Ela jaz no elo inerente forjado entre a amizade e a felicidade das cortes celestes. As alegrias da amizade eram amplamente consideradas como um encorajamento experiencial mútuo em relação à peregrinação compartilhada da vida, o próprio antegosto do céu, "quando esta amizade, à qual admitimos somente poucos na terra, será estendida a todos, e por todos será estendida a Deus, uma vez que Deus será tudo" (Aelred de Rievaulx, *Amizade Espiritual* III 134).

Felicidade e paz no fim da história: Joaquim de Fiore

Todos os pensadores medievais que escreveram sobre o assunto conceberam a felicidade tanto em termos individuais quanto sociais. A convicção de que o ser humano é naturalmente sociável era indisputável: tanto a religião quanto a filosofia ensinavam-na. Por outro lado, não havia, na Idade Média, nenhuma séria teoria social (ou socialista) utópica da felicidade, nem qualquer imitação literária da *República* platônica, nem qualquer antecipação da *Utopia* de Thomas Morus. Houve, no entanto, uma interpretação da escatologia cristã, uma forma de pensamento apocalíptico que (aceitando o Apocalipse 20, 1-3) aguardava um milênio de paz e justiça messiânica sob o governo pessoal de Cristo. Joaquim de Fiore (*c.* 1135-1200), um reformador monástico calabrês, desenvolvera esses temas em seus comentários ao Apocalipse, ecoando em alguns aspectos a primitiva heresia cristã do montanismo ou chiliasmo.[14] Isso equivalia à expectativa de um estado temporal de felicidade no fim da história. Foram feitas até mesmo tentativas, no século XIII, de predizer (com base nos números simbólicos presentes nos livros de Daniel e do Apocalipse) o momento em que o esperado tempo final de paz penetraria na história, e que forma a vida poderia então assumir: a unificação das religiões (cristã, judaica e islâmica) em uma Igreja; o minguar das instituições e a espiritualização da humanidade;

---

[13] Ricardo de São Vítor, *Da Trindade* III 12-15 [387]. Para Henrique, ver J. McEvoy [223].
[14] M. Reeves [566].

a abolição da guerra; a presença do Espírito Santo, trazendo uma era verdadeiramente espiritual (ou terceira era da humanidade, em termos trinitários); o advento de um imperador do mundo ou um papa angelical. Embora essas correntes de pensamento fossem influentes, e houvessem mesmo se mostrado problemáticas para a Igreja em certas ocasiões, elas não foram capazes de arregimentar mais que uma minoria. A interpretação do Apocalipse por Santo Agostinho, que excluía o milenarismo e deixava a época da Segunda Vinda desconhecida para a Igreja, provou-se forte demais para ser derrotada. Foi argumentado, no entanto, que as formas secularizadas da doutrina do inevitável progresso histórico em direção à unidade, justiça, paz e felicidade (no iluminismo, idealismo alemão e marxismo) devem sua forma, pelo menos de modo geral, ao joaquimismo.[15] Os filósofos medievais acreditavam na dignidade e liberdade subjacentes à natureza humana e na bondade da ordem criada, mas eles também reconheciam o caráter profundamente falho da ação humana na história. Como demonstrará o próximo capítulo, as ideias políticas elaboradas à luz destas assunções detinham uma medida considerável de idealismo moral, e projetavam, em alguns casos, a paz, a justiça e o bem-estar comum como possibilidades genuínas para esta vida. Mas, em relação à realização do bem humano último – a beatitude –, o pensamento medieval poderia ser descrito, em sua maior parte, como de caráter extramundano e teocêntrico.

---

[15] Ibid. 166-175.

12 Filosofia política

Annabel S. Brett

A própria existência da filosofia política medieval é às vezes questionada. É sugerido que as atividades e problemas que pensamos como formando uma dimensão distintamente política da vida humana não podem, no período medieval, ser isoladas das outras dimensões da atividade humana: centralmente, nesse caso, aquela da religião. O *regnum*, ou esfera da administração mundana, era apenas uma metade – e a metade inferior, no caso – do governo inteiro da humanidade; sendo a outra metade o *sacerdotium*, o sacerdócio, que deve dirigir-nos em nossa capacidade de transcender esta existência terrena. Enquanto o governo mundano estava nas mãos dos variados reinos, principados, cidades-estado e domínios feudais da Europa medieval, o governo espiritual estava nas mãos da Igreja e de seu líder, o papa. Em outras palavras, o que chamamos de política era então apenas um ramo subordinado da religião: a teologia era a ciência-mestra da vida humana na terra, assim como a Igreja era o governo-mestre – em teoria, pelo menos.[1]

Discordo desse modo de pensar sobre a atitude medieval em relação ao tema político. Como procurarei mostrar, os pensadores medievais eram bastante capazes de (e, ademais, profundamente interessados em) tratar das atividades e problemas dos entes humanos relacionando-se entre si no interior de um espaço público comum, enquanto esfera distintiva da vida humana. Isso, em parte, por serem eles herdeiros de um discurso político antigo que fazia justamente isso. Os teólogos medievais certamente não consideravam o

---

[1] Há muitos bons tratamentos introdutórios do dualismo espiritual-temporal do período medieval e seu contexto político: ver os artigos de J. P. Canning e J. A. Watt em J. H. Burns [13], ou a excelente introdução de Canning em J. P. Canning [14].

fundamento lógico da política, tomada neste sentido, de modo separado em relação às questões do fundamento lógico total da vida humana, as quais nos envolviam imediatamente em questões de religião e da Igreja. Mas isso não despolitiza suas discussões, nem as reduz a um fenômeno histórico localizado. Ao contrário, esta é a fonte do interesse e relevância permanentes dessas discussões. Pois o importante a respeito da filosofia política medieval é que a questão do que *é* a política não pode ser separada da questão de como *atribuir valor* a ela. Em outras palavras, estabelecer que *há* essa área distintiva da atividade humana, a qual pode ser propriamente intitulada *política*, envolve estabelecer qual o *bem* que ela nos fornece.

A ideia de uma conexão entre a política e o bem humano era um princípio base do discurso político da Antiguidade, no interior do qual e sobre o qual os filósofos medievais trabalhavam. A filosofia política antiga não significava nada mais que o raciocínio sobre a *polis*, a "cidade". Aristóteles, talvez seu mais famoso expoente grego antigo, abria sua *Política* como se segue:

> Toda cidade é uma comunidade de algum tipo, e toda comunidade é estabelecida tendo em vista algum bem... Mas, se todas as comunidades visam algum bem, a cidade ou comunidade política, que é a maior de todas, e engloba todas as restantes, visa o bem em um grau maior que qualquer outra, e o mais alto bem.[2]

Pelo termo "comunidade *política*" (ênfase minha), Aristóteles visava distinguir a cidade de qualquer outra forma de comunidade na qual os seres humanos – como animais naturalmente comunicativos – engajam-se. Ele via essa forma de engajamento, além dos limites do lar ou mesmo do grupo consanguíneo que forma a vila, como vital para a realização humana: a vida de razão moral e teórica que é a virtude ou excelência humana. Esse é o bem humano, sem referência ao qual a cidade não pode ser compreendida, assim

---

[2] Aristóteles, *Política* I 1, [edição inglesa: *Politics*] ed. S. Everson (Cambridge, 1996) II, tradução alterada. Uma útil introdução recente ao pensamento moral e político de Aristóteles pode ser encontrada em C. Rowe e M. Schofield, eds., *The Cambridge History of Greek and Roman Political Thought* (Cambridge, 2000), caps. 15-19.

como nós mesmos não podemos ser compreendidos.³ A cidade é, portanto, natural para nós no sentido em que permite e completa nossa natureza.

A identificação e o compromisso de Aristóteles com a cidade entendida desse modo, como vitalmente implicada na teleologia humana, era dependente da organização política da Grécia Antiga, onde a *polis* era ao mesmo tempo o centro do governo e o centro da vida culta ou educada. Essa forma de cultura baseada na cidade foi partilhada pela mais famosa cidade-estado de toda a Antiguidade, Roma. Roma expandiu-se para um vasto império, mas em seus territórios sobreviveram a mesma organização e cultura cívicas, centradas na cidade ou *civitas*. Intimamente associado à ideia de *res publica*, ou "comunidade", o termo *civitas* significava não apenas a cidade, mas a civilização, a humanidade enquanto oposta à barbárie, a virtude – excelência humana – enquanto oposta à bestialidade dos animais. Para o filósofo romano Cícero, tanto quanto para Aristóteles, a cidade e sua vida representavam o preenchimento das possibilidades da humanidade na vida da razão e do discurso racional, dominante sobre os impulsos mais animalescos de apetite e sensualidade.⁴

A ideia de que os seres humanos pertencem por natureza a uma cidade não implicava, nem para Aristóteles nem para Cícero, que as cidades naturalmente coalescessem, de algum modo orgânico e não negociado, seus indivíduos ou comunidades menores constituintes. Ambos os filósofos compreendiam que diferentes indivíduos ou grupos têm interesses e apetites que podem nem sempre se harmonizar pacificamente com os interesses e apetites dos outros. Como resultado, eles argumentavam que nenhuma comunidade pode manter-se coesa sem a virtude da justiça, a virtude que dá aos outros aquilo que é deles por direito.⁵ A justiça é o que permite aos entes huma-

---

3   Cf. *Política* I 1, 1252b28-1253b1, Everson 13-14.
4   Cf. Cícero, *On Invention* ("Da Invenção") I 2, tradução [para o inglês] de H. M. Hubbell (Cambridge, MA/Londres, 1949) 5-7.
5   Aristóteles, *Nicomachean Ethics* ("Ética a Nicômaco") V 1, tradução [para o inglês] de J. A. K. Thomson e H. Tredennick (London, 1976) 173-174; Cícero, *Dos Deveres* I 20-23, [edição inglesa: *On Duties*], ed. M. T. Griffin e E. M. Atkins (Cambridge, 1991) 9-10. Para uma boa análise geral do pensamento de Cícero em seu contexto, ver E. M. Atkins em Rowe e Schofield (nota 2, acima), 477-516.

nos não apenas velar por seus próprios interesses, mas também levar em consideração os interesses dos outros, e é portanto aquilo que lhes permite criar mutuamente uma "coisa pública", uma *res publica*. A justiça é então o fundamento de qualquer sociedade política, e a justiça do governante ou da lei é respeitar e promover o bem dessa coisa pública: o "bem comum", um termo-chave da filosofia política tanto na Antiguidade como ao longo da Idade Média, e além.

Se Aristóteles e Cícero compartilhavam um amplo ideal da política e do tema político, e do que aquela pode fazer pela humanidade, eles consequentemente compartilhavam também um senso do quanto pode ser perdido se algo sai errado politicamente: nossas próprias almas estão em jogo na cidade. O erro político ou o vício político é entendido como injustiça, o oposto da virtude que mantém coesa a cidade. Se a justiça dá a cada um e a todos o que é seu, a injustiça priva-os do que é seu – da posse – e subordina-os à posse de outro. Isso é a dominação, a escravidão ou a tirania. A possibilidade de corrupção da cidade em uma forma de dominação era um problema central da filosofia política antiga, da *República* de Platão em diante. Mas foi nesse ponto que o primeiro grande filósofo do cristianismo latino, Agostinho, produziu uma crítica radical a todo o discurso político antigo.

A ÚNICA CIDADE VERDADEIRA

De acordo com Agostinho, *nenhuma* cidade humana pode evitar a corrupção da dominação, porque, por seu próprio pecado, o homem tornou sua própria alma fundamentalmente corrupta.[6] Essa é uma diferença da mais profunda natureza. Mas enquanto Agostinho foi o primeiro filósofo do Ocidente Latino medieval, ele foi também um dos últimos filósofos romanos antigos, herdeiro e comprometido de muitas maneiras com a compreensão antiga da civilidade, a cidade, e tudo o que esta trazia consigo. O título de sua grande obra sobre a vida humana, *A Cidade de Deus*, confirma isso. É dito às vezes que esta é uma obra de teologia, não de

---

[6] Agostinho de Hipona, *A Cidade de Deus contra os Pagãos* XIII 12-14 [58] 522-523.

teoria política, mas esta é uma falsa dicotomia. Agostinho compartilhava com a teoria política clássica a compreensão central de que nossa realização virá apenas em uma cidade verdadeira, em comunicação com os outros, em meio à liberdade e à justiça. A questão era principalmente: o que *é* essa cidade verdadeira e como alguém obtém nela a cidadania? É aqui que a visão cristã de Agostinho diverge mais significativamente daquela de seus predecessores. Sua resposta é que só podemos ser inteiramente humanos na cidade de Deus, não na cidade terrena, a cidade do homem; e que a cidadania na cidade de Deus vem somente através da graça.

Agostinho explorou assim os polos conectados da teoria política clássica – o bem, a natureza, a razão e a justiça –, mas empregou-os de modo bem diferente. Para Agostinho, Deus criara a natureza humana, e criara-a boa. O homem fora dotado de razão ou entendimento, pelo qual vivia no conhecimento de Deus. Ele fora também criado justo. Mas aqui Agostinho insere uma inovação fundamental no vocabulário antigo do tema político. Baseando-se em Platão, mas empregando a terminologia da lei romana, ele analisa a própria justiça em termos de dominância: a *legítima* dominância ou *domínio* do superior sobre o inferior. O superior que é legitimamente dominante sobre todas as coisas é Deus, logo, a justiça da criatura de Deus (e, portanto, seu inferior), o homem, deve começar com um reconhecimento de Deus como mestre legítimo. O homem fora criado nessa justiça, mas afastou-se de seu mestre, Deus, por ocasião da Queda, retirando-se da subordinação e caindo, portanto, na injustiça, uma presunção de absoluta autonomia ou ilegítima dominância (dominação).

Como resultado, a esfera das relações entre os entes humanos apartados de Deus – a antiga esfera política, a antítese da dominação – é para Agostinho *necessariamente* a esfera da dominação, injustiça ou corrupção. O único estado de verdadeira justiça é a cidade de Deus: "a verdadeira justiça é encontrada somente naquela comunidade, cujo fundador e governante é Cristo".[7] Consequentemente, o objetivo da política *humana*

---

[7] Ibid. II 21 [58] 75, criticando a definição ciceroniana da república como "o bem da comunidade", uma comunidade sendo "uma associação unida por um senso comum de justiça e uma comunidade de interesse".

não pode ser o estabelecimento de uma cidade justa. Ao invés disso, é um tipo de paz. Através de sua estrutura coerciva de leis, oficiais e exércitos, a cidade terrena pode conter os piores efeitos de nosso desejo humano de dominação *(libido dominandi)*. Essa paz não é a paz de Deus, a única paz verdadeira, "uma associação [*societas*] perfeitamente ordenada e perfeitamente harmoniosa, na fruição de Deus, e de uns dos outros em Deus".[8] Mas até mesmo a paz da cidade terrena preserva a integridade da natureza de algum modo e carrega, portanto, alguma relação para com a bondade de Deus.[9] Ela pode, e deve, ser usada e preservada por aqueles que são justos, mesmo embora não seja absolutamente valorizada por eles. Agostinho não desvalorizava, então, a política humana inteiramente, mas enxergava o bem humano como jazendo fora da cidade humana, na cidadania da cidade de Deus, enquanto em peregrinação por este mundo (o que Agostinho tendia a igualar à Igreja, enquanto reconhecia que há réprobos, bem como eleitos, em suas fileiras),[10] e nos lares de homens justos. Não é na cidade humana que o bem de nossas almas está em jogo.

Os sucessores medievais de Agostinho herdaram sua visão da única cidade verdadeira, como paradigma dominante no pensamento sobre a política desta vida. Mas libertaram-se desse paradigma de certas maneiras, enquanto remodelavam-no de outras. No centro desses desenvolvimentos está a reabertura da questão do valor do tema político no interior de um referencial religioso expressamente cristão.

Razão, natureza e o bem humano

No que se segue, tomarei restritamente a "*filosofia* política medieval", primariamente como uma parte do escolasticismo, o aprendizado formalizado das universidades medievais. Isso não é dizer que o discurso político na Idade Média fosse limitado às universidades. Existia uma literatura em flo-

---

[8] Ibid. XIX 17 [58] 878.
[9] Ibid. XIX 11-17 [58] 865-878.
[10] Cf. ibid., por exemplo, em XX 11 [58] 920. A relação entre a cidade de Deus e a Igreja é discutida em R. A. Markus [72] 117-125.

rescimento, tanto palaciana quanto popular, sobre a "arte de governar", a natureza do bom governo e as virtudes do príncipe ideal. Há às vezes conexões diretas entre esse discurso e o discurso acadêmico, como, por exemplo, entre a retórica republicana das cidades do norte da Itália e os escritos de Marsílio de Pádua. Novamente, dividindo-se entre as universidades e os foros práticos do governo, os advogados – tanto civis quanto canônicos – eram força criticamente importante na conceituação e definição dos agentes, corpos, poderes, e relações políticas. Não obstante, estarei aqui preocupada principalmente com os tratamentos teóricos e reflexivos autoconscientes do assunto, em sua maioria produzidos por teólogos universitários. Devo utilizar o trabalho de vários dos mais importantes destes, para ilustrar alguns temas principais da meditação medieval sobre o tema político.

A recuperação, ocorrida no século XIII, do pensamento moral e político de Aristóteles no Ocidente Latino é frequentemente considerada como o momento-chave da reavaliação medieval da esfera do governo humano. Não é o caso, no entanto, de maneira alguma, que os argumentos políticos a partir do bem e da natureza humana fossem anteriormente desconhecidos.[11] Em primeiro lugar, a compreensão de Cícero da cidade *(civitas)* e de nossos deveres no interior do contexto cívico havia permanecido familiar após a extinção do mundo clássico, principalmente através de seu *Dos Deveres*, mas também através de outros tratados, e em fragmentos de seus escritos, transmitidos e discutidos pelos padres latinos. Embora Agostinho houvesse explicitamente repudiado a compreensão ciceroniana da comunidade humana como uma sociedade mantida coesa pelo liame da justiça, ele consentira (como vimos) que os cristãos tivessem deveres no interior dessa comunidade, tal como ela é. O caminho estava aberto, portanto, para uma reavaliação da vida cívica em termos da virtude e, por conseguinte, do bem humano. O *Policraticus* de João de Salesbury exemplifica essa tendência.[12] Através de Cícero estava disponível também o argumento antigo de que a cidade é natural para nós. Foi sugerido que, dado que o argumento de Cícero a partir da natureza não

---

[11] Um esboço desses argumentos pode ser encontrado em G. Post [585]; ver também D. E. Luscombe [579].
[12] João de Salesbury, *Policraticus* [158].

assume um desenvolvimento necessário e não violento da cidade, mas narra, em vez disso, uma passagem de um estado original de selvageria por meio da virtude e da intervenção deliberada, esse argumento poderia ser acomodado às dimensões agostinianas da história e do pecado humano.[13]

Assim, parte da herança antiga que conectava a natureza, o bem e a cidade humana estava disponível e sendo ativamente empregada, antes da recuperação dos textos de Aristóteles.[14] Contribuindo para esse modo de pensar havia aquela outra gigantesca herança da Antiguidade, o *corpus* da lei civil romana, redescoberto nas bibliotecas da península italiana e estudado e aplicado nas universidades daquela região, desde o início do século XII.[15] Os textos legais romanos sugeriam a existência de uma lei natural governando os entes humanos em suas relações sociais – uma lei moral, ao invés de uma lei apoiada por sanções coercivas.[16] O referencial legal coercivo da cidade era visto como vindo a existir de maneira subsequente a esse referencial normativo original, novamente sugerindo uma dinâmica evolutiva nas relações humanas, que podia ser conectada com a perspectiva histórica do cristianismo agostiniano. A lei canônica também oferecia sugestões nessa direção. Os canonistas utilizavam seus textos para desenvolver a ideia de uma marcha *(ius)* natural dos entes humanos – um direito, retidão ou lei natural – pela qual estes podiam distinguir naturalmente o certo do errado.[17] Finalmente, a bem difundida analogia orgânica da comunidade, o "corpo político", com o corpo humano, o "corpo natural", era novamente um ponto-chave para argumentos a partir da natureza e do bem.

De várias maneiras, então, o argumento a partir da natureza estava sendo empregado dentro de um referencial especificamente cristão antes da recu-

---

[13] C. J. Nederman [582].
[14] Deve-se ter consciência, ademais, que antes da recuperação dos próprios textos de Aristóteles – principalmente a *Ética a Nicômaco* e a *Política* – certos termos-chave do referencial aristotélico já estavam disponíveis, a partir de várias fontes: ver C. Flüeler [576] I 1-15 e G. R. Evans [574] 15-16.
[15] Para um tratamento geral da aplicação da lei a questões do pensamento político neste período, ver K. Pennington [584].
[16] Especialmente os textos do título de abertura do *Sumário*, "Da justiça e do direito" [577].
[17] Este linguajar foi analisado por B. Tierney [589] cap. 2.

peração dos textos aristotélicos morais e políticos no meio do século XIII. É justo dizer, no entanto, que esses textos colocam o argumento de uma forma diferente e desafiadora. A posição dominante gozada por sua recuperação na história da filosofia política medieval é justificada, nessa medida, assim como o é a posição paralela de Tomás de Aquino, o teólogo e filósofo que fez da interpretação dos mesmos uma parte central de seu esforço intelectual.

Em seu tratado *Da Realeza (De regno)*, dirigido ao rei de Chipre, tradicionalmente datado por volta de 1266, Tomás concordava com Aristóteles que não somos apenas animais, mas animais racionais, com uma excelência a ser alcançada através do viver de nossas vidas de maneira raciocinada.[18] Essa vida é tornada possível para o indivíduo através da comunicação com outros entes raciocinantes: "Pois é por isso que os homens reúnem-se uns com os outros, para que possam viver a boa vida juntos, o que cada um deles não alcançaria vivendo individualmente".[19] Não era imediatamente óbvio, no entanto, que essa comunicação fosse a comunidade *política* sobre a qual insistia Aristóteles. Seus benefícios pareciam emergir simplesmente da sociedade humana, aparentemente tornando-nos animais sociais, mas não necessariamente políticos. Aqui, no entanto, Tomás preenchia o texto aristotélico a sua própria maneira. Nós necessitamos primariamente da sociedade. Mas a sociedade, sendo constituída de indivíduos, todos buscando seu próprio bem, desmantelar-se-á a menos que haja alguma força comum direcionando a sociedade para seu bem comum. Essa força e suas derivadas, bem como a ordem comunal que ela cria, constituem propriamente o domínio político. Tomás então fazia suas as palavras de Aristóteles, ao dizer que "o homem é por natureza um animal social e político"[20] – social em primeira instância, político como consequência direta.

---

[18] Este tratado (que costumava ser conhecido como *Do governo dos Príncipes*, ou *De regimine principium*) foi mais recentemente editado e traduzido para o inglês por J. M. Blythe como parte do trabalho maior de Ptolomeu de Lucca, *On the Government of Princes* ("Do Governo dos Príncipes") [382], que representa uma continuação do tratado *Da Realeza*, geralmente atribuído a Tomás de Aquino. A introdução de Blythe fornece uma boa avaliação dos problemas de datação e autoria; ver também C. Flüeler [576] I 27-29. O texto latino a partir do qual traduzi foi editado como *De regno, ad regem Cypri* por H. F. Dondaine [224] XLII 449-471.

[19] II 3, p. 466.

[20] Ibid. I 1, p. 449.

Quer seja este o primeiro esboço da teoria política de Tomás de Aquino, quer constituam estas de fato suas reflexões finais sobre o assunto,[21] vemos que o tema político é aqui de suma importância para o bem distintamente humano, mas não é constitutivo deste. Esse papel subalterno do domínio político foi posteriormente sublinhado por uma distinção que Tomás fez no interior do bem humano. Como vimos, Tomás aceitava que parte desse bem pudesse ser realizada no interior da comunidade humana. Este era o bem moral ou ético, a vida da virtude humana natural. Mas como cristão, Tomás não aceitava que esta fosse a meta ou fim da vida e possibilidade humanas. Para Tomás, como para Agostinho, o bem último é Deus, e todo bem criado é referido a Deus. Logo, embora a vida que podemos alcançar por nossas próprias habilidades naturais não tenha a razão *(ratio)* – o caráter natural – de um fim e, por conseguinte, de um bem, a vida tornada possível através da dádiva sobrenatural da graça e das virtudes teológicas subordinadas é a única que possui o caráter de um fim último e de um bem final. De modo igualmente evidente, argumenta Tomás, a política, que é uma condição para o alcance do fim natural, deve servir também ao fim superior; de outro modo, ela estaria desligada da razão *(ratio)* – a estrutura racional geral – do bem. Como resultado, Tomás não hesitava em dizer que os reis cristãos deveriam obedecer ao governador espiritual, o papa, como obedeceriam ao próprio Senhor Jesus.[22] Embora Tomás seja frequentemente celebrado por ter revivido a ideia de uma vida moral natural, da qual a política é parte, deve ser compreendido que, para ele, a autonomia moral do domínio político humano não é incondicional.

Em sua magistral *Summa theologiae*, Tomás põe a questão da política dentro do referencial de uma de suas maiores realizações, uma ampla elaboração do conceito de *lei*. O *De regno* mostra Tomás utilizando a noção de razão para fundir a teologia natural aristotélica com a escatologia cristã. É porque somos criaturas racionais que vivemos na comunidade humana, alcançando os bens que ela traz, e que podemos também nos mover para além dela, em direção à eterna contemplação de Deus. Na *Summa*, Tomás argumenta que a razão, ao direcionar

---

[21] Como argumentado com base em citações, por C. Flüeler [576]; ver também a discussão presente em J. Miethke [581] 25-45, que aceita a datação de Flüeler, tornando o *De regno* o enunciado maduro da filosofia política de Tomás.

[22] II 3, p. 466.

a comunidade para um fim ou um bem, tem o caráter racional de lei, dado que a razão em questão seja soberana em relação àquela comunidade: a lei é definida como "uma ordenação da razão para o bem comum, promulgada por aquele que detém o cuidado da comunidade" (*ST* IaIIae, q. 90, a. 4).[23] A lei primária é a lei eterna de Deus, o soberano ou senhor de todas as coisas, e esta lei não é nada mais que a razão de Deus em seu aspecto de direcionadora de todas as coisas para seu fim ou bem designado. Os entes humanos individuais, enquanto feitos à imagem de Deus, são naturalmente soberanos de si mesmos, no sentido em que são capazes de dirigir seus próprios atos, por possuírem razão e escolha (prólogo à *ST* 2). Essa "participação" na direção racional do universo por Deus é a lei que está naturalmente presente neles ou a lei natural:

> Entre todas as criaturas, a racional está sujeita à divina providência de modo mais excelente, conquanto participa ela própria da providência, provendo para si e para as demais. Daí que ela também participa da razão eterna, da qual tira uma inclinação natural para seu devido ato e fim, e essa participação da lei eterna pela criatura racional é chamada de "lei natural".[24]

Tudo o que os entes humanos individuais fazem deveria estar de acordo com essa lei. Mas a própria lei natural nos conduz a mover-nos para além da individualidade, para a comunidade com outros, se é para alcançarmos o bem que buscamos: "Em terceiro lugar, há no homem uma inclinação para o bem, baseada em sua natureza racional, que lhe é própria: assim o homem tem uma inclinação natural para conhecer a verdade a respeito de Deus e para viver em sociedade; e, assim, à lei natural pertence tudo o que diz respeito a essa inclinação".[25]

A comunidade política é assim uma consequência dos preceitos da lei natural, e desta maneira Tomás argumenta que a lei humana – a lei

---

[23] O tratamento da lei realizado por Tomás é dado na *Summa theologiae* IaIIae, qq. 90-97 [233] vol. 28; qq. 90, "a natureza da lei" e 91, "as variedades de lei".

[24] *ST* IaIIae, q. 91, a. 2.

[25] *ST* IaIIae, q. 94, a. 2. Há uma enorme quantidade de material escrito sobre a ideia de lei natural de Tomás de Aquino. Uma introdução ao conceito é fornecida por D. E. Luscombe em *CHLMP* 705-719; ver também D. J. O'Connor [253]. Mais recentemente, J. Finnis inclui uma discussão da lei natural em seu *Tomás de Aquino* [240] 79-94; as páginas 219-274 cobrem o pensamento político de Tomás de Aquino.

promulgada pelo soberano político, para o bem comum da comunidade política – deve estar de acordo com a lei natural ou falhará em ter o verdadeiro caráter de lei. A lei do soberano político cobre todos os aspectos de nossa vida em comunidade, inclusive as questões da moralidade comum. Ela não é mais, portanto, simplesmente subalterna à sociedade, como é no *Da Realeza*. Mas por não ser a lei final, por não dirigir para o bem final, mas apenas para o bem humano natural enquanto realizado em comum, ela própria não é soberana em relação a nós, mesmo em nossa vida comum. Uma quarta lei, a lei redentora de Cristo, é suprema. Logo, o bem comum, que deveria ser visado pelas leis da comunidade política, é o "bem regulado de acordo com a justiça divina".[26] Se as leis fizerem isso, então a participação em uma comunidade política contribuirá ela própria para o bem do indivíduo. Se não, as leis podem tornar alguém um bom cidadão, mas não um bom ente humano.

Pode-se objetar que Tomás de Aquino não parece ter deixado muito espaço para a política e sua lei, espremida como está entre as demandas da lei natural, de um lado, e as da lei divina, do outro. É verdade que Tomás não permitirá nunca que os soberanos políticos constituam uma lei para si mesmos. Mas é um ponto central da teologia dele que a soberania, dominância ou liberdade, nunca é algo que é limitado ou frustrado pela (verdadeira) lei, quer estejamos falando da soberania de Deus, do indivíduo sob a lei natural, ou do soberano político. Dirigir-se racionalmente e seguir diretivas racionais são dois lados da mesma moeda.

Eleição e consentimento

Tomás de Aquino forneceu uma explicação de como a lei humana pode ser legitimada e por que devemos obedecê-la, formulada quase inteiramente em termos da autoridade da razão sobre os entes humanos racionais. Ele não estava centralmente preocupado com a autoridade específica deste ou daquele soberano político sobre este ou aquele corpo específico de pessoas, nem

---

[26] *ST* Iallae, q. 92, a. 1.

com o papel do povo no estabelecimento da autoridade de seu soberano.[27] Um autor que lidou diretamente com essas questões foi o franciscano inglês João Duns Escoto. A fim de compreender sua posição e suas preocupações, precisamos saber um pouco a respeito da ordem à qual ele pertencia. A Ordem Franciscana professava uma doutrina de pobreza meritória.[28] Pobreza significava a renúncia a qualquer habilidade de comandar, isto é, a renúncia a qualquer tipo de direito ou propriedade em relação a qualquer coisa (ou qualquer pessoa). Ao abandonar esses dois tipos de domínio, os franciscanos viam a si mesmos como imitando a vida humana de Cristo, o qual, enquanto homem, supostamente não tivera nada de seu. Essa concepção da vida de Cristo carregava consigo um compromisso implícito para com a compreensão agostiniana da esfera temporal como um mundo de dominação: um produto da história do homem decaído, uma ordem adventícia de justiça humana na qual o único homem verdadeiramente justo, Cristo, não teve nenhuma parte, embora também não a tenha condenado nem subvertido.

Escoto trabalhara dentro desse referencial em seu comentário às *Sentenças* de Pedro Lombardo, quando explicara a natureza do roubo e, portanto, da pobreza, através de uma explicação da gênese da cidade humana.[29] A explicação de Escoto fora histórica: uma explicação das relações humanas antes e depois da Queda. No princípio, no estado de inocência, nada pertencia a uma pessoa ao invés de pertencer a outra. A terra era possuída em comum: "Seja esta nossa primeira conclusão: que pela lei natural ou divina não há propriedades distintas de coisas, pelo período do estado de inocência".[30] Após a Queda, no entanto, a depravação humana significava que esta comunidade de pobreza era impossível de ser mantida e, portanto, diz Escoto, o preceito

---

[27] Não fui convencida pela descrição da "constituição mista" em *ST* Iallae, q. 105, a. 1. Tomás torna claro que o papel do povo é um segundo melhor arranjo, graças aos defeitos da humanidade; especialmente a suposta avareza dos judeus, cuja lei está em questão aqui. Para uma visão diferente, ver J. M. Blythe [571] 47-56. Isso não equivale a negar que Tomás veja a corrupção humana como um problema bastante real, parte do domínio próprio da política.

[28] Para uma introdução geral à ideia de pobreza e às dificuldades jurídicas que ela imediatamente gerava, ver J. Coleman [573]; mais recente e completamente, ver R. Lambertini [578].

[29] Duns Escoto, IV *Sent.*, d. 15, q. 2, *Opera omnia*, 26 vols. (Paris, 1891-1895) XVIII 256-271. Discuti esses temas em maiores detalhes na introdução a [312] 14-17.

[30] Escoto, 256.

da lei natural a respeito da comunidade de pobreza foi revogado, gerando uma licença para os indivíduos apropriarem-se das coisas para si mesmos. Mas isso por si só não legitimara a nova situação da propriedade privada: "Terceira conclusão: Que uma vez que esse preceito da lei natural a respeito da posse das coisas em comum tenha sido revogado, e, em consequência, uma licença tenha sido concedida para a apropriação e divisão dessas coisas comuns, a real divisão não teve lugar por meio da lei natural ou lei divina".[31] Uma lei nova e especificamente humana era necessária para legitimar esta nova ordem. Mas a promulgação de uma lei humana requeria por sua vez a autoridade de fazê-lo. Como pôde ser adquirida essa autoridade?

> Segue-se a quinta conclusão, que é que o governo ou autoridade é dupla, isto é, paternal e política; e a autoridade política é ela própria dupla, isto é, ou em uma pessoa, ou em uma comunidade. A primeira autoridade, a paternal, é justa pela lei da natureza, pela qual todos os filhos são obrigados a obedecer a seus pais... Enquanto a autoridade política, que é sobre estranhos, pode ser justa (quer ela resida em uma pessoa ou na comunidade) pelo consentimento comum e a eleição da própria comunidade.[32]

Assim, a autoridade política, diferente da autoridade de um pai sobre seus filhos, não brota naturalmente, mas tem de ser cedida por um grupo de pessoas a um indivíduo ou indivíduos particulares.

Duas coisas podem ser notadas em relação ao argumento de Escoto. Primeiro, a política, em sua concepção, diz respeito à criação de uma nova ordem humana de justiça e paz. Ela não diz respeito fundamentalmente ao alcance do bem dos seres humanos, mas à asseguração de sua propriedade e direitos. Paralelamente, embora Escoto não negue o papel da razão na esfera política – de fato, ele requer que uma lei seja racional, produto de um raciocínio prático – não é fundamentalmente a razão que faz os soberanos políticos. Sua autoridade não vem deles próprios, não importando o quão capazes de governar eles possam ser, mas do povo que a concedeu a eles originalmente. Como consequência, Escoto pode oferecer uma explicação bastante clara,

---

[31] Ibid. 265.
[32] Ibid. 266.

não apenas da autoridade política em geral, mas de por que um indivíduo ou grupo deve deter essa autoridade em relação a uma comunidade particular. A fonte do poder político encontra-se na história humana, tanto quanto na natureza humana.

A localização da fonte da autoridade em um ato de transmissão foi um ponto central em outro trabalho bastante diferente, do final do século XIII: *Do Poder Real e Papal*, de João de Paris. João foi um dominicano, da mesma ordem que Tomás de Aquino, e sua teoria política foi às vezes vista como especificamente dominicana.[33] É verdade que João começa com a explicação tomista-aristotélica da formação da comunidade política através da natureza, e em algumas passagens ele defende a cidade humana natural como provedora de uma vida de virtude moral natural: "Seu propósito é o bem comum dos cidadãos; não qualquer bem, indeterminadamente, mas aquele bem que é viver de acordo com a virtude".[34] A maior preocupação de João, no entanto, não é simplesmente entender a natureza da comunidade política, mas entender sua relação para com a comunidade espiritual da Igreja – e particularmente as relações entre seus respectivos poderes. Vimos isso como uma questão tácita em Tomás, o qual argumentava que a natureza da comunidade política requer que esta seja sujeita às diretivas da Igreja e de seu líder, o papa. Quando João escrevia, uma geração depois de Tomás, os crescentes clamores estridentes, tanto dos reis quanto do papa, à jurisdição total no reino temporal demandavam que essa questão de poderes respectivos fosse tratada mais abertamente.

João começava seu argumento distinguindo a natureza da comunidade dos fiéis da natureza das comunidades políticas. Enquanto há "uma Igreja de todos os fiéis, formando um só povo cristão", governada pela liderança unitária do papa como sucessor de Pedro, "não se segue que os fiéis comuns sejam comandados pela lei divina a serem sujeitos, na temporalidade, a algum monarca supremo único".[35] Isso é dito um *non sequitur* ("não se segue"),

---

[33] J. Coleman [280]. No que se segue usarei o nome "João de Paris", como é habitual, para me referir ao autor do tratado, embora reconhecendo que a questão da autoria seja contestada.

[34] João de Paris, *Do Poder Real e Papal*, cap. 1 inteiro, e cap. 17 [279] 182.

[35] Ibid., cap. 3, 84-85.

por várias razões, sendo a mais importante, em primeiro lugar, que as almas humanas são universalmente semelhantes, enquanto os corpos humanos são diversos de acordo com as diferentes localidades; em segundo, que os fiéis compartilham "uma fé universal, sem a qual não há salvação", enquanto o que é politicamente salutar difere de lugar para lugar, e não pode, portanto, unir todos os fiéis, politicamente falando. A espiritual e a temporal são duas comunidades bastante diferentes, então, servindo a diferentes fins, os quais João não interliga do mesmo modo que Tomás. De fato, ao defender a autonomia da comunidade temporal, ele emprega a noção mais escotista do governante como árbitro de disputas de propriedade, sendo sua jurisdição cedida pelo povo que ele governa: "Pela razão de que às vezes a paz de todos é perturbada por causa dessas posses... um governante foi estabelecido pelo povo para tomar conta de tais situações".[36] Esta, como implica João, é a fonte da autoridade na esfera temporal, e, por essa razão, o papa não tem nenhuma autoridade temporal, exceto quando a segurança da Igreja é ameaçada. Mas e quanto à autoridade papal no interior da comunidade espiritual? Por um lado, João deixa claro que a liderança da Igreja não provém de qualquer corpo de pessoas, mas "da boca do próprio Senhor".[37] Por outro lado, ele não permitirá que o corpo da Igreja não detenha poder algum, caso o papa abuse de sua autoridade. Nessa situação, o papa pode ser deposto ou removido da autoridade, "porque isso é, de certo modo, natural".[38]

Se estamos falando em termos de natureza, portanto, a autoridade reveste o corpo de uma comunidade (seja ela a comunidade política ou a comunidade espiritual), e é cedida para cima pelo bem da comunidade, a qual não apenas tem um interesse como um corpo, mas pode também agir como um corpo. Nesse ponto criticamente importante, João baseava-se na herança da lei romana e sua teoria das corporações, na qual os indivíduos em um grupo podem ser entendidos não simplesmente como um agregado desconexo, mas em vez disso, como "incorporados" em um só corpo.[39] Esse corpo é capaz de agir como um, através do apontamento de um advoga-

---

[36] Ibid., cap. 7, 103.
[37] Ibid., cap. 3, 84.
[38] Ibid., cap. 25, 252.
[39] Ver B. Tierney [588], especialmente 132-178.

do ou representante, que pode responder pelo corpo como um todo em assuntos que tocam o interesse deste último. A utilização da teoria da corporação para compreender tanto a Igreja (no movimento conhecido como "conciliarismo"), quanto a comunidade política, permitiu aos pensadores políticos medievais atribuir agência ao corpo da comunidade, e isso abriu, em última instância, o caminho para as teorias de uma relação contratual entre a comunidade política e seu governante.[40]

Hierarquia e graça

Na articulação das origens humanas da jurisdição sobre outros entes humanos, João Duns Escoto e João de Paris eram diametralmente opostos a uma tese que era empregada na mesma época para apoiar os clamores papais à jurisdição temporal universal. Em sua obra *Do Poder Eclesiástico*, de (mais ou menos) 1302, o agostiniano Giles de Roma utilizava os princípios gêmeos da hierarquia e da graça para argumentar que todas as relações humanas legítimas de comando – quer sobre outros entes humanos (jurisdição ou governo) ou sobre coisas (propriedade) – dependem de sua subordinação ao comando do papa. Baseando-se nos escritos de Dionísio, o Pseudo-Areopagita,[41] Giles entendia a hierarquia como a pluralidade reduzida à unidade, pela sujeição mediada do inferior ao superior. A unidade última ou "única" era, é claro, Deus, do qual dependia toda a hierarquia da criação, dos mais altos anjos ao mais inferior dos entes inanimados. Giles utilizava o mesmo princípio para argumentar que a hierarquia de entes humanos sobre entes humanos e sobre a propriedade dependia similarmente do "único", que era a fonte da justiça dessas relações: o papa, como vigário de Cristo na terra:

---

[40] Há uma vasta literatura secundária sobre o conciliarismo e sua relação com a teoria política secular. Há bons tratamentos do conciliarismo e seu desenvolvimento em C. Fasolt [575] e em dois estudos anteriores de A. Black [568-569]. Suas consequências para a compreensão da política secular são tratadas nos influentes ensaios de F. Oakley reunidos em [583]. J. Quillet fornece um esboço das dimensões mais seculares desse modo de pensar, em [586].

[41] Ver acima, p. 66.

Assim como há uma só fonte no governo do mundo inteiro – há um só Deus, no qual se encontra todo o poder, do qual todos os poderes derivam e ao qual todos os poderes são reduzidos – assim também, no governo dos homens e em toda a Igreja Militante, deve ser que há uma só fonte, que há uma só cabeça, na qual se encontra a totalidade do poder: na qual está quase todo o poder, como sobre o Corpo Místico ou sobre a própria Igreja, e na qual estão ambas as espadas [isto é, as espadas para governar ambos os reinos, o espiritual e o temporal].[42]

Utilizando a ordenação do material sob o comando do espiritual como a relação-chave hierárquica, Giles argumentava que as instituições legais (jurisdição e propriedade) do domínio temporal ou material somente poderiam ter alguma legitimidade submetendo-se ao "homem espiritual". Esse argumento dependia de uma posição adicional: que o temporal não é, por si mesmo, uma fonte de legitimidade ou legalidade. Contra a posição de Tomás de Aquino, Giles sustentava que a "natureza" após a Queda não tem nenhuma bondade intrínseca em termos da qual a propriedade e jurisdição humanas – o domínio em geral – possam ser entendidas como natural ou moralmente legítimas. Fora da graça, o domínio é simplesmente dominação injusta, a esfera da força ou poder *de facto*, enquanto oposta ao direito.

A tese de que a dominação justa depende da graça foi reanimada por volta do fim do século XIV pelo inglês João Wyclif, provavelmente através da obra de Ricardo FitzRalph. Os motivos de Wyclif não são inteiramente claros, mas a primazia da graça permitiu-lhe criticar o estado corrente da Igreja inglesa e expor como infundados seus clamores à propriedade e à jurisdição, legitimando assim (entre outras coisas) a taxação do clero por parte do poder real.[43] O ensinamento de Wyclif foi vigorosamente combatido pelo teólogo parisiense Jean Gerson, entre outros, o qual desenvolveria seu argumento a favor de um tipo de direito natural em todo ente natural, parcialmente em resposta ao agostinianismo extremo de Wyclif.[44] O ensinamento de Wyclif

---

[42] Giles de Roma, *Do Poder Eclesiástico* III 2 [270] 147. Para o contexto, ver W. Ullmann [590]; e, mais recentemente, J. Miethke [581] 45-56.
[43] Ver M. J. Wilks [354]; ver também as observações presentes em A. Black [570] 79-82.
[44] Ver B. Tierney [589] cap. 9, e A. S. Brett [572] cap.2.

seria condenado como herético no Concílio de Constança, em 1414, e encontraria nova oposição no renascimento do tomismo no século XVI. Francisco de Vitória citou precisamente os decretos de Constança, ao rejeitar o argumento de que os índios americanos não possuíam domínio verdadeiro (e podiam, portanto, ser legitimamente desapossados), porque eram pecadores e descrentes.[45]

História, autonomia e direitos

Nesta seção final, quero examinar dois pensadores que utilizaram, de maneiras bem diferentes, combinações de argumentos aristotélicos e do agostinianos. O primeiro é um dos mais revolucionários escritores políticos da Idade Média, Marsílio de Pádua. Um pouco de contexto é necessário para compreendermos a realização de sua incrível obra principal, *O Defensor da Paz*.[46] Marsílio era proveniente de círculos republicanos em Pádua, uma cidade-estado do norte da Itália, região na qual o sistema de governo anterior, um sistema comunal, estava sendo gradualmente perdido para o governo dos senhores feudais, ou *signori*. Ao mesmo tempo, a região era o principal campo de batalha entre o papado e o Sagrado Império Romano, ambos tentando obter controle ou influência sobre as ricas e estrategicamente importantes cidades locais. Quando Marsílio escreveu *O Defensor da Paz*, o imperador, cuja eleição era considerada inválida pelo papa, estava começando a restabelecer sua jurisdição nas cidades que ele afirmava pertencerem legitimamente ao império. Como resultado, ele havia sido excomungado pelo papa, e uma amarga guerra de partidos havia eclodido, com o imperador clamando, por sua vez, que era o papa que devia ser deposto, por negar hereticamente a pobreza de Cristo. Em consequência, uma embaraçada aliança de franciscanos e imperialistas havia se desenvolvido, e era com esse partido que Marsílio se alinhava. Seu continuado compromisso com uma concepção distintamente republicana de cidade, no entanto, significava que ele era capaz de transcen-

---

[45] Francisco de Vitória, "Reflection On the American Indians" 1.2 [621] 240-243.
[46] Para uma explicação mais completa desse contexto, ver Q. Skinner [587] I 12-22.

der os limites da disputa e criar uma compreensão completamente nova da relação entre política, natureza humana e religião.

Como republicano, Marsílio era comprometido com a ideia de autonomia cívica, isto é, a ideia de que a cidade é suficiente para si mesma, tanto em relação às necessidades da vida, quanto em termos de lei. Ele tinha, portanto, que repudiar a teoria política tomista, na qual a explicação aristotélica da política era espremida entre a lei natural, de um lado, e a lei divina, de outro, com o legislador político podendo responder de ambas as maneiras. Não obstante, Marsílio desejava utilizar o argumento aristotélico da natureza, para argumentar a favor da vida da cidade como parte da atividade humana natural. Ele precisava, portanto, de uma concepção de natureza que não introduzisse a lei natural como padrão político extracívico e pré-cívico. Ele encontraria essa concepção em uma noção biológica de natureza como regularidade: o que todos os humanos de fato *fazem*, quando não impedidos por doença ou causas estranhas, é natural e bom. Com isso, ele era capaz de argumentar que todos os entes humanos buscam naturalmente a comunicação e a comunidade com outros, a fim de tornarem-se suficientes e de alcançar a boa vida, isto é, a vida cultivada da excelência, que não está disponível para os habitantes solitários: "Ponhamos isto, portanto, como o princípio de todas as coisas a serem demonstradas aqui, um princípio naturalmente mantido, acreditado e livremente concedido por todos: que todos os homens não deformados ou de outro modo impedidos, naturalmente, desejam uma vida suficiente, e outrossim evitam e fogem do que é prejudicial a esta".[47] A autossuficiência e o cultivo alcançam seu ápice na cidade, e portanto a comunidade política é natural para nós. Isso não significa, no entanto, que uma comunidade política deva ter existido em um "estado de natureza" ou na condição humana original. Marsílio deixa claro que se o homem não houvesse caído em pecado, não haveria comunidades políticas, pois não teria havido nenhuma necessidade de se *criar* uma vida suficiente. Esta já estaria disponível.[48] O homem privara-se daquele bem original, e a história humana registra suas tentativas de remediar sua própria deficiência. Dessa maneira, as

---

[47] Marsílio de Pádua, *O Defensor da Paz*, Discurso I 4.2 [303] 12.
[48] Ibid., cap. 6.

ideias agostinianas de pecado, história e da criação de uma ordem humana, fundem-se com os conceitos aristotélicos de natureza e bem. O bem humano natural, em nosso estado presente, é viver a vida boa ou suficiente juntos em uma cidade, cuja condição é a tranquilidade ou a paz.[49] Essa vida é ameaçada pela discórdia e pela divisão, e o livro de Marsílio é em grande parte uma prescrição de como evitar estes males da "intranquilidade".

Como vimos, para Marsílio não há lei natural no sentido tomista. Mas a lei e a justiça – a definição e a retificação da injúria – são requeridas para a vida suficiente, pois de outro modo a comunidade se dissolve em brigas e disputas. A humanidade deve, portanto, criar leis para si mesma e criar uma força para executar a justiça de acordo com aquelas leis. Segundo Marsílio, essa lei humana é a lei criada pelos seres humanos enquanto reunidos em diferentes comunidades, tendo em vista o viver bem. A fonte da legislação humana – o "legislador humano" – é cada comunidade humana por si mesma, ou (como acrescenta Marsílio) "daí a parte de mais peso": "o legislador, ou a causa eficiente primária e apropriada da lei, é o povo ou todo o corpo de cidadãos, ou daí a parte de mais peso, através de eleição ou vontade expressa por palavras na assembleia geral dos cidadãos".[50] Nada e ninguém mais pode ser um legislador humano ou clamar legislar pelos entes humanos em sua vida comunal juntos, porque nada e ninguém mais é competente para determinar o bem comum da comunidade humana. Para executar suas leis, isto é, para exercer a jurisdição, a comunidade marsiliana aponta uma "parte governante". Essa parte é como o coração de um animal, a parte que mantém o animal como um todo. Não obstante, a parte governante não é uma lei em si mesma, mas deve seguir a lei da comunidade, a qual é também sua lei.

A explicação de Marsílio oferece, portanto, uma definição do campo político. Este é a estrutura básica essencial que uma comunidade deve ter, a

---

[49] Como exposto no primeiro capítulo do primeiro discurso ([303] 3).
[50] Ibid., cap. 12.3 [303] 45. Marsílio enuncia o que ele entende por "parte de mais peso" no mesmo capítulo, em §§ 4 e 5: ela é determinada ou pelo "honorável costume da política" ou de acordo com os princípios de Aristóteles (uma mistura de considerações quantitativas e qualitativas), e é dita "representar" os cidadãos em sua totalidade, de modo que o bem comum não deva ser impedido pela "natureza deformada" de alguns homens. Os críticos divergem quanto ao significado exato disso para a soberania popular na cidade marsiliana.

fim de contar como uma comunidade política, apesar das variações históricas e geográficas. O mal funcionamento ou corrupção do domínio político ocorre quando essa estrutura orgânica desenvolve uma falha de algum modo, e começa portanto a se desmantelar. A principal causa de uma divisão advém quando duas entidades afirmam cada qual ser a "parte" governante. No norte da Itália da época de Marsílio, estas significavam o imperador e o papa. A solução de Marsílio para o problema do conflito entre as autoridades temporal e espiritual era radical. Ele argumentava, apelando para o modelo do próprio Cristo, que simplesmente não *há* nenhuma autoridade espiritual – no sentido de jurisdição coerciva – sobre os entes humanos na terra. Portanto, os clamores papais a essa autoridade, e sua extensão ao domínio temporal, não eram simplesmente ilegítimos, mas também tirânicos; bem ao contrário das afirmações do papado e de papalistas como Giles de Roma, Marsílio argumentava que o espiritual devia ser sujeito ao temporal:

> Não apenas o próprio Cristo renunciou ele próprio ao governo ou jurisdição coerciva neste mundo, donde forneceu ele um exemplo a seus apóstolos e discípulos para fazerem o mesmo, mas também ensinou por palavras e mostrou pelo exemplo que todos os homens, clérigos e não clérigos, deveriam ser sujeitos em propriedade e em pessoa ao julgamento coercivo dos governantes deste mundo.[51]

Marsílio sustentava que *existe* uma verdadeira jurisdição espiritual. É a de Cristo. Mas para os propósitos desta vida, o domínio espiritual é um domínio de ensinamento ou doutrina, e é assim parte da cidade, não algo disposto sobre e acima dela. Na medida em que a doutrina da Igreja é reforçada, este reforço pertence à autoridade civil.

Uma maneira de ler Marsílio é como oferecendo uma teoria secular e republicana da política, como uma maneira de excluir o papa de qualquer parte nela. Mas como já sugeri, Marsílio não desconta a possibilidade de que a parte governante da cidade humana possa reforçar o ensinamento religioso, e ele acha que é importante o tipo de ensinamento religioso que os cidadãos recebem. Marsílio oferece uma explicação, não simplesmente da

---

[51] Ibid., Discurso II 4.9 [303] 119. Ver também, especialmente, Discurso II 9 e 25.

política humana, mas da política cristã, e consequentemente atribui ao legislador humano *fiel* um papel ativo na convocação de concílios eclesiásticos e no reforço das decisões desses concílios.[52] Para Marsílio, o funcionamento correto tanto da esfera política quanto da espiritual depende igualmente da jurisdição desimpedida do legislador humano fiel, o Sagrado Imperador Romano, sobre todos os cristãos.[53] A teoria de Marsílio não era então apenas uma teoria da cidade humana, mas da cidade cristã, aquela cidade na qual tanto as demandas da humanidade quanto as da religião cristã podiam ser satisfeitas.

Podemos contrastar a visão de Marsílio com a do último pensador que desejo discutir, o franciscano inglês Guilherme de Ockham. Ockham também passou os últimos anos de sua vida excomungado em Munique, sob proteção imperial. Ele também defendeu os direitos do Império Romano e se opôs aos clamores à jurisdição temporal do papado corrente (residente, na época, em Avignon). Mas ele não negava esses clamores papais com base na afirmação de que o papa não tinha nenhuma jurisdição independente sobre os seres humanos nesta vida. Para Ockham, era claro que ele tinha: mas era uma jurisdição ou principado *espiritual*, não temporal. Todo o embate da empresa de Ockham era, portanto, determinar o que *era* a jurisdição espiritual, enquanto oposta à jurisdição temporal.

Ao fornecer uma explicação da jurisdição temporal, Ockham apelava para a natureza humana, como haviam feito Tomás e Marsílio antes dele. Contudo, sua explicação da natureza era diferente da de ambos. Em vez de interpretar os requerimentos da natureza em termos da lei natural ou da

---

[52] Ibid., cap. 21.
[53] Este igualamento do imperador ao legislador humano fiel é muito claro no Discurso II 21, que discute a autoridade de convocar um concílio geral. A definição de legislador, fornecida por Marsílio no Discurso I 12.3, permite explicitamente que o "legislador primário" confie sua função a uma pessoa ou pessoas; um processo de transferência da autoridade legislativa do povo romano ao imperador romano é claramente assumido no *Defensor Menor*, cap. 12 [304]. Não obstante, o resultado final é que o imperador parece ser tanto a suprema parte governante quanto o legislador supremo para todo o povo cristão, o que alguns estudiosos viram como inconsistente com algumas das formulações mais republicanas do Discurso I. Para uma interpretação "imperial" do *Defensor pacis*, ver em particular J. Quillet [305]; para uma interpretação "republicana", N. Rubinstein [306].

regularidade biológica, Ockham baseava-se em uma fundamentação de *direitos* naturais.[54] Um direito pode ser concebido, de modo geral, como uma habilidade jurídica ou um poder lícito: assim, o "direito de uso" é "um poder lícito de usar algum objeto externo, do qual alguém não deve ser privado contra sua vontade sem culpa de sua parte e sem causa razoável; e, se for dele privado, pode chamar à corte a pessoa que dele o priva".[55] No entanto, "o direito de uso é duplo. Pois há um direito natural de uso; e há um direito positivo de uso. O direito natural de uso é comum a todos os homens, pois é mantido por natureza e não por qualquer estabelecimento subsequente".[56] Essa concepção dos entes humanos como equipados com o direito natural de uso das coisas da terra é distinta da natureza não jurídica da qual partira Marsílio, mas é também distinta do referencial de lei natural de Tomás de Aquino. Os direitos naturais que Ockham creditava aos indivíduos não eram opostos à lei natural, tomada como ditado da razão correta, sancionada por Deus, mas eram, não obstante, subjetivos, no sentido em que o indivíduo, agindo por ou com direito natural, tem suas ações justificadas em termos de si mesmo e não (pelo menos imediatamente) em temos de uma ordem superior. Para Ockham, os direitos justificam e servem ao aspecto dinâmico da vida humana na terra.

Ockham postulava que somos naturalmente equipados com pelo menos o direito básico ao autossustento. No entanto, ele seguia Duns Escoto, ao enxergar dois passos adicionais necessários a uma vida humana viável na terra, após a Queda: o estabelecimento da propriedade e da jurisdição. Mas em vez da explicação que Escoto havia oferecido em termos de licença e fato, Ockham via-nos como naturalmente empossados do direito de adquirir propriedade e do direito de criar jurisdições. Estes direitos são, ao mesmo tempo, a explicação e a justificação para as estruturas das cidades nas quais vivem os humanos. Embora sejam concedidos por Deus, na

---

[54] A concepção de direitos naturais teve um complexo desenvolvimento mesmo antes que Ockham viesse a utilizá-la: ver B. Tierney [589] e A. S. Brett [572] cap. 1; mais recentemente, V. P. Mäkinen [580]. Para o desenvolvimento que Ockham dá a suas ideias no contexto do debate renovado sobre a pobreza franciscana, ver J. Miethke [321].

[55] Guilherme de Ockham, *A Obra de Noventa Dias*, cap. 2 [310] 24.

[56] Ibid., cap. 61 [309] II 559.

leitura que Ockham faz da Bíblia, eles são inteiramente independentes de qualquer religião, incluindo a religião cristã: "Este duplo poder, de apropriar-se das coisas temporais e de estabelecer governantes com jurisdição, Deus concedeu sem intermediários, não apenas aos crentes, mas também aos descrentes, de modo que ele cai sob o preceito, e é contado entre os assuntos puramente morais. Ele serve, portanto, a todos, crentes ou descrentes, do mesmo modo".[57] Ockham apela especialmente para o tácito reconhecimento que Cristo faz da jurisdição imperial romana, para insistir, novamente e sempre, que as estruturas cívicas legítimas, especialmente a do império, antedatam ao cristianismo, e que sua natureza secular sobrevive intacta até o presente.

O domínio secular é então natural para nós, dado que nós o criamos a partir de nossas habilidades jurídicas naturais. Isso não implica, contudo, que as relações políticas existiram no estado de inocência. Como já sugeri, a política é para Ockham uma esfera de criatividade humana, no interior da história posterior à Queda. Ela é legítima e justificada, mas é, não obstante, marcada pelo impulso de dominar, o qual, de uma perspectiva agostiniana, marca a humanidade decaída. Ockham é ambivalente quanto à questão de se alguma cidade humana secular pode evitar a corrupção da dominação, ou tirania. Ele é claro quanto a uma coisa. Qualquer que seja o caso em relação à cidade humana ou jurisdição temporal, a Igreja ou jurisdição espiritual não apenas pode, mas deve evitar a dominação a fim de contar como jurisdição espiritual de todo:

> Pois pode ser claramente depreendido das palavras do próprio Cristo que o principado papal foi instituído por ele para o bem de seus súditos, não para sua própria honra ou vantagem, e deve, portanto, ser chamado não de principado "despótico" ou "de domínio", mas de principado "de serviço": de modo tal que, conquanto ordenado por Cristo, estende-se apenas às coisas que são necessárias para a salvação das almas e para a regra e governo dos fiéis, respeitando sempre os direitos e liberdades de outros.[58]

---

[57] Guilherme de Ockham, *Breve Discurso sobre o Governo Tirânico* III 8 [314]. O alcance completo do pensamento político de Ockham é discutido em detalhes em A. S. McGrade [320], e resumido por J. Kilcullen em *CCOck* 302-335.

[58] Guilherme de Ockham, *Do Poder dos Imperadores e Papas*, cap. 7 [312] 90.

Há autoridade na Igreja, mas uma vez que o Evangelho é uma "lei de liberdade", aquela autoridade é exercida sobre pessoas livres (livres enquanto cristãs, mesmo que se encontrem em servidão temporalmente). Deste modo, a usurpação autoritária das liberdades legítimas dos fiéis é tirania. Paradoxalmente, a comunidade espiritual é, portanto – como Ockham explicitamente aponta –, a única comunidade que preenche verdadeiramente as demandas da cidade clássica em relação à liberdade e à justiça. O pecado da "Igreja de Avignon" de então era, em um contexto inteiramente transformado, aquela falha fundamental identificada pelos antigos, a falha de transformar uma cidade em dominação.

Conclusão

Retornando a nosso ponto de partida, podemos ver que, em um sentido, a teoria política medieval era dominada pelas circunstâncias historicamente específicas da Europa medieval e da Igreja medieval, com seus clamores à jurisdição temporal. A mostra da relação correta entre os domínios espiritual e temporal preocupava os teóricos medievais. E, contudo, como vimos, isso não se dava simplesmente por causa das questões prementes da política prática. A relação era importante porque a questão básica não era sobre o poder dos papas, imperadores e reis, mas sobre o governo humano correto como um todo: a justificação ou o estabelecimento de estruturas de governo que tanto permitiriam uma vida suficiente neste mundo, como responderiam à assunção cristã de que os seres humanos são mais que criaturas naturais e possuem demandas espirituais, bem como temporais. Ao trabalhar sobre os problemas da política a partir dessa perspectiva, os pensadores medievais criaram ou desenvolveram diversos conceitos que, com as devidas mutações e permutações históricas, moldaram a discussão de nossa vida humana comum desde então: as ideias de direitos naturais; da capacidade humana de autodireção; de autogoverno cívico; da capacidade das pessoas de agir como um corpo, e não apenas como indivíduos; de liberdade e tirania. Acima de tudo, no entanto, e com a mais duradoura relevância, eles colocaram e buscaram a questão mais fundamental sobre a política. O que ela é? Que bem ela é?

13 A filosofia medieval no pensamento posterior

*P. J. FITZPATRICK E JOHN HALDANE**

As histórias da filosofia medieval frequentemente concluem com capítulos sobre a desintegração da síntese escolástica ou sobre a derrota e abandono do escolasticismo. Do ponto de vista do presente volume, em que escolasticismo e filosofia medieval não são vistos como idênticos e em que a síntese não é considerada como o ideal filosófico incontestavelmente supremo, a situação é mais complicada. Uma história adequada da presença da filosofia medieval no pensamento posterior requereria um volume por si mesmo. No que se segue, alguns pontos principais serão abordados, inclusive aqueles relacionados à derrota e ao abandono, mas a história conclui com uma explicação do reavivamento do interesse pela filosofia medieval, do qual este *Companion* é ele próprio um efeito e o qual ele pretende aumentar.

O RENASCIMENTO E O SÉCULO XVII

Nos *Canterbury Tales* ("Contos da Cantuária") de Chaucer, o erudito de Oxford prefere ter volumes de "Aristóteles e sua filosofia" a atrações mundanas. Para Bacon, em 1597, os filósofos daquela tradição eram *cymini sectores* (literalmente: "cortadores de cominho") – pessoas minuciosas dadas a excessos de sutileza – cujos escritos podem ajudar-nos a fazer distinções. E para Molière, em 1673, eles eram pessoas que explicavam como o ópio induz o sono, dizendo que ele

---

* A primeira parte deste capítulo sobre o Renascimento e o século XVII é da autoria de P. J. Fitzpatrick. A segunda parte sobre os envolvimentos correntes é da autoria de John Haldane.

possui uma "virtude dormitiva". O que nos fornece três tópicos: o lugar de Aristóteles; o efeito das distinções; e a filosofia medieval diante das novas descobertas.

O lugar de Aristóteles

O que tornou notável a contribuição de Tomás de Aquino para a assimilação escolástica de Aristóteles foi menos sua grande aceitação deste último do que sua capacidade de interpretar textos aparentemente recalcitrantes, de uma maneira que os tornava concordantes com a crença cristã. Naquilo que chamamos de Renascimento, a absoluta variedade presente na literatura e na filosofia do mundo antigo podia agora ser contemplada, juntamente com a absoluta distância que separava aquele mundo da Europa cristã. A efetuação de uma síntese do pensamento antigo com a crença cristã não era mais aquilo que parecia urgente: primeiramente, e antes de mais nada, o pensamento da Grécia e de Roma tinha de ser investigado a bem dele próprio, e em seus próprios termos. A filosofia no mundo antigo havia sido, em grande parte, grega. A Idade Média havia tido de usar traduções latinas – em alguns casos, traduções de traduções. Isso não mais serviria.

Tommaso de Vio Gaetano, comumente conhecido como Caetano, foi uma figura notável de sua época. Ele escreveu o que se tornaria um comentário padrão sobre a *Summa theologiae* de Tomás de Aquino; tornou-se mestre-geral dos dominicanos e posteriormente cardeal; foi consultado pelo Imperador Maximiliano a respeito de uma proposta cruzada, e por Clemente VII a respeito do proposto divórcio de Henrique VIII; e foi enviado por Leão X como legado para encontrar-se com Lutero. Não é de surpreender, então, que na época de sua morte, em 1534, ele fosse mencionado como um futuro papa. Mas Caetano fez algo mais, que aqui nos diz respeito. Ele foi um dos únicos dois membros do V Concílio de Latrão (1512-1521) a votar contra uma medida ordenando aos professores de filosofia que se esforçassem para sustentar a crença cristã na imortalidade da alma. Essa discordância incorporava uma das mudanças que se abatiam sobre a filosofia, quando a Idade Média chegava ao fim.

Em seu comentário sobre a *Summa theologiae* I, em 1507, assim como em um sermão de Advento pregado em Roma, em 1503, Caetano havia oferecido argumentos-padrão a favor da imortalidade da alma: a independência da atividade intelectual em relação ao corpo e o desejo universal por uma vida que seja eterna. Em seu sermão, ele menciona as dificuldades sentidas por muitos pensadores em relação a esse ponto, mas oferece o que diz ser uma solução para essas dificuldades (Laurent [593] XXIII). Da mesma forma, em seu comentário à *Summa*, ele não expressa nenhuma discordância em relação aos argumentos oferecidos por Tomás em *ST* I, q. 75. Mas em 1510 ele publica um comentário ao *De Anima*, a obra em que Aristóteles considera, entre outras coisas, o estatuto da alma em sua relação com o corpo: a fonte da discordância de Caetano no Concílio de Latrão em 1513 aparece nesse comentário.[1]

O capítulo de abertura do *De anima* contém dois textos aos quais Caetano repetidamente retorna. Algumas atividades, escreve Aristóteles, parecem envolver o corpo em sua própria noção – estar enraivecido é um exemplo. Ele acrescenta: "O entendimento é mais como algo próprio [da alma]. Mas se este também é *phantasia* ou não sem *phantasia*, o próprio entendimento não existirá sem o corpo" (403a). *Phantasia* em Aristóteles pode ter mais de um significado, mas para Caetano o termo corresponde à atividade sensorial, e ele emprega a palavra *phantasma* (plural: *phatasmata*) de modo intercambiável com ele. Caetano toma Aristóteles como enxergando esta indispensabilidade de *phantasia* para o pensamento como um obstáculo à consideração da atividade intelectual como sendo "própria da alma", isto é, como sendo uma atividade que não envolve essencialmente o corpo. Ela pode ser de fato distinguida da atividade corpórea, mas a distinção não equivale a uma real separabilidade. Em vez disso, a distinção é como aquela que fazemos entre figuras geométricas. Como escreveu Aristóteles no mesmo capítulo: "Uma linha reta tem, em virtude de sua retidão, muitos atributos, como o de tocar uma esfera de bronze em um ponto apenas; mas a linha reta, se separada, não tocaria assim a esfera" (403a12).

Caetano insiste nestes textos (I Sumário; 31; 40; 47) e enuncia a conclusão de Aristóteles: que temos aqui não mais que uma "separação formal" – uma distinção como aquela entre uma figura geométrica e sua incorpora-

---

[1] Cito o comentário de Caetano por livro e parágrafo, na edição de G. Picard e G. Pelland [592]. As referências a Laurent são a sua introdução a I. A edição de Coquelle dos dois primeiros livros [593]. Em [605], E. Gilson, desenvolvendo e estendendo o que escrevera Laurent, fornece um brilhante levantamento das controvérsias da Itália da época a respeito da imortalidade da alma. Cito o comentário de Tomás de Aquino ao *De anima* por lição (*lectio*) e parágrafo [225].

ção física. A distinção não nos permite inferir que a figura possa existir sem qualquer incorporação de todo.

Caetano mantém esses textos diante de si ao comentar certas passagens do Livro III do *De anima*, as quais consideram a possível separabilidade da alma em relação ao corpo. É somente se o entendimento puder ser considerado uma operação própria da alma que a alma poderá ser julgada separável. Caetano enuncia então que há dois tipos de independência em relação ao corpo, que podem ser demandados por tal operação. Um deles excluiria a existência de qualquer órgão do intelecto – e esta era a posição adotada por Tomás de Aquino e outros filósofos. Mas a outra, uma independência mais forte, excluiria qualquer tipo de dependência corpórea, e para Caetano esta era a posição adotada por Aristóteles (III 106-108 [592]). Os escritores da Idade Média haviam desenvolvido a distinção aristotélica entre o intelecto *potencial* (mediante o qual pensamos) e o intelecto *ativo* (mediante o qual outorgamos inteligibilidade aos *phantasmata* dos sentidos). Caetano sustentava que, para Aristóteles, era somente o intelecto ativo que detinha a independência mais forte. Todas as operações do intelecto potencial são misturadas com a *phantasia*, misturadas com os sentidos. É somente o intelecto ativo que pensa por sua própria substância, e não intermitentemente; é somente o intelecto ativo que pode ser realmente separado *(separatus in essendo)*; o intelecto potencial pode ser apenas "formalmente separado" (Caetano cita novamente a analogia com a figura geométrica); é somente o intelecto ativo que é separável e imortal; o intelecto potencial é corruptível (III 93-95). E tudo isso é dito por Caetano como formando um todo com outros textos de Aristóteles, que afirmam que nossa capacidade de felicidade é limitada e temporária, pois nossa alma é intelectual apenas por compartilhar da luz do intelecto ativo (III 115; Caetano refere-se à *Ética a Nicômaco*).

Mais de uma vez Caetano insiste que está preocupado apenas em explanar Aristóteles: ele não deve ser tomado como compartilhando dos ataques ou defesas de Aristóteles (III 1). E mais tarde, no Livro III, ele nega que tenha estado tentando provar que o intelecto potencial seja corruptível "de acordo com princípios filosóficos". Seu texto não faz nenhum apelo à teoria de duas ordens separadas de verdades. A fé revela a falsidade da proposição de que a alma é corruptível, e uma proposição falsa não pode ser implicada pelo que é verdadeiro (ou seja, por princípios filosóficos). Ele continua: "Estive simplesmente preocupado em explanar a visão desse grego [*istius graeci*], e tentarei demonstrar sua falsidade em bases filosóficas" (III 102) – o que de fato ele tenta em seguida (III 103ss.). Mas antes de vermos algo do que ele oferece, devemos ver por que sua explicação da opinião de Aristóteles levantou a oposição que levantou.

Tomás de Aquino havia proposto uma visão da alma que oferecia uma síntese entre aquilo que ele julgava ser o pensamento aristotélico e a crença cristã herdada. Ele aceitava a explicação aristotélica do conhecimento humano como partindo dos sentidos e dos *phantasmata* que eles fornecem. Mas isso não excluía para Tomás a sobrevivência da alma. Sua dependência em relação aos *phantasmata* é uma dependência em relação aos mesmos apenas enquanto *objetos*. O intelecto não tem nenhuma dependência em relação ao corpo como *órgão* (do modo como a visão depende do olho). Quando a alma é separada do corpo, a ausência de *phantasmata* como objetos pode ser suprida pelo poder divino (ver, por exemplo, *ST* I, q. 89, a. 1). Aristóteles era visto então como fornecendo um esquema filosófico que era compatível com a crença cristã e que a apoiava.

Mas agora um eminente teólogo, um dominicano e cardeal, apresentava um Aristóteles que resistia a essa síntese. O desafio de Caetano fora aceito por dois outros dominicanos, Spina e Catherinus. Seus ataques a Caetano foram irritados e injuriosos: Aristóteles havia sido incorporado à sabedoria recebida pelos teólogos e filósofos; ao separá-lo daquela tradição, Caetano estava aplicando mal seus talentos e provocando alarme e desalento.[2]

O aborrecimento dos adversários de Caetano não foi diminuído pelo compromisso deste em mostrar, em bases filosóficas, que Aristóteles estava errado (III 102), ou mesmo por sua afirmação de que uma prova da imortalidade pudesse ser baseada em princípios aristotélicos (III 103). Ele invoca o argumento utilizado por Tomás (*De Anima* III, n. 680) de que o intelecto não possui nenhum órgão corpóreo; assim sua dependência em relação ao corpo, que para Aristóteles era incondicional, é de fato não mais que acidental *(per accidens)*. E assim fica frustrado o ponto de Aristóteles de que a dependência em relação aos *phantasmata* impede o entendimento de ser uma

---

[2] A indignação de Spina pode ser constatada a partir das passagens fornecidas por E. Gilson [605].

operação "própria da alma" (III 120). Mas chamar a dependência da alma em relação ao corpo de "acidental" não se ajusta facilmente à afirmação tomista de que a alma intelectual é a forma do corpo (*ST* I, q. 76, a. 1). Novamente, a distinção que Tomás faz entre a dependência como em relação a um órgão e a dependência como em relação a um objeto não é considerada – como dificilmente poderia ser, dada a insistência de Caetano de que Aristóteles afirmava uma radical dependência da atividade intelectual em relação ao corpo. O maior incômodo de todos era, talvez, o fato de que Caetano preenchia a prova que havia oferecido com um argumento adicional, encontrado, de fato, em Tomás (*ScG* II 68), mas de origem neoplatônica: que a harmonia do universo clama pela existência – acima das formas materiais, mas abaixo das formas espirituais dos anjos – de uma forma que, a sua maneira, participa de ambas as ordens (III 122-23). Somente assim, acrescenta ele, o estatuto da alma é preservado.[3] Chegamos a uma grande distância de Aristóteles.

Podemos agora ver claramente a significância do desacordo de Caetano no Concílio de Latrão. Ele via-se confrontado com uma tradição de especulação religiosa para a qual Aristóteles era central, e esta centralidade era dada através da síntese alcançada por Tomás de Aquino. Via-se confrontado também com as tentativas, feitas em sua própria época, de apreender o pensamento do mundo antigo em seus próprios termos. As duas coisas simplesmente não eram compatíveis. Caetano nunca considerou negar a imortalidade da alma, mas estava impressionado com a afirmação de Aristóteles a favor de uma dependência radical do intelecto em relação ao corpo. Suas tentativas de combater essa afirmação não se adequavam facilmente àquilo que Tomás

---

[3] Esse estado de coisas não é melhorado pelas observações e interjeições presentes no texto de Caetano. Próximo do final do Livro III, ele recorda ao leitor que Aristóteles não havia justificado a analogia que fizera entre intelecto e sensação; acrescentando que uma prova será oferecida posteriormente no livro – "e quando a examinardes, vereis quão grande é nossa ignorância" ([592] 7). A captura da demanda de Aristóteles da dependência em relação aos *phantasmata* é seguida pela insistência de que Aristóteles acreditava que a dependência fosse incondicional ([592] 111). A prova "neoplatônica" é dita ser a única maneira de salvaguardar o estatuto da alma como forma e, portanto, como algo imaterial e imortal – "embora algumas obscuridades possam permanecer" ([592] 122-123). E as objeções à posição adotada são respondidas "para o conforto dos noviços, caso sejam iludidos" ([592] 124). Gente como Spina – e o Concílio de Latrão, presumivelmente – queria algo mais que isso.

havia escrito. A figura de Aristóteles ainda exercia seu poder, embora em uma direção que outros consideravam inoportuna. Em seu último comentário à Epístola aos Romanos, Caetano coloca a imortalidade da alma na mesma classe dos enigmas levantados pela predestinação – eles são assunto de fé, não de argumento. A síntese e a harmonização eram para a Idade Média; o que Caetano escrevia mostrava que aquela época havia terminado.

O efeito das distinções

Gatos aprendem a reconhecer portas para gatos; mas são necessários humanos para se alcançar o conceito de retângulo. De acordo com Tomás de Aquino (ver anteriormente p. 262), a conceitualização é um processo no qual o intelecto ativo eleva os dados fornecidos pelos sentidos, os fantasmas individuais existentes nos órgãos sensoriais, a um novo e generalizado modo de existência, produzindo no intelecto potencial uma representação da natureza comum que se encontra no fantasma, mas sem as condições materiais e de individuação ali presentes. É assim que podemos ver a porta para gatos e também "enxergar" sua forma como compartilhando propriedades com a forma da página de um livro, e podemos chamar cada uma delas de retângulo. A presente explicação tenta lidar com um problema perene, e um desacordo entre dois escritores da época pode encorajar o pensamento sobre algo associado à filosofia medieval – sua produção de distinções.

Já encontramos um dos dois – Caetano; aqui nos referiremos a seu comentário à *Summa theologiae* de Tomás de Aquino (incluído na edição leonina da *Summa*). O outro, localizado um século depois, é o jesuíta espanhol Francisco Suárez (1548-1617). Ambos estavam preocupados com os textos em que Tomás discute a questão; ambos simpatizavam com as razões deste para sustentar o intelecto ativo como sendo necessário; ambos procederam ao levantamento de questões adicionais sobre a natureza do que esse intelecto fazia.

Caetano (comentando a *ST* I, q. 79, a. 3) enuncia uma objeção medieval a qualquer cooperação entre o intelecto ativo e o fantasma. Se o fantasma é material, não pode agir sobre o intelecto, o qual pertence a uma ordem superior; e esta incapacidade permanece, mesmo quando o poder do intelecto ativo é invocado – o fantasma é material, e o que é material não pode afetar o que é espiritual. Caetano responde que, de fato, não podemos tratar o fantasma como se este contivesse o conceito que o intelecto ativo eduz dele; o fantasma é, e permanece sendo, de ordem material. O efeito do intelecto ativo é, em vez disso, que o fantasma, existindo previamente de modo independente, está agora a serviço de outra coisa; ele pode agora fazer mais do que podia antes; e o intelecto ativo é capaz de eduzir o conceito a partir do próprio intelecto potencial (parágrafos 4 e 5).

Ele vai adiante, para considerar, entre outras coisas, a *abstração* mediante a qual o fantasma é elevado à ordem inteligível generalizada. Para isso, ele faz uma distinção que tem a ver com o efeito da luz. O efeito *formal* é iluminar o meio, o *diaphanum* (diáfano), como era chamado pelos medievais; o efeito *objetivo* é iluminar os corpos. O fantasma é iluminado *objetivamente* pela luz do intelecto ativo, de um modo tal que fulgura não tudo o que está nele, mas a natureza ali presente, sem sua singularidade. O conceito formado no intelecto potencial é o efeito *formal* da força do intelecto ativo e é, por sua própria natureza, abstrato e espiritual. O fantasma objetivamente iluminado é abstrato e espiritual somente de acordo com a iluminação que lhe é dada (parágrafos 9 e 10).

Suárez considera o mesmo tópico no Livro IV de seu *De anima*. Ele admite que tanto o fantasma quanto o intelecto ativo são necessários, mas pergunta como devemos entender a função iluminativa deste último (IV 2.4 [616]). Como pode ser aceito o que diz Caetano? Toda a ação do intelecto ativo é espiritual; como ela pode afetar o fantasma, que é material? Mas se o próprio fantasma não se altera, em que sentido pode-se dizer que ele é iluminado (IV 2.5)? Alguns sugeriram, continua ele, que o fantasma é um *instrumento* do intelecto ativo, que há certo contato virtual entre eles. Estas são apenas palavras: como pode um instrumento de ordem inferior afetar aquilo que é de uma ordem superior? Os teólogos já não têm problemas demais ao explicar como Deus pode usar o fogo para punir demônios (IV 2.7)? A união mais próxima que podemos imaginar entre o intelecto ativo e o fantasma é que ambos têm suas raízes na mesma alma. Mas isso por si só não é suficiente para explicar a instrumentalidade – pode-se muito bem argumentar que, uma vez que o fantasma é enraizado em uma alma espiritual, não necessita de nenhum intelecto ativo, em primeiro lugar (IV 2.8).

Parece melhor dizer, conclui Suárez, que o papel do fantasma é um papel de causalidade material, e não eficiente (IV 2.10). Isso não significa que o conceito, que é espiritual, seja eduzido do fantasma, que é material. Mas, por causa da união de intelecto ativo e fantasma na mesma alma, o fantasma oferece de fato ao intelecto ativo o que é, em certo sentido, um material para ser trabalhado por este, como se fosse uma amostra *(exemplar)*. Por causa desta união, eles têm certa ordem ou harmonia *(consonantia)* maravilhosa: mediante o próprio fato de que o intelecto opera, assim o faz também o fantasma – Suárez utiliza aqui a palavra *imaginatio* (IV 2.12).[4]

Cymini sectores – este desacordo pode lançar luz sobre a produção medieval de distinções.

Distinções não são dissecações: distinguir a cor de uma maçã de sua forma não é o mesmo que descascar a maçã. Mas a dissecação, ou desmonte, é a maneira mais vívida e mais facilmente compreendida de mostrar que uma coisa não é outra. Tratar todas as palavras segundo o modelo dos nomes foi uma tentação à qual os filósofos nem sempre resistiram. Da mesma forma, eu sugiro, a elaboração de distinções é sujeita a fazer com que estas sejam tomadas como dissecações – mas dissecações conduzidas em uma ordem ao mesmo tempo elusiva e intangível.

Notemos, então, a diferença entre o que Tomás de Aquino escreve sobre esse tópico e o que vimos presente em Caetano e Suárez. Na *Summa theologiae* I, q. 67, a. 1, Tomás pergunta se o termo "luz" pode ser utilizado em relação a coisas espirituais. Ele responde que devemos distinguir entre a aplicação original *(prima impositio)* de um nome e o emprego do nome *(usus nominis)*. Assim como *ver* é usado originalmente em relação à visão, mas seu uso é estendido aos outros sentidos, também *luz* é usado originalmente em relação àquilo que torna as coisas visivelmente manifestas, mas seu uso é então estendido ao que torna manifesto em qualquer tipo de conhecimento.

---

[4] Alguns viram aqui uma antecipação da "harmonia preestabelecida" de Leibniz (E. Kessler [609] 516). Leibniz é dito como tendo lido as *Disputaciones metaphysicae* de Suárez como um romance (E. J. Aiton [591] 13). Um levantamento de referências dele a Suárez é encontrado em A. Robinet [615], mas as referências oferecidas ali no contexto da harmonia preestabelecida são todas referentes à oração e à graça, não ao intelecto e à *imaginatio*. As *Disputaciones metaphysicae* tiveram uma longa vida como livro didático em muitas universidades, e Schopenhauer – que não era a pessoa mais fácil de agradar – recomenda-as (*Parerga e paralipomena* I, Esboço de uma História do Ideal e do Real, § 6).

Já vimos como palavras relacionadas à luz são estendidas ao papel do intelecto ativo, mas Tomás enuncia uma objeção a esse uso em *ST* I, q. 79, a. 3, obj. 2: para a visão, a luz é necessária para iluminar o meio; mas não há nenhum meio para o intelecto; assim nenhuma iluminação do fantasma é necessária. Ele responde que há duas opiniões quanto ao papel da luz: (1) ela trabalha diretamente sobre os objetos; (2) ela trabalha sobre o meio. Em relação a ambas as opiniões, o intelecto ativo se assemelha à luz, uma vez que é necessário para o conhecimento, assim com a luz é necessária para a visão. Mas em relação a (1), a semelhança vai além – assim como a luz torna visíveis as cores, o intelecto ativo forma conceitos. Em relação a (2), a semelhança é simplesmente a necessidade geral que existe, em relação à luz, em uma ordem, e ao intelecto ativo, em outra: o meio não desempenha nenhum papel na comparação.

Para Tomás, em outras palavras, a extensão de imagens visuais à ordem intelectual não nos compromete com afirmações a respeito do mecanismo da conceitualização. Tudo o que importa é que podemos passar dos dados fornecidos por nossos sentidos aos conceitos que empregamos. Há um "tornar manifesto", e assim podemos aplicar a essa passagem a terminologia da luz.[5]

Mas aplicar a terminologia desse modo é, em certo sentido, um fim em si mesmo. Estamos simplesmente dizendo que, assim como as cores por si mesmas não equivalem à visão, também a conceitualização é mais que a percepção. Podemos achar a analogia satisfatória; ou podemos pensar que ela deve ser complementada por outras; mas a analogia como tal não nos fornece nenhuma informação a respeito de como a conceitualização ocorre. Nem, de fato, se ela ocorre mesmo ou se é apenas uma confusão – não podemos usar a analogia com a luz para distinguir o retângulo de Euclídes da "saliência de benevolência" do frenologista. Podemos de fato pensar que "conceitualização" é uma noção genérica demais para ser útil. Mas o que quer que pensemos, não nos podemos voltar para a analogia com a luz em busca de resposta, como se um escrutínio mais minucioso fosse revelar precisamente que processo está ocorrendo. Contudo, em minha opinião, é exatamente

---

[5] Caetano, em um ponto de seu comentário ao *De anima*, também parece prescindir de detalhes na analogia com a luz ([592] 78). Mas isso não inibe suas especulações subsequentes ([592] 80-81).

isso que Caetano e Suárez fazem. Por exemplo, perguntar como a operação espiritual do intelecto ativo pode afetar o fantasma material é perder o ponto da comparação com a luz. A comparação efetivamente diz: assim como as cores necessitam da luz para que haja visão, também o fantasma necessita ser elevado a uma ordem superior e generalizada para que haja entendimento. Não podemos proceder ao tratamento dessa comparação como se fosse um mecanismo sugerido e, em seguida, discordar quanto à exata natureza do mecanismo.

Pensamos sobre o desacordo entre Caetano e Suárez. Podemos concluir esta seção pensando sobre o que eles têm em comum. Para Tomás, chamamos de "intelecto ativo" o poder que nos permite generalizar e estendemos a ele a terminologia da luz. Para Caetano e Suárez, a imagem da luz é ela própria o ponto de partida de outro problema: para Caetano, o fantasma não pode agir sobre o intelecto; para Suárez, o intelecto não pode afetar o fantasma. Eu discordei da abordagem total de ambos, mas essa abordagem mostra algo que eles têm em comum. No contexto da conceitualização, ambos separam as ordens do "material" e do "espiritual" de um modo que Tomás não faz. Estamos movendo-nos em direção a um mundo em que a extensão e o pensamento devem ser separados. E nos voltamos agora para o mundo do século XVII.

Tradição e inovação

"Detectarei [os átomos] com os óculos de meu entendimento e com o microscópio de minha razão": assim escrevia o autor de uma obra sobre os "Átomos peripatéticos", em 1674, uma tentativa de combinar o atomismo com a tradição escolástica.[6] A novidade desta linguagem pode servir de introdução a esta seção, pois no século XVII muitas coisas novas estavam ocorrendo: Gilbert e o magnetismo; Napier e os logaritmos; Kepler e as órbitas planetárias; Galileu e o telescópio voltado para os céus; von Guericke e a bomba de vácuo; a consciência de Boyle em relação à necessidade de um novo começo na investigação da composição dos corpos... Tantas novas coisas, tantas novas questões. Hoje deveríamos contar aquelas novas coisas

---

[6] Casimiro de Toulouse, *Atomi peripateticae* [598] II 55.

como ciência, mas a filosofia estava do mesmo modo plena de novidades desconcertantes. Francisco Bacon, em 1621, no princípio de seu *Novum organon*, havia explicitamente se colocado à parte do que havia vindo antes dele; em 1651, Hobbes em seu *Leviatã* (I 8) havia apresentado uma passagem de Suárez como uma amostra de "discurso insignificante"; e a linguagem e o estilo, sem falar no conteúdo do *Discurso do Método* (1637) de Descartes, pareciam proclamar um novo começo. Será que a tradição havia herdado algo da Idade Média para pôr ao lado de tudo isso?

Algumas figuras menores devem ser consideradas nesta seção, pois seus escritos podem mostrar as preocupações ordinárias daqueles que, treinados no caminho escolástico, defendiam-no contra os inovadores, ou encontravam falhas nele eles próprios. E espero que a investigação mostre como as distinções produzidas pela filosofia medieval foram influenciadas pelo novo cenário no qual esta tinha de ser praticada.[7]

Uma acusação comum contra a tradição aristotélica era que ela não era informativa. Já encontramos a piada de Molière, em que uma "virtude dormitiva" explica por que o ópio induz o sono. Isso foi em uma comédia; mas formava um todo com o que era dito em outros lugares. Le Grand, a quem se atribui a introdução da filosofia de Descartes na Inglaterra, pergunta qual seria a utilidade de se recorrer a uma "forma" escolástica para explicar as fases da Lua ou de Vênus ([610] Livro I iv.7.6). Assim, é interessante notar que o contra-ataque de Pardies ao cartesianismo foi de mais de um tipo. Ele pergunta o quão mais informativo é Descartes, ao explicar a nutrição das plantas mediante "certa figura (formato)", em relação aos escolásticos com

---

[7] Escolhi três autores para defender a tradição escolástica, e três para expressar dificuldades levantadas por alguns no interior da mesma tradição. Os que a favorecem são A. Goudin (falecido em 1695), um dominicano [606]; I. Pardies (falecido em 1683), um jesuíta [614]; e J. B. De la Grange, um membro do Oratório [600]. As reservas são expressadas por J. B. Du Hamel (falecido em 1706), chanceler da diocese de Bayeux, cujo professo ecletismo é pesado contra os escolásticos [602]; A. Le Grand (falecido em c. 1700), um missionário franciscano na Inglaterra [610]; e Valeriano Magni (falecido em 1661), um picaresco capuchinho mencionado nas *Cartas Provinciais* de Pascal [620]. As edições destes autores variam, e a paginação pode ser errática. Mas suas sucessivas subdivisões são claras, e fiz referências a estas. Há uma lista útil de autores no prefácio de Casimiro [598]. Há um ótimo tratamento recente do tópico – mais complacente que o meu – em D. Des Chene [599].

sua "intussuscepção" ([614] §§ 59-60), afastando-se assim da abordagem matemática e quantitativa que viria a desempenhar tamanho papel em todo tipo de explicação. Ele faz então uma observação teórica que mostra o quão distantes estavam o antigo e o novo. Acaso não param os cartesianos na superfície das coisas, enquanto a filosofia tradicional, com seu discurso de formas, aponta adiante, para a razão delas? Os novos filósofos podem muito bem dizer que se preparam para investigar a natureza; nós preferimos abrir a mente *(esprit)*, com um olho na teologia ([654] § 85). E a essas objeções ele acrescenta uma consideração social. Não é inadequado para sociedade polida *(les honnêtes gens)*, o espírito dos cartesianos? Assim, dizer que uma chave pode abrir uma porta porque possui "uma virtude aperiente" é certamente mais adequado que fornecer uma explicação detalhada de seus dentes e seu mecanismo – isso seria transformar a filosofia em uma oficina de chaveiro ([614] §§ 76-81).[8]

Outra contra-acusação feita por Pardies – que a matéria de Descartes é muito uniforme para ser responsável por toda a variedade presente no mundo – leva naturalmente a um outro tema que preocupava ambos os lados do debate. A distinção essencialmente aristotélica entre matéria e forma parecia (como outras coisas naquela tradição) mais persuasiva quando aplicada ao que era vivo. Ali, a unidade e continuidade do objeto ao longo do tempo podia ser facilmente distinguida de sua composição física, que variava conforme a passagem do tempo. Mas, no século XVII, muita atenção estava sendo prestada à natureza inanimada – o movimento e colisão dos corpos, as leis do movimento planetário, a composição e separação dos materiais que formam o mundo em torno de nós. O que devia ser feito da antiga distinção, nestes novos contextos?

Para Goudin, as misturas eram ou imperfeitas (em que os componentes retêm sua própria natureza) ou perfeitas (em que não retêm). Nas misturas perfeitas, argumenta ele, a forma da mistura é mais que uma combinação

---

[8] As habilidades matemáticas e mecânicas de Pardies, o tom cartesiano de outros escritos seus (e, eu gostaria de acrescentar, o elegante esnobismo daquilo que ele escreve a respeito das chaves) fizeram com que alguns duvidassem da seriedade de seu ataque, que apareceu pela primeira vez anonimamente. Mas parece (a partir da *Nouvelle bibliographie générale*) que ele somente preparou-o para a publicação, e não foi o autor do mesmo.

(contemperatio) dos elementos; é algo distinto e substancial ([606] Livro II, cap. 2). Se o composto não fosse mais que uma combinação, o resultado seria simplesmente semelhante a uma peça de roupa feita de diferentes materiais ([606] II 2). Mas outro defensor do caminho antigo, La Grange, reclama nunca ter encontrado um filósofo tradicional que tenha fornecido uma prova satisfatória das formas substanciais, especialmente dos corpos inanimados ([600], prefácio 45). Seus próprios exemplos de formas acidentais dizem respeito à alma humana – conhecimento e virtude são reais e distintos dela (IV 1-3; III 2). Não há nenhuma necessidade de postular qualquer nova entidade para explicar por que um galho torto é torto em um sentido em vez de outro: há uma necessidade, se pretendemos dizer por que o homem justo é inclinado para o que é bom (III 8). Ele de fato fornece um exemplo, a partir da natureza inanimada, de onde os escolásticos fazem com que a mudança seja substancial – a queima, onde o fogo é convertido em fumaça, e a fumaça é convertida em água. Aqui temos mais que uma mudança de formato ou um movimento de partes (como haveria ao esculpir-se uma estátua a partir de uma coluna); em vez disso, uma entidade é perdida e outra é produzida. A matéria do fogo perde a forma do fogo, e adquire a do ar (I 3).

Goudin escreve de modo similar a respeito da queima. A influência do fogo produz uma mudança acidental na madeira, e finalmente a destrói, induzindo a forma do fogo na matéria da madeira ([606] I 1). E nas misturas perfeitas há propriedades mais nobres que as propriedades daquilo que as compõe. Dentre estas, as plantas e sua estrutura fornecem um exemplo. Outro é fornecido pelos maravilhosos poderes dos mineiras *(metalla)*: o magneto, a mistura de ouro e mercúrio (em que a amálgama é mais densa que a média dos dois metais), e as capacidades do jade para aliviar a dor e do jaspe para estancar o sangue (II 2.2). Mas, tendo dito tudo isso, ele acrescenta a qualificação de que o argumento a favor das formas funciona "pelo menos para os animais" (II 2.2). Assim um filósofo escolástico apela para a experiência para defender Aristóteles; mas em seguida parece duvidar se o apelo é decisivo ou não. Poderíamos bem imaginar o que contaria aqui como decisivo.

Vimos até aqui algumas diferenças de opinião quanto à terminologia da filosofia medieval – sua alegada falta de informatividade, o alcance de sua aplicabilidade e a adução de evidência experimental para apoiar distinções aristotélicas. Voltamo-nos agora para uma dissenção mais profunda – a acusação de que tanto sua terminologia, quanto as distinções ali incorporadas, são enganosas e incompreensíveis. Comecemos com um exemplo simples, para ver o porquê. Se aqueço um recipiente de água fria, a água torna-se quente, mas o que está no recipiente durante todo o tempo é água. Se termino com a mesma coisa com que comecei, a mudança seria considerada uma mudança de qualidade ou *acidental*. Mas se um recipiente de vinho transforma-se em vinagre, não posso perguntar o que estava no recipiente durante todo o tempo, porque termino com um tipo diferente de material; a mudança não é acidental, mas *substancial*. Mas a distinção feita no primeiro caso é agora aplicada ao segundo. Assim como a água estava, antes de tudo, fria e, depois, quente, também a *matéria* do vinho é enformada, primeiro pela *forma* do vinho e depois pela do vinagre. A água é *potencialmente* fria ou quente; a matéria é *potencialmente* vinho ou vinagre.

Há duas observações a serem feitas quanto a isso: uma diz respeito à matéria, a outra diz respeito à forma. Primeiro a que diz respeito à matéria. Se temos dois exemplos diferentes de mudança substancial (digamos, de vinho para vinagre, e de madeira para cinzas), não podemos inferir que temos a mesma matéria em cada caso. Isso seria passar de, "em toda mudança substancial, há matéria que é enformada primeiro de um modo e, depois, de outro" para "há matéria que, em toda mudança substancial, é enformada primeiro de um modo e, depois, de outro". Além de cometer uma falácia lógica, estaríamos aqui nos comprometendo a sustentar que qualquer coisa pode transformar-se em qualquer outra coisa, pois estaríamos sustentando que uma única matéria subjaz ao vinho, vinagre, madeira e cinzas, de modo similar. E essa afirmação necessita de prova. Mas a matéria – *materia prima*, como era chamada – era comumente vista desse modo na Idade Média, e também por aqueles que vieram em seguida. Valeriano Magni, ao fornecer uma exposição da visão tradicional, diz que todas as coisas vivas dissipam-se no que é inanimado; os inanimados, por sua vez, dissipam-se nos elementos; e os elementos podem ser transformados uns nos outros; a matéria-prima é o sujeito último de todas essas mudanças; ela pode tornar-se todas as coisas ([620] Livro I, cap. 7). Para Du Hamel, esse é o problema: o que *é* essa matéria indeterminada que permanece sob todas as mudanças? Todos apelam para ela, ninguém a explica. O melhor é tratar os elementos como matéria; eles não se dissipam uns nos outros. Eles possuem cada qual um caráter definido. Como poderia existir algo tão vago e indeterminado quanto a *materia prima* ([602] *De consensu* II II; Valeriano Magni sustenta o mesmo em [620] Livro II, cap. 6)?

Agora a segunda observação a respeito da forma. Não devemos tratar matéria e forma como se fossem *coisas*. Como o próprio Aristóteles coloca, se o fizermos teremos de aplicar também a *elas* a distinção entre matéria e forma, e seremos, portanto, lançados em um regresso infinito (*Metafísica* VII 8). A tentação de fazê-lo é mais forte em relação à mudança substancial, porque, quando o vinho transforma-se em vinagre, não podemos perguntar o que está no recipiente durante todo o tempo. Isso porque a questão não faz sentido – mas é fácil dar a ela uma aparência de sentido, fazendo com que algo indeterminado esteja no recipiente durante todo o tempo, algo que é determinado primeiro pela forma do vinho e depois pela forma do vinagre. E assim somos confrontados com a questão adicional, ou melhor, o enigma de nossa própria lavra – de onde essas formas vêm e para onde vão? Tais queixas em relação às formas são numerosas nos autores que vimos objetando às distinções tradicionais. Para Le Grand, os escolásticos devem admitir que há muitas mudanças substanciais a cada dia – e deverá haver o mesmo tanto de atos de criação e aniquilação de formas. Mediante qual força? E qual a evidência que comprova esses atos (I iv.7.2-3 [610])?

Para Du Hamel, uma forma é uma realidade *(entitas)*: se ela não existia previamente, deve ter sido criada; se for "eduzida da potencialidade da matéria", como dizem os escolásticos, como pode a matéria fornecer tantas formas sem ser exaurida (II 2.7 [602])? Valeriano Magni também se refere à mencionada sentença escolástica, e também a acha ininteligível. Que potencialidade é essa que a matéria possui? A forma supostamente dá à matéria sua determinação – como pode então ser "eduzida" dela (II 6 [620])?

Olhando outra vez para a controvérsia, podemos sentir que aqueles que assim se queixavam só podiam culpar a si mesmos por compreender mal o propósito das distinções filosóficas. A intenção do discurso das formas substanciais é fazer justiça à unidade, atividade e caráter específico das coisas. Leibniz louvava a tradição escolástica por isso e por insistir em algo que ele pensava que Descartes houvesse negligenciado (*Discurso sobre a Metafísica*, §§ 10-12). De fato, em uma obra de 1670, ele conclui com uma carta dedicada à reconciliação do aristotelismo com o pensamento recente. Mas na mesma carta ele culpa os escolásticos por não aceitarem que as explicações específicas dos fenômenos devem ser dadas em termos de tamanho, formato e movimento ([611]), e acusa alguns aristotélicos de sua própria época de tenderem a tratar as formas substanciais como se elas fossem "deúnculos", isto é, "mini-deuses" *(deunculi)*.

A acusação de que a filosofia estava sendo confundida com o que chamaríamos de ciência natural pode ser ilustrada por um exemplo que era popular na época: ele pode ser encontrado em Goudin (I 3.1 [606]), que defende sua coerência, e em Valeriano Magni, que o acha desconcertante (II 6). Tomemos um soldado, com suas suíças e cicatrizes; suponhamos que ele seja morto por um golpe de espada, e encontra-se morto diante de nós. O que vemos? Não o que víamos quando ele estava vivo: sua alma, a forma de seu corpo se foram, e assim o que víamos foi instantaneamente corrompido, passando matéria-prima; mas foi então no mesmo instante enformado pela "forma cadavérica". E se pensarmos que estamos vendo o mesmo que víamos anteriormente, estaremos sendo enganados pela similaridade, assim como seríamos enganados diante de dois ovos (Goudin I 3.1 [606]). Em um sentido, é claro que Goudin está correto: um cadáver não é um corpo vivo. Como coloca Tomás de Aquino, um olho em um cadáver é um olho apenas equivocamente (*ST* III 50.5; obj. 1 e 2 mais respostas). Mas a questão aqui é uma questão de filosofia – de lógica, se quisermos. Não é uma afirmação a favor de alguma peça de prestidigitação física, na qual mudanças instantâneas se sucedem umas às outras. Dizer isso – e a fala de Goudin a respeito dos ovos sugere que ele o estava dizendo – é cair exatamente na mesma confusão que afirmei detectar em Caetano e Suárez: é ler a filosofia erroneamente, como um discurso sobre mecanismos intangíveis. Ali, vimos esse discurso em relação ao trabalho do intelecto ativo; aqui, podemos dizer que o temos em relação a uma matéria indeterminada, com seu complemento de "deúnculos".

Sugiro que uma razão por que os escolásticos eram então tentados a falar deste modo era o alcance recente de tantas inovações. Graças a estas, afirmações estavam sendo feitas a respeito de "como as coisas funcionam" – e feitas com crescente sucesso. O sucesso era devido à busca de explicação em termos de, muito geralmente, tamanho, formato e movimento. A tradição, eu sugiro, era encorajada por esses outros acontecimentos a tratar suas herdadas distinções como se elas fossem também um tipo de mecanismo. Inversamente, a inovação via-se como um rival para a tradição: assim como Du Hamel queria substituir a *materia prima* pelos elementos, queria também uma combinação apropriada de elementos para substituir a forma. Eu disse, no início desta seção, que deveríamos contar muitas inovações do século XVII como ciência, e em seguida passei a complementá-las com exemplos de inovação em filosofia. O século XVII viu a distinção entre as duas disciplinas sendo feita, embora não sem dor e labuta.

Mas o debate apontava para ainda outro desacordo entre o antigo e o novo. Quando Le Grand rejeitava como fútil o discurso escolástico das formas, sua atitude nesse caso era característica de toda a tradição cartesiana. É instrutivo observar a resposta do jesuíta Tomás Compton Carleton ("Comptonus"), que foi descrito como o primeiro a defender as formas substanciais contra tal rejeição (P. Di Vona [601]). A tática geral de Carleton assemelha-se ao que vimos em Leibniz: a variedade nas coisas e a constância do comportamento destas exige algum princípio de unidade ([597] *Physica*, disputa 11). Mas ele tem bem menos a dizer sobre formas substanciais que sobre a necessidade de formas *acidentais* reais (disputa 12). E, como deixa claro, sua razão é teológica: esses acidentes são exigidos pela teologia eucarística. Como escreve ele, em outra parte da mesma obra: "Para se dedicar à filosofia como se deve, é importante ser bem versado em teologia" (*De anima*, disputa 7).

A doutrina da transubstanciação exigia a sobrevivência dos acidentes do pão e do vinho apartados de sua substância. Não era, é claro, afirmado que a filosofia pudesse provar tal doutrina; mas a distinção aristotélica tinha ao menos de ser julgada coerente, e as especulações sobre a natureza das qualidades tinham de levar isso em conta. O Concílio de Trento havia declarado, em 1551, que a "transubstanciação" era usada "de modo muitíssimo apropriado" em relação à Eucaristia. Sustentava-se, em outras palavras, que o linguajar herdado da Idade Média havia sido, em certa medida, consagrado por esse uso teológico (La Grange, prefácio). Nem seria suficiente dizer que Descartes estava preocupado apenas com tópicos naturais – isto é, não suficiente, a menos que aceitássemos a doutrina de duas ordens de verdade não conectadas (Pardies [614] §§ 6-7). A tradição mais antiga estava afirmando ser separada da mais nova, teológica bem como filosoficamente.

Mas se as formas substanciais reclamavam menos atenção que as formas acidentais, ainda menos atenção – de fato nenhuma, ao que posso ver – era dispensada àquela que deveríamos considerar como a maior novidade de Descartes: sua dúvida metódica, sua separação da mente em relação a tudo mais, sua invocação de Deus e do eu como aquilo que resiste finalmente às tentativas de dúvida. Tal ponto de partida é, brandamente falando, estranho ao que é encontrado em um pensador como Tomás de Aquino; e, contudo, era negligenciado na polêmica dos defensores da tradição medieval. Um trabalho recente de Stephen Menn [612] propõe uma explicação – que Descartes pode ser visto como construindo a partir da tradição associada com Santo Agostinho, para quem Deus e a alma são o fundamento de tudo mais. O fato de ter ele (Agostinho) precedido de longe os debates medievais posteriores deu-lhe a vantagem da neutralidade sobre tudo o que se seguiu; e o século XVII, que via sob grande pressão a tradição associada a Aristóteles, via o prestígio de Agostinho como ainda maior, na medida em que ambos os lados nos debates teológicos apelavam para ele. Seria errado simplesmente identificar o pensamento e os interesses de Descartes com os de Agostinho, e o elo entre eles não preservava os cartesianos de ataques em bases eucarísticas; mas o aparente novo começo de Descartes não era tão novo quanto parece para nós.

Ou melhor, o próprio começo não era tão novo, mas era novo, de fato, o alcance das ideias e sistemas, à medida que a filosofia posterior seguia seu próprio caminho luxuriosamente variegado. Leibniz (e, derivativamente, Wolff) preservava explicitamente elementos da tradição aristotélica, e qualquer filósofo estava sujeito a encontrar problemas que, embora desconhecidos para ele, já haviam sido enfrentados por filósofos medievais. Mas a própria tradição medieval retraíra-se para ambientes que se mantinham à parte do desenvolvimento.[9] Ela sobrevivia, de certa maneira, nos seminários, onde a terminologia teológica exigia alguma familiaridade com a herança mais antiga. Contudo, vale a pena apontar que, apesar da atenção dispensada por escritores como Carleton aos problemas levantados por Descartes em relação à Eucaristia, explicações cartesianas desta última foram ensinadas nos seminários até boa parte do século XIX.[10] Outros tipos de sobrevivência foram mais pitorescos que significativos. O diploma de Bacharel em Artes ainda

---

[9] Havia, é claro, mudanças em algumas das instituições que clamavam continuar a tradição da filosofia medieval, e a influência de Wolff mostrava-se por si mesma. J. E. Gurr [607] explorou esse tópico e fornece muita informação e direção.
[10] Breves detalhes em P. J. Fitzpatrick [603].

era conferido na Oxford não reformada do século XIX como garantindo (bastante inanemente) a licença para fazer preleção "sobre qualquer livro da lógica de Aristóteles". E arrastou-se até minha própria época o costume, no *Usham College*, em Durham, de referir-se a uma ração de sono extra de manhã como "um aristote". O linguajar era francês, mas ao próprio Aristóteles era atribuída aqui uma virtude dormitiva.

Envolvimentos correntes (John Haldane)

Os leitores deste *Companion* serão agora capazes de detectar a presença da filosofia medieval em grande parte do pensamento moderno. Descartes não foi nenhum Agostinho (e Agostinho não tinha nenhum interesse como o de Descartes, de encontrar fundamentos certos e seguros para as ciências naturais), mas o ponto de partida em primeira pessoa compartilhado pelos dois pensadores determina outros pontos de concordância; e as *Confissões* de Agostinho nunca faltaram aos leitores com interesses teológicos ou literários. Elos com a filosofia medieval foram notados anteriormente nos dois outros grandes racionalistas continentais, Espinosa e Leibniz. Os eruditos do Renascimento afastaram-se da interpretação tomista de Aristóteles, e os cientistas do século XVII supostamente rejeitaram toda a visão de mundo aristotélica, mas o aristotelismo escolástico (protestante, bem como católico) subjazia em muitas das posições assumidas por aqueles que mais abertamente rejeitavam-no (incluindo novamente Descartes, como veremos). Mesmo nos casos em que a familiriadade direta com textos medievais é difícil de ser estabelecida, comparações iluminadoras, embora arriscadas, podem ainda ser feitas (por exemplo, de Locke com Abelardo, a respeito de essências reais e nominais, ou de Hume com Ockham, a respeito de impressões e ideias).

Embora amplamente presentes, contudo, relações significativas entre a filosofia medieval e a filosofia posterior geralmente não foram reconhecidas, desde o século XVII até boa parte do século XIX.[11] O presente animado in-

---

[11] O neoescolasticismo do final do século XVIII e início do XIX é uma exceção significativa, em relação à qual ver P. J. FitzPatrick em *CHLMP* 838-852. As principais fontes dos envolvimentos correntes com a filosofia medieval não jazem neste movimento, contudo.

teresse pelo assunto deste volume é assim um fenômeno comparativamente recente. No que se segue, traçarei rapidamente algumas das raízes desta renovação de consciência histórica e envolvimento filosófico e indicarei algumas de suas principais ramificações na cena corrente.

Raízes da renovação

Por volta da metade do século XIX, um amplo interesse pelo pensamento medieval foi ocasionado por movimentos culturais gerais, como o revivescimento gótico na arte, arquitetura e literatura, e o desenvolvimento da história medieval. Mesmo em países como a Grã-Bretanha, onde a Reforma Protestante foi vitoriosa, e a França, onde as marés do secularismo elevaram-se ao ponto mais alto, a redescoberta cultural da Idade Média por pessoas como o eclético Victor Cousin (cuja influência se estendeu tão longe, quanto aos transcentalistas americanos) e o multiplamente talentoso historiador Jean-Barthelemy Haureau favoreceu o revivescimento da filosofia medieval. O curso da própria filosofia moderna havia ido longe, em várias direções, o suficiente para justificar o interesse pelos medievais como fontes de novas alternativas. Os recursos para o estudo da grande porção de filosofia medieval a ser encontrada em textos teológicos foram aumentados dramaticamente pela publicação da *Patrologia graeca* (162 volumes) e da *Patrologia latina* (221 volumes), entre 1844 e 1866, sob a editoração do abade J. P. Migne. A esta seguiram-se outras publicações de fontes medievais, geralmente com textos críticos melhorados.

Um ímpeto poderoso para o estudo de Tomás de Aquino em particular foi dado pela carta encíclica *Aeterni patris* (1878) do papa Leão XIII, que louva Tomás de Aquino como "o líder e mestre" dos escolásticos, elevado acima de todos os outros:

> A filosofia não tem nenhuma parte que ele não tenha finamente abordado pronta e completamente; sobre as leis do raciocínio, sobre Deus e as substâncias incorpóreas, sobre o homem e outras coisas sensíveis, sobre as ações humanas e seus princípios, ele raciocinou de maneira tal que nele não falta nem um conjunto completo de questões, nem uma hábil disposição das

várias partes, nem o melhor método de proceder, nem solidez de princípios ou força de argumento, nem clareza e elegância de estilo, nem uma facilidade para explicar o que é abstruso.[12]

Tamanho louvor não podia permanecer ignorado nos círculos católicos. Em duas décadas, haviam sido estabelecidas a Comissão Leonina, encarregada da tarefa de produzir edições eruditas de todos os escritos de Tomás de Aquino (um projeto ainda longe de ser completado), a Academia de Santo Tomás, em Roma, e o *Institute Supérieur de Philosophie*, na Universidade de Louvain, ambos lugares onde seu pensamento pudesse ser estudado.

Dentre esses e outros produtos do revivescimento do século XIX, de longe o mais importante, na moldagem do curso do estudo europeu e, finalmente, norte-americano da filosofia medieval em geral (não apenas de Tomás de Aquino, e não apenas por católicos), foi o instituto de Louvain. A importância de Louvain encontra-se em três áreas. Em primeiro lugar, o instituto engajou-se em pesquisa séria e sistemática, de um tipo que elevou o estudo das personalidades medievais aos melhores padrões existentes em outras áreas da história da filosofia. Em segundo, tornou-se crescentemente autoconsciente de suas pressuposições metodológicas e historiográficas, levantando questões a respeito da unidade intelectual do pensamento medieval, da diversidade de suas fontes, do alcance de suas formas literárias, da variedade de seus propósitos e assim por diante. Em terceiro, o instituto buscou engajar as tradições medievais em um intercâmbio intelectual com a filosofia e ciência contemporâneas, na esperança de, ao mesmo tempo, atualizar as tradições mais antigas à luz de teorias e conceitos modernos e mostrar a continuada relevância de um sistema como o de Tomás de Aquino para a compreensão da estrutura metafísica da realidade.

A preeminência atribuída a Tomás na encíclica *Aeterni patris* como, efetivamente, o "maior dos maiores e mais verdadeiro dos verdadeiros" produziu certo grau de pressão para harmonizar as interpretações de outras figuras com a de Tomás, em uma assumida unidade doutrinal entre os padres da Igreja e os escolásticos originais. A nova erudição havia, no entanto, revela-

---

[12] Para o texto da *Aeterni patris*, ver V. B. Brezik [623] 173-197, passagem citada na p. 187. Ver também J. Haldane, "Thomism", em *The Routledge Encyclopedia of Philosophy*.

do diferenças entre os pensadores medievais, diferenças cuja profundidade e extensão haviam-se tornado cada vez mais evidentes com o estudo subsequente. Maurice de Wulf embarcara na tarefa de produzir uma sistemática e completa história da filosofia do Ocidente medieval cristão. A *Histoire* de De Wulf foi importante ao estabelecer, através de sucessivas edições, uma série de bases possíveis sobre as quais a proclamada unidade sintética da filosofia medieval poderia ser vista como estando fundada.[13] Seria justo dizer que a erudição subsequente tendeu a eliminar estas como fundações únicas, encorajando a presente estimativa pluralista em relação àqueles séculos como séculos de considerável diversidade, incluindo, em um extremo de um espectro, trabalhos essencialmente religiosos; no outro extremo, aquilo que é inteiramente livre de conteúdo teológico; e entre eles, a massa que exibe variadas formas e graus de conexão com ideias religiosas.

Ironicamente, se pensarmos na recente relação entre os modos filosóficos dominantes francês e anglo-saxão, foi em Paris que ocorreram os mais importantes desenvolvimentos para o estudo da filosofia medieval nas regiões falantes do inglês. Jacques Maritain (1882-1973) e Etienne Gilson (1884-1978) foram tomistas, cada um a sua maneira, mas suas abordagens de Tomás foram também aplicáveis a outros pensadores medievais. Para Maritain, um tomismo ousadamente reenunciado provia uma filosofia que falava *do* universo, *para* o mundo e *sobre* o significado da vida humana. Mais do que qualquer outro autor na segunda terça parte do século XX, Maritain lançou, na mistura filosófica geral, um sistema medieval de pensamento como uma digna alternativa intelectual.[14] Para Gilson, a rota para Tomás de Aquino fora via seu estudo de Descartes e uma investigação do pano de fundo intelectual do cartesianismo, o qual, como descobriria ele, e para sua surpresa, era marcadamente escolástico. Ao traçar os fios do pensamento escolástico, Gilson foi reconduzido às ideias de Tomás, que lhe pareceram melhores do que aquelas da figura que ele havia originalmente escolhido estudar. Estimulado por essa descoberta, iniciou uma exploração sistemática do pensamento dos medievais, lendo extensivamente fontes primárias (gregas, judaicas e islâmi-

---

[13] A primeira edição da *Histoire* de De Wulf apareceu em 1905. Uma tradução para o inglês da sexta edição francesa apareceu em 1952.

[14] Ver, por exemplo, J. Maritain [633].

cas, bem como ocidentais) e desenvolvendo uma ampla compreensão meta-histórica do período. Como resultado, embora tenha permanecido tomista, Gilson foi capaz de fornecer explicações generosamente positivas de figuras bem diferentes de Tomás: Agostinho, Boaventura, Duns Escoto e mesmo, em certo estágio, Ockham.[15]

A guerra na Europa deu a Maritain e Gilson razão e oportunidade para visitar a América do Norte, e ambos tornaram-se presenças regulares naquele continente. Gilson fundou o *Pontifical Institute of Medieval Studies (PIMS)* na Universidade de Toronto, que logo se tornaria o principal centro para o estudo do pensamento medieval na América do Norte. O *PIMS* produziu várias gerações de eruditos, que disseminaram o revivescimento medieval na América do Norte, com seus produtos geralmente se mantendo fiéis à historiografia contextualista gilsoniana.

O estudo da filosofia medieval nos Estados Unidos também deve muito a estudiosos como Philoteus Boehner, um dos primeiros associados de Gilson, que inspirou o sério estudo e edição de Ockham, com a fundação do Instituto Franciscano em S. Boaventura, Nova York; Ernest Moody, cujo trabalho próprio sobre lógica e empirismo do século XIV complementou o de Boehner; Harry Wolfson, que forneceu um grande ímpeto para o estudo da filosofia medieval judaica[16] e, por extensão, islâmica,[17] em seus muitos anos em Harvard; e Norman Kretzmann. À parte de sua própria impressionante erudição, Kretzmann coeditou com Anthony Kenny e Jan Pinborg a influente *Cambridge History of Later Medieval Philosophy (CHLMP)*, e foi um dos editores da Biblioteca de Filosofia Medieval de Yale. Em Cornell, desde 1966, ele ajudou a formar várias gerações de eruditos e filósofos que se envolvem com, e fazem uso teórico de *insights* da filosofia medieval, sem serem, eles próprios, neoescolásticos.

Um encorajador resultado do trabalho destes e outros estudiosos é a extensão em que as várias partes integrantes da filosofia medieval – cristã, judaica e islâmi-

---

[15] Para E. Gilson, além de [9], [68], e [218], ver [403] e nota 27 abaixo.

[16] Tem havido uma contínua conscientização entre os filósofos judeus sobre a importância de seus predecessores medievais. Ver o capítulo 5 deste volume para o alcance das reações e ver O. Leaman e D. Frank [12].

[17] O estudo moderno do pensamento islâmico medieval é um campo mais recente e especializado que o estudo das tradições medievais latinas. Ver T.-A. Druart [626] e capítulo 4 deste volume, e S. H. Nasr e O. Leaman [11].

ca; especulativa e analítica; mais anterior e mais tardia – vieram a ser consideradas em conjunto, tanto em publicações quanto em conferências eruditas, como, por exemplo, as sessões da Sociedade de Filosofia Medieval e do Renascimento, nos Estados Unidos, e os congressos internacionais e colóquios organizados pela *Société Internationale pour l'Étude de la Philosophie Médiévale*.

Outro desenvolvimento encorajador é a entrada do pensamento medieval no curso principal da filosofia. Por exemplo, ao longo do século XX um interesse pelo pensamento de Tomás de Aquino foi frequentemente associado a uma preocupação com a filosofia moral, bem como com a filosofia da religião. Até a década de 1960, a ética tomista fora buscada em grande parte no isolamento em relação à tradição anglo-americana dominante, mas os importantes trabalhos de Elizabeth Anscombe e de seu marido Peter Geach revelaram a uma audiência analítica o interesse e o poder das ideias tomistas-aristotélicas. O mesmo é também verdadeiro no campo da lógica. Tanto I. M. Bochenski, em sua *History of Formal Logic* ("História da Lógica Formal"), quanto William e Martha Kneale, em *The Development of Logic* ("O Desenvolvimento da Lógica"), notaram o preconceito dos antigos leitores na assunção de que pouca coisa de interesse tinha sido produzida desde os estoicos até o período moderno. Esses estudiosos começaram a corrigir tal tendência, identificando áreas da lógica e da semântica nas quais os escolásticos foram ativos. À medida que esses trabalhos, bem como aqueles de medievalistas especialistas como Moody, vieram a ser lidos e que edições e traduções eruditas foram produzidas, os lógicos começaram a se interessar, inclusive alguns que foram proeminentes em lógica filosófica, como Arthur Prior e Peter Geach.[18]

A cena corrente

Em suas origens, a tradição fenomenológico-hermenêutica da filosofia moderna mantém relações significativas com a filosofia medieval.[19] Mais recentemente, autores escrevendo nessa tradição ou em uma ou outra de

---

[18] Ver, especialmente, P. T. Geach [627].

[19] Diversos fundadores desta tradição eram familiarizados com o escolasticismo e eram ou haviam sido católicos. Franz Brentano e Anton Marty haviam sido padres. Martin Heidegger começou em um noviciado jesuíta, mas afastou-se dele rapidamente.

suas transformações pós-modernas exploraram pontos de analogia entre o pensamento de Tomás de Aquino e Heidegger, ou Agostinho e Derrida e assim por diante.[20] Relacionado a essas explorações, mas mais diretamente motivado por interesses teológicos, encontra-se o trabalho do grupo de estilo próprio da assim chamada "ortodoxia radical".[21] Dois pontos são dignos de nota, em conexão com os presentes envolvimentos com o pensamento pré-moderno por parte de pensadores "continentais" e dos radicalmente ortodoxos. Primeiro, em contraste com a filosofia analítica, esses movimentos mostram pouco interesse pela lógica e pela metafísica estrutural de substâncias, propriedades e relações, identidade, causalidade, superveniência e assim por diante. Segundo, sua atenção tende a ser direcionada para as eras pré-medieval ou medieval primitiva, ou para o período medieval posterior, em vez de para figuras da "era de ouro" como Tomás de Aquino, João Duns Escoto e Guilherme de Ockham. Estes pontos conectam-se e relacionam-se com a geral e bastante discutida diferença entre os pensamentos analítico e continental contemporâneos, como praticados de modo independente de qualquer interesse histórico.

A explicação, creio eu, é que há um paralelo entre o caráter "científico" da filosofia analítica e o aristotelismo escolástico de tipos como Tomás de Aquino; e outro paralelo, bastante diferente, entre a natureza "literária" da investigação hermenêutica contemporânea e os escritos experienciais e imaginativos de Agostinho, Eckhart e dos neoplatônicos renascentistas. Ademais, a sentida insatisfação de muitos, em relação à dominação da filosofia analítica por parte de discussões altamente técnicas, assemelha-se intimamente às reclamações dos escritores renascentistas sobre as "minúcias lógicas" e os "embaraços sofísticos" dos escolásticos. Será interessante observar, portanto, se nas próximas décadas a filosofia analítica será eclipsada, como o foi sua contraparte, por um conjunto bastante diferente de interesses e modos de pensar.

---

[20] Ver J. Caputo [625] sobre Heidegger e Tomás; G. Schufreider [144] efetivamente sobre Anselmo e Heidegger; P. Rosemann [636] sobre Foucault; e, mais geralmente, M. S. Brownlee *et al.* [624].

[21] Ver J. Milbank e C. Pickstock [634].

Além do desenvolvimento de abordagens pós-fenomenológicas, há três outras formas significativas de envolvimento contemporâneo, que são frequentemente combinadas em maior ou menor grau. Primeiro, há uma que é motivada principalmente por um desejo de compreender os pensadores medievais, da mesma forma que se pode compreender figuras e ideias de outros períodos da história da filosofia. Segundo, há uma que busca explorar os paralelos entre teorias medievais e contemporâneas nos campos da lógica, da linguagem e das ciências ("filosofia natural", no linguajar medieval), na esperança de iluminar ambos os lados da comparação. Terceiro, há uma que se preocupa em dar continuidade ao filosofar segundo a tradição geral dos escolásticos, mas em fazê-lo auxiliada pelas técnicas e *insights* do pensamento analítico contemporâneo. Chamarei estas três abordagens, respectivamente, de "histórica", "comparativa" e "praticante", repetindo a observação de que elas são frequentemente combinadas e acrescentando que são, em todo caso, tendências gerais, em vez de abordagens autossuficientes.[22]

No que diz respeito à abordagem histórica, esta é praticada por estudiosos de diferentes origens e interesses, alguns dos quais se concentram em indivíduos, outros em períodos, outros em áreas amplas, como metafísica ou ética, e outros em campos mais restritos, explorando os modos como estes eram tratados por diferentes autores ou em diferentes estilos de trabalho, como os comentários, as questões ocasionais e as longas apresentações sistemáticas. Para esta abordagem, é particularmente importante possuir edições críticas confiáveis dos textos, e traduções precisas e ainda assim informativas, apoiadas por um aparato crítico que complica onde a complicação é necessária, mas não impede uma visão da floresta, bem como das árvores. Alguns desses textos são produzidos no contexto de esquemas envolvendo a publicação da totalidade da obra de alguma personalidade medieval – edições completas de Alberto Magno, Tomás de Aquino, Henrique de Gand, Duns Escoto e Ockham encontram-se atualmente em progresso, bem como a primeira tradução inglesa da obra completa de Agostinho – mas estão aparecendo, de modo crescente, edições e traduções independentes, refletindo os interesses de estudiosos individuais em relação a figuras diversas, como

---

[22] Para uma taxanomia diferente e mais minuciosa, ver J. Marenbon [465].

Abelardo, Bradwardine, Grosseteste, Rufo de Cornuália e Roberto Holkot. Uma característica dessa tendência é que ela tem levado a um maior estudo de figuras e períodos tanto anteriores quanto posteriores a Tomás, Escoto e Ockham, autores cuja obra dominou por muito tempo o estudo da filosofia medieval.

À parte de seu valor intrínseco, a primeira abordagem auxilia enormemente os buscadores da segunda abordagem, pois a fim de explorar os paralelos entre o pensamento medieval e o contemporâneo, é necessário que se tenha uma boa ideia do que exatamente o primeiro envolve. Nos tempos passados, o trabalho comparativo repousava sobre leituras superficiais de pensadores medievais, e em amplas generalizações a respeito do que "os medievais" pensavam ou a respeito do caráter de seu trabalho. À medida que essas leituras foram sendo corrigidas por estudiosos históricos e textuais, a tarefa de comparar e contrastar foi tornando-se mais precisa, com características até então ignoradas, tornando-se mais proeminentes. Exemplos desse fato incluem uma maior apreciação das complexidades na compreensão da mente, causalidade e existência em um pensador como Tomás de Aquino,[23] e as variedades e graus de modalidade identificadas por autores escolásticos.[24]

Uma rica área de estudo comparativo é o amplo campo da lógica e da linguagem. Da década de 1970 em diante, houve um contínuo fluxo de publicações, algumas monografias, mas muitas coleções de um ou vários autores, cobrindo tópicos como verdade, acarretamento, paradoxos, sofismas, referência, modalidade e diversas lógicas aplicadas e não convencionais, como as lógicas deôntica, epistêmica, temporal e de relevância.[25] Em conjunto com isso, autores como E. J. Ashworth e Gabriel Nuchelmans produziram um inestimável trabalho sobre a filosofia da linguagem nos períodos medieval e escolástico posterior.[26]

Outro campo frutífero de pesquisa comparativa, que também conduz à terceira categoria de abordagens – a prática real da filosofia em continuidade com os pensadores medievais –, é a teologia filosófica. Após um longo período

---

[23] Ver, por exemplo, A. Kenny [631] e J. F. Wippel [262].
[24] Ver S. Knuttilla [464].
[25] Ver S. Read [47], P. V. Spade [475], e M. Yrjönsuuri [51].
[26] Ver capítulo 3 deste volume e G. Nuchelmans [468].

de tentativa de acomodar as ideias religiosas aos estilos dominantes da análise linguística inglesa, antes e depois da Segunda Guerra Mundial, os pensadores especulativos interessados nos dogmas cristãos tradicionais começaram a imaginar se as limitações não estariam menos no pensamento teológico per se que nas assunções empiristas das ortodoxias filosóficas dominantes. Assim, pensadores como Alvin Platinga e Richard Swinburne começaram a explorar possibilidades alternativas, exatamente ao mesmo tempo que outros filósofos analíticos, como Saul Kripke e Hilary Putnam, estavam redescobrindo a metafísica tradicional. Ainda outros, como Anthony Kenny e Norman Kretzmann, cujo treinamento havia os equipado para o estudo dos medievais, mas que eram também bastante versados no pensamento analítico, enxergavam as possibilidades de unir essas duas fontes. Assim desenvolveu-se um amplo movimento, do qual uma expressão foi a Sociedade dos Filósofos Cristãos, cujo periódico *Faith and Philosophy* ("Fé e Filosofia") forneceu um fórum para investigações que se podem basear tão provavelmente em Tomás de Aquino ou João Duns Escoto quanto em William Alston ou Swinburne.

Como indiquei anteriormente, os alunos de Norman Kretzmann em Cornell envolveram-se tipicamente com a filosofia medieval por seus méritos, e assim qualificam-se como particantes, em meu sentido do termo. Tenho em mente aqui especialmente Marilyn McCord Adams e Eleonore Stump. Kretzmann dispôs um programa de "fé buscando entendimento" para a teologia filosófica moderna, em um ensaio utilizando Agostinho como ponto de partida.[27] Até o fim de sua vida, ele seguiu este programa em diálogo crítico com Tomás de Aquino,[28] um foco largamente compartilhado por Stump,[29] enquanto Adams, hoje professora de teologia, encontra *insights* em pensadores tão diversos quanto Anselmo e Ockham.[30]

---

[27] Ver N. Kretzmann [71]. Para a promoção anterior, feita por Gilson, da ideia de uma filosofia cristã, ver E. Gilson em A. Pegis [635] 177-191 e E. Gilson [628-629]. Ver F. van Steenberghen [637] para uma crítica do projeto de Gilson.
[28] Ver N. Kretzmann [245-246]
[29] Ver, por exemplo, S. MacDonald e E. Stump [251] e E. Stump [259].
[30] Além de M. M. Adams [318], ver M. M. Adams [142] e seu "Scotus and Ockham on the Connection of the Virtues", em L. Honnefelder *et al.*, eds., *John Duns Scotus: Metaphysics and Ethics* (Leiden, 1996), pp. 499-522.

Praticantes que chegaram ao envolvimento com o pensamento medieval a partir de outras direções incluem Alasdair MacIntre e John Finnis. O livro *After Virtue* ("Depois da Virtude") de MacIntre foi o primeiro de uma série em que ele desenvolveu uma crítica do pensamento ético moderno; ao fornecer uma alternativa, ele baseou-se ainda mais profundamente em Tomás de Aquino (mais precisamente, em Agostinho, enquanto corrigido por Tomás de Aquino).[31] Finnis, trabalhando primeiro no contexto da jurisprudência analítica inglesa, veio a apresentar Tomás de Aquino como uma fonte de ideias importantes a respeito da lei e da moralidade social, e isso está começando a encontrar uma aplicação em temas contemporâneos, tanto em seu próprio trabalho quanto no de seu antigo aluno Robert George.[32]

Assim como em outras áreas, os estudos históricos e comparativos de pensadores medievais vêm para enriquecer a presente prática filosófica. O quanto e até onde pode ocorrer esse enriquecimento depende em grande parte da receptividade dos filósofos que não têm nenhum interesse anterior pela filosofia medieval, bem como daqueles que praticam variantes contemporâneas de tradições medievais, como os "tomistas analíticos".[33]

Uma notável característica dos envolvimentos correntes com a filosofia medieval é como eles diferem, não tanto ao longo da dimensão demarcada como "histórica", "comparativa" e "praticante", quanto ao longo daquela demarcada como "analítica" e "hermenêutica radical". Certamente há diferenças naquilo que cada qual escolhe como foco na filosofia medieval, mas é difícil resistir ao pensamento de que o que hoje se exige é uma fase de síntese, análoga àquela alcançada pelos próprios medievais. Sugiro que esta possa ser melhor alcançada considerando-se as maneiras segundo as quais eles combinaram, mais efetivamente que os pensadores posteriores (inclusive nossa própria geração), as dimensões científicas e sapienciais da filosofia. Seja como for, o que é certo é que o pensamento medieval é hoje tão parte da história da filosofia como é o da antiga Grécia e Roma. Isso por si só representa um grande e bem-vindo avanço, um avanço que se encontra agora bem disposto para ser levado adiante.

---

[31] Ver A. MacIntre [632].
[32] Ver J. Finnis [240].
[33] Ver J. Haldane [630].

14 Transmissão e tradução

Thomas Williams

Enquanto escrevo estas linhas, posso ver em minha estante um conjunto atraentemente encadernado de dezesseis volumes, cada qual trazendo na lombada as palavras "J. Duns Scotus Opera Omnia". Alguém seria tentado a assumir que estas são as *Obras Completas de João Duns Escoto*. Infelizmente, na filosofia medieval as coisas raramente são assim tão simples. Algumas das obras incluídas nesse conjunto não são de Escoto de todo, mas foram alguma vez atribuídas a ele. Algumas das obras genuínas de Escoto, como sua primitiva *Lectura* sobre as *Sentenças* de Pedro Lombardo, não estão incluídas. E aquilo que esse conjunto apresenta como o Livro I da tardia (e muito importante) *Reportatio* de Escoto não é, na verdade, a *Reportatio* de todo, mas outra obra, cuja autenticidade e autoridade são vigorosamente debatidas.

E há problemas adicionais. A atraente encadernação moderna desmente a idade da própria edição. Se abrirmos qualquer um dos livros, o que veremos é uma reimpressão fotográfica de uma edição publicada pela primeira vez em 1639. Essa edição (conhecida como edição Wadding, devido a seu editor) não é uma edição crítica, produzida pesando-se toda a evidência manuscrita de acordo com princípios estabelecidos de erudição textual, a fim de se determinar, com tanta precisão e certeza quanto possível, exatamente o que Escoto disse ou escreveu. Em muitos casos, o editor simplesmente deu uma olhada em um ou dois manuscritos que tinha à mão e transcreveu o que encontrou ali, às vezes sem muita atenção até mesmo quanto a se o texto resultante fazia sentido. Tristemente, em relação a boa parte da obra de Escoto, essa edição defeituosa é a melhor que temos. Assim, temos de usá-la: mas usá-la com grande cuidado.

As ciladas da edição de Wadding ilustram um traço geral do estudo da filosofia medieval: a fenda que separa as autênticas palavras do pensador medieval que se deseja estudar das palavras em latim que são vistas nas páginas de uma edição impressa – e ainda mais das palavras em inglês que são vistas em uma tradução. O objetivo deste capítulo é tornar claros tanto a natureza quanto o tamanho desta fenda, não a fim de desanimar os possíveis estudantes de filosofia medieval, mas a fim de explicar os riscos, de modo tal que os estudantes possam equipar-se apropriadamente para enfrentá-los. Começarei discutindo, de modo geral, os canais de transmissão mediante os quais a filosofia medieval chegou até nós. Voltar-me-ei então para três casos específicos, por meio dos quais ilustrarei alguns pontos gerais, conforme se apliquem a textos de diferentes tipos e diferentes períodos. Ao longo do caminho, voltarei a atenção para os tipos de erros sujeitos a serem introduzidos nos vários estágios de transmissão encontrados entre as palavras faladas de um conferencista medieval e o texto de uma edição crítica moderna. Esboçarei também as ferramentas e técnicas que o historiador cuidadoso da filosofia medieval utilizará para minimizar esses erros, especialmente quando nenhuma edição crítica encontra-se disponível.

Na segunda metade do capítulo, voltar-me-ei para os problemas da tradução. Fornecerei um exemplo que mostra como um leitor pode às vezes detectar erros em uma tradução, mesmo sem verificar o texto em latim, e outro para ilustrar como as traduções às vezes refletem visões controversas de como um texto deve ser interpretado. Concluirei então com um breve olhar sobre a tradução de termos particulares, discutindo algumas traduções-padrão que podem ser enganosas e fornecendo alguma ideia do alcance de tradução de certos termos-chave.

Canais de transmissão

No caso ideal, teríamos um autógrafo (isto é, um texto na caligrafia do próprio autor) cuidadosamente construído e facilmente legível. Esses casos ideais são extremamente raros. Mesmo nos poucos casos em que de fato possuímos autógrafos, o texto pode apresentar problemas. Um autor pode ser descuidado quanto à verificação de seu trabalho ou sua caligrafia pode ser terrível. Tomás de Aquino, por exemplo, é notório por assentar palavras ou frases erradas distraidamente, e sua caligrafia é tão difícil de ler que somente uns poucos especialistas podem decifrá-la.[1]

Na ausência de autógrafos (que sejam confiáveis e legíveis, ou não), devemos confiar em textos que nos foram comunicados por certo número de intermediários. Esses textos vão desde (em um extremo) cópias que foram autenticadas pelo

---

[1] Para um exemplo, ver http://www.handwriting.org/images/samples/aquinas2.htm.

próprio autor a (no outro extremo) descendentes distantes de notas de conferências que foram registradas pela primeira vez por um escriba, o qual pode não ter nem mesmo seguido completamente a discussão que estava registrando. Particularmente, no tempo em que a filosofia era em grande parte conduzida oralmente, através de conferências e debates públicos formais,[2] o número de intermediários entre um autor e nosso texto – e, portanto, as ocasiões em que erros e corrupções puderam ter sido introduzidos – pode ser preocupantemente grande.[3]

Por exemplo, qualquer dada conferência (ou série de conferências) pode existir em duas versões desde o início: uma ditada pelo próprio mestre, outra anotada pelos estudantes que estiveram presentes. Um estatuto da Universidade de Paris, datado de 10 de dezembro de 1355, exige que os mestres de filosofia "pronunciem suas palavras rapidamente, de modo que a mente do ouvinte possa acolhê-las, mas a mão não possa acompanhá-las", e que eles de fato falem "como se ninguém estivesse tomando notas diante deles".[4] Onde esta era a prática, os relatos de estudantes, chamados de *reportationes*, estavam especialmente sujeitos a conter omissões, erros de transcrição e enganos. Outros estudantes podiam fazer cópias desses relatos *(reportationes)*, daí aumentando o número de versões rivais de uma mesma conferência ou debate. Os debates eram especialmente sujeitos a gerar relatos *(reportationes)* discrepantes, uma vez que não apenas eram mais complexos (e menos ordenados) que as conferências, mas podiam também ser relatados com ou sem a determinação da questão por parte do mestre.

Um mestre que desejasse estabelecer uma versão mais definitiva de seu texto, uma *ordinatio*, iria revisar e aprimorar suas próprias notas ou um relato *(reportatio)* de estudante, e apresentá-la-ia aos livreiros oficiais da universidade, os *stationarii*, para

---

[2] Ver anteriormente, p. 48 e 67-70.

[3] A melhor explicação sumária permanece sendo a de A. Kenny e J. Pinborg CHLMP 34-42, na qual me baseio fortemente em relação ao que se segue. Tratamentos mais detalhados dos canais de transmissão podem ser encontrados em J. Destrez [642], A. Dondaine [643], e G. Fink-Errera [644-645].

[4] *Chartularium universitatis Parisiensis* III 39-40, traduzido para o inglês em L. Thorndike [650] 237-238. A prática de ler nesse ritmo é apresentada como algo já comum; o decreto simplesmente proíbe a prática alternativa de ditar devagar. O decreto é explicitamente aplicado tanto às conferências quanto aos debates. O ressentimento dos estudantes era aparentemente esperado, uma vez que o decreto prevê duras penalidades para "ouvintes que se oponham à execução deste nosso estatuto mediante clamor, assobio, barulho, [ou] arremesso de pedras por si mesmos ou por meio de seus servos e cúmplices".

distribuição. (Quando os historiadores falam da "publicação" de um trabalho de filosofia escolástica, é essa submissão aos *stationarii* que eles têm em mente.) Na produção de uma *ordinatio*, o mestre poderia reformular certos argumentos ou acrescentar material novo. Alguns erros no texto original poderiam ser corrigidos, mas novos erros poderiam ser facilmente introduzidos, especialmente se revisões substanciais não fossem executadas consistentemente sobre o texto. Frequentemente, diversos anos se passavam entre as conferências originais e a *ordinatio*; um mestre poderia escolher atualizar seu trabalho para acomodar desenvolvimentos de suas visões naquele meio-tempo, mas poderia em vez disso tratar as conferências anteriores como dotadas de uma integridade literária própria e abster-se de revisões substanciais.

A *ordinatio* circularia então, não como um todo, mas em unidades chamadas *peciae*, conjuntos não encadernados de (usualmente) dezesseis páginas cada. Como explica Jan Pinborg:

> Uma vez que o *stationarius* normalmente possui pelo menos dois conjuntos, mais ou menos idênticos, de *peciae* de um dado texto, e uma vez que as *peciae* são empregadas uma por uma, qualquer copista pode estar combinando *peciae* de duas fontes diferentes em sua cópia, fazendo assim com que diferentes partes de seu texto tenham valor crítico diferente. Ademais, a *pecia* não é em si mesma uma entidade estável; ela sofrerá desgastes e avarias, de modo que palavras ou mesmo sentenças inteiras podem tornar-se difíceis de ler, correções e observações marginais (frequentemente e totalmente irrelevantes para o texto) podem ter sido acrescentadas por comodatários menos conscienciosos etc... Temos até mesmo indicações de que alguns textos foram alterados de modo a oferecer doutrinas mais aceitáveis.[5]

Erros e modificações adicionais podiam ser facilmente introduzidas por copistas que não fossem filosoficamente sofisticados o suficiente para compreender bem o texto; ou por outros que eram pagos em regime de empreitada por seu trabalho de cópia, e eram, portanto, mais incentivados à rapidez que à acurácia; e ainda outros que não estavam interessados no texto em si, mas desejavam meramente produzir cópias dos trechos que achavam úteis. Alguns

---

[5] *CHLMP* 37-38. Ver também G. Pollard [648], e para informações detalhadas sobre a produção de livros na universidade medieval tardia, ver L. J. Bataillon *et al.* [638].

copistas simplesmente se cansavam. E Anneliese Maier cita um copista descontente que se recusou a copiar "toda uma página de material completamente inútil" de Valter Burley.[6]

Sujeitos a erros como sem dúvida o são, esses manuscritos são em alguns casos nossas únicas fontes de um texto, e em outros casos são um recurso indispensável para a correção de edições não críticas. Um usuário de manuscritos contemporâneo necessita de habilidades especializadas, ensinadas sob três rótulos gerais: paleografia, edição de texto e codicologia. A paleografia é simplesmente o estudo da escrita. É necessária alguma familiaridade com as variedades de caligrafia a serem encontradas nos manuscritos, mas o que é especialmente importante é a familiaridade com o complexo sistema de abreviaturas empregadas pelos escribas para poupar tempo e economizar materiais de escrita (ver figura 1). Felizmente, uma competência modesta nessa área – suficiente para ser de grande ajuda a um medievalista em filosofia que não deseja ser primariamente um textualista – é surpreendentemente fácil de adquirir. Pode-se obter um bom início através de um curso de paleografia medieval de um semestre, ou mesmo por conta própria, através de um manual paleográfico.[7] A codicologia, estritamente falando, é simplesmente o estudo dos códices (livros manuscritos). Seu valor para os historiadores da filosofia medieval é que ela pode auxiliar a retraçar o processo de transmissão. A edição de texto é o estudo dos princípios e técnicas mediante as quais determinamos a confiabilidade e relativa prioridade de manuscritos particulares, identificamos famílias de manuscritos relacionados e (idealmente) revertemos as alterações

---

[6] Citado em *CHLMP* 41.

[7] Para esse propósito, recomendo B. Bischoff [640]. Os manuais comuns de abreviaturas são A. Capelli [641] e A. Pelzer [647]. A Universidade de Bochum produziu um CD-ROM de abreviaturas [651]. O conhecimento das abreviaturas é útil não apenas para a leitura dos manuscritos, mas também para detectar erros, dado que enganos em cópias são frequentemente atribuíveis à leitura errônea de abreviaturas: ver B. Bergh [639]. No volume VIII da edição de Escoto produzida pelo Vaticano, os editores oferecem uma instrutiva tabela de leituras variantes de manuscritos de Escoto, as quais "surgiram a partir da interpretação errônea de abreviaturas" ([281] VIII 69*). Os resultados podem ir desde meramente enigmáticos (como quando *"satis patere"*, "ser suficientemente evidente", é copiado como *"satisfacere"*, "satisfazer") a completamente enganosos (como quando *"diaboli"*, "do Diabo", é copiado como *"Domini"*, "do Senhor").

incrementais introduzidas por copistas sucessivos, de modo a produzir um texto tão próximo do original quanto possível.[8]

Figura 1 – *Texto de uma passagem de Escoto. Viena, Österreichische Nationalbibliothek, cod. 1453, fol. 122 va, linhas 22-29, utilizado com permissão. Transcrição, tradução e comentário abaixo.*

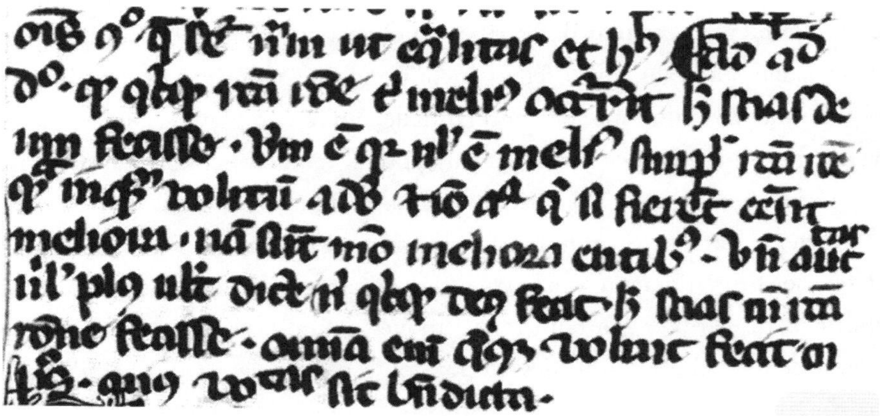

omnis con[diti]o quae se[quit]ur na[tura]m, ut [a]eq[u]alitas et huiusmodi. ¶ Ad a[liu]d | d[ic]o quod "q[u]icquid recta ratione t[ib]i melius occurrerit, hoc scias De | um fecisse": ver[u]m est quod nihil est melius simpl[icite]r recta ratione | quam inquantum volitum a D[e]o. Et ideo a[li]a quae, si fierent, essent | meliora, non sunt modo meliora entibus. Unde auc[tori]tas | nihil plus vult dicere nisi "q[u]icquid Deus fecit, hoc scias cum recta ratione fecisse; omnia enim quaecumque voluit fecit", in | Ps[alm]o – cuius vo[lun]tas sit benedicta.

[8] Os cursos de paleografia frequentemente incluem instrução em codicologia e edição de texto, as quais são melhor aprendidas através de instrução e aprendizado direto. A edição de texto é particularmente difícil de ser encapsulada em um manual geral, dado que diferentes tipos de texto requerem diferentes técnicas editoriais. Um curso de paleografia *online* foi produzido pela Universidade de Melbourne [652]. Outros recursos incluem o Instituto Medieval de Verão de Notre Dame [646] e o Curso de Verão de Latim de Toronto [653].

[Tradução] toda qualidade que se segue da natureza, por exemplo, igualdade e similares.
¶ Ao outro [argumento] digo que "qualquer coisa melhor que ocorra a ti pela reta razão, saiba que Deus a fez": a verdade é que nada é incondicionalmente melhor de acordo com a reta razão, exceto na medida em que intencionada por Deus. E assim aquelas outras coisas que, se fossem feitas, seriam melhores, não são de fato melhores que as coisas existentes. Daí, o exemplo não significa nada além disso: "Qualquer coisa que Deus fez, deves saber que Ele o fez com reta razão; pois todas as coisas quaisquer que Ele intencionou, Ele fez", [como está escrito] no Salmo – bendita seja Sua vontade.

O manuscrito data do século XIV e está escrito em uma caligrafia inglesa semicursiva. O estilo pesadamente abreviado é característico do período. As letras representadas no manuscrito por símbolos típicos encontram-se sublinhadas na transcrição; as letras totalmente omitidas das palavras foram postas entre colchetes. Assim, na primeira linha do manuscrito, "ois" com uma linha em cima é transcrito como "o<u>mn</u>is", uma vez que uma linha horizontal é um sinal regular de que um "m" ou "n" foi omitido. A próxima combinação é transcrita como "<u>con</u>[diti]o", uma vez que a primeira figura é um símbolo típico que representa "con" ou "cum", o "o" final está escrito acima da linha e as letras do meio foram simplesmente omitidas. As quebras de linha estão indicadas por barras verticais. Utilizando estas convenções, um leitor paciente será capaz de reconstituir o modo como se chega à transcrição a partir dos caracteres no manuscrito. Como pode ser notado, a pontuação na transcrição é largamente editorial.
O texto é das respostas às objeções ao final da *Reportatio examinata* de João Duns Escoto, d. 44, q. 2. Para uma discussão da significância da segunda resposta, ver Williams [300] 195-198.

    O próximo passo no processo através do qual os textos filosóficos medievais foram transmitidos até a época presente é a primitiva edição impressa. Como se tornará claro nos estudos de casos abaixo, essas edições primitivas não são especialmente eruditas. Não obstante, são nossa única fonte impressa de alguns textos medievais, e nos casos em que os manuscritos dos quais elas são derivadas não existem mais, elas fornecem um testemunho independente do texto, que pode ser levado em conta em uma reconstrução crítica. As edições críticas modernas são o passo final. Os editores modernos levam em conta toda a evidência manuscrita (bem como a evidência das edições primitivas, quando estas fornecem testemunho independente), formam hipóteses sobre o desenvolvimento da tradição manuscrita e do relativo peso crítico de vários manuscritos, e reconstroem o texto original de acordo com princípios estabelecidos de erudição textual. Mas é importante compreender que mesmo as edições críticas não são infalíveis. Algumas decisões editoriais, por exemplo, dependem do julgamento de um editor a respeito de qual leitura fornece o melhor sentido filosófico no contexto; e esse julgamento pode ser questionável em bases filosóficas. Afortunadamente, as edições críticas fornecem um aparato de leituras variantes, de modo que os leitores céticos têm a sua disposição a informação de que precisam quando uma passagem parece suspeita. Ademais, a pontuação de um texto – incluindo as divisões de sentenças e parágrafos – é quase inteiramente editorial, uma vez que os manuscritos geralmente empregam o que pode ser chamado de método de pontuação de ponto-aleatório, o qual tem um valor quase nulo como guia em relação ao sentido do texto. Também não é incomum encontrar uma pontuação enganosa ou completamente errônea mesmo em edições críticas, e esses erros podem alterar drasticamente o sentido de uma passagem. O melhor conselho é simplesmente ignorar totalmente a pontuação editorial.

Três estudos de casos

Pode-se ter um melhor senso dos variados destinos dos textos filosóficos medievais através do exame de obras de pensadores específicos. Ofereço aqui três estudos de caso, breves narrativas dos canais através dos quais as obras de Anselmo de Cantuária (1033-1109), João Duns Escoto (1265/6-1308) e Roberto Holcot (falecido em 1349) chegaram a nós. Os estudos de caso têm dois objetivos. Primeiro, fornecer ao leitor uma ideia geral a respeito daquilo em relação ao qual este deve manter-se alerta ao estudar filosofia medieval. A lição geral é que é altamente aconselhável, antes de levar a cabo um trabalho sério sobre um filósofo medieval, familiarizar-se com o estado dos manuscritos e edições de sua obra. Cuidados mais específicos se tornarão, creio eu, mais evidentes ao longo do caminho. Segundo, os estudos de caso têm também o objetivo de mostrar quanto trabalho textual e editorial ainda resta a ser feito em filosofia medieval. Dado que parece impossível fazer qualquer enunciado geral a respeito de quanto trabalho interessante resta a ser feito neste sentido, escolhi três pensadores de cujas obras possuímos textos de níveis de confiabilidade bem diferentes.

Anselmo[9]

Muitas das complexidades no processo de transmissão afortunadamente não se aplicam às obras de Anselmo, uma vez que estas principiaram a vida como obras escritas, e não como conferências. Ademais, temos pelo menos um manuscrito (Bodleian 271) cujo escriba podemos identificar, com razoável certeza, como um monge da catedral de Cantuária, que sabemos ter mantido correspondência com o próprio Anselmo a respeito da leitura correta de uma passagem de *De conceptu virginali*.[10] O próprio Anselmo parece ter sido especialmente cônscio quanto à revisão e aperfeiçoamento de suas obras, antes de permitir que fossem copiadas, embora reclame, em um local, que "certas pessoas precipitadas" tenham copiado seus diálogos em ordem errada.[11] Ele também às vezes voltou atrás e fez pequenas revisões e melhoramentos. Por exemplo, o *Proslogion* tinha originalmente um outro título, e não tinha divisões de capítulos. Neste sentido, é bom notar que os cabeçalhos de capítulos em textos medievais são frequentemente adições de escribas posteriores, um ponto ocasionalmente não notado por intérpretes que procuram fazer estrondo exegético a partir desses textos não autênticos. Os títulos de capítulos nas obras de Anselmo, no entanto, originaram-se do próprio autor. É a *colocação* destes nas edições e traduções modernas que não é autêntica: Anselmo colocava toda a lista de títulos de capítulos no início da obra, e não repetia os títulos no interior do próprio texto.[12]

As primitivas edições impressas das obras de Anselmo têm valor crítico quase nulo. A primeira edição desse tipo, publicada em 1491, em Nuremberg, foi editada por um obscuro erudito chamado Petrus Danhauser. F. S. Schmitt comenta:

---

[9] Uma discussão completa, feita por F. S. Schmitt, da transmissão das obras de Anselmo, pode ser encontrada em [138] I (I) 1*-239*. Minhas observações derivam desta discussão.

[10] Ibid. 226*-39*. R. W. Southern [145] 238n argumenta contra a atribuição de Schmitt.

[11] Ver o prefácio do tradutor inglês em *On Truth, On Freedom of Choice*, e *On the Fall of the Devil* [141].

[12] F. S. Schmitt [138] I (I) 37*.

Não se sabe qual manuscrito ou manuscritos ele utilizou como base para a edição. A julgar pelo resultado da edição, tanto no todo como nos detalhes, devem ter sido utilizados exclusivamente manuscritos tardios, que eram facilmente acessíveis. Ademais, não podemos fugir da impressão de que vez ou outra o jovem humanista tenha dado uma mão de melhoria no texto que chegara até ele.[13]

Uma vez que a maioria das edições posteriores seguiu seu texto mais ou menos acriticamente, elas são igualmente não confiáveis. De fato, algumas edições realmente pioraram as coisas, acrescentando mais ao número de obras não autênticas que Danhauser havia incluído sob o nome de Anselmo. Somente a partir da edição de Gabriel Gerberon, em 1675, é que encontramos uma tentativa de corrigir o texto recebido, com base em um grande número de manuscritos, juntamente com algo que se aproximava de um aparato de leituras variantes; mas, mesmo então, os melhores e mais antigos manuscritos não foram utilizados. A edição crítica de F. S. Schmitt, publicada em 1968, foi portanto em essência um empreendimento inteiramente novo. A edição de Schmitt é incomum, pois contém todos os trabalhos completados autênticos de um filósofo medieval, conforme editados por uma única mão e publicados em uma única série,[14] tornando invejavelmente não problemático o estado presente dos textos de Anselmo. Apenas raramente encontrei razão para questionar as decisões editoriais de Schmitt a respeito de qual aceitar, dentre um número de leituras variantes; e mesmo a paragrafação mostra grande sensibilidade em relação ao texto de Anselmo. Assim, o estudante das obras de Anselmo pode, em um grau notável, simplesmente assumir a confiabilidade do texto latino.

João Duns Escoto

Como já sugeri em minha introdução, as obras de Escoto chegaram a nós em um estado particularmente confuso. Mesmo a mais breve tentativa de

---

[13] Ibid. 10* (traduzido para o inglês por este autor).
[14] Admitidamente, ela foi originalmente publicada em volumes separados, por diferentes editores, mas foi relançada como um único conjunto, com adições, correções e um longo prefácio crítico, por Friedrich Fromann Verlag em 1968.

contar a história de todas as suas obras exigiria um espaço demasiado,[15] então aqui ilustrarei as dificuldades discutindo a *Ordinatio* de Escoto, a revisão das conferências ministradas por ele como bacharel em Oxford ao final dos anos 1290. A base para a revisão foram suas notas de originais de conferências, as *Lectura*. Podemos discernir claramente pelo menos duas camadas de revisão. A revisão inicial foi iniciada no verão de 1300 e deixada incompleta quando Escoto partiu para Paris em 1302; ela provavelmente não foi muito além do Livro II. Revisões ulteriores foram feitas em Paris; sabemos que Escoto encontrava-se ainda ditando questões para o Livro IV até pelo menos 1304, bem como atualizando as partes que já havia revisado quando ainda estava em Oxford. Estas atualizações eram usualmente na forma de adições marginais ou textos interpolados, que refletiam aquilo que Escoto ensinava em Paris. Nosso quadro da natureza e extensão da segunda camada de revisões é, contudo, ainda obscuro, em parte porque a edição do Vaticano da *Ordinatio* alcançou apenas o final do Livro II, e nenhuma edição crítica da *Reportatio* de Paris encontra-se disponível de todo.[16] Muito estudo adicional será necessário a fim de compreendermos exatamente o quanto a *Ordinatio* representa as visões que Escoto sustentava em Oxford, e o quanto ele a revisou para refletir desenvolvimentos de suas visões ocorridos em Paris. No presente, no entanto, a visão mais plausível pareceria ser a de Allan B. Wolter, que escreveu ser um

> erro sério e indesculpável que os estudiosos, escrevendo sobre Escoto, hoje considerem sua *Ordinatio* uma peça inconsútil, em vez de uma obra começada em Oxford e deixada inacabada quando ele deixou Paris em direção à Colônia. É particularmente insensato considerar o texto básico dos onze volumes da edição do Vaticano impressos até hoje como necessariamente representativos das visões finais de Escoto simplesmente porque partes foram atualizadas tendo em vista o que ele ensinava mais tarde em Paris.[17]

---

[15] Ver minha explicação sumária em *CCScot* 1-14.
[16] Complicando ainda mais as coisas, há o fato de que existem *Reportationes* rivais das conferências proferidas por Escoto em Paris: quatro do Livro I (incluindo uma versão examinada pelo próprio Escoto, e por isso conhecida como *Reportatio examinata*), duas do Livro II, quatro do Livro III e duas do Livro IV.
[17] A. B. Wolter [302] 39-40.

E Wolter argumenta persuasivamente que o Livro I da *Ordinatio* "é simplesmente uma expressão mais madura de suas visões anteriores, e precisa ser suplementado pelas posições posteriores que ele sustentava, as quais podem ser encontradas nos relatos de suas conferências proferidas em Cambridge e Paris"[18] – relatos que em sua maior parte nunca foram editados.[19] As habilidades paleográficas necessárias à leitura dos manuscritos destas *reportationes*, bem como daqueles das partes da *Ordinatio* que não foram ainda criticamente editadas, são portanto altamente desejáveis para um estudante sério de Escoto. Os editores do Vaticano já determinaram quais manuscritos da *Ordinatio* são mais confiáveis, mas habilidades modestas de edição de texto são necessárias a fim de pesar os méritos das leituras variantes nesses manuscritos e nos poucos manuscritos disponíveis das *Reportationes*.[20]

Roberto Holcot

O dominicano de Oxford Roberto Holcot é um dos muitos filósofos medievais importantes que têm sido seriamente depreciados e pouco estudados. Embora o interesse moderno em Holcot tenha sido algo esporádico, sua influência na Idade Média tardia foi grande, como é evidenciado pelo grande número de manuscritos dos séculos XIV e XV de seu trabalho.[21] Há quarenta e oito manuscritos de suas questões sobre as *Sentenças* (comparemos isso aos trinta e seis manuscritos do comentário de Ockham às *Sentenças*) e um surpreendente

---

[18] Ibid. 50.
[19] A exceção, em relação ao Livro I, é a versão identificada pelos editores do Vaticano como *Reportatio* 1B das conferências de Paris, a qual de fato existe em uma edição publicada em Paris em 1517. Mas, como vimos, edições impressas primitivas devem ser usadas com cautela, e em todo caso a *Reportatio* 1B é de muito menos valor que a até então não editada *Reportatio examinata* (*Reportatio* 1A).
[20] T. B. Noone [297] contém uma edição da *Reportatio* 1A, d. 36, com uma discussão dos manuscritos nas páginas 392-394. Todos os manuscritos conhecidos das obras de Escoto encontram-se listados nos Prolegômenos ao primeiro volume da edição do Vaticano [281] I 144*-54*.
[21] Ver P. Streveler e K. Tachau [337] 2-3, 36-38. A introdução de Katherine Tachau ao volume citado é uma fonte bastante informativa de detalhes sobre a carreira de Holcot e a transmissão de suas obras; minha discussão da transmissão das questões sobre as *Sentenças* baseia-se nas páginas 35-46.

número de 175 manuscritos de seu comentário ao livro da Sabedoria, uma obra que influenciou o "Conto do Padre da Freira" de Chaucer.[22] Holcot fez importantes contribuições à semântica, ao debate sobre o conhecimento divino de contingentes futuros, às discussões sobre predestinação, graça e mérito, e, mais geralmente, à teologia filosófica. Discutirei aqui apenas o destino de suas questões sobre as *Sentenças*.

Katherine Tachau comenta que "em relação às questões de Holcot sobre as *Sentenças* (...) é forte a evidência de que o sistema da *pecia* foi a base para sua disseminação".[23] Muitos manuscritos carregam os traços desse sistema, como quando um escriba "lota as margens com texto para o qual não havia deixado espaço suficiente, ao copiar *peciae* fora de ordem, conforme estas tornaram-se disponíveis".[24] Em alguns casos, porções substanciais do texto claramente perderam-se no curso da transmissão. Deste modo, em dois manuscritos mais antigos, um contra-argumento a uma objeção anterior, no Livro II, q. 2, foi cortado depois de apenas duas sentenças, e os contra-argumentos às três objeções seguintes sumiram completamente. Num tanto de manuscritos posteriores, estes quatro contra-argumentos também sumiram, "quase certamente devido à perda de um fólio de um conjunto não encadernado".[25]

Um texto das questões de Holcot sobre as *Sentenças* foi impresso em Lyon em 1497. Em uma carta de abertura dessa edição, Jodocus Badius nota que o erudito encarregado da revisão dos manuscritos encontrou o texto em estado de desordem, e que os manuscritos disponíveis não lhe permitiram estabelecer um texto confiável. Infelizmente, essa edição é a única versão impressa das *Sentenças* disponível hoje.[26] Nenhuma comparação completa dos manuscritos das questões de Holcot sobre as *Sentenças* foi feita até hoje, e até onde eu sei, nenhuma edição crítica encontra-se em preparação. Consequentemente, Holcot é um saliente exemplo de pensador medieval, cujas obras oferecem um campo propício de estudos tanto textuais quanto filosóficos.

---

[22] R. A. Pratt [649].
[23] P. Streveler e K. Tachau [337] 41.
[24] Ibid.
[25] Ibid. 45.
[26] P. Streveler e K. Tachau [337] contêm uma edição parcial do Livro II, q. 2. As *Quaestiones Quodlibetales* de Holcot são similarmente negligenciadas: quatro questões encontram-se editadas em Streveler e Tachau, e três em H. G. Gelber [335], mas a não ser por estas a edição de Lyon é a única fonte impressa.

Traduzindo filosofia medieval

Podemos pensar nas traduções para o inglês[27] como o último e inevitavelmente mais problemático passo na transmissão dos textos filosóficos medievais. Este é, obviamente, um passo bastante necessário, não apenas para a disseminação mais ampla da filosofia medieval, para aqueles que se interessam pelo assunto, mas não desejam tornar-se especialistas, mas também para a formação dos especialistas. Por exemplo, nem há como dizer quantas pessoas foram levadas a um estudo sério de João Duns Escoto através das traduções de Allan B. Wolter. De modo mais geral, certamente não é nenhum acidente que os pensadores medievais mais amplamente traduzidos sejam também os mais amplamente estudados, pois as traduções encorajam o estudo, e os estudos encorajam a tradução.

Dados os objetivos deste capítulo, desejo concentrar-me aqui em assuntos dos quais os leitores de traduções inglesas precisam estar cônscios, para que façam o uso mais efetivo possível dessas traduções. Devo notar, antes de tudo, que mesmo um conhecimento modesto de latim pode ser muito útil, ao se trabalhar com uma tradução inglesa e um texto latino lado a lado, especialmente para textos dos séculos XIII e XIV, com sua sintaxe geralmente simples, e seu vocabulário limitado e largamente técnico. (Raramente há o luxo, tão comum em relação aos textos clássicos, de trabalhar com múltiplas traduções do mesmo texto, o que pode ser de grande ajuda.) Não importando o quão boa seja uma tradução, certas passagens estarão abertas a incompreensões que o tradutor nunca poderia ter previsto, e um leitor com um pouco de latim pode colocar-se de volta imediatamente na trilha correta.

Algumas traduções defeituosas podem ser detectadas, e talvez mesmo remediadas, sem nenhum conhecimento de latim. Consideremos a seguinte passagem de uma tradução amplamente utilizada do *Proslogion* de Anselmo:

> Muitas palavras são usadas de modo impróprio, como, por exemplo, quando usamos "ser" em lugar de "não ser" e "fazer" em lugar de "não fazer" ou de "não fazer nada". Assim, frequentemente dizemos a alguém que nega a existência de algo: "*É* como dizes que *é*", embora pareça muito mais

---

[27] N. T. Ou outro idioma qualquer. Contudo, neste capítulo o autor lida especificamente com problemas de tradução do latim para o inglês.

apropriado dizer, "*Não é* como dizes que *não é*". Novamente, dizemos "Este homem está sentado", exatamente como dizemos "Aquele homem está fazendo [algo]", ou dizemos "Este homem está descansando", exatamente como dizemos "Aquele homem está fazendo [algo]". Mas "sentar" é *não* fazer algo e "descansar" é não fazer *nada*.

A penúltima sentença deve estar errada, uma vez que, da maneira como foi vertida por esse tradutor, ela não oferece o exemplo prometido por Anselmo: isto é, um exemplo de "fazer" sendo usado no lugar de "não fazer" ou "não fazer nada". Ademais, a sentença não é propriamente paralela àquela que a precede, como o "Novamente" leva-nos a esperar que ela seja. Então, simplesmente prestando atenção filosófica ao conteúdo do argumento, podemos saber que há algo errado com a tradução. Uma olhada no texto latino permite-nos corrigi-la para ler como a seguir:

> Novamente, dizemos "Este homem está sentado exatamente como aquele homem está fazendo" ou "Este homem está descansando exatamente como aquele homem está fazendo", mesmo embora "sentar" seja não fazer algo e "descansar" seja não fazer nada.

Agora a passagem fornece o tipo de exemplo que Anselmo nos levara a esperar. Deve ser notado que a tradução que citei primeiro é *gramaticalmente* possível, dado o texto latino; mas ela não faz sentido *filosoficamente*. Erros de tradução similares ocorrem quando os tradutores acrescentam modificadores, especialmente frases adverbiais, ao elemento errado. Mais uma vez, a atenção filosófica é tudo o que é preciso para reconhecer o erro, embora o recurso ao texto latino possa ser necessário para corrigi-lo.

Em outros casos, uma tradução pode fazer sentido suficiente no contexto, de modo que alguém não possa reconhecê-la como errônea sem compará-la ao original latino. Comparemos essas duas traduções alternativas de uma passagem de Escoto,[28] ambas as quais fazem perfeito sentido no contexto:

---

[28] *Ordinatio* IV, d. 46, q. 1, n. 12: "dico quod non simpliciter est debitor nisi bonitati suae, ut diligat eam; creaturis autem est debitor ex liberalitate sua, ut communicet eis quod natura sua exigit, quae exigentia in eis ponitur quoddam iustum, quasi secundarium obiectum illius iustitiae; tamen secundum veritatem nihil est determinate iustum et extra

a) Digo que Deus não é nenhum devedor, em qualquer sentido incondicionado, salvo com respeito a sua própria bondade, a saber, dado que Ele a ama. Mas no que diz respeito às criaturas, Ele é devedor mais a sua generosidade, no sentido em que dá às criaturas o que a natureza delas exige, exigência a qual é disposta nelas como algo justo, um tipo de objeto secundário dessa justiça, por assim dizer. Mas em verdade nada fora de Deus pode ser dito justo sem esta condição adicional. Em um sentido incondicionado, no que diz respeito a uma criatura, Deus é justo apenas em relação a sua primeira justiça, a saber, porque essa criatura foi de fato intencionada pela vontade divina.

b) Digo que Deus é um devedor, em um sentido incondicionado, apenas a sua própria bondade, dado que Ele a ama. Às criaturas, no entanto, Ele é um devedor em virtude de sua generosidade, dado que Ele comunica a elas o que a natureza delas requer. Este requerimento é disposto como algo justo nelas, como um objeto secundário da justiça de Deus. Mas em verdade nada exterior a Deus é justo, exceto em certo respeito, como é evidente, com a condição "conquanto seja da parte de uma criatura". O incondicionalmente justo é apenas aquilo que é relacionado à primeira justiça, isto é, porque é de fato intencionado pela vontade divina.

Notemos que o tradutor A diz que Deus é um devedor *a* sua generosidade, enquanto o tradutor B diz que Deus é um devedor *em virtude de* sua generosidade. Esta discrepância é instrutiva, pois revela a proporção em que as traduções são, ao mesmo tempo, *interpretações* filosoficamente motivadas (e, portanto, possivelmente tendenciosas) do texto que está sendo traduzido. Em diversos artigos e livros influentes, o tradutor A argumenta que, de acordo com Escoto, Deus deve a si mesmo fazer o bem a suas criaturas, de modo que a generosidade de Deus para com as criaturas é ela própria uma questão de justiça: justiça para consigo mesmo, e não (estritamente falando) justiça para com as criaturas. A expressão "devedor a sua generosidade" apoiaria essa interpretação. O tradutor B, em contraste, escreveu diversos artigos argumentando que, de acordo com Escoto, a justiça de Deus para consigo mesmo não impõe limitações a respeito de como Ele deve tratar as criaturas individuais ou o universo como um todo. As

---

Deum nisi secundum quid, scilicet cum hac modificatione, quantum est ex parte creaturae, sed simpliciter iustum tantummodo est relatum ad primam iustitiam, quia scilicet actualiter volitum a divina voluntate".

palavras "um devedor em virtude de sua generosidade" têm a intenção de sugerir que é unicamente uma questão de generosidade para Deus dar a suas criaturas as perfeições características destas.[29]

As traduções do final da passagem também revelam uma agenda interpretativa em ação. Escoto identifica a "primeira justiça" de Deus como sua justiça a respeito de si mesmo. Quando o tradutor A diz que "Deus é justo apenas em relação a sua primeira justiça" quando Ele "dá às criaturas o que a natureza delas exige", ele comunica sua visão de que, ao conferir perfeições às criaturas, o Deus de Escoto está sendo justo, não para com suas criaturas, de fato, mas para consigo mesmo. Por contraste, a versão da sentença do tradutor B apoia sua leitura de Escoto como um voluntarista extremo: o que é incondicionalmente justo é simplesmente o que quer que Deus intencione.

Em casos como esses, em que as traduções falhas não podem ser detectadas simplesmente pela vigilância filosófica, o usuário das traduções precisa ser capaz de formar um julgamento quanto à confiabilidade geral de um tradutor. Consultar medievalistas mais experimentados a respeito da reputação de um tradutor pode ser útil, mas algum cuidado é necessário aqui, especialmente quando os medievalistas consultados são eles próprios tradutores, dado que os tradutores parecem ser temperamentalmente dispostos a exagerar as deficiências dos trabalhos de outros.[30] Uma melhor abordagem é formar um julgamento próprio sobre a acuidade filosófica do tradutor, mediante a leitura de uma seleção representativa de artigos deste último. Um filósofo desleixado será um tradutor desleixado; um intérprete não confiável será um tradutor não confiável. De fato, em um âmbito limitado, o estilo de prosa de um tradutor é um bom guia para a qualidade de suas traduções. Um tradutor que habitualmente escreve em um inglês nebuloso produzirá traduções nebulosas, mas um que escreve com precisão traduzirá com precisão. É provavelmente também verdade que alguém que escreve em inglês elegante produzirá traduções elegantes, mas a elegância, embora seja gratificante para o leitor,

---

[29] Como coloca R. Cross, "a afirmação não é que Deus é essencialmente generoso, mas que o termo 'devedor' está sendo usado metaforicamente" ([293] 63).

[30] Uma vez ouvi um erudito rejeitar toda uma tradução do *Proslogion* por desaprovar a versão de uma palavra no capítulo 2, mesmo embora eu não pudesse ver nenhuma diferença filosófica entre as traduções alternativas, mas somente um insignificante desacordo sobre o que seria o inglês mais idiomático.

raramente tem significância filosófica, e o desejo de elegância é uma constante tentação de desvio da estrita fidelidade ao texto.

Pares e ciladas

A estrita fidelidade ao texto obviamente requer um bom julgamento na escolha de traduções de palavras individuais, e esse julgamento depende tanto da sensibilidade filosófica e de uma apreciação do idioma inglês quanto do domínio do latim. Nesta seção desejo ilustrar as dificuldades enfrentadas pelos tradutores, através da discussão de palavras que são comumente mal traduzidas e palavras que resistem à tradução exata. Notarei também o alcance de tradução de alguns termos-chave filosóficos.

A maioria das más traduções comuns resulta de uma preguiçosa preferência por cognatos. *Malitia* é frequentemente traduzida no inglês por "malice" (malícia) e *officiosum* por "officious" (intrometido), para tomarmos apenas dois exemplos. *Malitia* pode significar "malícia" (um desejo de inflingir dano), mas mais frequentemente significa simplesmente "maldade". É o oposto de "bondade", não de "benevolência". *Officiosum* é um termo mais comumente encontrado na tripla classificação das mentiras como *perniciosum*, *officiosum* e *iocosum*. Traduzir esses termos como "pernicious" (pernicioso), "officious" (intrometido), e "jocose" (jocoso) é pura preguiça. O termo inglês "officious" significa "intrometido" *(meddlesome)* ou "ofensivamente pronto a oferecer ajuda ou conselho". Uma *mendacium officiosum*, no entanto, não é uma mentira intrometida, mas uma mentira obsequiosa (no inglês *serviceable*, isto é, benéfica) e (como tal) inofensiva. (O significado *obliging* ["obsequioso"] do termo inglês *officious* encontra-se há muito obsoleto.) Tanto no caso de *malitia* quanto de *officiosum*, a tradução correta é sugerida não pelo cognato em inglês, mas pela formação das palavras em latim: *malitia* é o substantivo abstrato derivado de "malum", que significa "mal" *(bad)* – daí "maldade" *(badness)*; *officiosum* é o adjetivo derivado de "officium", significando "função" *(function)* ou "obséquio" *(service)* – daí "funcional" *(functional)* ou "obsequioso" *(serviceable)*. A atenção aos padrões comuns de formação de palavras no aprendizado do latim é uma das melhores garantias contra esse tipo de engano.

No caso de *malitia* e *officiosum*, termos equivalentes perfeitamente bons em inglês estão disponíveis, mas são negligentemente deixados de lado. Para muitas outras palavras, não há nenhum equivalente exato em inglês, e devemos fazer o possível com uma aproximação. Não há, por exemplo, nenhuma palavra única em inglês que corresponda exatamente a *appetitus* em seu uso aristotélico: "tendency" (tendência), "inclination" (inclinação), "desire" (desejo), "directedness" (direcionamento) e termos similares comunicam o significado correto em alguns contextos, mas não em outros. A convenção sensata neste caso é usar "appetite" (apetite, propensão) como tradução invariável de *appetitus*, com base na assunção de que os leitores reconhecerão *appetite* como um termo de arte. Convenções similares justificam a tradução de *potentia* como "potency" (potência) ou "potentiality" (potencialidade), *actus* (em um de seus sentidos) como "act" (ato) ou "actuality" (atualidade), e *accidens* como "accident" (acidente). Não importando o quão inexatas possam ser essas traduções padronizadas, elas dificilmente podem ser chamadas de enganosas, dado que qualquer leitor de textos medievais que seja modestamente bem-treinado reconhecerá esses termos pelos termos técnicos que são.[31] De fato, há alguma vantagem no uso de palavras como "potencialidade" que não possuem nenhum uso não técnico ordinário.

Às vezes, no entanto, não é claro se uma palavra é um termo técnico ou não, ou mesmo se ela está sendo usada com exatamente o mesmo significado ao longo de um texto. Será que *honestum*, por exemplo, descreve itens dos quais todos exemplificam uma só propriedade na ontologia moral de um dado pensador (valor intrínseco, digamos)? Ou será que é um termo mais geral de elogio, cujo significado exato em suas diferentes ocorrências depende do contexto? Se a primeira alternativa é o caso, uma tradução consistente do termo *honestum* é provavelmente aconselhável, embora o que possa ser tal tradução consistente será provavelmente uma contenciosa questão de interpretação; se a segunda alternativa é o caso, uma tradução consistente do termo *honestum* será positivamente enganosa. E obviamente essas duas alternativas não esgotam todas as possibilidades. Nem as esgota o fato de que se certa palavra é um termo técnico em um autor, então a mesma palavra será também um termo técnico em qualquer outro

---

[31] Analogamente, a versão comum de *eudaimonia* como *"happiness"* ("felicidade") é tão vaga quanto inevitável, mas qualquer um que já ouviu pelo menos uma conferência sobre a *Ética* de Aristóteles sabe exatamente o que há de errado com ela, e pode, sem dificuldade, substituir o conceito usualmente evocado pela palavra *"happiness"* ("felicidade"), pelo conceito de *eudaimonia*, que não é evocado por nenhuma palavra do inglês.

autor. Quanto a isso, um mesmo autor pode usar o termo tanto como termo técnico quanto como termo não técnico, mesmo em uma única obra. Problemas similares atormentam o tradutor que enfrenta termos multiformes como *principium* (*"beggining"* ["início"], *"origin"* ["origem"], *"premise"* ["premissa"], *"starting point"* ["ponto de partida"]) e *ratio* (*"argument"* ["argumento"], *"basis"* ["base"], *"concept"* ["conceito"], *"definition"* ["definição"], *"essential nature"* ["natureza essencial"], *"feature"* ["traço característico"], *"ground"* ["fundamento"], *"intelligible nature"* ["natureza inteligível"], *"meaning"* ["significado"], *"model"* ["modelo"], *"reason"* ["razão"], *"theoretical account"* ["explicação teórica"]). Como é frequentemente o caso, não é a facilidade com o latim, mas a acuidade exegética e filosófica que permite ao tradutor determinar como uma palavra está sendo usada e, consequentemente, como deve ser traduzida.

Uma palavra de encorajamento

Concentrei-me aqui nos obstáculos que confrontam o estudante de filosofia medieval. O leitor não deveria supor, contudo, que o trabalho necessário para superar esses obstáculos é mero trabalho enfadonho: longe disso. Como minha colega Katherine Tachau gosta de observar, fazer trabalho paleográfico é como ser pago para resolver palavras-cruzadas. Qualquer um que gosta de histórias de detetives deveria gostar de pesquisa codicológica e edição de textos, as quais empregam exatamente as mesmas habilidades de encontrar pistas e realizar inferências. E qualquer um que tira prazer em encontrar as palavras certas para expressar um pensamento filosófico difícil deveria encontrar profunda satisfação no desafio da tradução.

Acima de tudo, no entanto, o esforço para recuperar as palavras autênticas dos filósofos medievais vale a pena simplesmente porque as palavras são tão filosoficamente interessantes. Mesmo após algumas décadas de atenção renovada em relação ao pensamento medieval, resta uma incrível quantidade de excelente filosofia – tecnicamente proficiente, inventiva na argumentação, e atenta a questões de interesse perene – que precisa ainda ser examinada. O esforço necessário para tornar esses textos disponíveis para estudo é amplamente compensado pela oportunidade de reclamar os tesouros de uma rica herança filosófica.

Cronologia dos filósofos e dos principais eventos na história medieval

Nas tabelas de filósofos que se seguem, quando a única informação que temos é a data da morte ou a data de atividade, um período de vida de sessenta anos foi indicado; a data de atividade é tomada como sendo quando o indivíduo tinha a idade de 40 anos.

Do século IV ao século VI

	300	350	400	450	500	550	600
Agostinho		——	——				
Pseudo-Dionísio					———	———	
Boécio					———	———	

Do século IX ao século XII

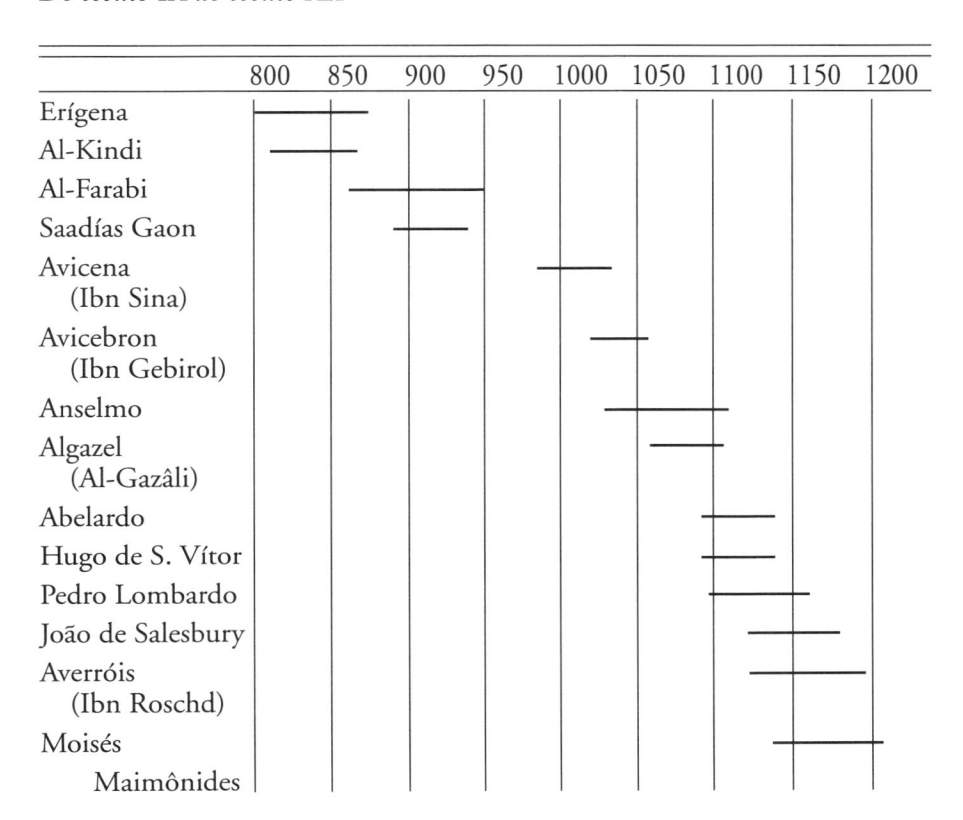

	800	850	900	950	1000	1050	1100	1150	1200
Erígena	——	——							
Al-Kindi	——	——							
Al-Farabi			——	——					
Saadías Gaon			——						
Avicena (Ibn Sina)					——	——			
Avicebron (Ibn Gebirol)						——	——		
Anselmo							——	——	
Algazel (Al-Gazâli)						——	——		
Abelardo							——	——	
Hugo de S. Vítor							——	——	
Pedro Lombardo							——	——	
João de Salesbury								——	——
Averróis (Ibn Roschd)								——	——
Moisés Maimônides								——	——

Séculos XIII e XIV

	1150	1200	1250	1300	1350	1400
Roberto Grosseteste		——	——			
Alberto Magno			——			
Pedro de Espanha			——			
Rogério Bacon			——	——		
Boaventura			——			
Henrique de Gand			——	——		
Tomás de Aquino			——			
Boécio de Dácia			——			
Siger de Brabante			——			
Giles de Roma				——		
Pedro João de Olivi			——	——		
Godofredo de Fontaines				——		
Jaime de Viterbo				——		
João de Paris				——		
João Duns Escoto				——		
Marsílio de Pádua				——	——	
Pedro Aureolo				——		
Guilherme de Ockham				——		
Gersônides				——	——	
Roberto Holcot				——	——	
Adão Wodenham				——	——	
Tomás Bradwardine				——	——	
João Buridano				——	——	
Nicolau de Autrecourt				——	——	
Guilherme Heytesbury					——	
Nicolau de Oresme					——	
João Wyclif					——	——

Principais eventos na história medieval

315	Conversão do Imperador Constantino I ao cristianismo.
325	Concílio de Niceia, convocado por Constantino, afirma a divindade de Cristo.
381	Primeiro Concílio de Constantinopla formula o Credo Niceno.
410	Saque de Roma pelos visigodos; Agostinho inicia *A Cidade de Deus.*
451	Concílio da Calcedônia proclama a completa humanidade, bem como a divindade de Cristo.
529	Regra de São Bento, fundamental para o monasticismo ocidental.
529	? Fechamento das escolas de filosofia em Atenas (ver pp. 32-34).
622	Hégira: Maomé entra em Medina; início da Era Islâmica.
732	Carlos Martel derrota os muçulmanos em Poitiers, contendo o avanço destes na Europa ocidental.
800	Carlos Magno coroado imperador pelo papa Leão III.
1054	Cisma entre as Igrejas oriental e ocidental.
1077	Imperador Henrique IV cumpre penitência em Canossa por resistir às reformas da Igreja feitas pelo papa Gregório VII.
1090-1153	Bernardo de Clairvaux, crítico monástico cisterciense da teologia de Abelardo.
1096-1099	Primeira Cruzada, saque de Jerusalém pelos cruzados.
1187	Saladino recaptura Jerusalém sem saque.
Aprox. 1200	Universidades em Oxford e Paris.
1202-1204	Quarta Cruzada. Cruzados saqueiam Constantinopla.
1208-1213	Cruzada albigense contra os cátaros no sul da França.
1215	Quarto Concílio de Latrão, primeiro concílio geral na Europa ocidental.
Década de 1220	Fundação das ordens Franciscana e Dominicana.

1277	Condenação de 219 proposições em teologia e filosofia natural pelo bispo de Paris.
1265-1321	Dante.
1309-1376	Papado em Avignon.
1356	Bula Dourada do imperador Carlos IV rejeita a necessidade de aprovação papal em relação às eleições imperiais.
1338-1453	Guerra dos Cem Anos entre Inglaterra e França.
1340-1400	Chaucer.
Fim da década de 1340	Início da Peste Negra.
1378-1417	Grande Cisma do papado.

Biografias dos principais filósofos medievais

As biografias que se seguem encontram-se em ordem cronológica, como na tabela das páginas. O número entre colchetes ao final de cada biografia indica o ponto de entrada na bibliografia para trabalhos escritos por ou sobre o indivíduo em questão. Para biografias curtas de um maior número de filósofos medievais, ver CHLMP 855-892.

Agostinho (354-430) nasceu em Tagaste, atual Argélia. Estudou em Cartago e ensinou retórica em Roma e Milão. Sua jornada em busca de sabedoria, inspirada pela obra perdida de Cícero, *Hortensius*, conduziu-o pelo maniqueísmo, ceticismo e neoplatonismo, até sua conversão ao cristianismo em 386-387. Retornou a Tagaste em 388 e foi bispo de uma cidade costeira próxima, Hipona, a partir de uma data em torno de 396, exercendo grande influência entre as igrejas do norte da África e além, até sua morte durante o cerco de Hipona realizado pelos Vândalos. A enorme influência de Agostinho sobre o pensamento medieval posterior deve-se especialmente a seus muitos comentários e sermões sobreviventes sobre textos bíblicos, bem como a três obras-primas: as *Confissões*, uma autobiografia dirigida a Deus, com reflexões sobre a memória, a criação e o tempo; *A Trindade*, na qual a natureza triuna de Deus (segundo sua principal formulação oficial à época de Agostinho) e as estruturas da mente e da percepção se iluminam mutuamente; e *A Cidade de Deus contra os pagãos*, empreendida para refutar a acusação de que o abandono dos deuses tradicionais em favor do cristianismo foi responsável pelo saque de Roma pelos Visigodos em 410, mas extendida além de seu objetivo, a fim de prover um relato da origem e destino humanos, desde o Paraíso e a Queda, passando através da história de cidades "terrenas" e "celestiais" nesta vida, até o julgamento final e a punição ou bem-aventurança eterna. Seus escritos contra a igreja cismática donatista e contra Pelágio foram fontes, respectivamente, para a legislação contra a heresia e debates sobre graça e livre-arbítrio. Outras obras suas de particular interesse para a filosofia são *Contra os Acadêmicos* (que, juntamente com *A Trindade*, forma a principal fonte de influência de Agostinho sobre Descartes), *Sobre a Livre Escolha da Vontade*, e *De Magistro* (uma explicação mais sutil sobre a linguagem do que o "behaviorismo" das *Confissões*, criticado por Wittgenstein no início de suas *Investigações Filosóficas*). [55]

PSEUDO-DIONÍSIO (cerca de 500) foi um cristão neoplatônico que se apresentou como (e foi considerado durante a Era Medieval posterior e Renascimento como sendo) um ateniense convertido por São Paulo (Atos 17, 34), uma identidade que deu a seus escritos grande autoridade no Ocidente, mesmo durante o período da maior influência de Aristóteles, nos séculos XIII e XIV. [77]

Ancius Manlius Severinus BOETHIUS (BOÉCIO) (cerca de 480-525/26), nascido de uma família patrícia em Roma, combinou a erudição com o serviço público em uma época em que a Itália era governada pelos Godos e o conhecimento do grego tornava-se raro no Ocidente. Tencionava traduzir toda a obra de Platão e Aristóteles para o latim, mas não foi além dos tratados lógicos deste último. Escreveu *A Consolação da Filosofia* na prisão, enquanto aguardava a execução por acusações de traição. [84]

João ESCOTO ERÍGENA (cerca de 800-cerca de 877) combinou Pseudo-Dionísio (cujos escritos ele traduziu para o latim), outras fontes em grego, e Agostinho, em um neoplatonismo cristão centrado em uma ideia quádrupla da natureza como: criadora e não criada, criada e criadora, criada mas não criadora, e nem criada nem criadora. [90]

Abu Yusuf Ya'Qub Ibn Ishaq AL-KINDI (falecido cerca de 866-873), "o filósofo dos árabes", ativo em Bagdá, encorajou a tradução de filósofos gregos para o árabe, especialmente Aristóteles, e utilizou essas fontes em seu próprio pensamento. Outra importante contribuição inicial para a integração da filosofia com o monoteísmo corânico ou bíblico foi o anônimo *Livro das Causas*, um tratado neoplatônico provavelmente escrito em Bagdá, no século IX. Foi influente no Ocidente a partir do século XII. [91]

Abu Nasr AL-FARABI (ALFARABI) (cerca de 870-950), "o Segundo Mestre" (depois de Aristóteles), foi também chamado de "pai do neoplatonismo islâmico", uma indicação da amplitude de sua visão filosófica. Realizou um importante trabalho em filosofia política, metafísica e lógica. [93]

SAADÍAS GAON (892-942), o primeiro filósofo judeu no sentido próprio, nasceu em Fayyum, no Egito Superior. Em 928 tornou-se líder *(Gaon)* da Academia de Sura, no atual Iraque. Seu maior trabalho filosófico, o *Kitab al-mukhtar fi `l-amanat wa-`l-`i'tiqadat* (Livro das Doutrinas e Crenças), demonstra seu conhecimento das ideias platônicas, aristotélicas e estoicas, bem como da influência dos Mutazilitas islâmicos. Sua defesa da harmonia entre razão e revelação, inigualada no pensamento medieval judaico, foi o *locus classicus* para a crítica de Maimônides. [106]

Abu ′Ali al-Husayn IBN SINA (AVICENA) (980-1037) nasceu perto de Bukhara, no atual Uzbequistão. Foi um pensador altamente criativo e sistemático, e influenciou grandemente a filosofia posterior latina, bem como a islâmica. Sua contribuição mais importante para a metafísica foi a distinção entre essência e existência, aplicável universalmente, exceto a Deus, no qual elas são idênticas. Na psicologia filosófica, Avicena sustentou que a alma era incorpórea, imortal, e um agente dotado de escolha entre o bem e o mal. [111]

Salomão IBN GEBIROL (AVICEBRON) (1021/22-1057/58), filósofo e poeta judeu, viveu na Espanha muçulmana e escreveu em hebraico e árabe. Sua ênfase sobre a vontade de um Deus criador permitiu a ele propor uma visão neoplatônica da realidade, sem o determinismo comumente encontrado naquela tradição. Seu *Mekor Hayyim* (Fonte da Vida, *Fons vitae*) não teve nenhuma influência sobre a filosofia judaica, mas o hilomorfismo altamente original desta obra recebeu séria atenção dos escolásticos latinos, especialmente Tomás de Aquino e Duns Escoto. [135]

ANSELMO DE CANTUÁRIA (1033-1109) nasceu em Aosta, na atual Itália. Como monge em Bec, na Normandia, levou sua mente analítica extraordinariamente aguda a deter-se sobre tópicos como a verdade, o livre-arbítrio e a queda do Diabo. Em seu *Proslógio,* Anselmo formulou o mais famoso argumento da história da filosofia, o chamado "argumento ontológico" sobre a existência de Deus. Em 1093 Anselmo tornou-se o segundo arcebispo normando da Cantuária, onde lutou vigorosamente pela autonomia da Igreja enquanto produzia um significativo trabalho posterior em teologia filosófica, incluindo tentativas de demonstrar a necessidade da encarnação de Deus como ser humano *(Cur Deus homo)*, e a harmonia do pré-conhecimento divino, da predestinação, e da graça com a livre escolha humana. [138]

Abu Hamid AL-GAZÂLI (ALGAZEL) (1058-1111), nascido no norte do Irã, foi um dos maiores juristas islâmicos e o crítico mais agudo da tradição filosófica helenizante no interior do Islã, uma tradição que alcançou seu ápice em Avicena. Convencido no *Tahafut al-falasifa* (A Incoerência dos Filósofos) de que a filosofia não poderia fornecer uma base para a aceitação da verdade revelada, Algazel voltou-se para o misticismo Sufi, em cujos termos ele reinterpretou os textos religiosos tradicionais. [148]

Pedro ABELARDO (1079-1142) renunciou a seu direito de nascimento como filho primogênito de um cavaleiro bretão, trocando-o pelas armas da dialética. Foi um renomado professor, um poeta, e o tutor, amante e marido (contra a vontade dela) de Heloísa, a sobrinha de um eclesiástico parisiense, em cuja casa Abelardo se hospedava. No curso de eventos calamitosos, como a castração por ordem do tio de Heloísa, ameaças de morte por parte dos indisciplinados monges de um mosteiro que ele se havia disposto a reformar, e repetidos ataques a sua ortodoxia por Bernardo de Clairvaux, Abelardo tornou-se uma figura fundadora do escolasticismo medieval. Foi comumente considerado como um pensador brilhante, mas crítico e assistemático. A pesquisa recente produziu uma forte defesa do caráter construtivo e sistemático de sua obra, tanto na área da lógica quanto da teologia, especialmente a teologia moral. [152]

HUGO DE SÃO VÍTOR (falecido em 1141) inaugurou um curso de estudo na abadia parisiense de São Vítor, integrando a filosofia com uma ética monástica centrada nos sacramentos cristãos e na leitura meditativa da Bíblia. [155]

PEDRO LOMBARDO (1095/1100-1160) coletou e discutiu os julgamentos *(sententiae)* de um amplo conjunto de autores em seu *Sententiae in IV libris distintae* (Quatro Livros de Sentenças), que se tornou o maior texto de teologia entre os séculos XIII e XV, e em consequência o ponto de partida dos pensamentos filosoficamente significativos de Tomás de Aquino, Duns Escoto, Ockham e outros. Lombardo era um crítico do neoplatonismo e favorável às ideias aristotélicas. [156]

João de Salesbury (cerca de 1120-1180) uniu sabedoria e eloquência para combater a vaidade nas cortes reais e o caráter mundano na Igreja. Seu humanismo cristão moralmente enérgico apoiava-se em modelos romanos, não apenas pela importância da gramática e da retórica, mas também por uma defesa do tiranicídio. [157]

Abu'l Walid Muhammad Ibn Roschd (Averróis) (1126-1198) escreveu na Espanha islâmica. Veio a ser conhecido como "o Comentador", por sua explicação massiva das obras de Aristóteles. Defendeu a filosofia contra as acusações de que ela fosse contrária ao Islã, e sustentou que o estudo de filosofia deveria ser obrigatório a uma elite intelectual, mas proibido aos crentes ordinários. As tradições averroistas judaica e latina mantiveram seu ideal da vida filosófica como a maior felicidade possível. [160]

Moisés Maimônides (cerca de 1138-1204) foi o maior filósofo judeu da Idade Média e sua influência perdura até o presente. Nasceu em Córdoba, na Espanha muçulmana, de onde sua família foi forçada a fugir em 1148, depois que os Almóades conquistaram Andaluzia. Estabeleceu-se em Al-Fustat (Cairo) antes de 1168, onde também praticou a medicina e escreveu como médico. Maimônides foi o líder da comunidade judaica de sua época e compôs para ela um código autorizado de lei rabínica. Em seu *Dalalat al-Ha'irin* (Guia para os Perplexos), escrito em árabe, ele confrontou as aparentes contradições entre as ideias bíblicas e as ideias filosóficas (principalmente aristotélicas). O intelectualismo de Maimônides no *Guia* faz da revelação profética uma acomodação ao lado inferior e material de nossa natureza. No entanto, uma relação mutuamente frutífera (embora desafiadora) entre filosofia e religião é sugerida por sua insistência sobre a necessidade de pureza moral, sua defesa da sustentabilidade filosófica dos principais artigos da crença tradicional, e sua ênfase sobre os limites do conhecimento filosófico de Deus (esta última, uma influência importante sobre Tomás de Aquino). [176]

Roberto GROSSETESTE (cerca de 1170-1253) ensinou em Oxford, onde foi um primitivo defensor dos franciscanos, incluindo Rogério Bacon, que o considerava como o principal pensador da época. Como bispo de Lincoln (daí a alcunha "o Lincolniano"), Grosseteste deu continuidade a um ambicioso programa de tradução e comentário de textos árabes e gregos anteriormente não disponíveis ou parcialmente disponíveis no Ocidente latino, incluindo especialmente a *Ética* de Aristóteles e comentários anteriores sobre esta. Não obstante, seu importante papel na reintrodução de Aristóteles, o próprio Grosseteste era no fundo um agostiniano e neoplatônico, afinidades exibidas não apenas em sua filosofia, mas também em sua atividade como pregador e pastor de uma das maiores dioceses da Inglaterra. [194]

ALBERTO MAGNO (1200-1280) foi o primeiro intérprete no Ocidente latino da obra de Aristóteles em sua totalidade. Ao fazer uma distinção afiada entre filosofia e teologia e insistir que os problemas filosóficos fossem resolvidos filosoficamente, enquanto integrava ao mesmo tempo temas neoplatônicos em sua interpretação, Alberto apresentou um aristotelismo que era mais apropriado aos defensores posteriores de um modo de vida puramente filosófico do que aquele de seu pupilo, Tomás de Aquino. Alberto foi o primeiro alemão a tornar-se mestre na Universidade de Paris. [201]

PEDRO DE ESPANHA (cerca de 1025-1077) foi o dominicano espanhol que escreveu o principal texto de lógica do alto escolasticismo. Ele não é mais identificado com o autor português de obras médicas e de um comentário ao *De anima* de Aristóteles, que mais tarde tornou-se o Papa João XXI. [206]

ROGÉRIO BACON (cerca de 1214-1292/94), um irascível franciscano inglês, ativo em Oxford e Paris, apresentou em seus *Opus maius* um plano detalhado de reforma curricular, enfatizando a matemática, a ciência experimental, a filosofia moral e o estudo de linguagens. Bacon desacreditava a confiança na autoridade de pensadores do passado, mas apesar disso foi um aberto admirador das realizações não cristãs na filosofia e na ciência, que ele atribuía à iluminação divina, fonte de todo o conhecimento. [208]

BOAVENTURA (João de Fidanza) (cerca de 1217-1274) ensinou teologia em Paris, de 1243 até sua eleição como ministro-geral dos franciscanos, em 1257. Defendeu a importância dos estudos universitários para sua ordem, apesar de apontar para uma síntese do intelectual e do afetivo em obras como *Itinerário da Mente para Deus*. Embora antagônico à febre de sua época por Aristóteles, foi um especialista em dispor e empregar as ideias do "Filósofo" para estabelecer suas próprias. Enquanto contemporâneos em Paris, Boaventura e Tomás de Aquino se opunham em suas atitudes para com Aristóteles e em outros tópicos, de maneiras que ecoaram nos ensinamentos subsequentes de suas respectivas ordens, os franciscanos e os dominicanos. Na *Divina Comédia*, Dante faz com que cada qual louve o fundador da ordem do outro (*Paraíso* XI-XII). [211]

HENRIQUE DE GAND (cerca de 1217-1293), mestre de teologia em Paris por volta de 1276, defendeu posições neoplatônicas e agostinianas tradicionais (foi membro da comissão que preparou 219 proposições de teor majoritariamente árabe-aristotélico, em filosofia e teologia, para condenação pelo bispo de Paris em 1277), mas, no curso de uma longa evolução intelectual, integrou muito de Aristóteles em suas próprias visões complexas e marcadamente "essencialistas". Foi citado com frequência por pensadores franciscanos, embora muitas vezes como contraste às opiniões próprias desses pensadores. [219]

TOMÁS DE AQUINO (cerca de 1225-1274) nasceu em Roccasecca, entre Nápoles e Roma, no castelo de sua família, que constituía um ramo do clã Aquino. Depois de estudar artes liberais e filosofia na Universidade de Nápoles, juntou-se à ordem dominicana, sob fortes objeções familiares. Estudou filosofia e teologia sob orientação de Alberto Magno em Paris e Colônia e, posteriormente, começou uma carreira de ensino de teologia na Universidade de Paris (1251/1252-1259 e 1268-1272), e em Nápoles, Orvieto e Roma. Tomás escreveu influentes comentários sobre textos bíblicos e sobre as principais obras de Aristóteles, incluindo os *Analíticos Posteriores*, *Física*, *De anima*, *Metafísica* (até o livro XII), *Ética a Nicômaco*, e a *Política* (até 1280a6). Sua própria filosofia é principalmente encontrada inserida em seus trabalhos teológicos. Estes incluem três tratados sistemáticos: (1)

suas primitivas conferências de Paris sobre as *Sentenças* de Pedro Lombardo; (2) a *Summa contra Gentiles* (Suma contra os Gentios), também conhecida como *Liber de veritate de catholicae fidei* (Tratado sobre a Verdade da Fé Católica) (1259-1265); e (3) a *Summa theologiae* (Suma de teologia) (1265-1273, não terminada). De importância para a filosofia são também *O Ente e a Essência*, *Sobre a Eternidade do Mundo*, e seus tratados em forma de questões, sobre tópicos como a verdade, o mal e a alma. O pensamento de Tomás é aristotélico em sua estrutura, mas toma muito do platonismo, bem como de fontes distintamente cristãs. [224]

BOÉCIO DE DÁCIA (ativo cerca de 1275) lecionou na faculdade de artes em Paris e defendeu a possibilidade de se alcançar a felicidade através da filosofia. Tratou a teologia e a filosofia, incluindo a filosofia natural, como sistemas de pensamento mutuamente independentes. [265]

SIGER DE BRABANTE (cerca de 1240-cerca de 1284), como Boécio de Dácia, lecionou na faculdade de artes em Paris. Expôs e por vezes defendeu posições aristotélicas incluídas na condenação de 1277. Dante faz com que Tomás de Aquino apresente-o no Paraíso (canto X) como alguém que "silogisou odiosas verdades". [266]

GILES DE ROMA *(Aegidius Romanus, Egidius Colonna) (*cerca de 1243/47-1316) estudou teologia em Paris durante o segundo período de ensino de Tomás de Aquino e assumiu uma provocativa linha aristotélica por si próprio, fornecendo em seu comentário das *Sentenças* muitas das proposições condenadas em 1277. Giles retirou-se de Paris e pôs-se a trabalhar comentando Aristóteles. Retornou a Paris em 1285 como primeiro mestre regente de sua ordem, os agostinianos. Seus escritos tornaram-se o ensino oficial da ordem em 1287 e ele foi eleito ministro-geral em 1292. Contribuiu de maneira influente para a discussão da distinção entre essência e existência, e escreveu dois tratados políticos significativos: *De regimine principium* (Sobre o Governo dos Príncipes), um manual de governo escrito para o futuro Filipe IV (o Belo) da França; e *De ecclesiastica potestate* (Sobre o Poder Eclesiástico), uma vasta defesa da autoridade papal, em favor do adversário eventual de Filipe, o Papa Bonifácio VIII. [269]

Pedro João de OLIVI (1247/48-1298) foi um franciscano, controverso por seu apocaliptismo e advocação de um estilo de vida "pobre", a fim de manter o ideal de São Francisco, isto é, a imitação de Cristo e dos apóstolos. Olivi também participou das principais discussões filosóficas da época, mostrando pouco respeito por Aristóteles e assumindo posições originais de sua própria lavra. [271]

GODOFREDO DE FONTAINES (cerca de 1250-cerca de 1306/1309) estudou artes liberais em Paris sob orientação de Siger de Brabante, durante a segunda regência de Tomás de Aquino em teologia, e posteriormente estudou teologia sob Henrique de Gand. Godofredo ensinou teologia em Paris a partir de 1285, criticou resolutamente a condenação de 1277, defendeu muitas das posições de Tomás de Aquino e conduziu um diálogo frequentemente opositivo com Henrique de Gand. Godofredo dividiu o ente em ente cognitivo e ente real e sustentou que, mesmo nas criaturas, essência e existência não eram nem realmente nem "intencionalmente" distintas. [275]

JAIME DE VITERBO (cerca de 1255-1308) estudou e lecionou teologia em Paris, sucedendo Giles de Roma na cadeira agostiniana em 1293. É mais conhecido por sua defesa da autoridade papal em *De regimine Christiano* (Sobre o Governo Cristão), mas também escreveu sobre tópicos metafísicos. [277]

JOÃO DE PARIS (João Quidort) (cerca de 1260-1306) foi um primitivo defensor dominicano das posições de Tomás de Aquino sobre a composição de essência e existência nas criaturas, sobre a matéria como princípio de individuação e outros tópicos. Argumentou a favor da mútua independência da autoridade leiga e eclesiástica. [278]

João DUNS ESCOTO (cerca de 1265/66-1308), um franciscano, estudou e ensinou tanto em Oxford como em Paris. Conhecido como "o Doutor Sutil", Escoto foi um dos maiores pensadores medievais. Suas obras principais incluem pelo menos três conjuntos de conferências sobre as *Sentenças* de Pedro Lombardo, questões sobre a *Metafísica* de Aristóteles e um corpo substancial de questões em forma de *quodlibet*. As principais características do pensamento de Escoto incluem um conceito unívoco de ser, uma demonstração distintiva da existência de Deus, a distinção "formal" entre as características "realmente" idênticas de uma coisa (incluindo sua *haecceitas* ou "coisidade"), a fundamentação do conhecimento na cognição intuitiva ao invés da iluminação divina e uma teoria da vontade como livre no próprio instante da escolha. [281]

MARSÍLIO DE PÁDUA (1275/80-1342/43) foi estudante de medicina e filosofia natural, provavelmente na Universidade de Pádua, inicialmente. Foi reitor da Universidade de Paris por um breve período, em 1313. Em 1324, escreveu o tratado político mais revolucionário da Idade Média, o *Defensor pacis* (Defensor da Paz), que propunha uma teoria substancialmente completa da competência de uma comunidade para controlar seus próprios assuntos e atacava a autoridade papal e as reivindicações clericais de poder político como umas das maiores ameaças à tranquilidade cívica. [303]

PEDRO AUREOLO (cerca de 1280-1322), um franciscano, lecionou em Paris. Sua maior contribuição para os debates da época sobre o representacionismo foi o conceito de "ser aparente" *(esse aparens)*, o qual provocou a crítica de Ockham. [307]

GUILHERME DE OCKHAM (cerca de 1287-1347/48), um franciscano inglês, estudou e lecionou em Oxford e em casas de estudo franciscanas, enquanto escrevia extensivamente sobre lógica, física aristotélica e teologia. Estes trabalhos são a base para a reputação por vezes exagerada de Ockham como inaugurador de uma *via moderna* em filosofia e teologia. Em meados de 1320, foi requisitado na defesa de seus ensinamentos sobre graça, livre-arbítrio e outros tópicos, na corte papal de Avignon. Enquanto ali estava, veio a crer que o Papa João XXII era um herege ao negar a completa pobreza legal de Cristo e seus apóstolos, uma doutrina que a maior parte dos franciscanos da época considerava essencial para a fé cristã. Ockham fugiu da cúria em 1328, acompanhado do ministro-geral de sua ordem e de uns poucos confrades, tomando refúgio com Ludovico da Baviera, que se encontrava em disputa com o papado sobre a legitimidade de seu título como imperador romano. Ockham então escreveu contra os ensinamentos de João XXII, compôs um massivo diálogo sobre a heresia e discutiu com algum detalhe as bases e funções dos governos religiosos e seculares. Morreu em Munique, possivelmente durante o irrompimento da peste negra. [308]

GERSÔNIDES (Levi Ben Gershom) (1288-1344) foi um filósofo, astrônomo e matemático judeu que viveu no sul da França. Uma tradução abreviada de seus trabalhos astronômicos foi comissionada pelo Papa Clemente VI e citada por Kepler. Em seu *Milhamot ha-Shem* (As Guerras do Senhor), Gersônides mostrou-se um aristotélico mais consistente que Maimônides, em detrimento de sua reputação nos círculos judaicos posteriores. Assumiu posições originais em pontos centrais da teologia filosófica medieval, como a criação *ex nihilo* (negada por ele), onisciência divina (rejeitada no que se refere a futuros contingentes) e imortalidade pessoal (restrita à parte racional da alma). [323]

ROBERTO HOLCOT (cerca de 1290-1349) foi um dominicano inglês que questionou a extensão do conhecimento teológico e natural, mas foi considerado semipelagiano ao afirmar a capacidade natural da vontade para alcançar a fé. [355]

ADÃO DE WODEHAM (cerca de 1298-1358), teólogo franciscano inglês, estudou sob Ockham e defendeu muitas de suas posições. Wodeham foi também um pensador original, enfatizando a dependência da criação e da salvação para com Deus. Em contraste com Ockham, sustentou que os objetos do conhecimento científico não eram proposições, mas estados de coisas. [338]

TOMÁS BRADWARDINE (cerca de 1300-1349) aplicou a lógica e a matemática à filosofia natural, em certo número de trabalhos originais e influentes. Em teologia, defendeu a forte opinião da onisciência divina e do primado da graça em todo ato humano. Foi confirmado como arcebispo da Cantuária pouco antes de sua morte. [339]

JOÃO BURIDANO (cerca de 1300-depois de 1358) foi um mestre de artes em Paris, escreveu sobre lógica, especialmente semântica, e comentou muitos textos de Aristóteles. Argumentou que a liberdade humana existe para nos permitir viver segundo os ditames da razão e que podemos saber o suficiente sobre o mundo para que a razão nos conduza na direção do conhecimento e do amor de Deus, que constitui nossa felicidade última. [341]

NICOLAU DE AUTRECOURT (cerca de 1300-1369) aplicou vigorosamente o princípio de não contradição às pretensões aristotélicas de conhecimento, com resultados altamente céticos. [346]

Guilherme de HEYTESBURY (antes de 1313-1372), um dos "calculadores de Oxford" (juntamente com Bradwardine, Ricardo Swineshead, Ricardo Kilvington e João Dumbleton), desenvolveu a matemática da aceleração uniforme e o tratamento matemático de quantidades físicas, como o calor. Seu influente tratado sobre sofismas lidava compreensivamente com paradoxos de autorreferência e problemas que emergem de contextos intencionais. [348]

Nicolau de ORESME (cerca de 1325-1382) seguiu a liderança dos calculadores de Oxford na aplicação de técnicas matemáticas em filosofia natural, desenvolvendo uma sofisticada análise das intensidades de velocidades e qualidades. Também escreveu sobre economia e, sob o patrocínio de Carlos V da França, traduziu a *Ética a Nicômaco* e a *Política* de Aristóteles, com comentários a partir de circunstâncias correntes da época. [350]

João WYCLIF (cerca de 1330-1384) foi um mestre secular em artes e posteriormente em teologia. O estudo recente aumentou o interesse por sua metafísica, especialmente com relação ao problema dos universais, no qual ele se opôs ao nominalismo em voga na época. Permanece mais bem conhecido por sua radical oposição à riqueza da Igreja e por sua doutrina da predestinação, ambas posições que sugeriam um abismo entre o verdadeiro cristianismo e a Igreja institucional de sua época. [351]

Bibliografia

Esta bibliografia fornece referências completas para todas as obras que foram citadas em cada capítulo na forma de um número entre colchetes (e. g., P. Brown [66]). Também são fornecidas referências para textos medievais citados por livro e capítulo ou de modo similar, mas não ligados a uma edição específica (e. g., Agostinho, *Confissões* X 3). Um número limitado de outros recursos encontra-se identificado. As referências não são repetidas para obras citadas por meio das abreviaturas dadas anteriormente na lista que precede a introdução.

A bibliografia é organizada como se segue:

— Histórias da filosofia medieval [1-14].
— Coleções de textos e traduções [15-24].
— Coleções de estudos [25-51].
— Obras de referência e bibliografias [52-54].
— Textos e estudos de filósofos medievais importantes, em ordem cronológica [55-354].
— Textos e estudos de outros pensadores medievais [355-391].
— Obras sobre tópicos específicos, na ordem dos capítulos deste volume [392-653].

As seguintes abreviaturas foram utilizadas para os títulos de periódicos:

ACPQ	*American Catholic Philosophical Quarterly*
AHDLMA	*Archives d'Histoire Doctrinale et Litteráire du Moyen Age*
ASP	*Arabic Sciences and Philosophy*
BEO	*Bulletin d'Etudes orientales*
CJP	*Canadian Journal of Philosophy*
DSTFM	*Documenti e Studi sulla Tradizione Filosofica Medievale*
ESM	*Early Science and Medicine*
FP	*Faith and Philosophy*
JHI	*Journal of the History of Ideas*

JHP	*Journal of the History of Philosophy*
JJS	*Journal of Jewish Studies*
JQR	*Jewish Quarterly Review*
JTS	*Journal of Theological Studies*
MPT	*Medieval Philosophy and Theology*
MRS	*Mediaeval and Renaissance Studies*
MS	*Mediaeval Studies*
NS	*The New Scholasticism*
PAAJR	*Proceedings of the American Academy for Jewish Research*
RM	*Review of Metaphysics*
RTAM	*Recherches de Théologie Ancienne et Médiévale*

Histórias da filosofia medieval

[1] Armstrong, A. H., ed. *The Cambridge History of Later Greek and Early Medieval Philosophy* (Cambridge, 1967).

[2] Schmitt, C. B. e Q. Skinner, eds. *The Cambridge History of Renaissance Philosophy* (Cambridge, 1988).

[3] Marenbon, J. *Early Medieval Philosophy (480-1150). An Introduction*, edição revisada (London/New York, 1988).

[4] Marenbon, J. *Later Medieval Philosophy (1150-1350)* (London/New York, 1987).

[5] Marenbon, J. *Medieval Philosophy* (London/New York, 1998).

[6] Spade, P. V. *A Survey of Medieval Philosophy*, versão 2.0. http://www.pvspade.com/Logic/docs/Survey2Interim.pdf.

[7] Copleston, F. *A History of Philosophy*, vol. III, *Late Medieval and Renaissance Philosophy* (New York, 1963).

[8] Knowles, D. *The Evolution of Medieval Thought* (London, 1962).

[9] Gilson, E. *History of Christian Philosophy in the Middle Ages* (London, 1955).

[10] Corbin, H. *History of Islamic Philosophy*, trad. para o inglês L. e P. Sherrard (London, 1993).

[11] Nasr, S. H. e O. Leaman, eds. *History of Islamic Philosophy*, 2 vols. (London, 1996).

[12] Leaman, O. e D. Frank, eds. *History of Jewish Philosophy* (London, 1997).

[13] Burns, J. H., ed. *The Cambridge History of Medieval Political Thought c. 350-c. 1400* (Cambridge, 1988).
[14] Canning, J. P. *A History of Medieval Political Thought 300-1450* (London/New York, 1996).

Coleções de textos e traduções

[15] MacDonald, S., ed. *The Cambridge Translations of Medieval Philosophical Texts*, vol. IV, *Metaphysics* (Cambridge, no prelo).
[16] Williams, T., ed. *The Cambridge Translations of Medieval Philosophical Texts*, vol. V, *Philosophical Theology* (Cambridge, no prelo).
[17] Hyman, A. e J. J. Walsh, eds. *Philosophy in the Middle Ages: The Christian, Islamic, and Jewish Traditions*, 2ª ed. (Indianapolis, 1983).
[18] Kraye, J. *et al.*, eds. *Pseudo-Aristotle in the Middle Ages: The Theology and Other Texts* (London, 1986).
[19] Bosley, R. e M. Tweedale, eds. *Basic Issues in Medieval Philosophy. Selected Reading Presenting the Interactive Discourses Among the Major Figures* (Peterborough, Ontario, 1997).
[20] Spade, P. V., ed. *Five Texts on the Medieval Problem of Universals: Porphyry, Boethius, Abelard, Duns Scotus, Ockham* (Indianapolis/Cambridge, MA, 1994).
[21] Lottin, O. *Psychologie et morale aux XIIe er XIIIe siécles*, 6 vols. (Louvain, 1942-1960).
[22] Lerner, R. e M. Mahdi, eds. *Medieval Political Philosophy* (Ithaca, NY, 1963).
[23] Peters, E., ed. *Heresy and Authority in Medieval Europe. Documents in Translation* (Philadelphia, 1980).
[24] Denzinger, H., ed. *Enchiridion Symbolorum*, revisado por A. Schönmetzer, 33ª ed. (Barcelona/Freiburg/Rome/New York, 1965). Textos latinos de credos e documentos relacionados.

Coleções de estudos

Desde que foi estabelecida, em 1958, a *Société Internationale pour l'Étude de la Philosophie Médiévale* (SIEPM) tem organizado congressos internacionais de filosofia medieval, a cada três anos, no princípio, e posteriormente a cada cinco anos, tendo cada congresso um único tema geral. Desde 1989, a sociedade tem também organizado simpósios *(Rencontres)* voltados para tópicos específicos de pesquisa. As atas de ambos os tipos de reunião têm muitos artigos em inglês. As atas dos congressos da SIEPM incluem os seguintes:

[25] Wenin, C., ed. *L'Homme et son univers au myen âge* (Louvain-la-Neuve, 1986).

[26] Asztalos, M. *et al.*, eds. *Knowledge and the Sciences in Medieval Philosophy*, 3 vols. (Helsinki, 1990).

[27] Bazán, B. *et al.*, eds. *Les Philosophies morales et politiques au moyen âge/Moral and Political Philosophies in the Middle Ages*, 3 vols. (New York/Ottawa/Toronto, 1995).

[28] Aertsen, J. A. e A. Speer, eds. *Was ist Philosophie im Mittlelalter?/Qu'est-ce que la philosophie au moyen âge?/What is Philosophy in the Middle Ages?* (Berlin/New York, 1998).

Os *Rencontres de philosophie médiévale* (SIEPM) incluem os seguintes:

[29] Santiago-Otero, H., ed. *Diálogo filosófico-religioso entre cristianismo, judaísmo e islamismo durante la Edad Media en la Península Ibérica* (Turnhout, 1994).

[30] Wlodek, S., ed. *Société et Eglise. Textes et discussions dans les universités d'Europe centrale pendant le moyen âge tardif* (Turnhout, 1994).

[31] Marenbon, J., ed. *Aristotle in Britain during the Middle Ages* (Turnhout, 1996).

[32] Benakis, L. G., ed. *Néoplatonisme et philosophie médiévale* (Turnhout, 1997).

[33] Brown, S. F., ed. *Meeting of the Minds. The Relations between Medieval and Classical Modern European Philosophy* (Turnhout, 1999).

[34] Hamesse, J. e C. Steel, eds. *L'Elaboration du vocabulaire philosophique au moyen âge* (Turnhout, 1999).

[35] Boiadjiev, T. *et al.*, eds. *Die Dionysius-Rezeption im Mittelater* (Turnhout, 2000).

Outras coleções de artigos:

[36] *Les Genres littéraires dans les sources théologiques et philosophiques médiévales. Définition, critique et exploitation* (Louvain-la-Neuve, 1982).

[37] Bazán, B. C. *et al.*, eds. *Les Questions disputées et les questions quodlibétiques dans les facultés de théologie, de droit et de médicine* (Turnhout, 1985).

[38] Burnyeat, M. ed. *The Skeptical Tradition* (Berkeley, CA, 1983).

[39] Flint, T. P. ed. *Christian Philosophy* (Notre Dame, IN, 1990).

[40] Gill, M. L. e J. G. Lennox, eds. *Self-Motion. From Aristotle to Newton* (Princeton, NJ, 1994).

[41] Kretzmann, N., ed. *Meaning and Inference in Medieval Philosophy: Studies in Memory of Jan Pinborg* (Dordrecht/Boston, MA/London, 1988).

[42] Leijenhorst, C. *et al.*, eds. *The Dynamics of Aristotelian Natural Philosophy from Antiquity to the Seventeenth Century* (Leiden, 2002).

[43] Long, R. J. *Philosophy and the God of Abraham. Essays in Memory of James A. Weisheipl* (Toronto, 1991).

[44] Morewedge, P., ed. *Islamic Philosophical Theology* (Albany, NY, 1979).

[45] Murdoch, J. e E. Sylla, eds. *The Cultural Context of Medieval Learning* (Dordrecht/Boston, MA, 1975).

[46] Nauta, L. e A. Vanderjagt, eds. *Between Demonstration and Imagination* (Leiden/Boston, MA/ Cologne, 1999).

[47] Read, S., ed. *Sophisms in Medieval Logic and Grammar* (Dordrecht/Boston, MA/London, 1993).

[48] Ridyard, S. e R. Benson, eds. *Man and Nature in the Middle Ages* (Sewanee, TN, 1995).

[49] Savory, R. M. e D. A. Agius, eds. *Logos Islamikos* (Toronto, 1984).

[50] Sylla, E., e M. McVaugh, eds. *Texts and Contexts in Ancient and Medieval Science* (Leiden/New York/Cologne, 1997).

[51] Yrjönsuuri, M. ed. *Medieval Formal Logic: Obligations, Insolubles and Consequences* (Dordrecht/Boston, MA/London, 2001).

Obras de referência e bibliografias

Craig, E., ed. *The Routledge Encyclopedia of Philosophy*, 10 vols. (London/New York, 1998); também *online* com atualizações (http://www.rep.routledge.com/), e *Concise Routledge Encyclopedia of Philosophy* são generosas e confiáveis em sua cobertura da filosofia medieval.

[52] *The Stanford Encyclopedia of Philosophy*, ed. E. Zalta. http://plato.stanford/edu/

Os periódicos *Speculum* (periódico da Academia Medieval da América) e *JHP* dedicam bastante espaço a resenhas de livros; a *International Medieval Bibliography*, publicada em formato impresso e CD-ROM pela Universidade de Leeds, compreende também artigos de periódicos e resenhas. Informações valiosas a respeito de trabalhos em progresso sobre filosofia medieval, bem como bibliografias sobre tópicos específicos, podem ser encontradas em:

[53] *Bulletin de Philosophie Médiévale*, ed. *Société Internationale pour l'Étude de la Philosophie Médiévale*.

Para filosofia islâmica, ver:

[54] Daiber, H. *Bibliography of Islamic Philosophy*, 2 vols. (Leiden, 1999).

FILÓSOFOS E TÓPICOS INDIVIDUAIS

Agostinho

[55] Agostinho. *The Advantage of Believing*, trad. para o inglês L. Meagher (New York, 1947).
[56] Agostinho. *Against The Academicians* e *The Teacher*, trad. para o inglês P. King (Indianapolis, 1995).
[57] Agostinho. *Answer to the Pelagians II*, trad. para o inglês R. J. Teske (Hyde Park, NY, 1998). Inclui *Answer to the Two Letters of the Pelagians* (97-219) e *Answer to Julian* (221-536).
[58] Agostinho. *The City of God against the Pagans*, trad. para o inglês H. Bettenson (London, 1972).

[59] Agostinho. *Confessions*, trad. para o inglês F. J. Sheed, edição revisada (Indianapolis, 1993).

[60] Agostinho. *De Dialectica*, trad. para o inglês B. D. Jackson (Dordrecht/Boston, MA, 1975).

[61] Agostinho. *De genesi ad litteram, The Literal Meaning of Genesis*, trad. para o inglês J. H. Taylor, SJ, 2 vols. (New York/Ramsey, NJ, 1982).

[62] Agostinho. *Of True Religion*, trad. para o inglês J. H. S. Burleigh (Chicago, 1964).

[63] Agostinho. *On Christian Doctrine*, trad. para o inglês D. W. Robertson (Indianapolis, 1958).

[64] Agostinho. *On Free Choice of the Will*, trad. para o inglês T. Williams (Indianapolis/Cambridge, MA, 1993).

[65] Agostinho. *The Trinity*, trad. para o inglês E. Hill (Brooklyn, NY, 1991). Novas divisões de capítulos.

[66] Brown, P. *Augustine of Hippo* (Berkeley, CA, 1967; edição revisada 2000).

[67] Fitzgerald, A. *St. Augustine Through the Ages: An Encyclopedia* (Grand Rapids, MI/Cambridge, 1999).

[68] Gilson, E. *The Christian Philosophy of St. Augustine* (New York, 1960).

[69] Kahn, C. H. "Discovering the Will. From Aristotle to Augustine", em: J. M. Dillon e A. A. Long, eds., *The Question of Eclecticism. Studies in Later Greek Philosophy* (Berkeley, CA/Los Angeles, CA/London, 1985), 234-259.

[70] Kirwan, C. *Augustine* (London, 1989).

[71] Kretzmann, N. "Faith Seeks, Understanding Finds: Augustine's Charter for Christian Philosophy", em [39], 1-36.

[72] Markus, R. A. *Saeculum: History and Society in the Theology of St. Augustine* (Cambridge, 1970).

[73] Matthews, G. *Thought's Ego in Augustine and Descartes* (Ithaca, NY, 1992). Cf. [612].

[74] O'Connor, W. "The Uti/Frui Distinction in Augustine's Ethics", *Augustinian Studies* 14 (1983), 45-62.

[75] O'Daly, G. *Augustine's Philosophy of Mind* (Berkeley, CA, 1987).

[76] Rist, J. *Augustine: Ancient Thought Baptized* (Cambridge, 1994).

Pseudo-Dionísio

[77] Pseudo-Dionsísio, o Areopagita. *Dionysiaca*, ed. P. Chevallier, 2 vols. (Paris, 1937-1950).
[78] Pseudo-Dionsísio, o Areopagita. *The Complete Works*, trad. para o inglês C. Luibheid (New York, 1987).
[79] Pseudo-Dionsísio, o Areopagita. *Celestial Hierarchy. Denys l'Aréopagite, La Hiérarchie céleste*, ed. G. Heil, 2ª edição (Paris, 1970).
[80] Mahoney, E. P. "Pseudo-Dionysius's Conception of Metaphysical Hierarchy and its Influence on Medieval Philosophy", em [35], 429-475.
[81] Rorem, P. *Pseudo-Dionysius: A Commentary on the Texts and an Introduction to their Influence* (Oxford, 1993).
[82] Théry, G. *Etudes dionysiennes*, 2 vols. (Paris, 1932, 1937).
[83] Wenger, A. "Denys l'Aréopagite", *Dictionnaire de spiritualité* III (1957) cols. 307-309.

Boécio

[84] Boécio. *De consolatione philosphiae, Opuscula theologica*, ed. C. Moreschini (Munich/Leipzig, 2000).
[85] Boécio. *Consolation of Philosophy*, trad. para o inglês J. C. Relihan (Indianapolis/Cambridge, 2001).
[86] Boécio. *The Theological Tractates*, trad. para o inglês H. F. Stewart e E. K. Rand (Cambridge, MA, 1973).
[87] Marenbon, J. *Boethius* (New York, 2003).
[88] Marenbon, J. "Le Temps, la prescience et le déterminisme dans la *Consolation de Philosophie*", em A. Gallonier, ed., *Boèce ou la chaîne des savoirs* (Louvain/Paris, no prelo), 159-174.
[89] Thierry de Chartres e sua escola. *Tractatus de sex dierum operibus*, em N. M. Häring, ed., *Commentaries on Boethius by Thierry of Chartres and His School* (Toronto, 1971).

Escoto Erígena

[90] João Escoto Erígena. *Periphyseon (The Division of Nature)*, trad. para o inglês I. P. Sheldon Williams, revisado por J. J. O'Meara (Montreal/ Washington, DC, 1987).

Al-Kindi

[91] Al-Kindi. *Al-Kindi's Metaphysics: A Translation of Ya'qub ibn Ishaq al-Kindi's Treatise "On First Philosophy"*, ed. e trad. para o inglês A. L. Ivry (Albany, NY, 1974).
[92] Druart, T.-A. "Al-Kindi's Ethics", *RM* 47 (1993), 329-357.

Alfarabi (Al-Farabi, Farabi)

[93] Alfarabi. *On the Aims of the Metaphysics*, trad. parcial para o inglês em [124] 240-242.
[94] Alfarabi. *Al-Farabi's Commentary and Short Treatise on Aristotle's* De interpretatione, trad. para o inglês F. W. Zimmermann (London, 1981).
[95] Alfarabi. *Al-Farabi on the Perfect State. Abu Nasr al-Farabi's Mabadi' Ara' Ahl al-Madina al-Fadila*, trad. para o inglês R, Walzer (Oxford, 1985).
[96] Alfarabi. *Alfarabi's Philosophy of Plato and Aristotle*, trad. para o inglês M. Mahdi, edição revisada (Ithaca, NY, 1969; reimpressão 2001). (Inclui *The Attainment of Happiness*.)
[97] Alfarabi. *The Political Regime*, trad. parcial para o inglês F. M. Najjar, em [22], 31-57.
[98] Alfarabi. *The Political Writings: Selected Aphorisms and Other Texts*, trad. para o inglês C. E. Butterworth (Ithaca, NY/ London, 2001). Inclui *The Book of Religion* e *The Harmonization of the Opinions of the Two Sages: Plato the Divine and Aristotle*.
[99] Druart, T.-A. "Al-Farabi, Ethics and First Intelligibles", *DSTFM* 8 (1997), 403-423.
[100] Druart, T.-A. "Le Sommaire du livre des 'Lois' de Platon (Gawami' Kitab al-Nawamis li-Aflatun) par Abu Nasr al-Farabi", *BEO* (Damasco) 50 (1998), 109-155.

[101] Galston, M. *Politics and Excellence: The Political Philosophy of Alfarabi* (Princeton, NJ, 1990).

[102] Gutas, D. "Galen's Synopsis of Plato's Laws and Farabi's Talkhis", em G. Endress e R. Kruk, eds., *The Ancient Tradition in Christian and Islamic Hellenism* (Leiden, 1997), 101-119.

[103] Lameer, J. *Al-Farabi and Aristotelian Syllogistics: Greek Theory and Islamic Practice* (Leiden, 1994).

[104] Mahdi, M. *Alfarabi and the Foundation of Islamic Political Philosophy* (Chicago/London, 2001).

[105] Parens, J. *Metaphysics as Rhetoric: Al-Farabi's* Summary of Plato's 'Laws' (Albany, NY, 1995).

Saadías Gaon

[106] Saadías Gaon. *The Book of Beliefs and Opinions*, trad. para o inglês S. Rosenblatt (New Haven, CT, 1948).

[107] Saadías Gaon. *Saadiah ben Joseph al-Fayyumi's Book of Theodicy, a Tenth Century Arabic Commentary and Translation of the Book of Job*, trad. para o inglês L. E. Goodman (New Haven, CT, 1988).

[108] Finklestein, L., ed. *Rab Saadia Gaon – Studies in His Honor, JTS* (1944).

[109] Freimann, A., ed. *Saadia Anniversary Volume*, Proceedings of the American Academy for Jewish Research, 1943.

[110] Rosenthal, E. I. J., ed. *Saadya Studies, JQR* 33 (1942-1943).

Avicena (Ibn Sina)

[111] Avicena escreveu uma extensa enciclopédia filosófica a *Shifa'* (Cura), a qual ele posteriormente abreviou, principalmente por meio de seleções, no *Najat* (Salvação). Uma edição da *Metafísica do Shifa'* (*Metaphysics of the Shifa'*) com tradução para o inglês de M. E. Marmura encontra-se no prelo pela *Brigham Young University Press*.

[112] Avicena. *Healing: Metaphysics* I 5, trad. para o inglês M. E. Marmura, em [49], 219-239.

[113] Avicena. *Healing: Metaphysics* VI 1-2 [sobre as causas], trad. para o inglês A. Hyman, em [17], 247-255.

[114] Avicena. *Healing: Metaphysics* X 2-5, trad. para o inglês M. E. Marmura, em [22], 98-111.

[115] Avicena. *Avicenna Latinus. Liber de anima seu sextus de naturalibus*, ed. S. Van Riet, 2 vols. (Louvain/Leiden, 1968-1972).

[116] Avicena. *Avicenna Latinus. Liber de philosophia prima sive scientia divina*, ed. S. Van Riet, 3 vols. (Louvain/Louvain-la-Neuve/Leiden, 1977-1983).

[117] Avicena. *The Life of Ibn Sina*, trad. para o inglês W. E. Gohlman (Albany, NY, 1974).

[118] Avicena. *On the Proof of Prophecies and the Interpretation of the Prophet's Symbols and Metaphors*, trad. para o inglês M. E. Marmura, em [22], 112-121.

[119] Avicena. *Avicenna's Psychology. An English Translation of Kitab al-Najat, Book II, Chapter VI*, trad. para o inglês F. Rahman (London, 1952).

[120] Avicena. *On Theology*, trad. para o inglês A. J. Arberry (London, 1951).

[121] Burrell, D. *Knowing the Unknowable God: Ibn Sina, Maimonides, Aquinas* (Notre Dame, IN, 1986).

[122] Corbin, H. *Avicenna and the Visionary Recital*, trad. para o inglês W. R. Trask (London, 1960).

[123] Gutas, D. "Avicenna's Eastern ('Oriental') Philosophy: Nature, Contents, Transmission", *ASP* 10 (2000), 159-180.

[124] Gutas, D. *Avicenna and the Aristotelian Tradition. Introduction to Reading Avicenna's Philosophical Works* (Leiden, 1988).

[125] Gutas, D. "Intuition and Thinking: The Evolving Sturcture of Avicenna's Epistemology", em [133], 1-38.

[126] Hasse, D. N. "Avicenna on Abstraction", em [133], 39-72.

[127] Janssens, J. L. *An Annotated Bibliographyon Ibn Sina (1970-1989)* (Louvain, 1991).

[128] Janssens, J. L. *An Annotated Bibliographyon Ibn Sina. First Supplement (1990-1994)* (Louvain-la-Neuve, 1999).

[129] Marmura, M. E. "Avicenna's 'Flying Man' in Context", *Monist* 69 (1986), 383-395.

[130] Marmura, M. E. "Avicenna and the Kalam", *Zeitschrift für Geschichte der Arabisch-Islamischen Wisseschaften* 7 (1991-1992), 172-206.

[131] Marmura, M. E. "Avicenna on Primary Concepts in the *Metaphysics* of his *al-Shifa*", em [49], 219-239.
[132] Rahman, F. "Essence and Existence in Ibn Sina: The Myth and the Reality", *Hamdard Islamicus* 4, 1 (1981), 3-14.
[133] Wisnovsky, R., ed. *Aspects of Avicenna* (Princeton, NJ, 2002).
[134] Wisnovsky, R. "Notes on Avicenna's Concept of Thingness (say'iyya)", *ASP* 10 (2000), 181-221.

Avicebron (Ibn Gebirol)

[135] Avicebron. *Fountain of Life*, trad. para o inglês A. B. Jacob (Philadelphia, 1954).
[136] Avicebron. *The Improvement of the Moral Qualities*, ed. e trad. para o inglês S. S. Wise (New York, 1901; reimpressão 1966).
[137] Löwe, R. *Ibn Gabirol* (New York, 1990).

Anselmo de Cantuária

[138] Anselmo de Cantuária. *Opera omnia*, ed. F. S. Scmitt, 6 vols. em 2 (Stuttgart-Bad Cannstatt, 1968).
[139] Anselmo de Cantuária. *The Major Works*, ed. B. Davies e G. R. Evans, 2 vols. (Oxford, 1998) e *Anselm of Canterbury*, trad. para o inglês J. Hopkins e H. Richardson, 4 vols. (Toronto/New York, 1976); ambos incluem *On the Trinity*; *The Harmony of the Foreknowledge, the Predestination, and the Grace of God with Free Choice*; e *Cur Deus homo* (*Why God Became Man*, "Por que Deus se Fez Homem?").
[140] Anselmo de Cantuária. *Monologion and Proslogion with the Replies of Gaunilo and Anselm*, trad. para o inglês T. Williams (Indianapolis, 1996).
[141] Anselmo de Cantuária. *Three Philosophical Dialogues: On Truth, On Freedom of Choice, On the Fall of the Devil*, trad. para o inglês T. Williams (Indianapolis, 2002).
[142] Adams, M. M. "Romancing the Good: God and the Self According to St. Anselm of Canterbury", em G. Matthews, ed., *The Augustinian Tradition* (Berkeley, CA/ London, 1998), 91-109.

[143] Normore, C. "Anselm's Two 'Wills'", em [27], 759-766.
[144] Schfreider, G. *Confessions of a Rational Mystic* (West Lafayette, IN, 1994). Texto e trad. do *Proslogion*, 310-375.
[145] Southern, R W. *St. Anselm and His Biographer* (Cambridge, 1963).
[146] Southern, R. W. *Saint Anselm: A Portrait in a Landscape* (Cambridge, 1990).
[147] Visser, S. e T. Williams. "Anselm's Account of Freedom", *CJP* 31 (2001), 221-244.

Algazel (Al-Gazâli)

[148] Algazel. *The Incoherence of the Philosophers*, ed. e trad. para o inglês M. E. Marmura (Provo, UT, 1997).
[149] Algazel. [autobiografia] *Freedom and Fulfillment*, trad. para o inglês R. J. McCarthy, S. J. (Boston, MA, 1980; reimpresso como *Deliverance from Error*, Louisville, KY [1999?]).
[150] Marmura, M. E. "Ghazali and Ash'arism Revisited", *ASP* 12 (2002), 91-110.
[151] Marmura, M. E. "Ghazalian Causes and Intermediaries", *Journal of the American Oriental Society* 115 (1995), 89-100.

Pedro Abelardo

[152] Pedro Abelardo. *Abelard to a Friend: The Story of His Misfortunes*, em *The Letters of Abelard and Heloïse*, trad. para o inglês B. Radice (New York, 1974), 57-106.
[153] Pedro Abelardo. *Peter Abelard's "Ethics"*, ed. e trad. para o inglês D. Luscombe (Oxford, 1971).
[154] Marenbon, J. *The Philosophy of Peter Abelard* (Cambridge, 1997).

Hugo de São Vítor

[155] Luscombe, D. E. "The Commentary of Hugh of Saint Victor on the Celestial Hierarchy", em [35], 159-175.

Pedro Lombardo

[156] Colish, M. L. *Peter Lombard*, 2 vols. (Leiden, 1994).

João de Salesbury

[157] João de Salesbury. *The Metalogicon of John of Salisbury*, trad. para o inglês D. D. McGarry (Berkeley, CA, 1955).
[158] João de Salesbury. *Policraticus*, trad. para o inglês C. J. Nederman (Cambridge, 1990).
[159] Wilks, M., ed. *The World of John of Salisbury* (Oxford, 1984).

Averróis (Ibn Rushd)

[160] Averróis. *The Epistle on the Possibility of Conjunction with the Active Intellect by Ibn Rushd with the Commentary of Moses Narboni*, ed. e trad. para o inglês K. P. Bland (New York, 1982).
[161] Averróis. *On the Harmony of Religion and Philosophy*, trad. para o inglês G. F. Hourani (London, 1976).
[162] Averróis. *Liber de medicina, qui dicitur Colliget*, em Aristóteles, *Omnia quae extant opera* (Venice, 1552), X, fos. 4-80.
[163] Averróis. *Middle Commentary on Aristotle's* De anima, ed. e trad. para o inglês A. L. Ivry (Provo, UT, 2002).
[164] Averróis. *Averroes on Plato's "Republic"*, trad. para o inglês R. Lerner (Ithaca, NY/London, 1974).
[165] Averróis. *Tahafut al-Tahafut (The Incoherence of the Incoherence)*, trad. para o inglês S. Van den Bergh, 2 vols. (London, 1954, reimpresso 1969).
[166] Black, D. "Consciousness and Self-Knowledge in Aquinas's Critique of Averroes' Psychology", *JHP* 31 (1993), 349-385.
[167] Davidson, H. A. "The Relation between Averroes' Middle and Long Commentaries on the *De anima*", *ASP* 7 (1997), 139-151; "Response" de A. Ivry, 153-155.
[168] Endress, G. e J. A. Aertsen, eds. *Averroes and the Aristotelian Tradition. Sources, Constitution and Reception of the Philosophy of Ibn Rushd (1126-1198)* (Leiden, 1999).

[169] Hyman, A. "Averroes' Theory of the Intellect and the Ancient Comentators", em [168], 188-198.
[170] Ivry, A. L. "Averroes' Middle and Long Commentaries on the *De anima*", *ASP* 5 (1995), 75-92.
[171] Ivry, A. L. "Averroes' Three Commentaries on *De anima*", em [168], 199-216.
[172] Renan, E. *Averroès et l'averroïsme* (Paris, 1852; 3ª edição revisada 1866; reimpresso com prefácio de A. de Libera, Paris, 1997).
[173] Rosemann, P. W. "Averroes: A Catalogue of Editions and Scholarly Writings from 1821 Onwards", em [53] 30 (1988), 153-221.
[174] Sylla, E. "Averroism and the Assertiveness of the Separate Sciences", em [26], III, 171-180.
[175] Taylor, R. C. "Remarks on Cogitatio in Averroes' *Commentarium Magnum in Aristotelis De Anima Libros*", em [168], 217-255.

Moisés Maimónides

[176] Moisés Maimónides. *Crises and Leadership: Epistles of Maimonides*, trad. para o inglês A. Halkin (Philadelphia, 1985).
[177] Moisés Maimónides. *Ethical Writings of Maimonides*, trad. para o inglês R. L. Weiss e C. E. Butterworth (New York, 1975).
[178] Moisés Maimónides. *The Guide of the Perplexed*, trad. para o inglês S. Pines, 2 vols. (Chicago, 1963).
[179] Moisés Maimónides. *Mishneh Torah: The Books of Knowledge*, trad. para o inglês M. Haymson (Jerusalem, 1965).
[180] Moisés Maimónides. *Maimonides' Treatise on [the Art of] Logic*, trad. para o inglês I. Efros (New York, 1938).
[181] Altmann, A. "Maimonides on the Intellect and the Scope of Metaphysics", em *Von der mittelalterlichen zur modernen Aufklärung* (Tubingen, 1987), 60-129.
[182] Buijs, J. A., ed. *Maimonides: A Collection of Critical Essays* (Notre Dame, IN, 1988).
[183] Dunphy, W. "Maimonides' Not So Secret Position on Creation", em [186], 151-172.
[184] Hyman, A., ed. *Maimonidean Studies*, 4 vols. (New York, 1991-1996).

[185] Kraemer, J., ed. *Perspectives on Maimonides: Philosophical and Historical Studies* (London, 1996).
[186] Ormsby, E., ed. *Maimonides and His Times* (Washington, DC, 1989).
[187] Pines, S. e Y. Yovel, eds. *Maimonides and Philosophy* (Dordrecht, 1986).
[188] Strauss, L. "The Literary Character of the *Guide of the Perplexed*", em Strauss, *Persecution and the Art of Writing* (Westport, CT, 1952), 38-94.

Estudos comparativos incluem os seguintes:

[189] Burrell, D. "Aquinas' Debt to Maimonides", em R. Link-Salinger *et al.*, eds., *A Straight Path* (Washington, DC, 1988), 37-48.
[190] Dienstag, J. I. *Studies in Maimonides and St. Thomas Aquinas* (New York, 1975).
[191] Dobbs-Weinstein, I. *Maimonides and St. Thomas on the Limits of Reason* (Albany, NY, 1995).
[192] Dunphy, W. "Maimonides and Aquinas on Creation: A Critique of Their Historians", em L. P. Person, ed., *Graceful Reason* (Toronto, 1983), 361-379.
[193] Kluxen, W. "Maimonides and Latin Scholasticism", em S. Pines e Y. Yovel, eds., *Maimonides and Philosophy* (Dordrecht, 1986), 224-232.

Roberto Grosseteste

[194] Roberto Grosseteste. *Epistolae*, ed. H. R. Luard (London, 1861).
[195] Roberto Grosseteste. *On the Six Days of Creation*, trad. para o inglês C. F. J. Martin (Oxford, 1996).
[196] Callus, D., ed. *Robert Grosseteste: Scholar and Bishop* (Oxford, 1955).
[197] Crombie, A. C. *Robert Grosseteste and the Origins of Experimental Science 1100-1700* (Oxford, 1953).
[198] Firedman, L. M. *Robert Grosseteste and the Jews* (Cambridge, MA, 1934).
[199] McEvoy, J. *Robert Grosseteste* (Oxford, 2002).

[200] Marrone, S. P. *William of Auvergne and Robert Grosseteste* (Princeton, NJ, 1983).

Alberto Magno

[201] Alberto Magno. *Opera omnia*, 21 vols. (Lyon, 1651). *De homine* em vol. XIX.
[202] Alberto Magno. *Speculum Astronomiae*, ed. e trad. para o inglês S. Caroti *et al.*, em P. Zambelli, *The* Speculum Astronomiae *and its Enigma. Astrology, Theology, and Science in Albertus Magnus and his Contemporaries* (Dordrecht/Boston, MA/London, 1992).
[203] Alberto Magno. *Summa theologiae*, ed. D. Siedler (Munster, 1978) (*Alberti Magni opera omnia*, XXXIV.1).
[204] Hackett, J. "Necessity, Fate, and a Science of Experience in Albertus Magnus, Thomas Aquinas, and Roger Bacon", em [48], 113-123.
[205] Weisheip, J., ed. *Albertus Magnus and the Sciences* (Torontos, 1980).

Pedro de Espanha

[206] Pedro de Espanha. "Syllogisms", "Topics", "Falacies (selections)", em *CT* I 216-261.
[207] De Libera, A. "The Oxford and Paris Traditions in Logic", em *CHLMP*, 174-187.

Roger Bacon

[208] Roger Bacon. *Opus Majus of Roger Bacon*, trad. para o inglês R. B. Burke, 2 vols. (Oxford, 1928).
[209] Lindberg, D. *Roger Bacon's Philosophy of Nature* (Oxford, 1983).
[210] A edição de *Vivarium* de Setembro de 1997 é dedicada a artigos sobre Bacon.

Boaventura

[211] Boaventura. *Opera omnia*, 10 vols. (Ad Claras Aquas, 1882-1902).

[212] Boaventura. *Collationes in Hexaemeron*, ed. F. Delorme, *S. Bonaventurae Collationes on Hexaemeron et Bonaventuriana quaedam selecta* (Ad Claras Aquas, 1934).

[213] Boaventura. *Saint Bonaventure's Disputed Questions on the Mistery of the Trinity*, trad. para o inglês Z. Hayes (S. Boaventura, NY, 1979).

[214] Boaventura. *Itinerarium mentis in Deum*, trad. para o inglês P. Boehner, ed. S. Brown, *The Journey of the Mind to God* (Indianapolis, 1993).

[215] Boaventura, *et al. De Humanae Cognitionis Ratione: anecdota quaedam Seraphici Doctoris Sancti Bonaventurae et nonnulorum eius discipulorum* (Ad Claras Aquas, 1883).

[216] Bourgeol, J. G. "Saint Bonaventure et la hiérarchie dionysienne", *AHDLMA* 36 (1969), 131-167.

[217] Bourgeol, J. G. "Saint Bonaventure et le Pseudo-Denys l'Aréopagite", *Actes du Colloque Saint Bonaventure, 9-12 sept. 1968. Orsay, Etudes franciscaines* 18 (1968), suplemento anual, 33-123.

[218] Gilson, E. *The Philosophy of St. Bonaventure*, trad. para o inglês I. Trethowan e F. Sheed (Paterson, NJ, 1965).

Henrique de Gand

[219] Henrique de Gand. *Opera*, Ed. R. Macken (Leuven/Leiden, 1979-)

[220] Henrique de Gand. *Quodlibeta* (Paris, 1518; reimpresso Louvain, 1961).

[221] Henrique de Gand. *Quodlibetal Questions on Free Will*, trad. para o inglês R. J. Teske (Milwaukee, WI, 1993).

[222] Henrique de Gand. *Summae quaestionum ordinarium theologi recepto praeconio solennis Henrici a Gandavo* (Paris, 1520; reimpresso S. Boaventura, NY, 1953).

[223] McEvoy, J. "The Sources and Significance of Henry of Ghent's Disputed Question, 'Is Friendship a Virtue?'", em W. Vanhamel, ed., *Henry of Ghent* (Leuven, 1996), 121-138.

Tomás de Aquino

[224] Tomás de Aquino. *S. Thomae Aquinatis Doctoris Angelici Opera Omnia* (Roma, 1882-). *ST*, vols. IV-XII; *ScG*, vols. XIII-XV; *Quaestiones disputatae de veritate*, vol. XXII; *Quaestiones disputatae de malo*, vol. XXIII; *Quaestiones disputatae de anima*, vol. XXIV/1; *De regno*, vol. XLII; *De unitate intellectus*, vol XLIII.

[225] Tomás de Aquino. *A Commentary on Aristotle's* De anima, trad. para o inglês R. Pasnau (New Haven, CT/London, 1999).

[226] Tomás de Aquino. *Commentary on Aristotle's* Physics, trad. para o inglês R. Blackwell *et al.* (Notre Dame, IN, 1999).

[227] Tomás de Aquino. *On Being and Essence*, ed. J. Bobik (Notre Dame, IN, 1965).

[228] Tomás de Aquino. *On the Eternity of the World.* Medieval Source Book. http://fordham.edu/halsall/basis/aquinas-eternity.html.

[229] Tomás de Aquino. *Opuscula Theologica*, ed. R. A. Verardo *et al.*, 2 vols. (Turin, 1954).

[230] Tomás de Aquino. *Quaestiones disputatae*, ed. R. Spiazzi, 2 vols. (Turin/Rome, 1949). *De virtutibus in communi*, II, 703-751.

[231] Tomás de Aquino. *Selected Writings*, trad. para o inglês T. McDermott (Oxford, 1993).

[232] Tomás de Aquino. *Summa contra Gentiles*, trad. para o inglês A. C. Pegis *et al.*, 5 vols. (Notre Dame, IN/London, 1975; publicado inicialmente Garden City, NY, 1956, como *On the Truth of the Catholic Faith*).

[233] Tomás de Aquino. *Summa Theologiae*, ed. T. Gilby *et al.*, 61 vols. (London/New York, 1964-1980). Edição "Blackfriars": latim e inglês, com extenso material de apoio.

[234] Tomás de Aquino. *Truth*, trad. para o inglês de *Quaestiones disputatae de veritate* por R. W. Mulligan *et al.*, 3 vols. (Chicago, 1952-1954; reimpresso Indianapolis, 1994).

[235] Ashworth, E. J. "Analogy and Equivocation in Thirteenth-Century Logic: Aquinas in Context", *MS* 54 (1992), 92-135.

[236] Ashworth, E. J. "Aquinas on Signification Utterance: Interjection, Blasphemy, Prayer", em [251] 207-234.

[237] Ashworth, E. J. "Signification and Modes of Signifying in Thirteenth-Century Logic: a Preface to Aquinas on Analogy", *MPT* 1 (1991), 39-67.

[238] Banez, D. *The Primacy of Existence in Thomas Aquinas*, trad. para o inglês B. S. Llamzon (Chicago, 1966).

[239] Callus, D. A. *The Condemnation of St. Thomas at Oxford* (London, 1955).

[240] Finnis, J. *Aquinas* (Oxford, 2000).

[241] Gallagher, D. "Aquinas on Goodness and Moral Goodness", em D. Gallagher, ed., *Thomas Aquinas and his Legacy* (Washington, DC, 1994), 37-60.

[242] Hughes, C. *On a Complex Theory of a Simple God: An Investigation in Aquinas' Philosophical Theology* (Ithaca, NY/London, 1989).

[243] King, P. "Aquinas on the Passions", em [251], 101-132.

[244] Klima, G. "Aquinas on One and Many", *DSTFM* 11 (2000), 195-215.

[245] Kretzmann, N. *The Metaphysics of Creation: Aquinas's Natural Theology in* Summa contra Gentiles *II* (Oxford, 1999).

[246] Kretzmann, N. *The Metaphysics of Theism. Aquinas's Natural Theology in* Summa contra Gentiles *I* (Oxford, 1997).

[247] Kretzmann, N. "Warring Against the Law of My Mind: Aquinas on Romans 7", em T. V. Morris, ed., *Philosophy and the Christian Faith* (Notre Dame, IN, 1988), 172-195.

[248] Luscombe, D. E. "Thomas Aquinas and Conceptions of Hierarchy in the Thirteenth Century", em [264], 261-277.

[249] MacDonald, S. "Aquinas's Libertarian Account of Free Choice", *Revue Internationale de Philosophie* 52 (1998), 309-328.

[250] MacDonald, S. "Egoistic Rationalism: Aquinas's Basis for Christian Morality", em M. Beaty, ed., *Christian Theism and the Problems of Philosophy* (Notre Dame, IN, 1990), 327-354.

[251] MacDonald, S. e E. Stump, eds. *Aquinas's Moral Theory* (Ithaca, NY, 1999).

[252] McInerny, R. *Ethica Thomistica*, edição revisada (Washington, DC, 1997).

[253] O'Connor, D. J. *Aquinas and Natural Law* (London, 1967).

[254] Owens, J. "Aquinas on the Inseparability of Soul from Existence", *NS* 61 (1987), 249-270.

[255] Pasnau, R. *Thomas Aquinas on Human Nature: A Philosophical Study of ST 1a 75-89* (Cambridge, 2002).

[256] Pines, S. "Scholasticism after Thomas Aquinas and the Teachings of Hasdai Crescas and his Predecessors", *Proceedings of the Israel Academy of Sciences and Humanities* I (1967), 1-101.

[257] Pope, S., ed. *The Ethics of Aquinas* (Washington, DC, 2002).

[258] Rosier, I. "Signes et sacrements: Thomas d'Aquin et la grammaire spéculative", *Revue des sciences philosophiques et théologiques* 74 (1990), 392-436.

[259] Stump, E. "Aquinas's Account of Freedom: Intellect and Will", *Monist* 80 (1997), 576-597.

[260] Torrell, J.-P. *Saint Thomas Aquinas, volume I, The Person and His Work*, trad. para o inglês R. Royal (Washington, DC, 1996).

[261] Wippel, J. F. "The Latin Avicenna as a Source for Thomas Aquinas' Metaphysics", *Freiburger Zeitschrift für Philosophie und Theologie* 37 (1990), 51-90.

[262] Wippel, J. F. *The Metaphysical Thought of Thomas Aquinas: From Finite Being to Uncreated Being* (Washington, DC, 2000).

[263] Wippel, J. F. "Thomas Aquinas and Participation", em [505], 117-158.

[264] Zimmerman, A., ed. *Thomas von Aquin* (Berlin, 1988).

Boécio de Dácia

[265] Boécio de Dácia. *On the Supreme Good. On the Eternity of the World. On Dreams*, trad. para o inglês J. F. Wippel (Toronto, 1987).

Siger de Brabante

[266] Siger de Brabante. *Quaestiones in tertium de anima, de anima intellectiva, de aeternitate mundi*, ed. B. Bazán (Louvain, 1972).

[267] Van Steenberghen, F. *Maître Siger de Brabant* (Louvain/Paris, 1977).

[268] Wippel, J. F. *Medieval Reactions to the Encounter Between Faith and Reason* (Milwaukee, WI, 1995).

Giles de Roma (Aegidius Romanus, Egidius Colonna)

[269] Giles de Roma. *Apologia*, ed. R. Wielockx, volume III.1 de *Aegidii Romani Opera* (Florence, 1985-).
[270] Giles de Roma. *On Ecclesiastical Power*, ed. e trad. para o inglês R. W. Dyson (Woodbridge, Suffolk, 1986).

Pedro João de Olivi

[271] Pedro João de Olivi. *Quaestiones in secundum librum Sententiarum*, ed. B. Jansen (Quaracchi, 1922-1926).
[272] Boureau, A. e S. Piron, eds. *Pierre de Jean Olivi (1248-1298): Pensée Scolastique, Dissidence Spirituelle et Société* (Paris, 1999).
[273] Pasnau, R. "Olivi on Human Freedom", em [272], 15-25.
[274] Pasnau, R. "Olivi on the Metaphysics of Soul", *MPT* 6 (1997), 109-132.

Godofredo de Fontaines

[275] Godofredo de Fontaines. *Les Quodlibet Cinq, Six, et Sept*, em M. de Wulf e J. Hoffmans, eds., *Les Philosophes Belges* 3 (Louvain, 1914).
[276] Wippel, J. F. *The Metaphysical Thought of Godfrey of Fontaines* (Washington, DC, 1981).

Jaime de Viterbo

[277] Jaime de Viterbo. *On Christian Government: De regimine christiano*, ed. e trad. para o inglês R. W. Dyson (Woodbridge, Suffolk, 1995). Ver também *CT* II 285-300, 321-325.

João de Paris

[278] João de Paris. F. Bleiestein, ed., *Johannes "Quidort von Paris". Über königliche un päpstliche Gewalt. De regia potestate et papali* (Stuttgart, 1969).

[280] Coleman, J. "The Dominican Political Theory of John of Paris in its Context", em D. Wood, ed., *The Church and Sovereignty c. 590-1918* (Oxford, 1991), 187-223.

João Duns Escoto

[281] João Duns Escoto. *Opear omnia*, ed. C. Bálic *et al.* (Cidade do Vaticano, 1950-). *Ordinatio* I-II, vols. I-VIII; *Lectura* I-II, vols. XVI-XIX.
[282] João Duns Escoto. *Opera omnia*, ed. L. Wadding, 16 vols. (Lyon, 1639; reimpresso Hildesheim, 1968). *Ordinatio* III-IV, vols. VII-X; *Reportatio*, vol. XI.
[283] João Duns Escoto. *God and Creatures: The Quodlibetal Questions*, trad. para o inglês F. Alluntis e A. B. Wolter (Princeton, NJ, 1975).
[284] João Duns Escoto. *Questions on the Metaphysics of Aristotle*, trad. para inglês G. Etzkorn e A. B. Wolter (S. Boaventura, NY, 1997).
[285] João Duns Escoto. *Quaestiones super libros Metaphysicorum Aristotelis*, ed. R. Andrews *et al.* em *Opera Philosophica*, vols. III-IV (S. Boaventura, NY, 1997).
[286] João Duns Escoto. *Philosophical Writings*, trad. para o inglês A. B. Wolter (Edinburgh, 1962; reimpresso Indianapolis, 1987).
[287] João Duns Escoto. *John Duns Scotus: A Treatise on God as First Principle*, trad. para o inglês A. B. Wolter (Chicago, 1966; edição revisada 1983).
[288] João Duns Escoto. *Duns Scotus on the Will and Morality*, trad para o inglês A. B. Wolter (Washington, DC, 1986).
[289] Adams, M. M., ed. *The Philosophical Theology of John Duns Scotus* (Ithaca, NY, 1990).
[290] Boler, J. "Transcending the Natural: Duns Scotus on the Two Affections of the Will", *ACPQ* 67 (1993), 109-126.
[291] Cross, R. *Duns Scotus* (Oxford, 1999).
[292] Cross, R. "Duns Scotus on Eternity and Timelessness", *FP* 14 (1997), 3-25.
[293] Cross, R. "Duns Scotus on Goodness, Justice, and What God Can Do", *JTS* 48 (1997), 48-76.
[294] Cross, R. *The Physics of Duns Scotus* (Oxford, 1998).

[295] Ingham, M. "Duns Scotus, Morality and Happiness: A Reply to Thomas Williams", *ACPQ* 74 (2000), 173-195.

[296] King, P. "Duns Scotus on the Reality of Self-Change", em [40], 227-290.

[297] Noone, T. B. "Scotus on Divine Ideas: *Rep. Paris. I-A*, d. 36", *Medioevo: Rivista di storia della filosofia medievale* 24 (1998), 359-453.

[298] Pini, G. "Signification of Names in Duns Scotus and Some of His Contemporaries", *Vivarium* 39 (2001), 20-51.

[299] Williams, T. "The Libertarian Foundations of Scotus's Moral Philosophy", *Thomist* 62 (1998), 193-215.

[300] Williams, T. "A Most Methodical Lover? On Scotus's Arbitrary Creator", *JHP* 38 (2000), 169-202.

[301] Wolter, A. B. "Native Freedom of the Will as a Key to Ethics of Scotus", em [289], 148-162.

[302] Wolter, A. B. "Reflections about Scotus's Early Works", em L. Honnefelder *et al.*, eds., *John Duns Scotus: Metaphysics and Ethics* (Leiden, 1996), 37-57.

Marsílio de Pádua

[303] Marsílio de Pádua. *The Defender of Peace*, trad. para o inglês A. Gewirth (New York, 1956; reimpresso Toronto, 1980).

[304] Marsílio de Pádua. *Marsiglio of Padua: Defensor minor and De traslatione imperii*, trad. para o inglês C. J. Nederman (Cambridge, 1993).

[305] Quillet, J. *La Philosophie politique de Marsile de Padoue* (Paris, 1970).

[306] Rubinstein, N. "Marsilius of Padua and Italian Political Thought of his Time", em J. R. Hale e B. Smalley, eds., *Europe in the Late Middle Ages* (London, 1965), 44-75.

Pedro Aureolo

[307] Schabel, C. *Theology at Paris, 1316-1345. Peter Auriol and the Problem of Divine Foreknowledge and Future Contingents* (Aldershot, Hants., 2000).

Guilherme de Ockham

[308] Guilherme de Ockham. *Opera philosophica et theologica* [*OPh* e *OTh*], 17 vols., ed. G. Gál *et al.* (S. Boaventura, NY, 1967-1988). *Ordinatio* (I *Sent.*), *OTh* I-IV; *Reportatio* (II-IV *Sent.*), *OTh* V-VII.

[309] Guilherme de Ockham. *Guilelmi de Ockham Opera Politica*, ed. H. S. Offler *et al.* (Manchester [vols. I-III], Oxford [vol. IV], 1940-).

[310] Guilherme de Ockham. *A Letter to the Friars Minor and Other Writings*, ed. A. S. McGrade e J. Kilcullen (Cambridge, 1995).

[311] Guilherme de Ockham. *Philosophical Writings*, ed. e trad. para o inglês P. Boehner, revisado por S. F. Brown (Indianapolis, 1990).

[312] Guilherme de Ockham. *On the Power of Emperors and Popes*, ed. e trad. para o inglês A. S. Brett (Bristol, 1998).

[313] Guilherme de Ockham. *Quodlibetal Questions*, trad. para o inglês A. J. Freddoso e F. E. Kelly, 2 vols. (New Haven, CT/London, 1991).

[314] Guilherme de Ockham. *A Short Discourse on Tyrannical Government*, ed. A. S. McGrade, trad. para o inglês J. Kilcullen (Cambridge, 1992).

[315] Guilherme de Ockham. *Ockham's Theory of Propositions (Part 2 of the Summa Logicae)*, trad. para o inglês A. J. Freddoso e H. Schuurman (South Bend, IN, 1998).

[316] Guilherme de Ockham. *Ockham's Theory of Terms (Part 1 of the Summa Logicae)*, trad. para o inglês M. Loux (South Bend, IN, 1998).

[317] Guilherme de Ockham. *Ockham on the Virtues*, trad. para o inglês R. Wood (West Lafayette, IN, 1997).

[318] Adams, M. M. *William of Ockham*, 2 vols. (Notre Dame, IN, 1987).

[319] McGrade, A. S. "Ockham on Enjoyment", *RM* 34 (1981), 706-728.

[320] McGrade, A. S. *The Political Thought of William of Ockham* (Cambridge, 1974; pbk 2002).

[321] Miethke, J. *Ockhams Weg zur Sozialphilosophie* (Berlin, 1969).

[322] Panaccio, C. *Les Mots, les concepts et les choses: La sémantique de Guillaume d'Occam et le nominalisme d'auhourd'hui* (Montreal/Paris, 1991).

Gersônides

[323] Gersônides. *Levi Ben Gershom (Gersonides): The Wars of the Lord*, 3 vols., trad. para o inglês S. Feldman (Philadelphia, 1984-1999).
[324] Dobbs-Weinstein, I. "Gersonides' Radically Modern Understanding of the Agent Intellect", em [33], 191-213.
[325] Eisen, R. *Gersonides on Providence, Covenant, and the Chosen People* (Albany, NY, 1995).
[326] Feldman, S. "Gersonides on the Possibility of Conjunction with the Agent Intellect", *Association for Jewish Studies Review* 3 (1978), 99-120.
[327] Freudenthal, G., ed. *Studies on Gersonides* (Leiden/New York, 1992).
[328] Harvey, S. "Did Gersonides Believe in the Absolute Generation of Prime Matter?", *Jerusalem Studies in Jewish Thought* 8 (1988), 307-318.
[329] Kellner, M. "Gersonides and His Cultured Despisers: Arama and Abravanel", *Journal of Medieval and Renaissance Studies* 6 (1976), 269-296.
[330] Kellner, M. "Maimonides and Gersonides on Mosaic Prophecy", *Speculum* 52 (1977), 62-79.
[331] Klein-Bralavy, S. "Gersonides on Determinism, Possibility, Choice and Foreknowledge", *Daat* 22 (1989), 5-53.
[332] Pines, S. "Scholasticism after Thomas Aquinas and the Teachings of Hasdai Crescas and his Predecessors", *Proceedings of the Israel Academy of Sciences and Humanities* 1 (1967), 1-101.
[333] Rudavsky, T. "Creation, Time, and Infinity in Gersonides", *JHP* 26 (Janeiro, 1988), 25-44.
[334] Rudavsky, T. "Divine Omniscience and Future Contingents in Gersonides", *JHP* 21 (Outubro, 1983), 513-526.

Roberto Holcot

[335] Gelber, H. G. *Exploring the Boundaries of Reason: Three Questions on the Nature of God by Robert Holcot, OP* (Toronto, 1983).
[336] Kennedy, L. *The Philosophy of Robert Holcot, Fourteenth-Century Skeptic* (Lewinston, NY, 1993).

[337] Strevelr, P. e K. Tachau, eds. *Seeing the Future Clearly: Questions on Future Contingents by Robert Holcot* (Toronto, 1995).

Adão Wodeham

[338] Courtenay, W. J. *Adam Wodeham* (Leiden, 1978).

Tomás Bradwardine

[339] Tomás Bradwardine. *De causa Dei contra Pelagium et de virtute causarum* (London, 1618; reimpresso Frankurt, 1964).
[340] Sylla, E. "Thomas Bradwardine's *De continuo* and the Structure of Fourteenth-Century Learning", em [50], 148-156.

João Buridano

[341] João Buridano. *Summulae de Dialectica*, trad. para o inglês G. Klima (New Haven, CT/London, 2001).
[342] Klima, G. "John Buridan on the Acquisition of Simple Substantial Concepts", em S. Ebbesen e R. L. Friedman, eds., *John Buridan and Beyond: The Language Sciences 1300-1700* (Copenhagen, no prelo).
[343] Sylla, E. "'Ideo quasi medicare oportet intellectum humanum': The Role of Theology in John Buridan's Natural Philosophy", em [344], 221-245.
[344] Thijssen, J. M. M. H. e J. Zupko, eds., *The Metaphysics and Natural Philosophy of John Buridan* (Leiden/Boston, MA/Cologne, 2001).
[345] Zupko, J. "Freedom of Choice in Buridan's Moral Psychology", *MS* 57 (1995), 75-99.

Nicolau de Autrecourt

[346] Nicolau de Autrecourt. *Correspondence with Master Giles and Bernard of Arezzo*, trad. para o inglês L. M. de Rijk (Leiden, 1994).
[347] Nicolau de Autrecourt. *The Universal Treatise of Nicholas of Autrecourt*, trad. para o inglês L. Kennedy *et al.* (Milwaukee, WI, 1971).

Guilherme Heytesbury

[348] Longeway, J., ed. *William Heytesbury on Maxima and Minima* (Dordrecht/Boston, MA/Lancaster, 1984).

[349] Wilson, C. *William Heytesbury: Medieval Logic and the Rise of Mathematical Physics* (Madison, WI, 1960).

Nicolau de Oresme

[350] Hansen, B. *Nicole Oresme and the Marvels of Nature. The* De causis mirabilium (Toronto, 1985)

João Wyclif

[351] João Wyclif. *On Civil Lordship* (seleções), em *CT* II 587-654.

[352] João Wyclif. *On Universals (Tractatus de Universalibus)*, trad. para o inglês A. Kenny, introdução de P. V. Spade (Oxford, 1985).

[353] Luscombe, D. E. "Wyclif and Hierarchy", em A. Hudson e M. Wilks, eds., *From Ockham to Wyclif* (Oxford, 1987), 233-244.

[354] Wilks, M. J. "Predestination, Property and Power: Wyclif's Theory of Dominion and Grace", em G. J. Cuming, ed., *The Church and Soveregnity c. 590-1918* (London/Edinburgh, 1965), 220-36.

Outros pensadores medievais

[355] Adelardo de Bath. *Conversations with his Nephew. On the Same and the different, Questions on Natural Science, and On Birds*, trad. para o inglês C. Burnett (Cambridge, 1998). (Seleções das *Quaestiones naturales* de Adelardo em [401], 38-51.)

[356] Aelred de Rievaulx. *On Spiritual Friendship*, trad. para o inglês M. E. Laker (Washington, DC, 1974.)

[357] [Alan de Lille] D'Alverny, M.-T. *Alain de Lille. Texts inédits avec une introduction sur sa vie et ses oeuvres* (Paris, 1965). Inclui *Expositio prosae de angelis*, 206-210; *Hierarchia*, 223-235; e *Sermo in die sancti Michaelis*, 249-251.

[358] Alexandre de Hales. *Summa Fratris Alexandri*, vol. I, ed. B. Klumper (Quaracchi, 1924).
[359] Alhazen. *The Optics of Ibn al-Haytham. Books I-III: On Direct Vision*, trad. para o inglês A. I. Sabra (London, 1989).
[360] Avempace. *Ibn Bajjah's 'Ilm al-Nafs [On the Soul]*, trad. para o inglês M. S. H. Ma'sumi (Karachi, 1961).
[361] Avempace. *The Governance of the Solitary*, trad. parcial para o inglês L. Berman em [22], 122-133.
[362] Bento de Nursia. *The Rule of St. Benedict*, trad. para o inglês A. C. Meisel e M. L. del Mastro (Garden City, NY, 1975).
[363] Eckhart. *Parisian Questions and Prologues*, trad. para o inglês A. Maurer (Toronto, 1974).
[364] McGinn, B., ed. *Meister Eckhart and the Beguine Mystics* (New York, 1994).
[365] Hermano de Carintia. *De Essentiis*, trad. para o inglês C. Burnett (Leiden/Cologne, 1982).
[366] Ibn 'Ady, Yahya. *The Reformation of Morals*, texto árabe ed. S. Khalil, trad. para o inglês S. H. Griffith (Provo, UT, 2002).
[367] Ibn Tufayl. *The Improvement of Human Reason, Exhibited in the Life of Hai Ebn Yokdhan*, trad. para o inglês S. Ockley (London, 1708; reimpresso Hildesheim, 1983).
[368] Ibn Tufayl. *Ibn Tufayl's Hayy Ibn Yaqzan: A Philosophical Tale*, trad. para o inglês L. E. Goodman, 2ª edição (Los Angeles, CA, 1983).
[369] Conrad, L. I., ed. *The World of Ibn Tufayl: Interdisiciplinary Perspectives on* Hayy ibn Yaqzan (Leiden, 1996).
[370] Al-Jami. "Al-Jami's Treatise on 'Existence' ", ed. N. Heer, em [44], 223-256.
[371] Ricardo Kilvington. *The Sophismata of Richard Kilvington*, trad. para o inglês com introdução e comentário, N. Kretzmann e B. E. Kretzmann (Cambridge, 1990).
[372] Roberto Kilwardby. *On Time and Imagination*, trad. para o inglês A. Broadie (Oxford, 1993).
[373] *Liber de causis (Book of Causes)*, trad. para o inglês D. J. Brand (Milwaukee, WI, 1984).
[374] Miskawayh. *The Refinement of Character*, trad. para o inglês C. K. Zurayk (Beirut, 1968).

[375] Nemésio de Emesa. *De natura hominis*, ed. G. Verbeke e J. R. Moncho (Leiden, 1975).

[376] Sylla, E. "Mathematical Physics and Imagination in the Work of the Oxford Calculators: Roger Swinehead's *On Natural Motions*", em E. Grant e J. Murdoch, eds., *Mathematics and Its Application to Science and Natural Philosophy in the Middle Ages* (Cambridge, 1987), 69-101.

[377] Sylla, E. "The Oxford Calculators in Context", *Science in Context* 1 (1987), 257-279.

[378] Sylla, E. "The Oxford Calculators and Mathematical Physics: John Dumbleton's *Summa Logicae et Philosophiae Naturalis*, Parts II and III", em S. Unguru, ed., *Physics, Cosmology and Astronomy, 1300-1700* (Dordrecht/Boston, MA/London, 1991), 129-161.

[379] Filipe, o Chanceler. *Summa de bono*, ed. N. Wicki (Berne, 1985).

[380] Poinsot, J. *Tractatus de Signis*, ed. J. Deely e R. Powell, *Tractatus de Signis: The Semiotic of John Poinsot* (Berkeley, CA, 1985).

[381] Proclo. *Elements of Theology*, ed. e trad. para o inglês J. M. Blythe (Philadelphia, 1997).

[382] Ptolomeu de Lucca. *On the Government of Princes*, ed. e trad. para o inglês J. M. Blythe (Philadelphia, 1997).

[383] Al-Razi. "The Book of the Philosophic Life", trad. para o inglês C. E. Butterworth, *Interpretation* 20 (1993), 227-236.

[384] Al-Razi. *The Spiritual Physick of Razhes*, trad. para o inglês A. J. Arberry (London, 1950).

[385] Druart, T.-A. "Al-Razi's Conception of the Soul: Psychological Background to his Ethics", *MPT* 5 (1996), 246-263.

[386] Druart, T.-A. "The Ethics of Al-Razi", *MPT* 6 (1997), 47-71.

[387] Ricardo de S. Vítor. *On the Trinity*, em G. A. Zinn, ed., *Richard of St. Victor*, Classics of Western Spirituality (London, 1979).

[388] Suhrawardi. *The Philosophy of Illumination*, ed. e trad. para o inglês J. Walbridge e H. Ziai (Provo, UT, 1999).

[389] Tomás de Sutton. *Quodlibeta*, ed. M. Schmaus (Munich, 1969).

[390] Al-Tusi. *The Nasirean Ethics*, trad. do persa para o inglês por G. M. Wickens (London, 1964).

[391] Guilherme de Auvergne. *De universo*, em Guilherme de Auvergne, *Opera omnia* (Venice, 1591), 561-1012.

Tópicos

Filosofia medieval em contexto

[392] Amory, P. *People and Identity in Ostrogothic Italy, 489-554* (Cambridge, 1997).

[393] Blumenthal, H. J. "529 and After: What Happened to the Academy?", *Byzantion* 48 (1978), 369-385.

[394] Brown, P. *The Cult of the Saints* (Chicago, 1981).

[395] Cameron, A. "The Last Days of the Academy at Athens", *Proceedings of the Cambridge Philological Society* 195 (1969), 7-29.

[396] Carruthers, M. *The Craft of Thought. Meditation, Rhetoric and the Making of Images, 400-1200* (Cambridge, 1998).

[397] Chadwick, O. *John Cassian. A Study in Primitive Monasticism*, 2ª edição (Cambridge, 1968).

[398] Cochrane, C. N. *Christianity and Classical Culture* (New York/Toronto, 1957).

[399] Coleman, J. *Ancient and Medieval Memories* (Cambridge, 1992).

[400] Courtenay, W. *Schools and Scholars in Fourteenth-Century England* (Princeton, NJ, 1987).

[401] Dales, R. C. *The Scientific Achievement of the Middle Ages* (Philadelphia, 1973).

[402] Dodds, E. R. *Pagan and Christian in an Age of Anxiety* (Cambridge, 1965).

[403] Gilson, E. *The Unity of Philosophical Experience* (New York, 1937).

[404] Goffart, W. A. *Barbarians and Romans, AD 418-584* (Princeton, NJ, 1980).

[405] Hadot, I. *Arts libéraux et philosophie dans la pensée antique* (Paris, 1984).

[406] Hadot, P. *Qu'est-ce que la philosophie antique?* (Paris, 1995).

[407] Hadot, P. *Philosophy as a Way of Life* (Oxford, 1995).

[408] Hissette, R. *Enquête sur les 219 articles condamnés à Paris le 7 mars 1277* (Leuven, 1977).

[409] Hodges, R. e D. Whitehouse. *Mohammed, Charlemagne and the Origins of Europe* (Ithaca, NY, 1983).

[410] Imbach, R. *Laien in der Philosophie des Mittelalters* (Amsterdam, 1989).

[411] Justino Mártir. *Dialogue with Trypho*, em M. Dods e G. Reith, eds., *The Apostolic Fathers with Justin Martyr and Irenaeus* (Buffalo, NY, 1887), 194-270.

[412] Lawn, B. *The Rise and Decline of the Scholastic Quaestio Disputata* (Leiden, 1993).

[413] Leclercq, J. *Love of Learning and the Desire for God* (New York, 1961).

[414] Levison, W. *England and the Continent in the Eighth Century* (Oxford, 1966; publicado pela primeira vez em 1946).

[415] De Libera, A. *Penser au moyen âge* (Paris, 1991).

[416] De Libera, A. *Introduction à la mystique rhénane. D'Albert le Grand à Maître Eckhart* (Paris, 1984).

[417] De Lubac, H. *Medieval Exegesis*, vol. I, *The Four Senses of Scripture*, trad. para o inglês M. Sebanc (Edinburgh/Grand Rapids, MI, 1998).

[418] Markus, R. A. *The End of Ancient Christianity* (Cambridge, 1990).

[419] Moore, R. I. *The Formation of a Persecuting Society* (Oxford, 1987).

[420] Moore, R. I. *The Origins of European Dissent* (New York, 1977).

[421] Riché, P. *Education and Culture in the Barbarian West, Sixth through Eighth Centuries* (Columbia, SC, 1976).

[422] Rucquoi, A. "Gundisalvus ou Dominicus Gundisalvi?", em [53] 41 (1999), 85-106.

[423] Ruh, K. *Kleine Schriften*, vol. II, *Scholastik un Mystik im Spätmittelalter* (Berlin, 1984).

[424] Smalley, B. *The Study of the Bible in the Middle Ages*, 3ª edição revisada (Oxford, 1983).

[425] Southern, R. W. *The Making of the Middle Ages* (New Haven, CT, 1953).

[426] Southern, R. W. *Medieval Humanism and Other Studies* (Oxford, 1970).

[427] Sulpicius Severus. *The Life of St. Martin*, em F. R. Hoare, ed. e trad. para o inglês, *The Western Fathers* (New York, 1954), 10-44.

[428] Tertuliano. *On Prescription against Heretics*, em *The Writings of Tertullian*, vol. II, trad. para o inglês P. Holmes (Edinburgh, 1870), 1-54.

[429] Trinkaus, C. *In Our Image and Likeness: Humanity and Divinity in Italian Humanist Thought* (London, 1970).

[430] Weijers, O. *La "disputatio" à la Faculté des arts de Paris (1200-1350 environ). Esquisse d'une typologie* (Turnhout, 1995).
[431] White, L. Jr. *Medieval Technology and Social Change* (Oxford, 1962).

Eternidade

[432] Craig, W. L. *The Problem of Divine Foreknowledge and Future Contingents from Ockham to Suarez* (Leiden/New York/Copenhagen/Cologne, 1988).
[433] Dales, R. *MEdieval Discussions of the Eternity of the World* (Leiden/New York/Copenhagen/Cologne, 1990).
[434] Fox, R. "The Concept of Time in Thirteenth-Century Western Theology" (Oxford, tese D. Fil., 1998).
[435] Leftow, B. *Time and Eternity* (Ithaca, NY/ London, 1991).
[436] Newton-Smith, W. *The Structure of Time* (London/Boston, MA, 1980).
[437] MacBeath, M. "Time's Square", em M. MacBeath e R. Poidevin, eds., *The Philosphy of Time* (Oxford, 1993), 183-202.
[438] Sorabji, R. *Time, Creation and the Continuum* (London, 1983).
[439] Stump, E. e N. Kretzmann. "Eternity", *Journal of Philosophy* 79 (1981), 429-458.
[440] Stump, E. e N. Kretzmann. "Eternity, Awareness, and Action", *FP* 9 (1992), 463-482.

Hierarquia

[441] D'Alverny, M.-T. "Le Cosmos symbolique du XIIe siècle", *AHDLMA* 20 (1953), 31-81.
[442] Calvin, J. *Institutes of the Christian Religion*, 2 vols., ed. J. T. McNeill, trad. para o inglês F. L. Battles (London, 1961).
[443] Congar, Y. M.-J. "Aspects ecclésiologiques de la querelle entre mendiants et séculiers dans la seconde moitié du XIIIe siècle et le début du XIVe", *AHDLMA* 28 (1961), 35-151.
[444] Daniélou, J. *Platonisme et théologie mystique. Doctrine spirituelle de Saint Grégoire de Nysse* (Paris, 1953).

[445] Endres, J. A. *Honorius Augustodunensis* (Kempton-Munich, 1906).
[446] Hadot, P. *Porphyre et Victorinus* (Paris, 1968).
[447] Lovejoy, A. O. *The Great Chain of Being. A Study of the History of an Idea* (Cambridge, MA, 1936).
[448] Luscombe, D. E. "Hierarchy in the Late Middle Ages: Criticism and Change", em J. Canning e O. G. Oexle, eds., *Political Thought and the Realities of Power in the Middle Ages* (Gottingen, 1998), 113-126.
[449] Luscombe, D. E. "The *Lex divinatis* in the Bull *Unam Sanctam* of Pope Boniface VIII", em C. Brooke *et al.*, eds., *Church and Government in the Middle Ages* (Cambridge, 1976), 205-221.
[450] Lutero, M. *Luther's Works*, vol. XXXVI, *Word and Sacrament* II, ed. A. R. Wentz (Philadelphia, 1959).
[451] Mahoney, E. P. "Lovejoy and the Hierarchy of Being", *JHI* 48 (1987), 211-230.
[452] Mahoney, E. P. "Metaphysical Foundations of the Hierarchy of Being According to Some Late-Medieval and Renaissance Philosophers", em P. Morewedge, ed., *Philosophies of Existence: Ancient and Medieval* (New York, 1982), 165-257.
[453] O'Meara, D. J. *Structures hiérarchiques dans la pensée de Plotin* (Leiden, 1975).
[454] Ullmann, W. *The Carolingian Renaissance and the Idea of Kingship* (London, 1969).

Linguagem e lógica

[455] Ashworth, E. J. *Studies in Post-Medieval Semantics* (London, 1985).
[456] Ashworth, E. J. *The Tradition of Medieval Logic and Speculative Grammar from Anselm to the End of the Seventeenth Century: A Bibliography from 1836 Onwards* (Toronto, 1978).
[457] Biard, J. *Logique et théorie du signe au XIVe siècle* (Paris, 1989).
[458] Covington, M. A. *Syntactic Theory in the High Middle Ages* (Cambridge, 1984).
[459] Dahan, G. "Nommer les êtres: Exégèse et théories du langage dans les commentaires médiévaux de *Genèse* 2, 19-20", em [460], 55-74.
[460] Ebbesen, S., ed. *Sprachtheorien in Spätantike un Mittelalter* (Tubingen, 1995).

[461] Green-Pedersen, N. J. *The Tradition of the Topics in the Middle Ages: The Commentaries on Aristotle's and Boethius' "Topics"* (Munich/Vienna, 1984).

[462] Jacobi, K., ed. *Argumentationstheorie: Scholastische Forschungen zu del logischen und semantischen Regeln korrekten Folgerns* (Leiden/New York/Cologne, 1993).

[463] Kneepkens, C. H. "The Priscianic Tradition", em [460], 239-264.

[464] Knuutila, S. *Modalities in Medieval Philosophy* (London/New York, 1993).

[465] Marenbon, J. *Aristotelian Logic, Platonism and the Context of Early Medieval Philosophy in the West* (Aldershot, Hants., 2000).

[466] Marmo, C. *Semiotica e linguaggio nella scolastica: Parigi, Bologna, Erfurt 1270-1330. La semiotica dei Modisti* (Rome, 1994).

[467] Montagnes, B. *La Doctrine de l'analogie de l'être d'après Saint Thomas d'Aquin*. Philosophes médiévaux 6 (Louvain/Paris, 1963).

[468] Nuchelmans, G. *Theories of the Proposition: Ancient and Medieval Conceptions of the Bearers of Truth and Falsity* (Amsterdam, 1973).

[469] Panaccio, C. *Le Discours intérieur. De Platon à Guillaume d'Ockham* (Paris, 1999).

[470] Pironet, F. *The Tradition of Medieval Logic and Speculative Grammar. A Bibliography (1977-1994)* (Turnhout, 1997).

[471] Rijk, L. M. de. *Logica Modernorum. A Contribution to the History of Early Terminist Logic*, 2 vols. em 3 partes (Assen, 1962-67).

[472] Rosier, I. *La Grammaire spéculative des Modistes* (Lille, 1983).

[473] Rosier, I. *La Parole comme acte. Sur la grammaire et la sémantique au XIIIe siècle* (Paris, 1994).

[474] Rosier, I. "*Res significata* et *modus significandi*: Les implications d'une distinction médiévale", em [460], 135-168.

[475] Spade, P. V. *Lies, Language and Logic in the Late Middle Ages* (London, 1988).

Filosofia no Islã

[476] D'Ancona Costa, C. *La Casa della sapienza. La transimissione della* metafisica *greca e la formazione della filosofia araba* (Milan, 1996).

[477] D'Ancona Costa, C. *Recherches sur le Liber de Causis* (Paris, 1995).
[478] Aydin, M. "Turkey", em [11], vol. II, 1129-1133.
[479] Black, D. L. "Imagination and Estimation: Arabic Paradigms and Western Transformations", *Topoi* 19 (2000), 59-75.
[480] Black, D. L. *Logic and Aristotle's* Rhetoric *and* Poetics *in Medieval Arabic Philosophy* (Leiden, 1990).
[481] Daiber, H. "The Reception of Islamic Philosophy at Oxford in the Seventeenth Century: The Pococks' (Father and Son) Contribution to the Understanding of Islamic Philosophy in Europe", em C. E. Butterworth e B. A. Kessel, eds., *The Introduction of Arabic Philosophy into Europe* (Leiden, 1994), 65-82.
[482] Davidson, H. A. *Alfarabi, Avicenna, and Averroes, on Intellect: Their Cosmologies, Theories of the Active Intellect and Theories of Human Intellect* (New York/Oxford, 1992).
[483] Davidson, H. A. *Proofs for Eternity, Creation and the Existence of God in Medieval Islamic and Jewish Philosophy* (New York/Oxford, 1987).
[484] Druart, T.-A. "Medieval Islamic Philosophy and Theology. Bibliographical Guide (1996-1998)", *MIDEO* (Cairo) 24 (2000), 381-414.
[485] Druart, T.-A. "Philosophical Consolation in Christianity and Islam: Boethius and al-Kindi", *Topoi*, 19 (2000), 25-34.
[486] Fakhry, M. *Ethical Theories in Islam*, 2ª edição (Leiden, 1994).
[487] Frank, R. M. *Creation and the Cosmic System: Al-Ghazali and Avicenna* (Heidelberg, 1992).
[488] Frank, R. M. "Kalam and Philosophy: A Perspective from One Problem", em [44], 71-95.
[489] Frank, R. M. "Reason and Revealed Law: A Sample of Parallels and Divergences in Kalam and Falsafa", em *Recherches d'Islamologie. Recueil d'articles offerts à Georges C. anawati et Louis Gardet* (Louvain, 1977), 123-138.
[490] Gutas, D. *Greek Thought, Arabic Culture. The Graeco-Arabic Translation Movement in Baghdad and Early 'Abbasid Society (2nd-4th/8th-10th Centuries)* (London, 1998).
[491] Hourani, G. F. *Reason and Tradition in Islamic Ethics* (Cambridge, 1985).

[492] Kraemer, J. L. *Humanism in the Renaissance of Islam. The Cultural Revival during the Buyid Age* (Leiden, 1986).

[493] Nasr, S. H. "Ibn Sina's 'Oriental Philosophy' ", em [11], 247-251.

[494] Nussbaum, M. C. *The Therapy of Desire: Theory and Practice in Hellenistic Ethics* (Princeton, NJ, 1994).

[495] Nussbaum, M. C., ed. "The Poetics of Therapy: Hellenistic Ethics in its Rhetorical and Literary Context", *Apeiron* 23, 4 (1990).

[496] Rosenthal, F. "On the Knowledge of Plato's Philosophy in the Islamic World", *Islamic Culture* 14 (1940), 387-422, e 15 (1941), 396-398.

[497] Russell, G. A., ed. *The "Arabick" Interest of the Natural Philosophers in the Seventeenth-Century England* (Leiden, 1994).

Filosofia judaica

[498] Altmann, A. *Essays in Jewish Intellectual History* (Hanover, NH, 1981).

[499] Baron, S. W. *A Social and Religious History of the Jews*, vol. IX (New York/London, 1965).

[500] Burrell, D. "Maimonides, Aquinas, and Gersonides on Providence", *Religious Studies* 20, 3 (1984), 335-351.

[501] Pines, S. *Studies in the History of Jewish Thought: The Collected Works of Shlomo Pines*, vol. V, ed. W. Z. Harvey e M. Idel (Jerusalem, 1997).

[502] Twersky, I., ed. *Studies in Medieval Jewish History and Literature* (Cambridge, MA, 1979).

[503] Wolfson, H. *Studies in the History of Philosophy and Religion*, 2 vols. (Cambridge, MA, 1973-1977).

Metafísica: Deus e ser

[504] Aertsen, J. A. "The Medieval Doctrine of the Transcendentals: New Literature", [53] 41, 107-121.

[505] Wippel, J. F., ed. *Studies in Medieval Philosophy* (Washington, DC, 1987).

Criação e natureza

[506] Carvin, W. P. *Creation and Scientific Explanations* (Edinburgh, 1988).

[507] Chenu, M.-D. *Nature, Man and Society in the Twelfth Century*, trad. para o inglês J. Taylor e L. K. Little (Toronto, 1997).

[508] Cunningham, A. "The Identity of Natural Philosophy. A Response to Edward Grant", *ESM* 5 (2000), 259-278; "A Last Word", 299-300.

[509] Duhem, P. *Etudes sur Léonard de Vinci*, 3 vols. (Paris, 1906-1913).

[510] Duhem, P. *Le Système du monde*, 10 vols. (Paris, 1913-1959).

[511] Eastwood, B. "Celestial Reason: The Development of Latin Planetary Astronomy to the Twelfth Century", em [48], 157-172.

[512] Grant, E. *The Foundations of Modern Science in the Middle Ages. Their Religious, Institutional, and Intellectual Contexts* (Cambridge, 1966).

[513] Grant, E. "God and Natural Philosophy: The Late Middle Ages and Sir Isaac Newton", *ESM* 5 (2000), 279-298.

[514] Grant, E. *God and Reason in the Middle Ages* (Cambridge, 2001).

[515] Grant, E. "God, Science, and Natural Philospy in the Late Middle Ages", em [46], 243-267.

[516] Grant, E. *Planets, Stars, and Orbs: the Medieval Cosmos, 1200-1687* (Cambridge, 1994).

[517] Grant, E. *A Source Book in Medieval Science* (Cambridge, MA, 1974).

[518] Kretzmann, N. "Incipit/Desinit", em P. Machamer e R. Turnbull, eds., *Motion and Time. Space and Matter* (Columbus, OH, 1976), 101-136.

[519] Lemay, R. *Abu Mashar and Lati Aristotelianism in the Twelfth Century* (Beirut, 1962).

[520] Maier, A. *Ausgehendes Mitellalter. Gesammelte Aüfsatze zur Geistesgeschichte des 14. Jahrhunderts*, 3 vols. (Rome, 1964-1967).

[521] Maier, A. *Studien zur Naturphilosophie der Spätmittlelalter*, 5 vols. (Rome, 1952-1968).

[522] Marrone, S. *The Light of Thy Countenance. Science and Knowledge of God in the Thirteenth Century*, 2 vols.(Leiden, 2001).

[523] Murdich, J. "1277 and Late Medieval Natural Philosophy", em [28], 111-121.

[524] Murdoch, J. "From Social into Intellectual Factors: An Aspect of the Unitary Character of Late Medieval Learning", em [45], 271-339.
[525] Murdoch, J. *"Mathesis in philosophiam scholasticam introducta.* The rise and Development of the Application of Mathematics in Fourtheenth-Century Philosophy and Theology", em *Arts libéraux et philosophie au moyen âge* (Montreal/Paris, 1969), 215-254.
[526] Murdoch, J. "Philosophy and the Enterprise of Science in the Later Middle Ages", em Yehuda Elkana, ed., *The Interaction between Science and Philosophy* (Atlantic Highlands, NJ, 1974), 51-113.
[527] Murdoch, J. "Pierre Duhem (1861-1916)", em H. Damico, ed., *Medieval Scholarship. Biographical Studies on the Formation of a Discipline*, vol. III (New York/London, 2000), 23-42.
[528] Murdoch, J. "Pierre Duhem and the History of Late Medieval Science and Philosophy in the Latin West", em R. Imbach e A. Maierù, eds., *Gli studi di filosofia medievale fra Otto e Novecento: contributo a un bilancio storiografico* (Rome, 1991).
[529] Murdoch, J. "Propositional Analysis in Fourteenth-Century Natural Philosphy: A Case Study", *Synthèse* 40 (1979), 117-146.
[530] Oberman, H. "Reformation and Revolution: Copernicus's Discovery in an Era of Change", em [45], 397-429.
[531] Ragep, J. "Freeing Astronomy from Philosophy. An Aspect of Islamic Influence on Science", *Osiris* 16 (2001), 49-71.
[532] Sorabji, R. "Latitude of Forms in Ancient Philosophy", em [42], 57-63.
[533] Stock, B. *Myth and Science in the Twelfth Century. A Study of Bernard Sylvester* (Princeton, NJ, 1972).
[534] Sylla, E. "The A Posteriori Foundations of Natural Science; Some Medieval Commentaries on Aristotle's *Physics*, Book I, Chapters 1 and 2", *Synthèse* 40 (1979), 147-187.
[535] Sylla, E. "Autonomous and Handmaiden Science: St. Thomas Aquinas and William of Ockham on the Physics of the Eucarist", em [45], 349-396.
[536] Sylla, E. "Medieval Concepts of the Latitude of Forms: The Oxford Calculators", em *AHDLMA* 40 (1973), 223-283.
[537] Thijssen, J. M. M. H. "Late Medieval Natural Philosophy: Some Recent Trends in Scholarship", *Recherches de Théologie et Philosophie Médiévales* 67 (2000), 158-190.

[538] Thijssen, J. M. M. H. "What Really Happened on 7 March 1277? Bishop Tempier's Condemnation and its Institutional Context", em [50], 84-114.
[539] Trifgoli, C. *Oxford Physics in the Thisrteenth Century (ca. 1250-1270). Motion, Infinity, Place, and Time* (Leiden/Cologne, 2000).
[540] Wallace, W. "Galileo and Reasoning *Ex suppositione*", em W. Wallace, *Prelude to Galileo. Essays on Medieval and Sixteenth Century Sources of Galileo's Thought* (Dordrechet/Boston, MA/London, 1981), 129-159.

Naturezas: o problema dos universais

[541] Gracia, J. *Introduction to the Problem of Individuation in the Early Middle Ages* (Munich/Washington, DC, 1984; 2ª edição 1998).
[542] Gracia, J. *Individuation in Scholasticism: The Later Middle Ages and the Counter-Reformation (1150-1650)* (Albany, NY, 1994).
[543] Klima, G. "The Medieval Problem of Universals", em [52], /archives/spr2001/entries/universals-medieval/
[544] Thijssen, J. M. M. H. "John Buridan and Nicholas of Autrecourt on Causality and Induction", *Traditio* 43 (1987), 237-255.

Natureza humana

[545] Dales, R. *The Problem of the Rational Soul in the Thirteenth Century* (Leiden, 1995).
[546] Des Chene, D. *Life's Form: Late Aristotelian Conceptions of the Soul* (Ithaca, NY, 2000).
[547] Dihle, A. *The Theory of the Will in Classical Anitquity* (Berkeley, CA, 1982).
[548] Irwin, T. "Who Discovered the Will?" *Philosophical Perspectives* 6 (1992), 453-473.
[549] King, P. "Scholasticism and the Philosophy of Mind: The Failure of Aristotelian Psychology", em T. Horowitz e A. Janis, eds., *Scientific Failure* (Lanham, MD, 1994), 109-138.
[550] Pasnau, R. "Divine Illumination", em [52], /entries/illumination
[551] Pasnau, R. *Theories of Cognition in the Later Middle Ages* (Cambridge, 1997).

[552] Tachau, K. *Vision and Certitude in the Age of Ockham. Optics, Epistemology and the Foundations of Semantics, 1250-1345* (Leiden, 1988).
[553] Wolfson, H. A. "The Internal Senses in Latin, Arabic and Hebrew Philosophic Texts", *Harvard Theological Review* 28 (1935), 69-133.

A vida moral

[554] Bloomfield, M. *The Seven Deadly Sins* (East Lansing, MI, 1952).
[555] Colish, M. "Habitus Revisited: A Reply to Cary Nederman", *Traditio* 48 (1993), 77-92.
[556] Janz, D. *Luther and Late Medieval Thomism* (Waterloo, Ontário, 1983).
[557] Kent, B. "Rethinking Moral Dispositions: Scotus on the Virtues", em *CCScot*, 352-376.
[558] Kent, B. *Virtues of the Will: The Transformation of Ethics in the Late Thirteenth Century* (Washington, DC, 1995).
[559] McGrath, A. *Iustitia Dei*, 2 vols. (Cambridge, 1986).
[560] Nederman, C. "Nature, Ethics, and the Doctrine of 'Habitus': Aristotelian Moral Psychology in the Twelfth Century", *Traditio* 45 (1989-1990), 87-110.
[561] Oberman, H. *The Harvest of Medieval Theology: Gabriel Biel and Late Medieval Nominalism* (Cambridge, MA, 1963).
[562] Vignaux, P. "On Luther and Ockham", em S. Ozment, ed., *The Reformation in Medieval Perspective* (Chicago, 1971), 107-118.
[563] Wenzel, S. "The Seven Deadly Sins: Some Problems of Research", *Speculum* 43 (1968), 1-22.
[564] Wenzel, S. *The Sin of Sloth: Acedia* (Chapel Hill, NC, 1967).

Fins últimos

[565] McEvoy, J. "The Theory of Friendship in the Latin Middle Ages: Hermeneutics, Contextualization and the Transmission and Reception of Ancient Texts and Ideas, from *c.* AD 350 to *c.* 1500", em J. Haseldine, ed., *Friendship in the Middle Ages* (Phoenix Mill, Stroud, 1999), 3-44.

[566] Reeves, M. *Joachim of Fiore and the Prophetic Future* (London, 1976).
[567] Wieland, G. "Happiness: The Perfection of Man", em *CHLMP*, 673-686.

Pensamento político

[568] Black, A. J. *Council and Commune. The Conciliar Movement and the Fifteenth Century Heritage* (London, 1979).
[569] Black, A. *Monarchy and Community. Political Ideas in the Later Conciliar Controversy 1430-1450* (Cambridge, 1970).
[570] Black, A. *Political Thought in Europe 1250-1450* (Cambridge, 1992).
[571] Blythe, J. M. *Ideal Government and the Mixed Constitution in the Middle Ages* (Princeton, NJ, 1992).
[572] Brett, A. S. *Liberty, Right and Nature: Individual Rights in Later Scholastic Thought* (Cambridge, 1997).
[573] Coleman, J. "Property and Poverty", em [13], 607-648.
[574] Evans, G. R. *Old Arts and New Theology. The Beginnings of Theology as an Academic Discipline* (Oxford, 1980).
[575] Fasolt, C. *Council and Hierarchy. The Political Thought of William Durant the Younger* (Cambridge, 1991).
[576] Flüeler, C. *Rezeption un Interpretation der Aristotelischen* Politica *im späten Mittelalter*, 2 vols. (Amsterdam, 1992).
[577] Justiniano. *The Digest of Justinian*, ed. T. Mommsen e P. Krueger, trad. para o inglês A. Watson (Philadelphia, 1985).
[578] Lambertini, R. *La poverta sensata* (Modena, 2000).
[579] Luscombe, D. "City and Politics Before the Coming of the *Politics*: Some Illustrations", em D. Abulafia, M. Franklin, e M. Rubin, eds., *Church and City in the Middle Ages* (Cambridge, 1992), 41-55.
[580] Mäkinen, V. P. *Property Rights in the Late Medieval Discussion on Franciscan Poverty* (Leuven, 2001).
[581] Miethke, J. *De potestate pape. Die päpstliche Amtzkomptetenz im Widerstreit der politischen Theorie von Thomas von Aquin bis Wilhem von Ockham* (Tubingen, 2000).
[582] Nederman, C. J. "Nature, Sin, and the Origins of Society: The Ciceronian Tradition in Medieval Political Thought", *JHI* 49 (1988), 3-26.

[583] Oakley, F. *Natural Law, Conciliarism and Consent in the Later Middle Ages* (London, 1984).
[584] Pennington, K. *The Prince and the Law 1200-1600* (Berkeley, CA, 1993).
[585] Post, G. "The Naturalness of Society and the State", em G. Post, *Studies in Medieval Thought, Public Law and the State 1100-1322* (Princeton, NJ, 1964), 494-561.
[586] Quillet, J. "Community, Counsel and Representation", em [13], 520-572.
[587] Skinner, Q. *The Foundations of Modern Political Thought*, 2 vols. (Cambridge, 1978).
[588] Tierney, B. *Foundations of the Conciliar Theory* (Cambridge, 1955).
[589] Tierney, B. *The Idea of Natural Rights* (Atlanta, GA, 1997).
[590] Ullmann, W. "Boniface VIII and hjis Contemporary Scholarship", *JTS* 27 (1976), 58-87.

Filosofia medieval no pensamento posterior: Renascimento e século XVII

[591] Aiton, E. J. *Leibniz: A Biography* (Bristol/Boston, MA, 1985).
[592] Caetano, Tommaso de Vio. *Commentaria in Libros Aristotelis de Anima. Liber III*, ed. G. Picard, SJ e G. Pelland, SJ (Bruges, 1965).
[593] Caetano, Tommaso de Vio. *Commentaria in De Anima Aristotelis*, ed. I Coquelle, OP, introdução de M. H. Laurent, 2 vols. (Rome, 1938-1939).
[594] Caetano, Tommaso de Vio. *Commentary on Being and Essence*, trad. para o inglês L. J. Kendzierski e F. C. Wade (Milwaukee, WI, 1964).
[595] Caetano, Tommaso de Vio. *[Prima pars] Summae Theologiae cum commentariis... Cajetani* (Antuérpia, 1612).
[596] Caetano, Tommaso de Vio. *The Analogy of Names and the Concept of Being*, trad. para o inglês E. A. Bushinski e H. J. Koren (Pittsburgh, PA, 1959).
[597] Carleton, Thomas Compton. *Philosophia universia*, 2 vols. (Antwerp, 1684).
[598] Casimiro de Toulouse. *Atomi peripateticae*, 6 vols. (Biterris, 1674).
[599] Des Chene, D. *Physiologia. Natural Philosophy in the Late Aristotelian and Cartesian Thought* (Ithaca, NY, 1996).

[600] De La Grange, J. B. *Les Principes de la philosophie, contre les nouveaux philosophes* (Paris, 1675).

[601] Di Vona, P. *Studi sulla scolastica della contrariforma* (Florence, 1968).

[602] Du Hamel, J. B. *Operum philosophicorum Tomus I. Tractatus III: de consensu veteris et novae philosophiae* (Nuremberg, 1681).

[603] Fitzpatrick, P. J. *In Breaking of Bread* (Cambridge, 1993).

[604] Gerhardt, C. J., ed. *Die philosophischen Shcriften von Gottfried Whilhelm Leibniz*, 7 vols. (reimpresso Hildesheim, 1960).

[605] Gilson, E. "Autor de Pomponazzi: problématique de l'immortalité de l'âme en Italie au début du XVIe siècle", *AHDLMA* 28 (1961), 164-279.

[606] Goudin, A. *Philosophia juxta inconcussa tutissimaque Divi Thomae dogmata... Tomus I: Logica; Tomus III: Tres posteriores partes physicae complectens* (Paris, 1685).

[607] Gurr, J. E. *The Principle of Sufficient Reason in Some Scholastic Systems, 1750-1900* (Milwaukee, WI, 1959).

[608] João de S. Tomás. *The Material Logic of John of St. Thomas: Basic Treatises*, trad. para o inglês Y. R. Simon *et al.* (Chicago, 1955).

[609] Kessler, E. "The Intellective Soul", em [2], 485-534.

[610] Le Grand, A. *An Entire Body of Philosophy According to the Principles of the Famous Renate Des Cartes...* Now faithfully translated... by Richard Blome [trad. para o inglês] (London, 1694).

[611] Leiniz, G. W. F. *Epistola ad... [Jacobum Thomasium] de Aristotele recentioribus reconciliabili*, em [604], IV, 162-174.

[612] Menn, S. *Descartes and Augustine* (Cambridge, 1998).

[613] Nicolau de Cusa. P. E. Sigmund, ed., *Nicholas of Cusa. The Catholic Concordance* (Cambridge, 1991).

[614] [Pardies, I.] *Lettre d'un philosophe à un Cartésien de ses amis* (Paris, 1685).

[615] Robinet, A. "Suarez im Werk von Leibniz", *Studia Leibnitiana* 13 (1981), 76-96.

[616] Suárez, Francisco. *Tractatus de anima*, em D. M. André, ed., *Opera omnia*, vol. III (Paris, 1856).

[617] Suárez, Francisco. *Commentariorum... in primam partem Divi Thomae partis II de Deo creatore... Tractatus tertius De Anima* (Mainz, 1622).

[618] Suárez, Francisco. *On the Essence of finite Being as Such, on the Existence*

of that Essence and their Distinction, trad. para o inglês N. J. Wells (Milwaukee, WI, 1983).

[619] Suárez, Francisco. *Disputationes Metaphysicae*, ed. C. Berton, 2 vols. (Paris, 1866; reimpresso Hildesheim, 1965). Trad. espanhola S. Rábade Romeo *et al.*, *Disputaciones Metafísicas*, 7 vols. (Madri, 1960-1966).

[620] Valeriano Magni. *Valeriani Magni fratris capuccini philosophiae pars prima* (Warsaw, 1648).

[621] Francisco de Vitória. "Relection On the American Indians", em *Vitoria: Political Writings*, ed. e trad. para o inglês A. R. D. Pagden e J. Lawrence (Cambridge, 1992), 233-292.

[622] Zabarella, Jacob. *De rebus naturalibus libri XXX* (Frankfurt, 1607; reimpresso Frankfurt, 1966).

Filosofia medieval no pensamento posterior: envolvimentos correntes

[623] Brezik, V. B., ed. *One Hundred Years of Thomism* (Houston, TX, 1981).
[624] Brownlee, M. S. e K. e S. Nichols, eds. *The New Medievalism* (Baltimore, MD, 1991).
[625] Caputo, J. *Heidegger and Aquinas* (New York, 1982).
[626] Druart, T.-A., ed. *Arabic Philosophy and the West* (Washington, DC, 1988).
[627] Geach, P. T. *Reference and Generality: An Examination of Some Medieval and Modern Theories* (Ithaca, NY, 1980).
[628] Gilson, E. *Elements of Christian Philosophy* (Garden City, NY, 1960).
[629] Gilson, E. *The Spirit of Medieval Philosophy*, trad. para o inglês A. Downes (New York, 1940).
[630] Haldane, J., ed. *Mind, Metaphysics and Value in the Thomistic and Analytical Traditions* (Notre Dame, IN, 2002).
[631] Kenny, A. *Aquinas on Mind* (London, 1993).
[632] MacIntyre, A. *Three Rival Versions of Moral Enquiry* (London, 1990).
[633] Maritain, J. *The Degrees of Knowledge*, trad. para o inglês R. McInerny (Notre Dame, IN, 1995).
[634] Milbank, J. e C. Pickstock. *Aquinas on Truth* (London, 2001).
[635] Pegis, A., ed. *A Gilson Reader* (Garden City, NY, 1957).
[636] Rosemann, P. *Understanding Scholastic Thought with Foucault: The New Middle Ages* (New York, 1999).

[637] Van Steenberghen, F. "Etienne Gilson, historien de la pensée médiévale", *Revue philosophique de Louvain* 77 (1979), 496-507.

Transmissão e tradução

[638] Bataillon, L. J. *et al.*, eds. *La Production du livre universitaire au moyen âge. Exemplar et pecia* (Paris, 1988).
[639] Bergh, B. *Palaeography and Textual Criticism* (Lund, 1978).
[640] Bischoff, B. *Latin Palaeography: Antiquity and the Middle Ages* (Cambridge, 1990).
[641] Capelli, A. *Lexicon abbreviaturarum*, 6ª edição (Milan, 1961).
[642] Destrez, J. *La Pecia dans les manuscrits universitaires du XIIIe et du XIVe siècles* (Paris, 1935).
[643] Dondaine, A. *Les Secrétaires de Saint Thomas* (Rome, 1956).
[644] Fink-Errera, G. "De l'édition universitaire", em *L'Homme et son destin d'après les penseurs du moyen âge* (Louvain/Paris, 1960), 221-228.
[645] Fink-Errera, G. "Une Institution du monde médiéval: la pecia", *Revue Philosophique de Louvain* 60 (1962), 184-243.
[646] Notre Dame Summer Medieval Institute. http://www.nd.edu/~medinst/summer/summerprogram.html
[647] Pelzer, A. *Abréviations latine médiévales. Supplément au Dizionario di abbreviature latine ed italiane, de Adriano Cappelli*, 2ª edição (Louvain, 1966).
[648] Pollard, G. "The *Pecia* System in the Medieval Universities", em M. B. Parks e A. G. Watson, eds., *Medieval Scribes, Manuscripts and Libraries* (London, 1978), 145-161.
[649] Pratt, R. A. "Some Latin Sources of the Nonnes Preest on Dreams", *Speculum* 52 (1977), 538-570.
[650] Thorndike, L. *University Records and Life in the Middle Ages* (New York, 1944).
[651] Universidade de Bochum. *Abbreviationes* CD-ROM. http://www.ruhr-uni-bochum.de/philosphy/projects/abbrev.htm
[652] Universidade de Melbourne. Curso de paleografia. http://www.medieval.unimelb.edu.au/ductus
[653] Universidade de Toronto. Curso de verão de latim. http://www.chass.utoronto.ca/medieval/latexsum.html

ic
ÍNDICE REMISSIVO

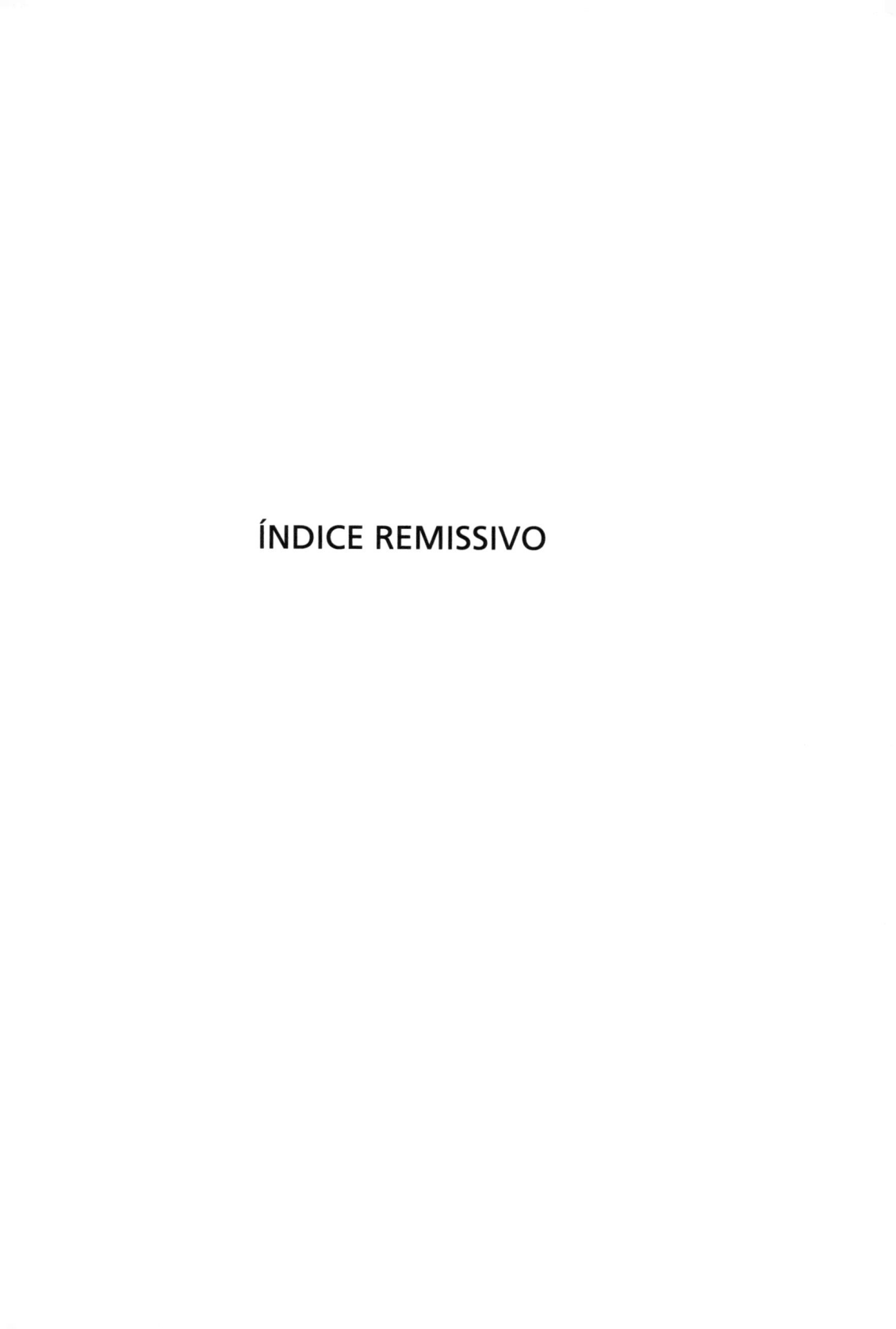

Abelardo, Pedro 10, 11, 40, 43, 44, 46, 47, 57, 68, 122, 241, 293, 370, 378, 403, 408, 429
Abu Mashar 215, 454
Abu Ya´qub 139
"actus" 399
Adão de Balsham 122
Adelardo de Bath 44, 45, 70, 212, 213, 444
Aelred de Rievaulx 301, 306, 321, 323, 444
Agostinho de Ancona 60, 64
Agostinho de Hipona (Santo Agostinho) 30-32, 36, 311, 349
   – amizade 304-307, 320
   – as Escrituras e a filosofia natural 211
   – artes liberais 97-98
   – autoconsciência 249-250
   – contra o ceticismo 256-257
   – e a ética clássica 276-279
   – felicidade 303-307
   – graça 267, 278
   – iluminação 263
   – liberdade 272
   – linguagem 102: simplicidade divina e linguagem sobre Deus 113; palavra interior 110; conhecendo as palavras e conhecendo as coisas 107-108
   – lógica 99, 103: dialética 104; regras de inferência e verdade de proposições 122-123
   – no Renascimento e século XVII 61, 369
   – pensamento político 328-330

– universais 235-239
– verdade, Deus como 119
– vontade 266-269

Agostino Nifo 317
Al-Jami 197, 445
Al-Kindi 13, 38-40, 126, 128, 147-149, 446
Al-Razi, Abu Bakú 128, 197, 446
Al-Suhrawardi 128, 197, 446
Al-Tusi, Nasir al-Din 128, 149, 216-217, 446
Alan de Lille 88-89, 113, 444
Alberto de Saxe 101, 121
Alberto Magno 54, 56, 67, 78, 80, 105, 215, 219, 259, 377, 402, 410, 411, 433
Alexandre de Afrodísias 146, 164
Alexandre de Hales 76, 175, 445
Alexandre de Villa Dei 99
Alfarabi (Al-Farabi) 125, 133-137, 140, 142, 144, 146, 148-149, 159, 182, 192-194, 407, 425-426, 452
Algazel (Al-Gazâli) 126, 131, 140, 144
    – criação e a alma 144
    – crítica da prova de Deus de Avicena 183-184
Alhazen 258, 260, 445
Ali al'Qushji 217
alma (*ver também* forma substancial) 140-141, 148, 249-256
    – e corpo 251-256
    – princípio vital 251
Ambrósio de Milão 31-32, 63
amizade
    – e amor de si 321
    – e a Trindade 323
    – e beatitude 305-306, 312, 323
    – e comunidade das posses 320
    – e felicidade 304, 313
    – espiritual 320-323
amor (*ver também* amizade; caridade)
    – de Deus 269, 285-287, 298-300, 303

– dos outros 285-287
– de si 277-279, 288
ampliação 117-118
analogia 110-111, 114-116, 163, 200, 203-206, 241, 332, 354, 356, 360, 376
anjos (*ver também* hierarquia) 18, 20, 72-73, 77, 84-94, 136, 182, 209, 230-232, 234, 240, 274, 281, 287, 341, 356
Anselmo de Cantuária 42-44, 49, 108, 251, 285, 306
    – argumento ontológico 104
    – estado dos textos 389-390
    – eternidade 75-76
    – ética 269
    – liberdade 270-274, 280
    – paronímia 112
    – ser de Deus 198
    – sobre a razão na teologia 43
    – verdade 119-120
Antônio do Egito 35
"appetitus" 399
Aristóteles 39-40, 104, 113-114, 119, 127
    – sobre os céus 215-216, 230
    – influência em: Averróis 126; Avicena 135, 143; Alfarabi 133, 140; Gersônides 169; Avicebron 157; Maimônides 159-165; filosofia no Islã 125; pensamento político escolástico 325, 331-332
    – integração de seus escritos ao currículo das universidades 53-57, 217-220
    – interpretado por Caetano como negador da imortalidade individual 351-357
    – lógica: silogismos dialéticos e demonstrativos 104; paronímia 112; *Retórica* e *Poética* consideradas partes da lógica 105, 129; transmissão dos textos 99-100
artes liberais 97-98, 105, 319, 411, 413
astrologia, física dos céus 214-215
astronomia, matemática 214-215
Aureolo, Pedro 176, 265, 414, 440

autoconsciência 24, 304
autoridade (*ver também* hierarquia)
    – e graça 341-343
    – espiritual e temporal 339-340, 345-346, 349-351
    – papal 49, 334-335, 339-341, 345-348
    – política 338-339: baseada em consentimento 338-339; da cidade sobre si mesma 341, 344-346; da comunidade 343
    – seu lugar no pensamento medieval 62-64
Averróis (*ver* Ibn Roschd) 13, 39, 40, 66-67, 100, 112, 125-128, 130-132, 134, 136-137, 139, 144-147, 150, 169, 181-189, 193-194, 197, 259, 262, 317-318, 401, 409, 430
averroísmo latino 200
Avicebron (*ver* Ibn Gebirol, Salomão) 13, 39, 65, 151, 157-158, 252, 401, 407, 428
Avicena (*ver* Ibn Sina) 9, 39, 55, 65-67, 100, 103, 106, 112, 115, 125-127, 134-137, 141-144, 147, 150, 164, 181-194, 197-199, 206, 215, 242, 252, 258-259, 262, 401, 407-408, 426-427

Bacon, Francisco 362
Bacon, Rogério 101, 137, 175, 219, 260, 262, 351, 402, 410, 433
Banez, D. 196, 436
beatitude (*ver também* felicidade; amizade) 20, 306, 310-313, 324
Bede, o Venerável 37, 40, 211
Bento de Núrsia 36, 403
Berengário de Tours 42, 43
Bernardo de Clairvaux 46, 47, 403, 408
Bernardo Silvestre 212
Boaventura 54, 105, 158
    – autoconsciência 250-252
    – hierarquia 90
    – iluminação 263
    – pecados capitais 292
    – verdade 119-120

Boécio 25, 32, 147, 212
    – criação 209
    – Deus 113, 198
    – eternidade 73-74, 82
    – felicidade 307-309
    – trabalhos lógicos e traduções 100
    – universais 107
Boécio de Dácia 55, 57, 220, 301, 316, 319, 402, 412, 437
Bonifácio VIII 59, 91, 95, 412
Buridano, João 58, 220, 222, 234
    – lógica 101, 109, 118, 122
    – possibilidade do vácuo 224-227
    – universais 248

Caetano, Tomasso de Vio 203, 205, 245, 273, 352-361, 367, 459
caridade 298
    – e outras virtudes 276, 298
    – e felicidade perfeita 298-300
    – e amor de si 277-279
Calcídio 67, 212
calculadores de Oxford 12, 212, 416
Carleton, T. C. 368-369, 459
Calvino, João 95, 295
Carlos Magno 37, 403
Cassiodoro 32-33
categorias
    – reduzidas por Guilherme de Ockham 222, 246-247
    – transcendidas por Deus 113-114
causação 144, 188-189, 220-221
    – celestial 215
    – metafísica e física 144
    – regressos 188-189
ceticismo 22, 58, 256-257, 264-266, 405

céticos 147, 156, 248, 388, 416
Chartres, Escola de 45, 109, 212, 424
Chaucer, G. 351, 393, 404
Cícero 21, 30, 213
      – amizade 304, 321
      – lógica 99-100, 104
      – pensamento político 327-328, 331
ciência, como ideal de conhecimento 53-54
Clemente de Alexandria 29
Clemente VII 352, 415
cognição (*ver também* iluminação; intelecto; autoconsciência)
      – intuitiva e abstrativa 265
      – papel da espécie na 109, 259-261
      – sensória 153-154, 258-261: interna 259
Colet, J. 94
comentários 21, 37, 39, 48, 65-68, 99, 100, 110, 139, 146, 169, 187, 219, 230-231, 234, 322-323, 377, 405, 410-411, 416
conciliarismo 94, 341
condenações 56, 253, 295, 319
Constantino 29-30, 403
contingência 144, 184-185, 188-189, 221
corpo 250
Cousin, V. 371
Crathorn, Guilherme 265
criação 144, 155-158, 164-167, 170-173, 189-190, 209-211
      – e exemplares 236-238

Dante 176, 292, 404, 411-412
Descartes, René 141, 362-370
      – *passim*
Derrida, J. 376
Deus (*ver também* amor; criação; essência; eternidade)
      – conhecimento dos particulares por 136, 144, 167-168, 173-174
      – incorporealidade de 162-164

      – provas da existência de 42, 104, 163, 179-181, 183-187
      – simplicidade de 113, 236
      – unicidade de 162-164, 192-200
De Wulf, M. 373
dialética 42-43, 47, 103-105, 129, 132, 160, 309, 408
Dietrich de Freiberg 56
direito natural 342, 348
"doutores" da igreja 63
Donato 98
Dumbleton, João 207-208, 416, 446
Duns Escoto, João 54, 109, 158, 175
      – causação 144, 189
      – cognição 192, 264-265
      – estado dos textos 390-392
      – eternidade 80
      – felicidade 314
      – física dos anjos 231-232
      – liberdade 272, 285-287
      – movimento próprio dos elementos 232-234
      – pensamento político 336-339
      – unidade da alma e do corpo 255
      – virtude 298-300
      – vontade como apetite racional 269
Du Hamel, J. B. 362, 365-366, 368, 460
duração, tipos de 77-78

Eckhart, Mestre 56, 197, 199-201, 376, 445, 448
Elias del Medigo 177
Erasmo de Rotterdam 94, 306
ente (*ver também* ser; essência; existência)
      – entes da razão 105-106
      – graus de ser 84, 180, 203, 205
Epicuristas 29, 147
escolas de filosofia fechadas? 33, 256, 301, 403

Escoto Erígena, João 11, 37, 66-67, 87-88, 114, 212-213, 315-316, 401, 406, 425
Espinosa 9, 172, 174, 370
espaço criado 304
essência 200, 242
       – e existência 143, 189-192: distinção rejeitada 194-196; idênticas em Deus 164, 196-200
estoicismo 157-158, 179
       – e filosofia medieval primitiva 29-30, 307, 309: criticado por Agostinho 277-278
       – e filosofia no Islã 128, 147
       – lógica 104-105
eternidade (*ver também* criação) 71-83
       – definição 71-73
       – do mundo (ausência de início) 80
       – e a vida de Deus 73
       – e o problema da presciência 81-83
ética
       – científica ou terapêutica 146-150
       – investigação sobre o bem supremo 276
Everardo de Béthune 99
eviternidade 73, 77
existência (*ver também* ser; essência)
       – da própria existência 196-197
       – como participação no ser de Deus 196-200

fé (*ver também* virtude) 22-23, 42-43, 293-294
felicidade (*ver também* beatitude; inclinações; princípio eudaimonista) 276, 302-303, 308
       – no fim da história 323-324
       – contemplação como central na 309
       – e Deus 308, 311-312
       – na vida intelectual 314-320
       – perfeita e imperfeita 283, 304-307
Filipe IV 412

Filipe, o Chanceler 76, 252, 446
Filopônio, João 127
FitzRalph, Ricardo 342
forma substancial 189, 229, 234, 245, 254-256
      – uma ou muitas nos humanos 253-256
Francisco de Vitória 343
Frederico II 59, 175

Galeno 127, 147, 149
Galileu 210, 227, 361
gêneros de filosofia medieval 21, 65
Gerardo de Cremona 45, 67
Gerberto de Aurilllac 100
Gerson, Jean 342
Gersônides 169-174
      – conhecimento de Deus sobre os indivíduos 172-174
      – criação 170-171
Gilberto de Poitiers 100, 113
Giles de Roma 59, 91-92, 289, 341-342, 346, 402, 412-413, 438
Gilson, E. 22, 58, 126, 318, 353, 355, 373-374, 379, 418, 423, 434, 447, 460-462
Godofredo de Fontaines 54, 69, 269, 271, 284, 299, 402, 413, 438
Goudin, A. 362-364, 367, 460
Graciano de Bolonha 48
Gregório de Nissa 85
Gregório I, o Grande 63, 57-89, 292
Grosseteste, Roberto 11, 53-54, 66-67, 94, 175, 201, 223, 289-291, 293, 322, 378, 402, 410, 432
Guilherme de Auvergne 11, 87-89, 90, 446
Guilherme de Auxerre 313
Guilherme de Conches 113, 212
Guilherme de Ockham 57, 60, 223, 253, 370
      – cognição intuitiva e abstrativa 265

— eternidade 80
— ética: fruição 314; amor, liberdade e prazer 287-289; amor de Deus mais do que de si 269; virtudes 299-300
— física da Eucaristia 228-230
— lógica 100-101: linguagem do pensamento 111; paronímia 111; segundas intenções 107; significação 109; suposição 119;
— metafísica: unicidade de Deus é indemonstrável 195-196; minimalismo ontológico 222, 247-248; rejeita a distinção essência e existência 195
— pensamento político 347-350
— universais 245-248
Guilherme de Sherwood 101, 105

Haureau, J.-B. 371
Heidegger, M. 17, 151, 375-376, 461
Henrique de Gand 54
    — amizade 322-323
    — anjos e tempo 231
    — Deus e ser 200
    — eternidade 72
    — iluminação 264
    — intelecto 262
    — universais 238-241
Heresia 50, 60, 64, 254, 268, 323, 405, 415
Hermano de Carintia 212-215, 445
Heytesbury, Guilherme 116, 119, 223, 402, 416, 444
hierarquia 84-95
    — ativa e contemplativa 90-92
    — angélica 85
    — definição 84, 88
    — eclesiástica 86-87, 91
    — funções 85-86, 93-95
    — humana/secular 88-90, 95

– objeções a 91-95
– e Trindade 90
Hilelo de Verona 176
hilomorfismo 157-158, 255, 407
Hinemar de Rheims 87-88
Hobbes, T. 362
Holcot, Roberto 388, 392-393, 402, 415, 442-443
"honestum" 288, 399
Honório Augustodunense 88
Hugo de São Vítor 88, 401, 408, 429
Hume, D. 370

Ibn ʹAdy, Yahya 125
Ibn al-ʹArabi 197
Ibn al-Haylan 140
Ibn Bajjah 137, 145, 445
Ibn Daud, Abraão 159
Ibn Gebirol, Salomão 39, 157-159
– criação 157-158
– educação 157
– hilomorfismo 158
– influência 158-159
– sobre a pluralidade das formas substanciais 252
Ibn Hazm 150
Ibn Miskawayh 149
Ibn Paqudah 150
Ibn Roschd (Averróis) 39, 126
– comentários sobre Aristóteles 139
– intelecto 145, 262
– lógica 100, 112
– metafísica 181-182, 183-188
– religião e filosofia 130-132
– semi-igualdade das mulheres 136

Ibn Sina (Avicena) 39, 55, 126, 179-198, 242
    – astrologia e astronomia 215: inteligências e angelologia Cristã 90
    – lógica 100, 103, 106, 112, 115
    – metafísica 181-182: argumento a favor da existência de Deus 182-183; essência e existência 189-192; Deus como causa última 198; unicidade de Deus 192-194
    – psicologia 141-145: intelecto 146; percepção sensória 258-259
    – religião e filosofia 134-137
Ibn Tufayl 127, 138-139, 445
iluminação 236-241, 263-265
    – e hierarquia 87-88
imaginação 134, 140, 142, 259-260, 265
Imanuel de Roma 176
imortalidade 163, 167, 270, 273-275, 352-353, 355-357, 415
ímpeto 51, 226-227, 371, 374
inclinações para justiça/retidão e vantagem/felicidade 268-269, 281-282, 285-287
individuação 9, 167, 244-245, 357, 413
inferência 103-104, 121-123, 154-155, 166, 184, 217
Inocêncio III 50, 58
Inocêncio IV 59, 94
intelecto (*ver também* Intelecto Agente; intelecto agente/ativo; mente)
    – e corpo 352-357
    – quatro em uma alma 140
    – e imaginação 141-143
    – material 144-146
instituições educacionais
    – as famílias dos bispos 34
    – escolas-catedrais 47
    – métodos de instrução e currículo 48, 207-208, 217-220, 383
    – mosteiros 35, 36, 42
    – universidades 51-52
Intelecto Agente 90, 133, 135, 138, 140-142, 145, 149, 167, 241, 245, 255, 262-264
intelecto agente/ativo 146, 238, 262, 354, 357, 361, 367

interações judaico-cristãs 174-175
Isaac Iraeli 120, 158
Isidoro de Sevilha 33, 99, 105, 211
Islã 13, 19, 38-40, 62, 64-66, 125-150, 190, 215-216, 408-409, 451, 465, 469

Jacó Anatoli 176
Jaime de Viterbo 59, 69, 299, 402, 413, 438
Jâmblico 84
Jean le Page 118
João XXII 60, 64, 410, 414
João de Jandun 234
João de Paris 59, 93, 339, 341, 402, 413, 438
João de Salesbury 53, 100, 331, 401, 409, 430
João de S. Tomás 205, 460
Joaquim de Fiore 323
justiça 328-329
Justino Mártir 29, 448
Justiniano I 33, 458

Kalam 126-129, 132, 134, 135
    – atacado por Alfarabi por negar a liberdade humana 148-149
    – fonte do conceito de "coisa" em Avicena 143
    – influência em Saadías Gaon 152
Kant, I. 17, 39, 282
Kemal Pasazade 128
Kilwardby, Roberto 77, 105, 110, 122, 253, 260, 445

La Grange, J. B. 362, 364, 368
Lamberto de Auxerre 106, 108, 117
Lanfranco de Bec 42, 43
Leão X 352
Leão XIII 371

lei
    – de Cristo 336
    – civil e canônica 330-332
    – definida 334-335
    – eterna 334-335
    – humana 335, 338-339, 344-346
    – Islâmica, e filosofia 130, 132
    – natural 332, 334-335, 337-339
Le Grand, A. 362, 366, 368, 460
Leibniz, G. W. F. 366-369
liberdade 149, 168, 173, 220, 270-274, 287, 350
    – compatibilistas e libertários 270-274
    – e felicidade 308
    – e filosofia 25
    – e justiça 281-282, 285-287
linguagem 97-100, 102-104
    – convencional ou natural? 109-110
    – mental 110-111, 247
linguagens analíticas 208, 223
Livro das Causas *(Liber de Causis)* 198, 406
Locke, J. 261, 370
lógica (*ver também* ampliação; analogia; sentidos compostos e divididos; inferência; dialética; linguagem; paradoxos; paronímia; significação; sofisma; teoria da suposição; verdade) 99-106
    – linguística ou racional? 104-106
    – universal ou apenas gramática grega? 128-130
Lutero, M. 94-95, 295, 300, 352, 450

Mach, E. 222
Macróbio 212
Maimônides, Moisés 39, 159-168
    – criação 164-167
    – educação e influência 159, 168
    – *Guia dos Perplexos* 159-168

- teologia negativa 162-163
- unicidade e incorporealidade de Deus 162-163

"*malitia*" 289-291, 398

Mani al-Majusi 125

Maritain, J. 373-374, 461

Marius Victorinus 84, 99

Marsílio de Inghen 118

Marsílio de Pádua 9, 59-60, 331, 343-348, 402, 414, 440

Marcião Capella 98, 212

Martinho de Tours 36

Matemática 11-12, 40, 45, 130, 159, 161, 212, 214-218, 222-223, 234, 264, 363, 410, 415-416

Mateus de Aquasparta 238

Maximiliano, Imperador 352

mérito 24, 159, 273, 280, 294-295, 393

mente (*ver também* intelecto)
- como faculdade da alma 251-252
- como imagem da Trindade 250-251

Miguel du Bay 295

Miguel Scot 67

milagres 34, 89, 136, 155, 167, 171-172, 220, 319

Mir Damad 128

misticismo 144, 177, 408

Modistae 99, 102, 105

Molière 351, 362

monasticismo 34-38
- e aprendizagem 36-38, 42-44

monopsiquismo 262-263

Morus, T. 306, 307

Moisés Narboni 139, 430

Moisés de Salerno 176

movimento
- dos céus 215
- dos indivisíveis 231-233
- automovimento 232-234

mudança, tipos de 189-190
Mulla Sadra 128, 197

natureza 212-214
    – e regularidade 212-214, 343-345
naturezas 218, 235-248
Nemésio de Emesa 255, 446
neoescolasticismo 370
neoplatonismo
    – e filosofia medieval primitiva 29-31, 84
    – e filosofia natural 44, 211
    – e filosofia no Islã 127, 134-135, 140, 144, 146
    – lógica e linguagem 104, 110
Newton, I. 210, 217, 227
Nicolau de Autrecourt 265, 402, 416, 443
Nicolau de Oresme 58, 176, 210, 219-220, 402, 416, 444
nominalismo 57, 60, 109

Ockham (*ver* Guilherme de Ockham)
Orígenes 29, 35, 38, 55, 249

Pacômio do Egito 35
Pardies, I. 362-363, 368, 460
paradoxos de implicação estrita 122
paronímia 111-116, 199
Paulo de Veneza 68, 101
Paz 35, 48, 59, 89, 139, 306, 323-324, 330, 338, 340, 343-345
pecado (*ver também "peccatum"; "malitia"*)
    – e graça 276-279
    – consequências políticas do 328-330, 336-338, 344-345
    – tipos 289-293

"peccatum" 289-290
Pedro Helias 98
Pedro João de Olivi 54, 253-254, 271, 284, 402, 413, 438
Pedro Lombardo 48, 69, 97, 234, 292, 296, 337, 381, 401, 408, 412, 430
Pedro de Espanha 68, 101, 402, 410, 433
Pelágio 66, 268, 405
Petrarca, Francesco 61
Pio V 295
Platão, platonismo 197-199, 235
    – criação 164-165
    – e a filosofia medieval primitiva 29-31, 309
    – e a filosofia no Islã 126-127, 133-134
    – o *Timeu* e a filosofia natural do século XII 45, 212
    – semi-igualdade das mulheres 136
Plínio, o Velho 211
Plotino 29-30, 56, 84, 158, 316
pobreza franciscana 348
política (*ver também* autoridade; justiça; paz)
    – e o bem humano 326-328, 332-335, 344-345
    – e propriedade 336-339
Porfírio 29-30, 38, 66-67, 84, 99-100, 235
"potentia" 399
"principium" 400
princípio eudaimonista 280-281, 283-284, 286-287
Prisciano 97-98, 112
Proclo 32-33, 38, 56, 67, 84-85, 158, 197, 446
Pseudo-Dionísio 33, 37-38, 56, 67, 71, 84, 198, 401, 406, 424
Pseudo-Empédocles 158
Pseudo-Kilwardby 110
Ptolomeu 166, 133, 446

quaestio 68-69, 193

"*ratio*" 400
racionalização da sociedade 48-52
realismo 60
razão 23, 40-46, 153-155
    – e as paixões 268
    – e lei 334-336
    – e os universais (razões divinas) 235-241
    – limites 160-162
raciocínio *secundum imaginationem* 221-222, 227
religião e filosofia, relações entre
    – no Islã 128-140
    – na filosofia judaica 152-157, 159-161, 170
    – na filosofia medieval tardia 43-48, 54-57, 314-315; interações da filosofia natural e teologia 209-211, 227-234
    – no Império Romano 27-32
representação (*ver* cognição, papel da espécie na)
Ricardo de São Vítor 72, 322-323
Roscelino 42

Saadías Gaon 152
    – criação 156-157
    – educação e influência 152
    – harmonia entre filosofia e revelação bíblica 152-155
    – estatuto dos sonhos 153-155
Sêneca 211, 214, 321
sentidos compostos e divididos 116
ser (*esse*) e Deus 196-200
    – Deus é "apenas ser" (Tomás de Aquino) 197-198
    – "*esse est Deus*" (Eckhart) 197-198
    – Deus não é o ser formal das coisas (Tomás de Aquino) 197-198
    – ser subsistente e participação no ser 197
Siger de Brabante 55, 57, 109, 262, 316-317, 402, 412-413, 437
significado (*ver* significação)
significação 106-109

— como geradora de entendimento 106
— como tornando conhecida uma concepção 106-108
— de conceitos ou de coisas? 108-109
— e nomeação (apelação) 111-113
— e significado 106
Sócrates 126, 307
sofismas 101, 219, 223, 378
sonhos 153-154
Strode, Ralph 122
Suárez, Francisco 196, 199, 203-205, 245, 258, 357-359, 361-362, 367, 460
Swineshead, Ricardo 223, 416

Teologia de Aristóteles (Plotiniana) 127
teologia negativa 114, 162
teoria da ação 268
teoria da suposição 100, 116-117, 119, 223
Temístio 146
tempo criado 72, 209
Tertuliano 28, 46, 64, 448
Thabit ibn Qurra 125
Thierry de Chartres 109, 212, 424
Tomás Bradwardine 66, 210, 268, 402, 415, 443
Tomás de Aquino 54, 105, 110, 143, 145, 158, 168, 169, 175, 197, 203, 231, 360, 367
— alma e corpo 252, 256
— alma e seus poderes 252-255
— amizade 320-323
— amor de Deus mais do que de si 269, 284
— anjos e lugar 230-231
— condenações 56, 253
— espécie 107-109, 260
— eternidade 78-79, 82-83
— ética 282-285, 296-298
— felicidade 310-314

– filosofia e teologia 23
– física da eucaristia 228-230
– hierarquia 90-92
– imortalidade 273-274, 355
– liberdade 270-274
– linguagem e lógica102-103, 107-108: analogia 114-116; nome ação 110; paronímia 111; teoria da suposição e a Trindade 116; universais 241-245; verdade 119
– metafísica (*ver também* ser): "Deus existe" é uma proposição evidente em si mesma, mas não para nós 192; Deus como causa imediata da existência da existência de qualquer ente contingente 197; provas de Deus 179-181, 186; unicidade de Deus 193
– pensamento político 332-336
– revivescimento do interesse em 61, 371-373

tradição 45-47, 154-156, 361-370
transcendentais 115, 119
transubstanciação 225, 228-229, 368

Ulrico de Estrasburgo 56
universidades (*ver* instituições educacionais)
Urbano II 43

vácuo, possibilidade do 224-227
Valeriano Magni 362, 365-367, 461
validade 122
Valla, L. 94
Valter Burley 12, 385
Varro 302, 305
verdade 119-121
    – como "adequação do intelecto e da coisa" 120
    – como retidão/correto 119-120

       – e Deus 75, 120, 302-303

       – e eternidade 75

       – e paradoxos semânticos 120-121

via moderna 57, 60, 246, 248, 414

virtude 276, 293-298

       – estoica e cristã 277-278

       – infundida, necessidade de 299-300

       – tipos 293-294, 296-298

vontade 266-267

       – como apetite intelectual/racional 268-269, 282

       – de crer 266-267

       – e graça 268

       – e paixões 268

       – e prazer 287-289

       – sob o aspecto do bem 282-285, 287-288

Wolff, C. 369

Wyclif, João 13, 60-61, 93-94, 241, 342, 402, 416, 444

Yehudah ha-Levi 163

Esta obra foi composta em CTcP
Capa: Supremo 250g – Miolo: Pólen Soft 80g
Impressão e acabamento
Gráfica e Editora Santuário